列島初期稲作の担い手は誰か

公益財団法人
古代学協会編
下條信行　監修

すいれん舎

はじめに

現在の日本人の祖先については、長きにわたって多くの分野の人から多岐の提言がなされてきた。古くは江戸時代に始まるが、明治に及ぶ主な論調は石器時代人を何人とみるかという点に集中していた。そして出された説はアイヌ人、プレアイヌ人、コロボックルなどの諸説で、これを欧米人、邦人がこぞって唱えるのであるが、だれであれその説の共通するところは石器時代人を現在の日本人とは繋がらない先住民族と決めつけているところにある。しかしその根拠となる物的証拠は曖昧なもので、きわめて感覚的印象的な域を免れうるものではなかった。

このように石器時代人が先住民族であるならば、その後に出現する日本民族の祖先は当然外地からの渡来民族とするほかになくなった。その有力説の一つはたとえばスサノヲを「新羅のヌシ」とするような『記紀』(『古事記』『日本書紀』)によった韓半島からの渡来論で、言語学などもこれに追従していった。

考古学がこの課題に参入するのはやや遅れて明治末から大正にかけてで、次のような条件が整ってきたからである。その一つは石器時代(縄文時代)と高塚時代(古墳時代)の間に中間時代(弥生時代)なる時代が認められるようになり、これには石器時代にはないあらたな各種の磨製石器が伴うことが明らかになってきたことである。他の一つは日本帝国の海外膨張に伴い、旧「満州」や半島の石器時代遺跡の調査が可能となり、それに伴う磨製石器と中間時代の磨製石器との比較が可能となったことである。その結果、両者に類似するものがあることがわかってきて、これら磨製石器を使う民族が列島に渡来したと考えるようになった。そしてこの渡来人が在来の石器時代人を放逐して列島の主役になったとするのである。これによれば渡来の時代は「新羅の時代」より古い磨製石器の時代で、渡来者も王朝貴族ではなく、民衆レベルと考えられるようになるなど考古学的課題としての色合いが強くなった。

大正後半から昭和一桁台にかけて、これら磨製石器が稲作と結びついていることが明らかとなった結果、渡来問題は列島における稲作の開始問題と結びつけて考えられるようになった。

昭和前半期の日本帝国による大陸への膨張は「満州」の遼東半島における発掘を可能とし、そこで出土した磨製石器は旧満州→半島→列島と一直に伝達する大陸系磨製石器の道の伝播起点として位置づけられ、この路線の末端に位置する列島の民は大局的にこの方面から稲作を携えてきた渡来人とする構想が定着するようになった。

この渡来構図は戦後にも強く残り、考古学会の主流的見解として定着した。戦後の北部九州における発掘はこの渡来論とも密接に絡んで展開した。その一つは発掘によって得られた弥生人骨が高顔、高身長の渡来的形質を示していることから形質人類学は弥生人の渡来的性格を強調するようになり、前述の伝統的な考古学的見解と相乗して渡来説をますます強固なものとした。

他方、考古学的には初期の弥生集落から出土する遺物には渡来系文物と共存して縄文系譜の文物があり、渡来一辺倒では理解できない実情であることが指摘されるようになった。その指摘は土器に始まり、ついで石器その他に広がり、今日ではさらに深化した分析法で、初期農耕段階を渡来と在来の両問題としてとらえられるようになった。

上記のような研究の進展に応じ、これまでのような渡来一辺倒とか渡来重視ではなく、渡来と在来を同時的複眼的にとらえ、列島における初期農耕の荷担者を明らかにしようとしたのが本書の意図である。

その概要は以下のようなものである。

第一章の「いわゆる渡来説の成立過程と渡来の実像」（田中良之）は主に人類学から渡来説の成立過程と問題点を明らかにし、人類学と考古学の成果を統合して列島初期農耕の荷担者の実像に迫った考察で、その荷担者は渡来人でもあり在来人でもあるとの結論を示した。

第二章の「韓半島南部における初期農耕文化の動態――石製工具を通して――」（裵眞晟）は列島の農耕文化出現の前提となる韓半島南部の初期農耕文化を副題が示すように農耕に密接にかかわる石製工具（石斧類）の型式変化と組成から、韓半島の初期農耕文化の変化と展開を経年的に述べたもので、稲作伝来時の半島の状況が示されている。また列島初期農耕の直接の故地が韓半島の南部にあることをおのずと示している。

第三章の「渡来文化の形成とその背景」（端野晋平）は韓半島南部の農耕文化と列島の初期農耕文化の連結性を竪穴住居址形、壺型土器、石庖丁、支石墓の四点から示したもので、列島への発信地を半島南部の洛東江の支流南江付近を想定し、到達地としては玄界灘沿岸を充てている。これまで発信地はおおまかに半島南部とされてきたが、このように多面の観点から絞り込みが試みられている。到達地については学史的には紆余曲折があり、徐々に北部九州に落着していたが、近年また山陰や南部九州などの迷走説もあるなかで半島と北部九州との連絡関係を骨格的に示している。

第四章の「土器からみた弥生時代開始過程」（三阪一徳）は主に列島の本格的な農耕開始期である突帯文単純期の土器を半島、列島の両技術特色から解析したものである。土器の焼き方は半島系の覆い焼きとなっているが、粘土の接合法に両地域の地域色があらわれている。縄文系譜の土器（深鉢）には縄文系譜の接合法、半島系譜の甕には半島系譜の接合法が適用されているが、半島系譜の壺には縄文系譜の技法があてられている。これは土器作りが女性の仕事とするならば列島の初期農村集落には渡来系の女性も、在来系の女性も住んでおり、しかも相当に密接な交流関係のもとで生活していたことを示す物である。のちにはこれを起点として半島系の技法が拡大してゆくのであるが、その原型を示している。

第五章の「生産具（磨製石器）からみた初期稲作の担い手」（下條信行）は列島の初期農耕段階に出現する大陸系磨製石器、なかんずく石斧類の系譜を見直したものである。これらの石器はセットで大陸から農耕に伴って渡来人によってもたらされたとされ、渡来人が列島の農耕開発を行ったという伝統的渡来構図の物的証拠だと長くされてきたが、その折の伐採石斧は大陸系ではなく縄文系とし、これによって在来系男性の農耕開発への参画を主張したものである。さらに伐採石斧は農耕開発に投じられる石斧類のうち、全体の進捗を規制するアップストリームに位置するため、農耕開発に対しての在来人の意識や目的が相当に反映されているものとした。

第六章の「西日本における初期稲作と担い手」（下條）は、第一章から第五章までが半島―渡来上陸地の北部九州玄界灘沿岸部を対象とした諸論であるのに対し、それらが東に伝播した西日本においてどのように展開したかを石斧類の動向によって描いたものである。旧説は渡来人ないし渡来系人によって急速に一気に伊勢湾沿岸にまで初期農耕文化が拡大されたものとされてきたが、そのような大陸的開発体制の急速な移植によるものではなく、縄文系石斧に始まり、徐々に大陸的に充実してゆくというスローな開発体制によるもので、そこに列島における在来人の開発に対するかかわりをみることができるとしたものである。

巻末には田中良之と下條信行の対談を配し、これをもって本書の総括としている。その内容は人類学と考古学の渡来論の歴史に始まり、多岐に及んでいるが、現状の渡来論に対する批判も含まれている。

以上のような構成と諸説を収録し、内容的にはまだ幾多の課題が残っているが、本書は列島の稲作伝来期の渡来人と在来人の関係を人類学と考古学から本格的に扱った初めての出版物である。諸賢には一読のうえ、ご叱正とご教示を願う次第であるが、これを契機に複眼思考をもっての当該課題の解明発展に臨んでいただければ幸甚である。

公益財団法人古代学協会（京都市）はいくつかの研究事業を併行して行っているが、その一つに下條信行（古代学協会評議員・愛媛大学名誉教授）を研究代表とする「日本列島における初期農耕文化の荷担者の研究―その伝来と拡散を担った人―」がある。田中良之（九州大学大学院教授）、裵眞晟（釜山大學校人文大學准教授）を共同研究者とし、二〇一一・二〇一二の二カ年で研究を行った。のちに端野晋平（現徳島大学准教授）、三阪一徳（現徳島大学助教）の参加を得た。

研究過程の二〇一二年二月一八日には九州大学伊都キャンパスに上記五名が九州大学、福岡大学の教師、大学院生二十数名の関係者を前にして各自の担当分野の発表を行い、相互に、そして関係者と意見の交換を行った。翌二〇一三年二月一六日にはアクロス福岡七階大会議室で、日本考古学協会・九州考古学会・福岡市教育委員会の後援のもと、古代学協会の共同研究還元事業として、講演およびシンポジウムを開催した。「列島における初期稲作の担い手は誰か」というテーマで、地元福岡はもちろん東京、関西などから百五十余名の研究者や一般参加者が参集した。前半は上記の五名の研究者が発表を行い、後半は溝口孝司九州大学教授の司会のもとにシンポジウムを行った。本書はこうした研究と活動の成果が結実したものである。

下條信行

目次

列島初期稲作の担い手は誰か

第一章　いわゆる渡来説の成立過程と渡来の実像

田中良之

はじめに

弥生時代は、日本列島に農耕社会を現出させ、結果として階層化社会をもたらしてその後の古代国家へと展開していく基盤を形成した。そして、農耕、とりわけ水稲耕作が、先行する縄文時代からの住人たちによって自発的に始められたものではなく、列島外から移住してきた「渡来人」たちの影響によって行われたことは、こんにち広く認められるに至っている。そして、この「渡来人」の影響は、文化と人体形質の両面において大きなものであったことも同様に認められている。

ところが、おもに人類学者によって議論されてきた渡来人問題は、人骨や形質・DNA等を用いた研究によって展開され成果を上げてきたものの、当時の社会と文化の問題とは必ずしも整合しない形で展開してきた。そして、人類学と考古学の乖離が大きくなるにつれて、渡来人たちの故地や数量について考古学の成果を無視した極端な議論も登場してきた。しかし、渡来人の数量や期間、渡来のプロセスは、じつはその後の弥生文化・形質の伝播や、列島の「弥生人」たちによって形成されていった社会の構造に大きく影響したはずであり、決して開始の瞬間のエピソードだけではすまない問題なのである。

ところが、ことの重要性から渡来人問題はマスメディアが取り上げることも多く、より壮大でわかりやすい未検証仮説が定説であるかのように視聴者・読者に伝えられるという事態が繰り返されてきた。その内容の多くは、渡来人は稲作技術とともに中国から大挙して渡ってきたといった内容である。しかし、これを支持する考古学者はいったい何人いるのだろうか。

そもそも、渡来人をめぐる問題は日本人成立論として語られてきた。日本と日本人の成り立ちは『古事記』『日本書紀』（以下『記紀』）における神話以来記述され論じられてきたが、古代の神話をふまえた前近代の論攷をへて、明治期に至ると近代国民国家としての日本国とその国民にとって、その起源はきわめて重要な問題としてあらわれてきた。一国の国民の由来成り立ちをどうとらえるかは、それこそ国家的課題である。近代科学としての人類学や考古学を学びはじめた当時の研究者たちには、その国家的課題が思考枠として重くのしかかったであろうし、その後の学説にも影響を与えていったであろうことは想像に難くない。では、それはどのようなものであったのだろうか。こんにちを生きている私たちの思考の営みを自省するうえでも、かつての思考枠を考察することは重要であろう。

筆者はこれまで考古学・人類学双方の研究によって得られた事実に基づいて弥生時代開始の問題を整理し検討してきた（田中一九八六・一九九一・二〇〇二、田中・小沢二〇〇一）。本稿では上記の観点から、思考枠すなわち思想史としての渡来人問題と、その影響を受けながら展開された科学としての渡来人問題を再論することとしたい。

1　ＡＭＳ年代と弥生時代開始年代

本題に入る前に、弥生時代の実年代について整理しておきたい。なぜなら、近年弥生時代の開始年代が大きく遡るという主張が出てきているからである。この問題を整理しておかないと、時間経過のイメージが大きく狂ってしまうことはいうまでもない。

弥生時代の開始年代については、従来紀元前四世紀ほどであると考えられてきた（岡崎一九七一）。その後、縄文時代晩期後半の突帯文土器の時期に水田等の弥生文化的要素が出現することから、この時期を「弥生早期」と呼ぶ研究者も多くなり、その立場に立てば弥生時代の開始年代は一〇〇年かそれ以上古くなることとなった。ところが、国立歴史民俗博物館の研究チームは加速器による放射性炭素年代測定法によって弥生時代開始年代が五〇〇年遡ると主張した（春成ほか二〇〇三）。

これについては、発表当初から考古学の成果との不整合を根拠として批判が提示されたが（高倉二〇〇三など）、筆者らもこのような状況にあって、ＡＭＳ年代測定の有効性を認めつつも、歴博年代が前漢鏡をはじめとする外来遺物の研究によって得られた「定点」の年代よりもはるかに古いことから認めがたく、その原因が測定したサンプルにあろうと想定した。そして、人骨および鹿骨をサンプルとした年代測定を行ったところ、歴博の測定年代よりもはるかに新しい年代が得られたことから、歴博測定のサンプルが土器付着炭化物（スス）であり、燃料＝木材の樹齢相応の古い年代が得られているとして、ＡＭＳ年代測定を考古学に用いることの問題点を指摘したのである（田中ほか二〇〇四）。

そして、さらに検討を加えた結果、次のような結論を得た。まず、放射性炭素年代を年輪年代で較正する方法は有効であるが、大気中の放射性炭素（^{14}C）の量は地球に照射される宇宙線量の変化に連動するため、較正曲線には不規則な部分が生じる。そして、この不規則な部分に当たると、得られる較正年代はいくつかの可能性として示されるのみである。また、サンプルによって得られる年代が異なっているため「ＡＭＳ年代」と一括はできない。そのため、スス年代、シカ年代、人骨年代などとして区分する必要がある。加えて、歴博のスス年代は、燃料である木の炭素を測定しているため、明らかに当該時期よりも古い年代が得られ、しかも燃料となった木の樹齢が不明であるため、補正不能である。それに対して、人骨年代は海洋リザーバー効果があるが、炭素安定同位体（^{13}C）を用いた補正が一定程度有効であり、年代の「定点」に対応するか近い年代が得られた。また、人骨年代の場合は、成人後はコラーゲンの代謝が落ちるため、加齢とともに死亡時の炭素とズレが生じる個体内リザーバー効果を見込まなければならないという問題もある。シカ年代についてはこれらの要因を考慮する必要がなく、より実態に近い年代が得られ、ウルシや一年生草本などはさらに正確な年代が得られる。しかし、これらのサンプルを用いても、較正曲線の不規則部分に当たると、得られる年代は大きな幅をもつことになり、この方法では年代を絞り込むことはできない。そして、太陽の活動・宇宙線量・雲量の増減と寒冷化＝砂丘形成との関連からみて、縄文晩期後半（弥生早期）はＢＣ七〇〇年以降であり、夜臼Ⅱ式〜板付Ⅰ式はＢＣ五六〇年以降、前期末はＢＣ二六〇年以降と想定したのである（田中二〇一一）。

　したがって、弥生時代の開始年代は、従来よりはやや遡るものの、歴博が想定したような大きな変化とはならない。そして、砂丘形成期、すなわち寒冷期にあたる縄文晩期中頃の黒川式期に変化が始まるという、これまでの想定（田中一九八六）に変更を迫るものではない。

　このように、渡来人に関する議論には時間幅は重要な要素であるが、大幅な変更は必要ないということを確認しておきたい。

2　渡来説の形成過程

1　前近代の日本人観

『記紀』における建国神話は高天原に由来する「天つ神」と地上に居住する「国つ神」の対立で説き起こされる。そして、天照大神の孫である瓊瓊杵尊（ニニギノミコト）が高天原から日向高千穂の峰に降臨して、その後裔が東征して大和にいたり神武天皇となる。いわゆる天孫降臨から神武東征にいたる建国神話である。

こんにちではこの神話のモチーフは、外部から王や貴人が到来するというアジアに広く存在するものの一つであることが明らかとなっているが、古代以降の日本人起源論に基本的な思考枠を提供することとなった。

ただ一方で、『記紀』神話においては「天つ神」と「国つ神」を伊弉諾尊（イザナギノミコト）から生まれた天照大神と素戔嗚尊（スサノオノミコト）の後裔で同根としている。そのため、平安時代の『新撰姓氏録』においては、氏族の分類のうち渡来系の「外蕃」のほかは「神別」「皇別」の二つしかない。つまり、「国つ神」系を異族と扱うことはなかったのである。また、七世紀以降には、古代国家形成の最終段階となり、列島の西南端と東北の住民であった蝦夷や隼人を異族扱いするようになるものの、隼人の遠祖はニニギノミコトの子であり、いわば天皇家と同根なのである。

このように、日本の建国神話において先住民と征服民の二重構造を思わせる記述がなされる一方で、先住民も創生神の末裔であり、同根であるという操作がなされている点は注目される。日本における古代国家の形成は、当初周囲に異族を配置するという小中華をなしつつも、すぐに同化のプロセスに入ったことを示している。

しかし、後世においても「天孫降臨神話」は強く影響し、「高天原」を日本列島の外部ととらえ、天皇家をはじめとする日本古代の支配層は外部すなわち半島・大陸から渡来したという解釈がなされるようになる。そして、まさしく「外部」から日本人を観察したフィリップ・シーボルトは、「天孫降臨神話」をふまえつつ、先住民はアイヌ民族であり、大陸からやってきた蒙古人が征服して日本古代国家は成立したと考えた。アイヌ民族は長い歴史のなかで北海道に追いやられたと考えたのである。

2　近代の日本人論

明治維新をへて近代国家を建設し、ようやくその形が整った明治二〇年代になって、日本人起源論争が活発化する。そのなかには日本人の研究者の学説もあるが、大きな影響を及ぼしたのは幕末から明治にかけて日本にやってきた外国人たちであった。彼らは論文や研究書のかたちをとらなくても、自らの目で見た当時の日本人たちを考察し、感想や後の論攷で表現している。

たとえば、イギリス公使館に在職したアーネスト・サトウは、「日本の君主政治の発展をたどると、他国から侵入者がやって来て、純然たる神権政治を行ったのが、そもそも君主政治の始まりである」「これらの小種族と征服者とが融合して、外見上同一組織の一民族を形成するに至った」「この国の東部および南部に住んでいた蛮族と、支配的民族との間に、戦いが絶えず行われたが、この不断の戦争によって武士階級の勃興を見るようになった」といった認識をもっていた（サトウ一九六〇）。いわゆる騎馬民族説を彷彿とさせる内容であるが、人類学者でもない一外交官であったサトウが独自にこのような認識に至ったとは考えがたいだろう。また、日本学者として多くの業績を残したバジル・H・チェンバレンは以下のような説を展開した。まず、日本列島には二つの主要な民族移入の流れがあり、第一波の移入は下層階級に普通に見られるプディングフェイス型（丸くて平べったい顔で農民層の多く）の顔をもつ集団で、第二波がほっそりとした体つきで卵型の顔をもった貴族型（強い卵型）の集団の移入であったと考えた。そして、天孫降臨神話や神武東征神話が第一波集団を第二波集団が征服した事実の反映であると論じた。さらに、移入者はいずれも朝鮮半島からであるとも論じている（チェンバレン一九六九）。

このチェンバレンに影響を与えたのがエルヴィン・ベルツである。ベルツの学説については山口敏（一九八四・一九八六）に詳しいが、彼は日本人を、基層をなすアイヌと薩摩型・長州型に分け、薩摩型を丸顔で庶民の形質、長州型をほっそりした体型で面長の貴族的形質であり、前者がマレー系、後者が蒙古系で、それぞれ南方と北方から渡来したと考えた。先にあげたチェンバレンはベルツの分類に基づいて薩摩型を第一波、長州型を第二波として上記の論を立てたわけである。

これらは細かい点は異なるにしても、明瞭な渡来混血説である。そして、単に天孫降臨神話に基づいた類推ではなく、現実の日本人の形質を基にしている点で当時なりの学問的根拠も有している。実際、**図1**を見ても一目瞭然のように、大名や上級武士と町人・農民では顔が異なっており、それに対応して長州と薩摩も異なっている。この違いは幕末～明治に来日した外国人には明瞭な事実であったと考えていいだろう。そして、チェンバレンの渡来混血説あるいは渡来征服説が欧米の日本学において定説化していくことになる。

しかし、長い封建制度を廃して近代国民国家の建設を進める当時の日本にとって、「日本人」という統一的民族観は不可欠であったと考えられる。しかも当時の政権中枢にあった薩摩と長州が元来別人種であり、一方が支配層で他方が被支配層の先住民であったという説はとうてい受け入れられず、この後は先住民がアイヌか否かという議論にすり替えられていくこととなる。

さて、外国人の学説はこれだけではない。むしろ、フィリップ・シーボルトのアイヌ説は息子のハインリッヒ・シーボルトによって継承発展されることになり、主流をなすことになる。これに対して、エドワード・モー

木戸孝允

高杉晋作

品川弥二郎

伊藤博文

徳川慶喜

松平春嶽

徳川慶勝

新門辰五郎

清水次郎長

小栗上野介

勝海舟

大鳥圭介

小松帯刀

東郷平八郎

川路利良

別府晋介

図１　幕末明治の日本人

１段目：長州　２段目：将軍・大名　３段目：左２人が町人　右３人が上級武士　４段目：薩摩

スは大森貝塚の調査成果から、アイヌは土器を使用しないことに注目し、石器時代人はアイヌに先行するプレ・アイヌの集団であるとした（モース一九一七）。

これらの学説は明治国家の骨格がおおよそ定まった明治二〇年代になって公表されたが、その頃には日本人研究者も育ち、論争に参加することになる。それら初期の人類学者の研究内容と論争の詳細はすでにいくつも紹介されているが（山口一九八四・一九八六、池田一九九八など）、まず、東京帝国大学理科大学でモースに師事した坪井正五郎は、モースのプレ・アイヌ説を踏襲し、アイヌの説話にある「コロボックル」が先住民である石器時代人であるとした。同じ東京帝国大学でも医科大学で学んだ小金井良精は、石器時代人の骨格が現代人骨よりもアイヌに似ることから、石器時代人はアイヌであろうとしてシーボルト説を踏襲した。この小金井説は、解剖学的・人類学的根拠をもった学説であり、その後主流の学説となっていく。

日本人第一世代研究者による論争は、主として先住民について行われ、それゆえ「先住民論争」と呼ばれるが、現代日本人の直接の祖先が列島外部から来た集団であるという渡来説であることに変わりはない。むしろ、この論争のなかで、長州と薩摩、支配層と被支配層の人種的由来が異なるという学説が消滅したことが重要であり、日本人＝大和民族は同一人種・同一民族であるという理解が浸透していくことになったのである。やがて、弥生土器が発見され、これが縄文土器よりも新しく、しかも古墳時代の土師器と似ることが明らかになっていったが、鳥居龍蔵はこれをうけて、東北アジアの土器と弥生式土器を比較した結果、沿海州から朝鮮の土器に類似していることから、彼の地から日本人の祖先が渡来したと述べた（鳥居一九一八）。考古学における渡来説の始まりである。

3 科学としての渡来説

昭和期に入ると、日本人研究は人類学・解剖学といった学問の科学的方法によって行われるようになる。

京都帝国大学医学部教授であった清野謙次は、まず現代人骨・アイヌ人骨と発掘によって得られた縄文人骨を比較し、アイヌが縄文人よりもむしろ畿内人に近い結果が得られたことから、縄文時代の住民がアイヌというわけではないことを示し（清野・宮本一九二六）、古墳人骨をもあわせて比較した結果現代人と古墳人は形態的に近いことから、縄文時代から古墳時代に至る間に渡来による混血があったと考えた（清野一九四九）。今日の渡来混血説につながる学説の提唱であるが、一方で清野は混血の効果は体質を一変させるほどの大規模なものではなく、日本人形質の変化は生活様式の変化によるところが大きいとも述べている。

この清野説と真っ向から対立したのが、東京帝国大学医学部教授であった長谷部言人である。長谷部は、主として東日本の出土人骨を用いて比較研究を行い、日本列島住民は基本的に人種の置換も混血もなく、形質とりわけ咀嚼力や筋力の変化は狩猟採集から農耕へといった生活様式や環境の変化によるものであると主張した。変形説や移行説と呼ばれることになるこの学説は、日本列島住民は最初から「日本人」であったというものであり、ここにおいて、幕末から何らかのかたちで継承されてきた渡来説や先住民説を完全に否定する学説が生まれたわけである。

この二説の対立は、清野の京都帝国大学退職を機に長谷部説が優勢となるが、逆に考古学においては弥生文化の成立に渡来人が関与したであろうという鳥居以来の見解が踏襲され、増加する資料によってより強いものとなっていった（小林一九五一）。そのようななか、第二次世界大戦をはさんで金関丈夫の渡来混血説が登場する。戦後しばらくは台湾大学にとどまっていた金関は一九五〇年に九州大学医学部の教授となる。そして、その当時は戦後の復興に伴う工事が活発化した時期でもあり、佐賀県切通遺跡をはじめとする弥生時代人骨の調査を行う

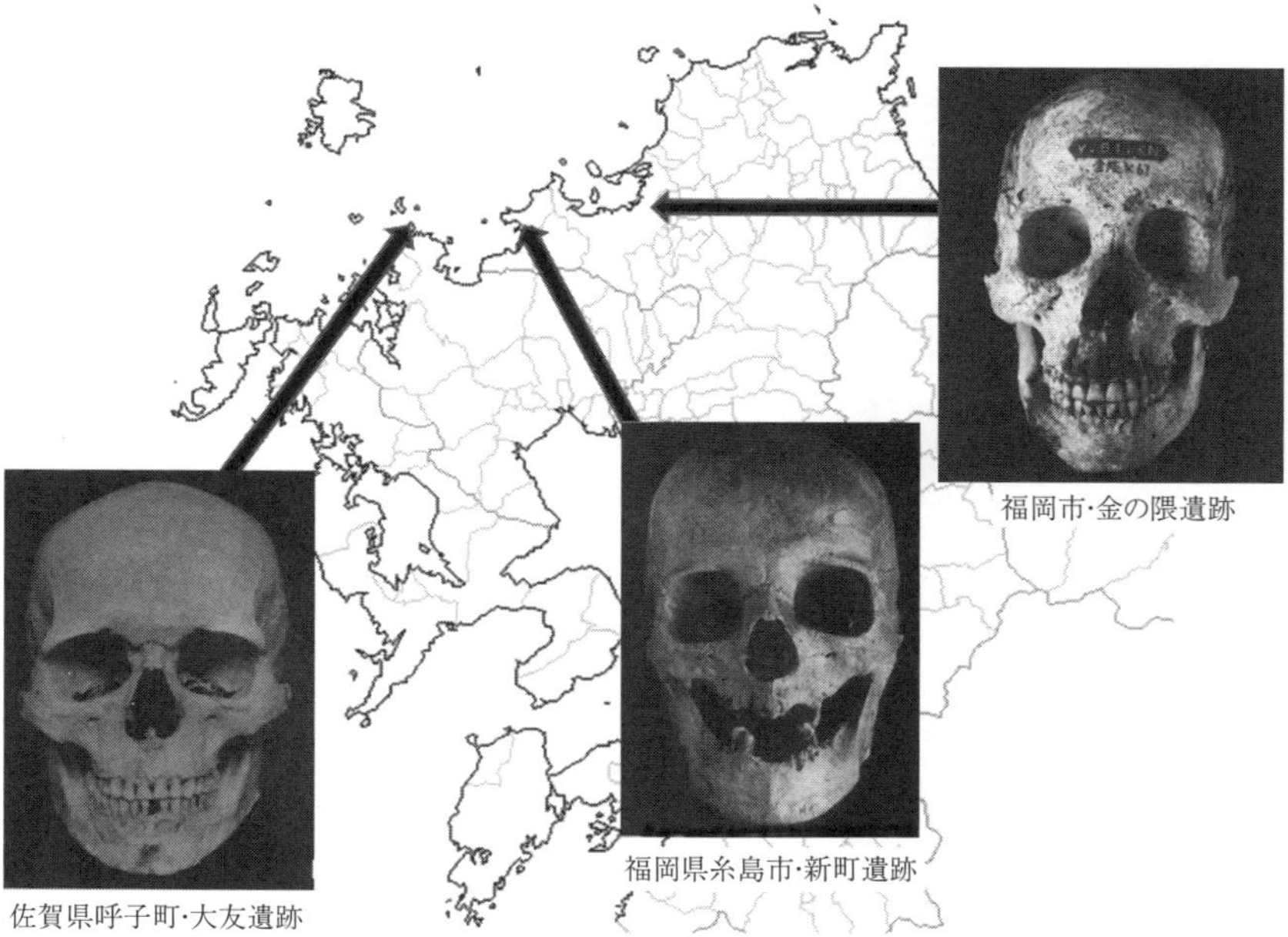

図2　弥生人の地域性

ことになった。それまで実態がわからなかった弥生人の形質が明らかになってきたのである。

金関の渡来説には三つの段階があると考えられる。まず、一九五五年に、佐賀県三津永田遺跡出土弥生人骨と縄文人骨、古墳人骨、古代・現代人骨と東アジア諸人種の頭骨を比較して、三津永田弥生人が古墳人とともに、縄文人と現代日本人の中間に位置し、弥生人の推定身長が縄文人はもとより古墳人や現代日本人よりも高いという結果を得て、これらは環境の変化による自然的変化であったと考えることは困難であったとし、渡来説を導き出した。そして、渡来人は北部九州のみでなく畿内地方まで至ったとし、その後は後続がなく数も在来者に比して少なかったため、拡散・吸収されてしまったと考えた。また、渡来人の出発地については、身長からみて南朝鮮であろうとした（金関一九五五）。

一九六五年には、三津永田弥生人に加えて、その後みずから調査した山口県土井ヶ浜と鹿児島県成川・広田の各遺跡出土の弥生人骨を比較して、北部九州・山口に位置する三津永田・土井ヶ浜弥生人と、南九州の成川・広田弥生人とでは頭長・頭幅・身長に差があることを示した。また、縄文人と北部九州・山口の弥生人を比較して、後者は前者に比して、頭長が減少してやや頭が丸くなり、鼻示数は小さく眼窩示数は大きくなって細面になることを指摘し、とくに顔面の高さと身長の増加が著しいとした。一九五五年の段階ではいまひとつ明瞭でなかった頭骨の形態においても、渡来の証左が得られたとしたのである。また、北朝鮮新石器時代人との比較を行い朝鮮半島からの渡来の可能性を再度示した。

さらに、金関は、渡来が縄文時代晩期に行われたとし、北部九州・山口地方では形質に影響を及ぼし、土井ヶ浜弥生人のような形質を生ぜしめたが、南九州には新しい体質を生むほどの勢力をもっては進出しなかったとし、それに対して、東方については、島根県古浦遺跡の例から少なくとも日本海側ではさらに東まで進出したと考えた。また、大阪府古府遺跡から長身の弥生人骨が得られたことから、近畿地方まで渡来し、この地方においては古墳時代以後も渡来が持続したのではないかと想定している。これに対して、北部九州・山口では古墳時代には渡来は終止し、低身長に逆行したと考えた（金関一九六六）。

ここにおいて、幕末・明治以来の「タブー」ともなっていた「薩摩・町人・農民」と「長州・大名・上級武士」という日本人の二重性について説明可能な学説が登場したのである。

この金関の渡来混血説は大きな反響を呼んだが、二つの立場で批判が出てくる。その一つ目は自然人類学側からの批判であった。

東京大学の鈴木尚は、長谷部の移行説を継承し、関東地方を中心として縄文時代・弥生時代・古墳時代・中世・近世および近・現代までの人骨形質の時代変化を分析し、外来遺伝子の影響がなくとも生活文化の変化によって日本人の形質が変化してきたことを示した。そして、弥生時代が稲作農耕が開始された時代であることから、形質の変化は渡来によるものではなく、米食の普及による食生活の改善が顔面をはじめとした諸形質の変化を生んだのではないかと批判した（鈴木一九六三）。

もう一つの批判は考古学からの批判であった。金関の渡来説は大半の考古学者から支持されたが、すべての考古学者が全面的に受け入れたわけではない。渡来の地とされた北部九州において弥生時代研究を推進していた森貞次郎と岡崎敬は、縄文晩期から弥生時代への移行過程において、土器をはじめとする文化に連続性が認められることを示し、稲作農耕をはじめとする外来文化を在来の縄文人たちが受容することで、弥生文化へと移行していったとした。両者は、半島からの渡来人を否定するものではなく、それによる形質の変化も否定はしない。ただ、文化の連続性をみるかぎり、この過程における縄文人の文化的主体性も同時に認められることから、在来の縄文人とその文化を払拭するほど大量の渡来は考えがたいことを示したものである（森一九六六、岡崎一九六八）。したがって、森・岡崎は、文化変化をヒトの移住を含めた「伝播」で説明する、「伝播主義」の単純なモデルでは説明できない現象であることを示したわけである。

これらに対して金関は、まず鈴木の批判に対して、南関東の弥生人と土井ヶ浜・三津永田遺跡の弥生人とは大きく異なることを指摘し、北部九州の周辺部にすら渡来的形質がみられないことから、「弥生の生活革命によるムードの変化によって、現地で小進化を遂げた結果だというのならば、その近い周辺の、同じ時に、同じ変革に接した住民がなぜ縄文人（人種的の）そのままでとり残されているかを説明しなければならない」とし、「独特の弥生人種」が「拡がらなかった地方では、鈴木の一系説は説明がつくが、拡がった地方では、混血は当然あったと見なければならない」として退けた。

鈴木の金関批判と移行説は、人骨資料の詳細な分析をへたものであり、説得力があるかにみえるものであった。

しかし、金関が反論したとおり、鈴木は土井ヶ浜など渡来的弥生人とされた人骨資料を扱っておらず、その舞台から遠く離れた東日本の資料で渡来の有無を論じることは妥当ではない。そして、同じ弥生人でも北部九州と南九州・西北九州では形質が違うという事実は、渡来・混血でしか説明がつかない現象であった。そのため、鈴木の移行説が優勢であるなかでも、渡来説を支持する山口敏（一九七七）、尾本恵市（一九七八）らの論攷が提示され、やがて一九八〇年の日本人類学会・日本民族学会連合大会の席上で鈴木自身が金関の主張を認めるにいたり、この論争は終結をみて、人類学界は渡来説へと傾斜していったのである。

一方、森・岡崎に対して金関は、土器と抜歯風習・甕棺墓を取り上げて、「初期の移住者は、世界各国どこでも同様であるが、そのほとんどが男性で、彼らは行くさきの女性を容れて新しい社会を作るのである」として、渡来者が男性からなっていたことによる現象であると説明した。すなわち、民族誌によれば土器製作や抜歯の施行は女性によるものであり、それに対して成人用甕棺の製作は大型であるため男性によるものだろうとして、縄文文化の系統を引く土器や抜歯風習は在来の女性によるものであり、新来の甕棺は渡来人の手になるものであるという想定から、男性主体の渡来を主張して、縄文文化と弥生文化の連続性との矛盾はないとしたのである（金関一九七一）。ここに至って、金関の渡来説は朝鮮半島から稲作技術を中心とする農耕文化を携えて渡来し、在来住民と混血して弥生人の形質を形成したというだけでなく、渡来人は男性主体であり、在来の女性住民と婚姻していったという内容が加わった。いささかトリッキーな学説となったわけであるが、この学説に影響された説がその後の人類学においても考古学においても出てくることになる。

4　渡来説の混迷

一九八〇年代には、新資料と新たな統計手法をもとに、金関説を支持する多くの研究が発表された（池田一九

八一、Brace and Nagai 1982、金ほか一九八五、中橋ほか一九八五、山口一九八五・一九八六、多賀谷一九八七、百々・石田一九八八、中橋・永井一九八九）。これらによって、たとえば、東日本の古墳時代人にまで渡来的形質が認められることが明らかにされ（山口一九八五）、古墳時代の九州においても渡来的形質は弥生時代と同様の地域性をもってみられて、けっして在地の形質に吸収されたのではないことも明らかとなった（永井一九八二）。そして、それらをふまえて弥生人と古墳人を分析した結果、渡来的形質は農耕適地に向かって北部九州から地理勾配をなして拡散するものがある一方、山陰地方や近畿地方へは志向的な拡散をしていたことも明らかとなり（Doi and Tanaka 1987）、金関説の補強と修正がなされていった。しかし、一方では金関説とは異なる渡来説も提出されはじめる。

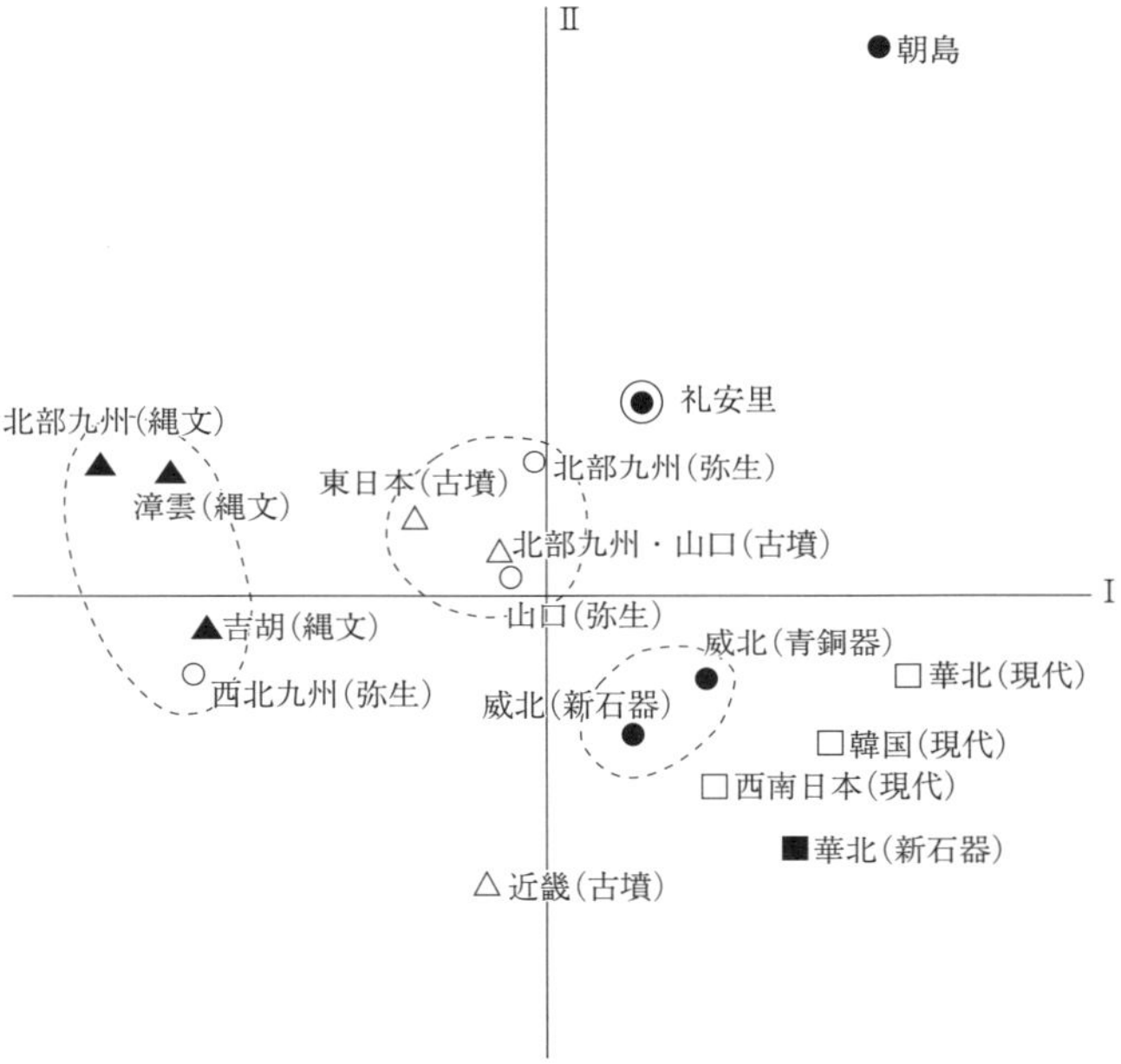

図3　礼安里集団と周辺集団の比較（金ほか 1993）

　埴原和郎は、北部九州を中心とした地域の弥生人がシベリアの集団と類似するという統計分析の結果から、渡来人の起源地はシベリアから沿海州にかけての東北アジアにあると考え、さらに土井ヶ浜遺跡などから出土した弥生人は渡来人そのものであると考えた。（埴原一九八四）。さらに、人口増加率と頭蓋形態の変化に基づいてシミュレーションを行い、縄文晩期から七世紀までの一〇〇〇年間に約三〇〇万人が日本に渡来したと推定した。すなわち、縄文時代晩期の推定人口約七・六万人が一〇〇〇年後には約五四〇万人に増加したという推定結果に基づいて、この間の年間人口増加率を計算すると〇・四二七％にも達する。ところが、世界の農耕民の紀元一千年紀における年間人口増加率は〇・一％程度であり、これで計算すると約二四〇万人にしかならない。したがって、その差約三〇〇万人は、日本列島内での自然増ではなく、渡来人の流入によると考えたのである（Hanihara 1987）。埴原はその後、渡来人の数は多くみても一三〇万人ほどであったと下方修正しているが（埴原一九九三）、この埴原の渡来説がそれまでの渡来説と比較して、「超大量渡来説」であることに変わりはないだろう。

その後埴原は、日本列島の基本集団は東南アジア起源で縄文人はその後裔であり、弥生時代に北アジアからの渡来人が押し寄せて縄文人と混血して、混血は現在も続いている。したがって、日本人は二重構造をなしており、列島縁辺部である北海道と沖縄に基層集団の形質がより多く残っているという「二重構造モデル」を提唱した（埴原一九九四）。これは、金関の渡来説と基本的に変わらないが、それよりも「東南アジア」と「北アジア」の複合という点でも、幕末・明治以来のスキームそのものであるということができるだろう。

また、縄文時代・弥生時代相当のアジア諸地域および北米との人骨資料と、日本の縄文・弥生・古墳の各時代の東西二集団との距離を求めて分析を行った溝口優司は、西日本弥生人男性は中央・北方アジアに近く、西日本弥生人女性は縄文人に近いという結果を得た。そして、これらから、バイカル湖・アルタイ山脈の北方アジア遊牧民が、縄文時代相当期に中央アジアへと拡散するとともに、東南方向へも拡散して、弥生時代ごろには満州・朝鮮にも分布するようになり、弥生時代から古墳時代にかけて日本列島へ渡来したと考えた。また、渡来は連続的かつ男性主体という構成で行われたため、弥生の女性は縄文人に近いとした（Mizoguchi 1988）。

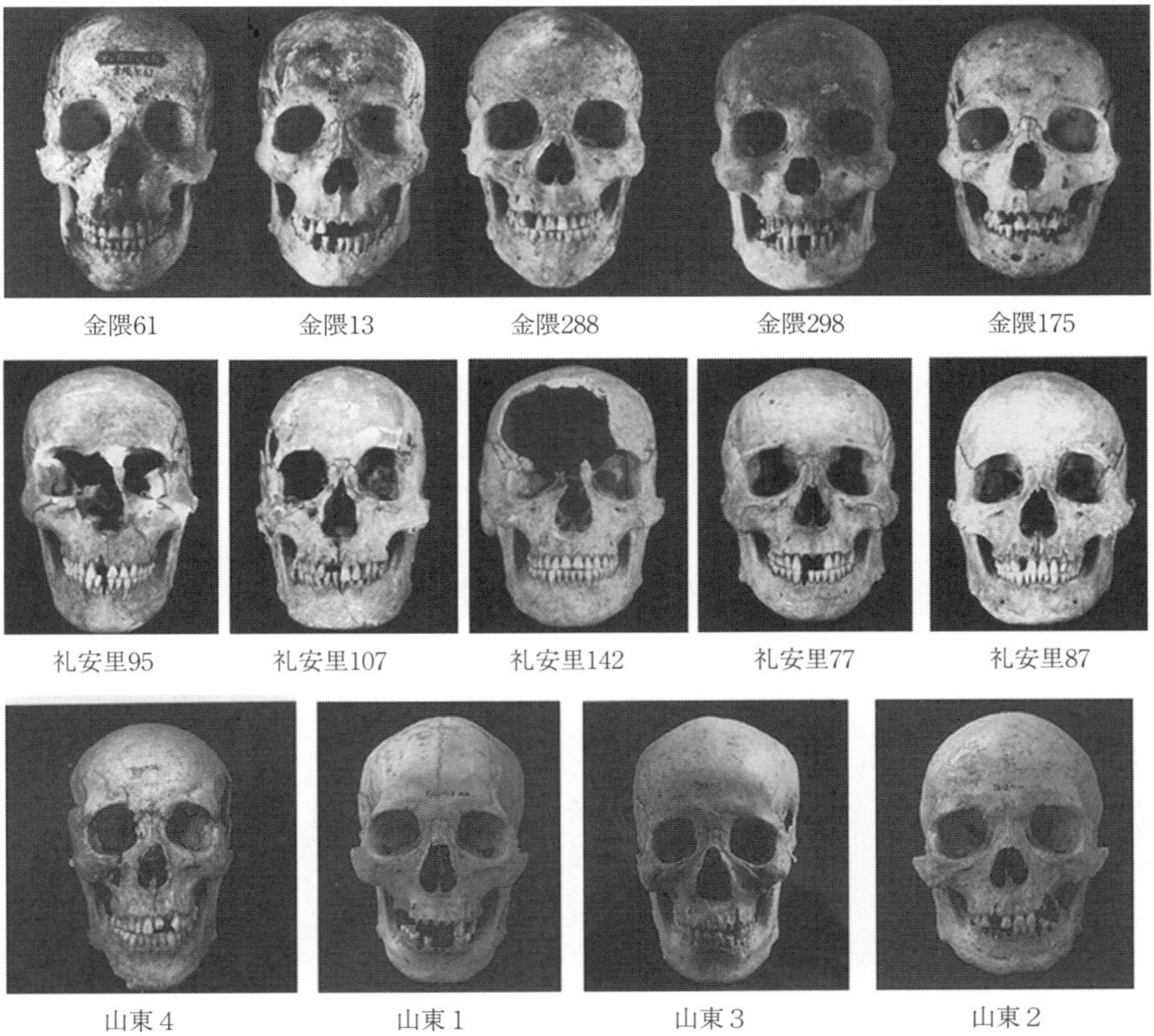

図４　東アジアの古人骨（中橋ほか 1985，金ほか 1993，松下・韓 1997）

新たな渡来説はほかにもある。松下孝幸と韓康信は、山東省を中心とした地域に弥生人とよく類似した集団が存在したことから、この地が渡来人の源郷と考えている（松下・韓一九九七）。また、同じ中国起源説でも、江南地方から東シナ海を直接西北九州へと渡来した可能性を認める立場もある（山口一九八四）。一方で、韓国における古人骨の調査を続けてきた小片丘彦らは、韓国南海岸の金海礼安里古墳群などの分析を通じて韓国の古人骨が北部九州の弥生人に最も近似する集団の一つであるという重要な指摘を行っている（金ほか一九九三、小片ほか一九九七。図４）。

さらに、アジアの諸モンゴロイド集団との比較研究が進み、縄文人は東南アジアなどの南方モンゴロイド、北部九州～山陰の弥生人はシベリア・華北～韓半島などに分布する北方モンゴロイドの特徴をもっていることが指摘され、実際に北部九州～山陰の弥生人と類似する人骨が、北アジアから東アジア各地で出土するにいたっている（図2）。

さて、日本人の成立を論じるための資料は出土人骨以外にもある。古くは、生態計測や血液型・耳垢・指紋等の集団遺伝学的分析から系統を論じられ、日本人は韓国人・中国人と近いとともに、沖縄・アイヌとは遠く、この両者は近いという結果が得られていた（松永一九七八）。そして、その後に登場したのが遺伝子やＤＮＡそのものの分析である。しかし、いくつかの研究事例をみても、たとえば尾本恵市は、日本人は全体としては北方モンゴロイドに近いが、地域差もあり、沖縄や北海道（アイヌ）は南方モンゴロイドに近いという結果を得ており（尾本一九七八）、縄文人が東南アジアの現代人に最も近い遺伝子型をもつという報告もある（宝来一九九三）。

その一方では、Ｇｍ遺伝子を分析した松本英雄は、沖縄とアイヌが近いという結果とともに、それらがシベリア集団と近縁であることを明らかにし（松本一九九二）、ミトコンドリアＤＮＡの分析から崎谷満は、日本列島の基層集団はシベリア起源であり、それがアイヌ、沖縄に分岐し、本土は長江起源の渡来人による遺伝子をもつに至ったと考えている（崎谷二〇〇九）。同じくミトコンドリアＤＮＡを分析した篠田謙一は、縄文人とアイヌ・沖縄集団との近さとともに、弥生人と中国東北部・韓国集団が近縁であることを示している（篠田二〇〇七。図5）。さらに、斎藤成也らのグループは、アイヌ集団と沖縄集団が遺伝的に最も近く、本土人集団は両者の中間に位置するとともに韓国人と同じクラスターに属するという結果を得ている（Japanese Archipelago Human Population Genetics Consortium 2012）。

このように、ＤＮＡ分析の結果は多様である。それを整理すると、日本列島の基層集団（縄文人あるいは旧石

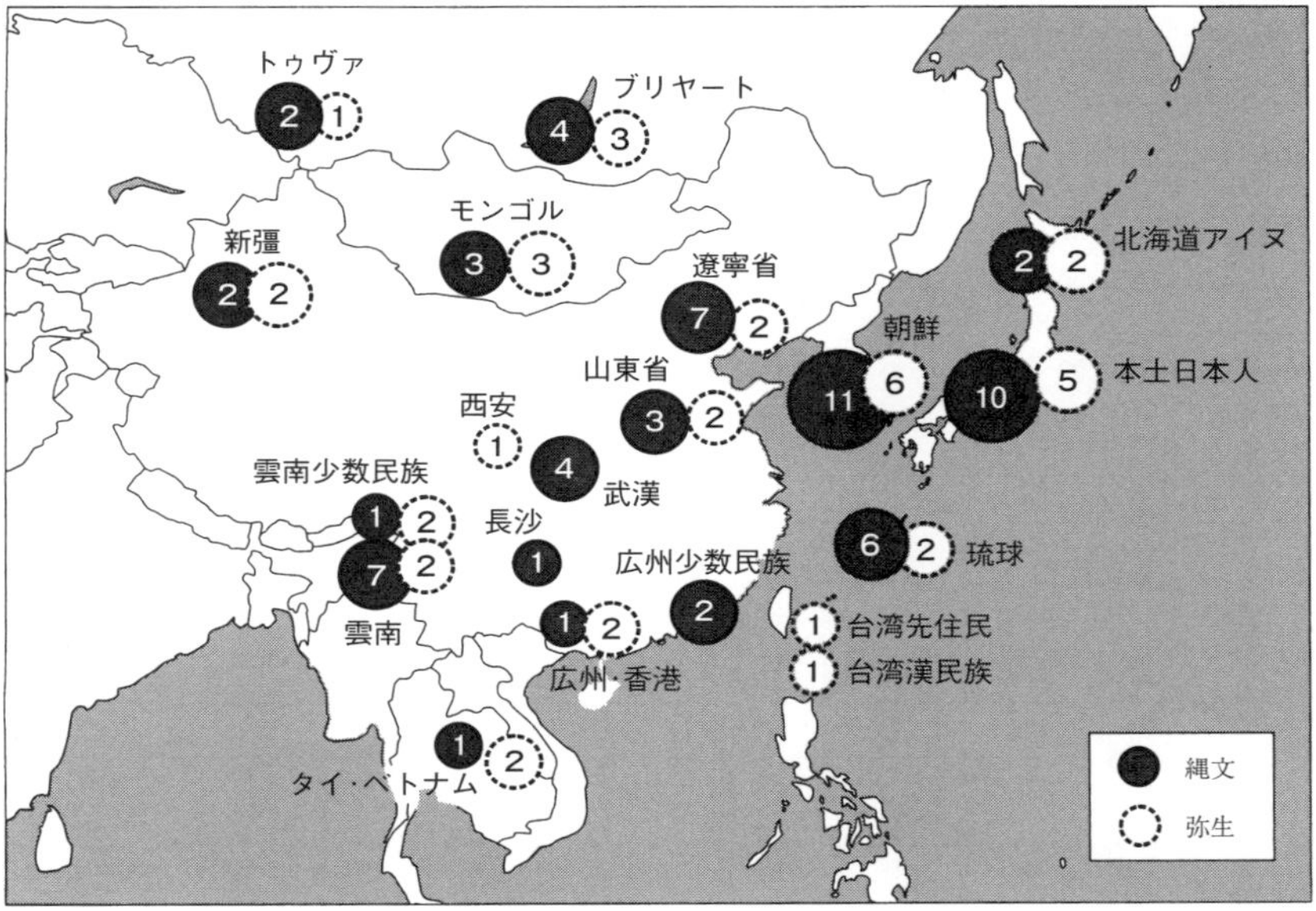

図５　アジア各集団が持つ縄文・弥生人と相同な DNA 配列の数（篠田 2007）

器時代人）は、東南アジア説と北アジア説の二者があり、アイヌ集団と沖縄集団は基層集団から分岐したと考える。つぎに、渡来人については長江説、中国東北〜韓国説があるようである。このような結果の違いは、遺伝子が人類集団のこれまでの時間的・歴史的イベントの数々を重層化して情報化しているため、どのＤＮＡを分析対象とするかで違ってくるものと考えられる。そして、ＤＮＡ分析の結果だけではそのイベントを特定することはできず、他の情報が必要となるわけである。

　これらから導き出されるものは、縄文人の起源については二説があるが、北部九州〜山陰の渡来的弥生人の形質には大陸のモンゴロイド集団の遺伝的影響があるだろうということである。そして、縄文時代が弥生時代に先行する以上、縄文人が日本列島の先住民であり、大陸系のモンゴロイド集団がのちになって遺伝的影響を与えたということができる。したがって、弥生人

表 1　日本人と近隣集団における血液型，耳垢型，INH 代謝型，色盲の対立遺伝子頻度（松永 1978）

地　域	ABO 血液型 *A* 遺伝子	ABO 血液型 *B* 遺伝子	MN 血液型 *M* 遺伝子	耳垢型 *W* 遺伝子	INH 代謝型 “slow”遺伝子	色盲遺伝子
日　本	0.27	0.17	0.55	0.09	0.34	0.04
琉　球	0.26	0.17	0.55	0.21	0.40	?
韓　国	0.25	0.22	0.54	0.04	0.33	0.05
中　国	0.20	0.20	0.58	0.02	0.41	0.06～0.07
アイヌ（北海道）	0.27	0.20	0.45	0.64	0.31	0.006
文　献	古畑ら(13)，田中(14)，McArthur & Penrose(15)		田中(14) Wiener(16)	松永(11)	砂原ら(12)	Kang ら(17) 須田(18)

表 2　日本と近隣集団（男子）における指紋型の比較（松永 1978）

地　域	弓状紋	蹄状紋	渦状紋	Pattern intensity（× 10）	文　献
日　本	2.1	50.3	47.7	145.7	三橋(25)
琉　球	2.1	53.8	44.1	142.0	日比野(26)
韓　国	2.2	50.5	47.3	145.1	日比野(26)
中　国	1.4	47.7	50.7	149.1	日比野(26)
アイヌ（北海道）	3.7	63.7	32.6	128.9	古畑，正橋(27)

の形成には、大陸からの渡来人の遺伝的影響があるということになる。また、弥生人のなかにも、縄文人的形質をもつ集団が存在することから、日本列島の住民全体が大陸系モンゴロイド集団に置き換わったわけではないことも明らかである。さらに、渡来的弥生人が北部九州の玄界灘沿岸を中心に分布することから、この地域が渡来人を受け入れた地域であることもほぼ明らかであるといえよう。

さて、右にあげた近年の渡来説のなかにはかなりアバウトな議論もあるが、それは日本人の生物集団としての系統をたどろうという自然人類学の研究目的からくるものもあり、一概に非難できるものではない。しかし、人骨やDNAの情報からうかがい知れるのは集団の近遠関係と系統関係までである。

渡来の時期、渡来集団の規模、あるいは大陸のどこから来たのかについては、人骨から知ることはできない。というのも、時期についていえば、これまで知られている弥生人骨のほとんどは前期末以降のものであり、弥生時代が始まって二〇〇年以上経過した後の人骨資料だからである。金関が、これらの時期の人骨を扱いながら、弥生時代開始期に渡来を考えたのは、考古学的成果に基づいて稲作農耕の伝播と関連した事象であると解釈したからなのである。

渡来人の故地については、渡来人が北方モンゴロイド集団であるという以上のことは明らかになっていない。というより、人骨やＤＮＡからわかるのはここまでである。東アジア〜北アジアには同様なモンゴロイドが分布していることは既述のとおりであるし、そもそも渡来の時期と考えられる縄文晩期から弥生時代初頭に相当する人骨は東アジアでも少ない。埴原が使用した北アジアの資料は新石器時代のものであるし、松下・韓の山東省の資料は漢代を主体とし、渡来的弥生人よりも後の時代のものである。韓国の礼安里古墳群も渡来的弥生人から数百年経過した時期のものである。人骨形質の類似から渡来人の故地を探ろうとすると、日本列島内でもそうであるように、東アジア各地における時間的な形質の変化を考慮しなければならない。しかし、現状の資料的制約はそれを許す状況ではないといえよう。

さらにいえば、これらの人類学的研究に大きく欠落しているのは言語の問題である。というのも、日本語は韓国語と同じ語順をもった言語であり、中国語や印欧語とその点が大きく異なっている。中国から日本列島に大量の渡来人がやって来て在来住民を凌駕したならば、日本語はこんにちのものとは大きく異なっていたはずである。

では、考古学の知見を加えて総合すると、渡来人と渡来はどのように説明できるのだろうか。

3　渡来の実態

1　考古学からみた渡来人

人類学と考古学の見解は対立する部分も多い。すなわち、シベリアや中国から大量に渡来人がやってきたとする人類学。それに対して、韓半島から渡来人は来たものの、それほど多い量ではなかったとする考古学、という対立である。もちろん、人類学でも韓半島を重視する見解はあり（池田一九九八）、すべてがそうであるわけではないが、この問題はナショナル・アイデンティティーや他民族との関係を含むデリケートなものであり、感覚的にどちらかの説を選択することは、学問的に意味がないばかりか、危険ですらある。したがって、以下に人類学・考古学双方の論拠を吟味しながら、弥生人の成立過程を考察することにしたい。

考古学においては、鳥居龍蔵が弥生文化の起源を中国東北部～韓半島に求めて以来（鳥居一九一八）、多くの研究者が渡来人を想定し、その起源地を韓半島に求めてきた。そして、その想定どおり、日本における稲作は韓半島からもたらされたという証拠が続々と出土し、蓄積されてきた。すなわち、数々の稲作農耕にかかわる石器・木器類、土器、葬送習俗、環壕集落、住居形態など、韓半島南部にみられるものが北部九州において相次いで出土したのである。

しかし、考古学における学説が「一枚岩」であったわけではない。資料の蓄積とともに韓半島からの渡来は確実視しながらも、たとえば縄文晩期末の夜臼式土器と弥生前期初頭の板付Ｉ式土器を同時期併存ととらえ、板付Ｉ式土器が韓半島からの渡来人の土器であると想定したり（春成一九七三）、渡来人が男性ばかりであり、縄文人の男性は山に逃げるか征討されてしまったといった発言もあった（坪井一九六八）。筆者はこれらをふまえて、渡来人論争と稲作伝播のプロセスについては以前にも言及したことがあり（田中一九八六・一九九一・二〇〇二、田中・小沢二〇〇一）、本書でも各自論究されているところであるが、筆者なりにあらためて整理すると以下のようになろう。

まず、縄文後期末、少なくとも晩期前半からは炭化米や籾の痕跡がついた土器が存在することから、コメとそれに関する情報は日本列島の外部からもたらされ、蓄積されていったと考えられる。晩期中葉になると、甕の口縁下に列状に孔をあけた土器が出現する。これは、韓半島南部の無文土器の甕にみられる手法に類似するもので、北部九州を中心に九州各地から山陰地方に散見され、その時期は晩期中葉から弥生時代初頭に及ぶ（田中一九八六、片岡一九九九、千二〇〇八）。この孔列土器は、当初は渡来人のおそらくは女性が在地の縄文土器を製作する際に半島の無文土器甕の要素を付加した「折衷土器」と考えたが（田中一九八六）、広範囲に分布しかつ時期幅も長いことから、導入の後は在地社会に流布し一般化したものと考えたほうがいいようである。

また、孔列土器の出現と同じ晩期中葉の黒川式土器に伴って石庖丁も出土する（武末・前田一九九四）。そして、この時期には低地への遺跡の進出もみられるなど（田中一九八五）、試行的で一般化はしなかったにせよ、それ以降の水稲耕作への確実な歩みが始まる。

次の晩期後葉（弥生早期）になると一つのピークを迎え、渡来的要素は水田をはじめ石器・住居形態・環濠集落にも及ぶ。韓半島南部と北部九州の文化が最も類似するのもこの時期である。土器ではそれまでみられなかった器種である壺が出現する。これは、器形的にも韓国の無文土器（丹塗磨研小壺）とよく類似し、丹塗りの精製品も多い。したがって、壺の起源は在来の伝統ではなく、無文土器のなかに求められる（沈一九八〇）。しかし、無文土器と類似するのは小壺や甕の一部のみであり、夜臼式の他器種は在来の伝統を踏襲していて、むしろ従来の器種構成に壺などが導入されたという構成である。

これは、石器においても同様であり、基本的には農耕文化と不可分に複合した収穫具・工具・祭具が導入されているものの、これらは縄文文化のなかにそれらと同一機能を有する石器がないものであり、実用の磨製石鏃や伐採用の石斧のように、縄文文化に打製石鏃や磨製石斧という同一機能の石器が存在する場合は導入されていない（下條一九八六）。

このように、縄文時代から弥生時代への移行のあり方は、韓国の無文土器文化全体が体系として一気に伝わったのではなく、段階的かつ選択的に導入されたものである。しかし、渡来人の存在を示す要素もある。その一つは前記した晩期中葉にあらわれる孔列土器であるが、土器製作時の外傾接合手法もそうである。これは、土器の粘土帯のつぎ目が断面でみると縄文式土器では内側へと傾斜するのに対して、韓国の無文土器では逆に外傾する。そして、この手法が晩期の後葉に導入され、弥生初頭（板付Ⅰ式）になると外傾接合手法のほうが優勢になってしまうのである（家根一九八一）。

土器における外傾接合手法は、完成した土器の外見にはあらわれない内在的な部分であり、搬入品の模倣ではなく、渡来人が存在し、それによって広まったことを示すものといえる。そして、在来文化に受け入れられ数量的にも優勢化していく手法であることから、渡来人（しかも女性）の数が文化的にノイズとして無視されるほど少数ではなかったことをも示している。しかし、これらが本来は渡来人によるものであるとしても、作られた土器自体は黒川式や夜臼式土器という在来の縄文土器であることから、在来文化の規範のもとでマイナーなかたちで要素のみを表現したものといえる。したがって、渡来人を受け入れた当初では、在来伝統と規制が健在であったことを物語っているのである。

さて、北部九州の文化が韓国の無文土器文化と最も類似するのは晩期後葉（弥生早期）である。そのため、この時期に埴原が主張するような大量の渡来を想定することもありえよう。実際、この時期の次の段階には、もはや韓国の無文土器文化とは違った「弥生文化」としてまったく別の文化となっていくため、可能性があるとしたらこの時期なのである。

たしかに、この時期には渡来系の土器である壺などが導入され、それ以降は弥生土器の主流をなす器種となる。竪穴住居も半島系のものが用いられるようになり、墓においても渡来系の支石墓や木棺、副葬用の磨製石器・丹塗磨研小壺が導入される。そして、最近では埋葬姿勢までも弥生人と同じものが発見されている。すなわち、弥生人は上肢を曲げる特徴的な埋葬姿勢をとるが、そのパターンのうち、二つまでが韓国で確認されているもので、墓の型式や副葬品という物質だけでなく、その背後の葬送観念をも無文土器文化から導入した可能性を強く示すものである（田中二〇〇二）。これらが渡来人たちによって伝えられたことは明らかであり、この時期に文化的にも価値観の大転換があったことは疑いない。そして、そこに大量の渡来人の姿を想定することは無理からぬところもあろう。

しかし、大量の渡来人が持参し、また渡来後に種々の器物を製作したのならば、韓国の無文土器文化の規範にそって作られるはずである。また、渡来人が大集団で来たのであれば、彼らだけの集落、すなわち無文土器文化の遺物・遺構だけで構成される遺跡もあるはずである。ところが、この時期には半島の無文土器文化だけで成り立った遺跡は皆無である。実際の遺跡の状況は、大量の在来遺物のなかにごくわずかに半島製遺物が混じる程度である（橋口一九八五）。この時期の代表的集落遺跡である福岡県粕屋町江辻遺跡は、松菊里型住居という韓半島系の住居ばかりで構成される集落でありながら、遺物はほとんどが在来のものである。また、住居の配置は中央に広場と大型建物があり、それを取り囲むように円環状に住居を建てており、その姿は縄文集落と類似する（武末一九九八）。

このように、実際の遺跡のあり方からは、大量の渡来人がやってきたとはとうてい考えられず、縄文人の集落に渡来人が吸収され、共住していたとしか考えられない。また、下條が指摘するように、渡来人がもたらした石鏃は墓に副葬するためのものであり、無文土器文化における実用の磨製石鏃は伝わっていない。つまり、そこには渡来人と縄文人の緊張関係を読みとることはできず、渡来が平和的に行われたことを示しているのである（下條一九八六）。このように在来住民との間に摩擦を生じずに移住しえたことは、渡来人側においては、それ以前からの交流と移住を通じて移住先の情報を蓄積していたこと、在来者側には、黒川式期を通じて流入・蓄積された稲作農耕とその文化への期待・憧憬が存在したことを示すものといえよう。

では、具体的にはどのようなプロセスで渡来人は受容され、弥生社会は形成されていったのだろうか。

2　渡来人の故地と規模

渡来人がどこから来たかについては、バイカル、沿海州、山東周辺、江南など、金関説以降もさまざまな候補地があがっていることはすでに記した。たしかに、シベリアから中国の華北・東北部、韓半島などからは、北部九州の弥生人と同様の形質をもった古人骨が出土している。現状の資料における形質からみると、中国山東省の人骨が最も「渡来的弥生人」に近いようでもある（松下・韓一九九七）。しかし、形質が似ていることと、渡来人がそこからやってきたということは、すぐに結びつくわけではない。やはり、文化においても類似や影響関係を検討しなければ、候補地とすることはできない。というのも、人が移住し、形質を変えるほどならば、当然渡来人の文化が在地の文化に何らかの影響を与えたと考えられるからである。

これまでの遺跡や遺物の資料的蓄積とその研究成果からみて、北アジアや東アジアの各地の文化で、縄文晩期から弥生時代初頭にかけて日本列島、とくに北部九州に文化的影響を与えた地域といえば、ほぼ韓半島南部のみということができる。すでに記したように、この地域からは稲作農耕とそのための石庖丁などの農具類、各種の工具（石器）、磨製石鏃・磨製石剣、壺、松菊里型住居、支石墓などさまざまな文化が伝来し、弥生文化のなかに定着していった。そして、埋葬姿勢までも弥生人と同じものが発見されており、さまざまな物質文化だけでなく、その背後の精神文化をも無文土器文化から導入した可能性が高い。そして、何よりも、韓国慶尚南道礼安里古墳群から、北部九州の弥生人とよく似た人骨が数多く出土しているのである。

渡来の時期は、すでに述べてきたように、縄文時代後期末〜晩期前半にはコメに関する情報が列島に伝わり（小林一九八五）、少なくとも晩期中葉には渡来が開始され、晩期後葉（弥生早期）にまで継続もしくは増加していたと考えられる。ただ、形質に大きな遺伝的影響を与えた渡来の時期が、もう一つの無文土器の渡来時期である前期末〜中期初頭ではないかという見解もある（池田一九九八）。たしかに、この時期には無文土器のセットを一定量出土し、渡来人の集落と考えられる遺跡も何カ所も発見されている（片岡一九九九）。しかし、現在北部九州で最も高い密度で調査が行われ、最も多い無文土器文化の集落が発見されている福岡県小郡市三国丘陵を例にとってみると、たしかに渡来人の居住地が三カ所発見されているが、同時期の弥生遺跡は実に一〇倍強の三一遺跡が存在する。つまり、この時期には弥生人たちはすでに人口増を果たしており、弥生人との人口比を考えると、この時期の渡来人たちが弥生人集団に大きな遺伝的影響を与えることはなかったと考えられる。

渡来人の数量について埴原は、既述のように超大量の渡来人を算出したが、これにはいくつかの問題点を指摘してきた（田中一九九一）。埴原は当初三〇〇万人の渡来人を想定したが（Hanihara 1987）、その後人口増加率を〇・二%に修正し、渡来人は約一三〇万人であったとしている（埴原一九九三）。ここでは後者を検討することにしたいが、埴原説の第一の問題は、七世紀段階の人口構成を、縄文系と渡来系に分け、前者を縄文人直系としている点にある。これでは、縄文人と渡来人の混血による集団はすべて後者に含まれてしまう。そうすると、前者の推定値は、渡来人が来ずに縄文人だけで、〇・二%の年間増加率で増えていった結果を推定したことになる。

たしかに、渡来人が来なかったらそのようになったかもしれない。ところが、実際には北部九州で縄文人と渡来人が混血し、その混血集団が母体となり、さらに他地域の縄文人の後裔と混血していくことによって渡来形質が広がっていったというのが実状であろう。したがって、縄文直系集団の推定値の少なさに目を奪われてはならない。埴原は混血を含めた渡来系集団の人口増加でも七世紀の人口はまかなえず、最大一〇〇万人をこえる渡来人を見込む必要があるというが、この混血集団の人口増加が〇・二%程度であったかどうかが問題となるのである。

次に、縄文晩期と七世紀の推定人口が日本全体における値であることも問題である。既述のように、渡来は北部九州を中心に行われ、混血による形質の変化もこの地域において生じたと考えられる。したがって、地域を限定した試算も行う必要があろう。また、埴原が当初参照した世界の農耕民の人口増加率（〇・一%）は紀元一千年紀のものであり、いずれの農耕社会でも安定期に入った段階以降のものである。つまり、農耕開始直後の人口増はこれらの値には含まれていないのである。農耕民と狩猟採集民の人口増加率には相違があり、稲作農耕を開始した渡来・混血集団の人口増が、縄文的生業にとどまった集団のそれを大きく上回ったことが渡来的形質の拡散に寄与したのではないかという観点（山口一九八六）に立てば、一〇〇〇年という長い時間幅でなく、もっと短い幅で稲作農耕開始直後の人口増を検討する必要があろう。

そのような観点から、以前に北部九州において最も調査密度の高い地域の一つである小郡市三国丘陵を中心とした地域において、縄文晩期中葉の遺跡が七カ所、弥生前期末の遺跡数が二八カ所であることから、埴原と同じ式で年間人口増加率を求めて、〇・六三九%という値を得た（田中一九九一）。その後、増加した資料を加えて再度計算したところ、結果は前期後半（板付Ⅱ式）までが〇・七二六%、前期後半から前期末までが〇・九八六%、弥生初頭から前期末までは〇・九七三%という値であった（田中・小沢二〇〇一）。このように、相当の高率で人口が増加していったことがうかがえるのである。

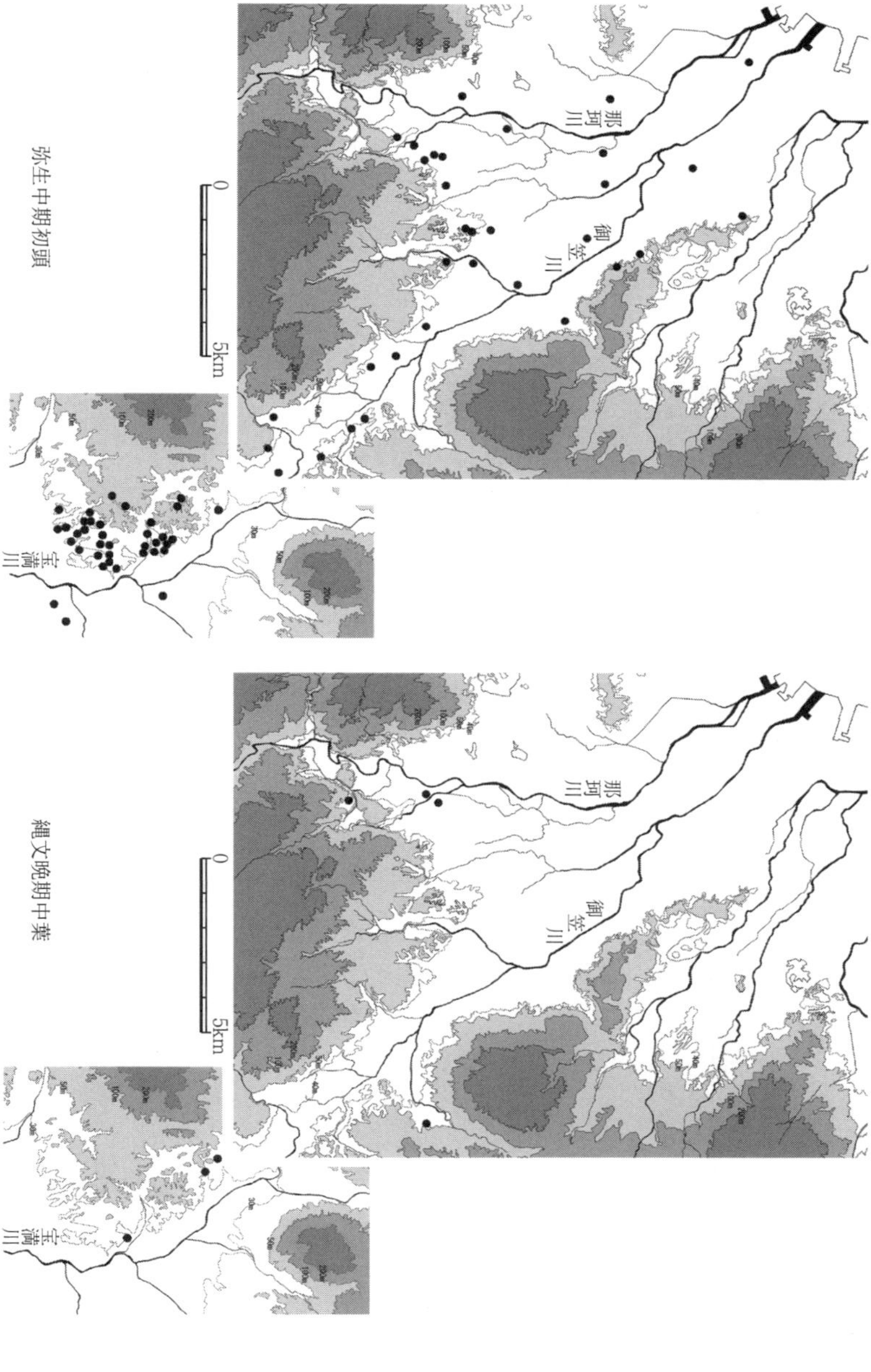

図6　弥生時代の人口増加（田中・小澤 2001）

このほかにも、中橋孝博は、墓の数から同様の方法で前期末以降の人口増加率を算定した結果、中期後半まで一・〇%をこえる増加をしていたという結果を提示している(中橋一九九三)。小沢佳憲は、集落動態を検討するなかで、より正確な遺跡面積を時期ごとに求めて、糸島・早良・福岡平野における晩期後半(弥生早期)から中期後半までで〇・七一三%という人口増加率を提示している(小沢二〇〇一)。そして、中橋孝博と飯塚勝は、人口増加の統計的シミュレーションを行い、少数の渡来人でも形質変化が可能であることを示している(中橋・飯塚一九九八)。埴原が大量渡来説を構築した方法とほぼ同様ではあるが、人口増加率などの入力する数値次第で、少量渡来もまた想定しうるのである。

これらの結果は、弥生時代開始期から爆発的といってよい人口増加が北部九州において起きたことを物語っており、西日本各地においても弥生時代前期末～中期前半には爆発的に遺跡数が増加するということが経験的に知られていることから、弥生時代になっての人口増加が汎西日本的なものであることを示している。したがって、これらの弥生遺跡が渡来人の集落でない以上、人口増加率から大量の渡来人を想定する必要はなくなってしまうのである。

3 渡来のプロセス

埴原が試算したような超大量の渡来ではなくとも、縄文人から弥生人への変化は渡来人の影響と考えざるをえない。渡来人の遺伝的影響は無視できないのである。ところが、考古資料からみると渡来人はとても大量とは考えられない。ではどのような経緯でこのようなことが起こったのだろうか。

北部九州弥生人が最も渡来的形質をもつことや、最古段階の農耕集落の分布からみても、渡来の主要な場所、もしくは最も渡来人の影響が強いのは、玄界灘沿岸の北部九州であったと考えられる。そして、この地域は縄文時代の遺跡が少ないことでも知られる。福岡平野の中心部における縄文晩期中葉と弥生前期末〜中期初頭の遺跡分布（図6）をみても一目瞭然であろう。つまり、もともと少ない縄文人のなかにそれほど多くない渡来人たちがやってきて、そこで縄文晩期中葉以降一貫して人口増加を遂げたようなのである。では、文化の問題はどう解釈できるだろうか。

まず、海を越えて新たな土地に移民したことを考えると、渡来人たちは老人までのすべての世代を含むのではなく、若年〜成年層を中心とした世代構成であった可能性が高い。また、土器に渡来的要素がみられ、土器は女性が作る社会が多いことからみて、渡来人に女性が含まれていた可能性は高い。おそらくは、稲作が男女の協業であり、機織りなど女性の労働も一緒に導入されていることから、男女同数に近い性構成であったと思われる。一方、縄文集落が一般的にいわれるようにおおよそ五〇人ほどの規模であったと考えると、一集落の子供と熟年・老年を除けば若年から成年は二〇人に満たないであろう。そして、渡来人だけの集落を作っていないことからみて、大集団で一気に渡来したとは考えられない。だいいち、渡来後の食糧調達を考えても、大集団での渡来は不可能である。

そこで上記のような構成の渡来人が二〇人ほどの規模でやってきたとすると、婚姻可能な年齢層においては同数かやや渡来人が上回ることになる。そうすると、スムーズに渡来人が受け入れられ、婚姻していけば混血効果は高い。そして、文化規範を取り仕切るのは縄文人の熟年・老年層（長老）ということになり、まずは在来文化の規範が優先されることになろう。したがって、渡来人とその混血の子供たちも在来文化の規範にそって土器や石器を作ることになる。

このような小規模の渡来が散発的に、しかしいくつもの集落に何世代にもわたって行われると、稲を中心とする農作物の安定性と優位性が実感されて、しだいに縄文的生業から渡来人がもたらした稲作へと主体が移っていき、付随する文化への傾斜も次第に高まって、結果的に文化も変わる。一方、遺伝子のほうは着実に渡来遺伝子を再生産し、また新たな渡来遺伝子を蓄積して、結果的には在来のそれを凌駕することになって、北方モンゴロイド的な渡来的弥生人の形質ができあがったのではないか。このようなプロセスであれば、文化の連続性と漸移的変化、さらには渡来的弥生人の形質の形成も説明できるのである（図7。田中・小沢二〇〇一、田中二〇〇二）。

この想定に対して、佐原眞は「渡来人と在来住民が都合よく結婚できたとは、渡来人は特別にセックスアピールがあったのか」（佐原二〇〇二）とコメントして揶揄しているが、これは未開社会に対する無理解に基づく発言であるといわざるをえない。というのも、渡来人たちは現代日本にやって来たのでなく、こんにちとはまったく異なる原理の社会にやってきたからである。渡来人を受け入れた北部九州の縄文社会は、少なくとも後期中葉には氏族に分割された部族社会を形成していた（田中二〇〇八a・二〇〇八b）。コロニーを形成して渡来人だけで社会を構成することもなく、少数かつ個別に渡来してきたならば、そこで生活していくには現地の部族社会においてメンバーシップを獲得するほかはなく、また縄文人たちの側からみても自らの社会に受け入れて融和させるためには、婚姻関係を取り結ぶことは不可欠であるからである。

筆者がこれまで行ってきた人骨の歯冠計測値を用いた親族関係分析では、古墳時代の韓国南部（伽耶）と、縄文晩期の西日本は母系でも父系でもない双系的な社会であったという結果が出ており（田中一九九三・一九九六）、渡来人・縄文人ともに双系的親族関係にあった可能性が高い。そして、この双系的社会の特質は、母系や父系の単系社会に比べてメンバーシップがゆるやかであるという点にあり、双方が共住し婚姻することに対する規制が最もゆるいタイプの社会といえるのである。したがって、親族関係もまた渡来人の受容と婚姻・混血に好条件として機能したと考えられる。

このようにして、もともと縄文人の人口が少なく、しかも水稲耕作に適した低湿地が展開していた福岡平野を

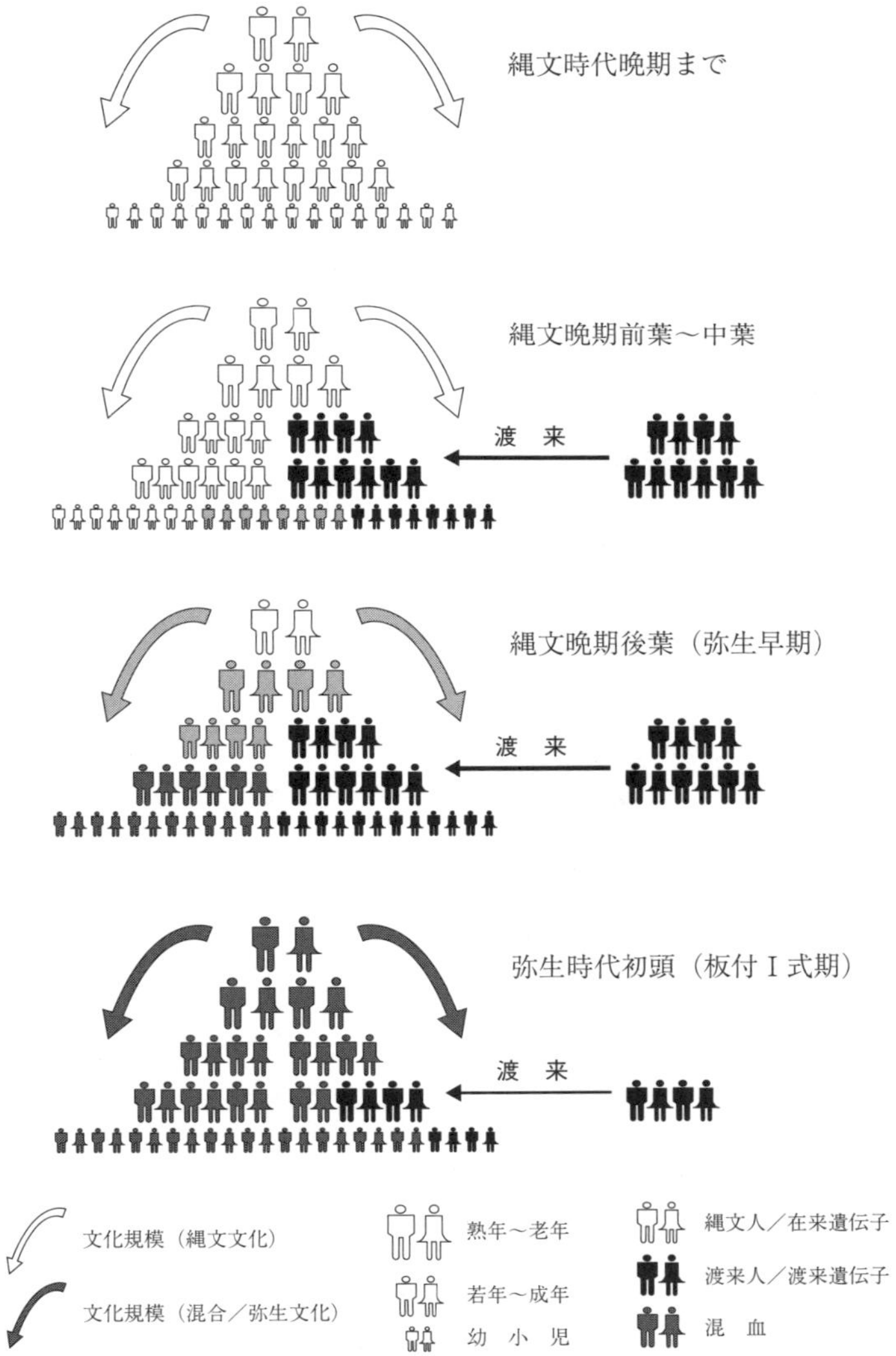

図7　渡来モデル（田中 2002）

中心とした地域において、渡来的弥生人の形質はできあがったと考えられる。それでは他の地域にはどのようにして広がっていったのであろうか。

4 形質と文化の拡散

既述のように弥生人には地域性があり、北部九州~山口に渡来的弥生人が分布し、周辺には縄文人的特徴が目立ってくる。このような人骨の地域性が混血効果の濃淡を示すと考えられることから、弥生人と古墳人の空間的様態を分析したことがある（Doi and Tanaka 1987、土肥・田中一九八七）。中近世になると御家人や大名とその家臣団が全国的にまとまった人数で移住したり、古墳時代後期の東日本では集団移住を思わせる記録があるため、地域性が人為的に変形している可能性がある。しかし、西日本においては古墳時代までは集団の大規模移住はなかったと考えられるため、弥生人と同じ傾向が古墳時代にまで続いていたと想定して、弥生人と古墳人をあわせて分析したわけである。

分析は統計手法の一種である主成分分析を用い、第I主成分が顔が高く幅が狭いという、これまで渡来的とされてきた特徴を表していることから、これら弥生・古墳時代の諸集団間の形質と距離の関係を求めた。それが図8である。これは、福岡が拡散の中心であることを前提にして、福岡市（博多駅）から各遺跡までの鉄道距離（JR線と主要幹線道路から算出）を求め、縦軸に第I主成分の得点、横軸に鉄道距離をおいて同一平面に示したものである。この場合、一般的に、通常の婚姻等によって形質が拡散する場合は、減衰曲線と呼ばれる曲線を描いて距離とともに下降し、ある形質が広く分布している場合は起点からの下降がなだらかで、逆の場合はそれが急であるとされる（Hiorns and Harrison 1977、Haggett 1977）。**図8**のうち弥生人は、金隈遺跡から大友遺跡をへて西北九州に至るルートが急激なカーブを描いて渡来的形質が失われていくのに対して、佐賀平野東部をへて土井ヶ

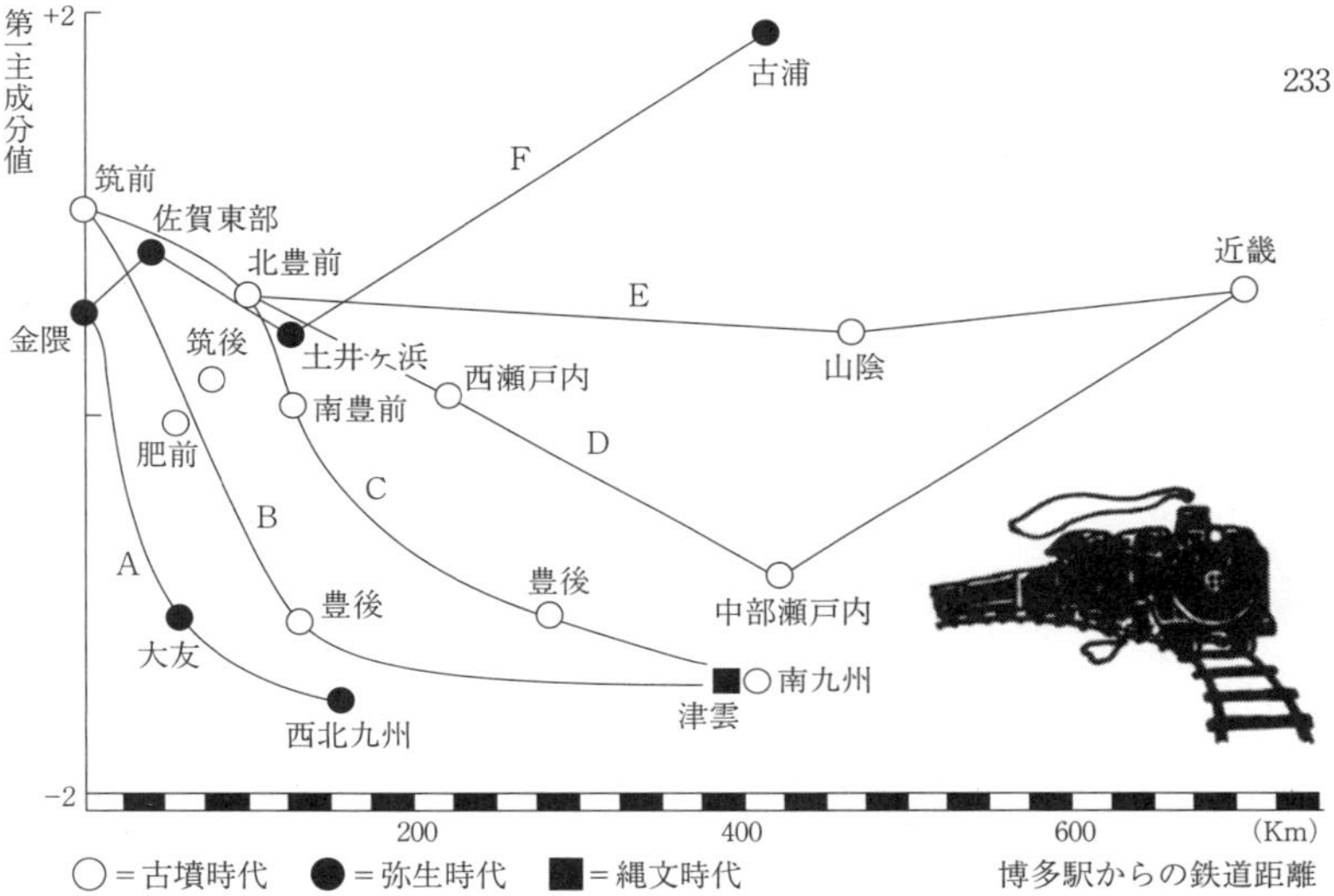

図 8　人骨形質の地理的展開（土肥・田中 1987）

浜遺跡から古浦遺跡へと至るルートは不規則でカーブを描かない。この相違は古墳時代人においてより明瞭に認められ、筑前から筑後・肥前をへてＪＲ久大線経由で豊後に出て南九州に至るルートは急なカーブを描き、ＪＲ日豊線経由で北豊前—南豊前—豊後—南九州へと至るルートは比較的ゆるやかなカーブを描く。ところが、北豊前から西瀬戸内—中部瀬戸内—近畿へと至るルート、山陰—近畿へのルートいずれも不規則な直線となるのである。このうち、中部瀬戸内の人骨は分析当時は内陸部の資料が多かったこともあり、値が低く出ているが、瀬戸内海沿岸の平野部の資料が増加すればより高い値が得られるものと考えられ、より不規則なグラフとなることが予想される。

　このように、急カーブを描く弥生・古墳の二ルートが、前者は海岸部、後者が山間部というように、稲作農耕には好適とはいえない地域を経由するのに対して、なだらかなカーブを描いたＪＲ日豊線経由ルートは豊前という今日の水田地帯を通るという結果となった。したがって、渡来的形質は稲作農耕の適地に向かって

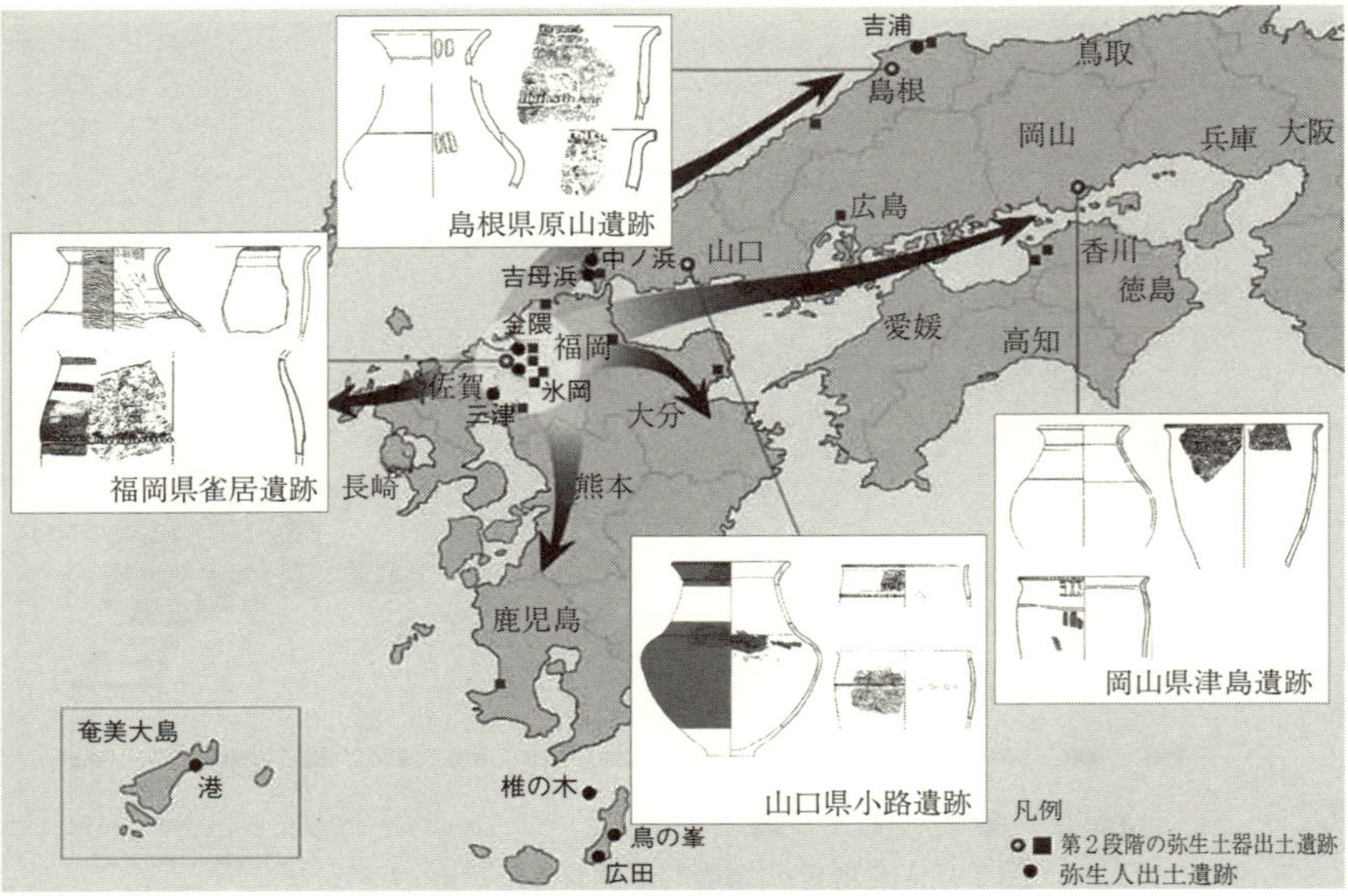

図９　弥生文化のひろがり（田中 2013）

拡散したといえるのである。さらに、不規則な直線を描いた東方ルートは、通常の婚姻等を媒介とした拡散では説明ができず、ある程度の人の移動が加わっているということになるだろう（Doi and Tanaka 1987、土肥・田中一九八七）。

さて、弥生文化は北部九州からすぐに列島各地に広がったのではなく、時期をおいて伝播したことが明らかになっている。各地に広がった土器は学史的には遠賀川式土器と呼ばれ、従来は北部九州における板付Ⅱａ式土器であるとされてきた。しかし、その後もう少し遡る時期の土器が山陰や瀬戸内地方に伝わったことが明らかになった。それは、板付Ⅰ式土器の特徴をまだ残す土器群で、福岡県福津市今川遺跡出土土器に代表され、福岡平野を中心とした地域に集中的に分布する土器である。そして、渡来的弥生人の墓地である山口県中の浜遺跡・土井ヶ浜遺跡・島根県古浦遺跡の開始時期は、まさにこの時期にあたる。また、この前期前半～中頃の土器は、分布こそ広範囲ではあるが点的に広がり、多くは砂丘遺跡をなす。つまり、水稲耕作の適地としての低湿地は砂丘の背後に容易に求めることができることから、海から砂丘の後背湿地を求めて広がることも多く、それゆえに長距離を短期間に伝播したと考えられるのである。そして、この時期に広域に伝播した土器は各地の弥生土器の祖形となり、いわゆる遠賀川式土器としての共通性をもつことになるのである（図9）。

前述のように、福岡平野を中心とした地域は稲作開始以来大規模な人口増加を続けていた地域であり、この地域で大量に増加した人たちこそ「渡来的弥生人」であった。彼らが前期前半〜中頃になって各地に広がることによって、一方では弥生文化が各地に広がり、他方では渡来的形質も広がることになったと考えられる。そして、渡来的弥生人の量と、在来の住人との人口比が各地の弥生人の形質差を生むことになったのであろう。さらに、前期後半〜末には、土器などに各地で地域色が顕著になり、もはや北部九州と山陰、瀬戸内は異なった地域社会となる。したがって、北部九州からのルートは一定程度閉じた状態となるため、渡来的形質の北部九州からの各地への拡散は前期前半〜中頃にかけての時期にほぼ限定されるといえよう。

5　弥生社会の形成

渡来人とその生業・文化を受容することによって弥生時代は始まった。そして、渡来人たちは縄文人たちと同じ集落に共住し、同じ双系の親族関係に基づいて婚姻関係を結び混血していった。したがって、渡来人を受け入れ農耕民化した当初、在地集団の構成原理に大きな変化が起こることもなく、部族社会のままであった可能性が高い。

しかし、変化がなかったわけではない。既述のように、稲作開始以降、その安定・拡大とともに人口が爆発的に増加する。その結果として集落は拡大し、やがて拡大した母村からの分村が始まり、それを繰り返すことによって人口密度は高くなっていったと考えられる。そして、高くなった人口密度の解消策の一つは他地域への移住であり、それが列島各地への弥生文化の拡散という結果をもたらしたことは前記のとおりである。

一方、北部九州内部においては、人口増加とともに地域社会の調整規模が増大していき、やがてはその能力を超えることになる。そうすると、調整規模と能力に応じた新たな領域に分化せざるをえなくなる。つまり、地域社会の分節化であり、いわば部族の数の増加として結果したと考えられる。実際に、弥生前期末には佐賀県唐津市宇木汲田遺跡、福岡市吉武遺跡群、福岡県那珂・比恵遺跡群、筑紫野市隈・西小田遺跡、佐賀県神埼町吉野ヶ里遺跡など、二〇kmくらいの間隔で地域の核ができ、中期になるとさらにその間隔は狭まる事実がそれを裏付けているだろう。

そして、北部九州においては、本来縄文晩期の遺跡密度は低く人口も少ないことから、一部族の領域が広範囲に及んでいた可能性が高い。この領域で人口が増加し、いくつもの部族に分節化したといっても、それらを構成したのはもともとこの広い領域に分布していた氏族であり、それらが人口を増やし分節化していったことにほかならない。その結果、同じ氏族がいくつもの部族領域に分布することとなり、氏族個々のネットワークは部族の領域を超えて広範に広がり機能したと考えられる。このことが、弥生時代北部九州において機能した濃密な広域社会の基盤を提供したと考えられるのである。

さて、人口増加後の北部九州では大規模な共同墓地と墳丘墓・区画墓が形成され、一般の成人男女と子供は列状墓に葬られる（図10）。とくに列状墓は、家族などの小単位の集合ではなく、全体が列をなす点に特徴がある。筆者らは、代表的な列状墓とその被葬者を分析することによって、これらの被葬者の親族関係が双系であるとの結論を得た。したがって、親族関係自体は縄文時代から継続されていたことを示している。

さらに、この列の意味については、列を共有することによる社会的結合の表現としたことがあるが（田中・土

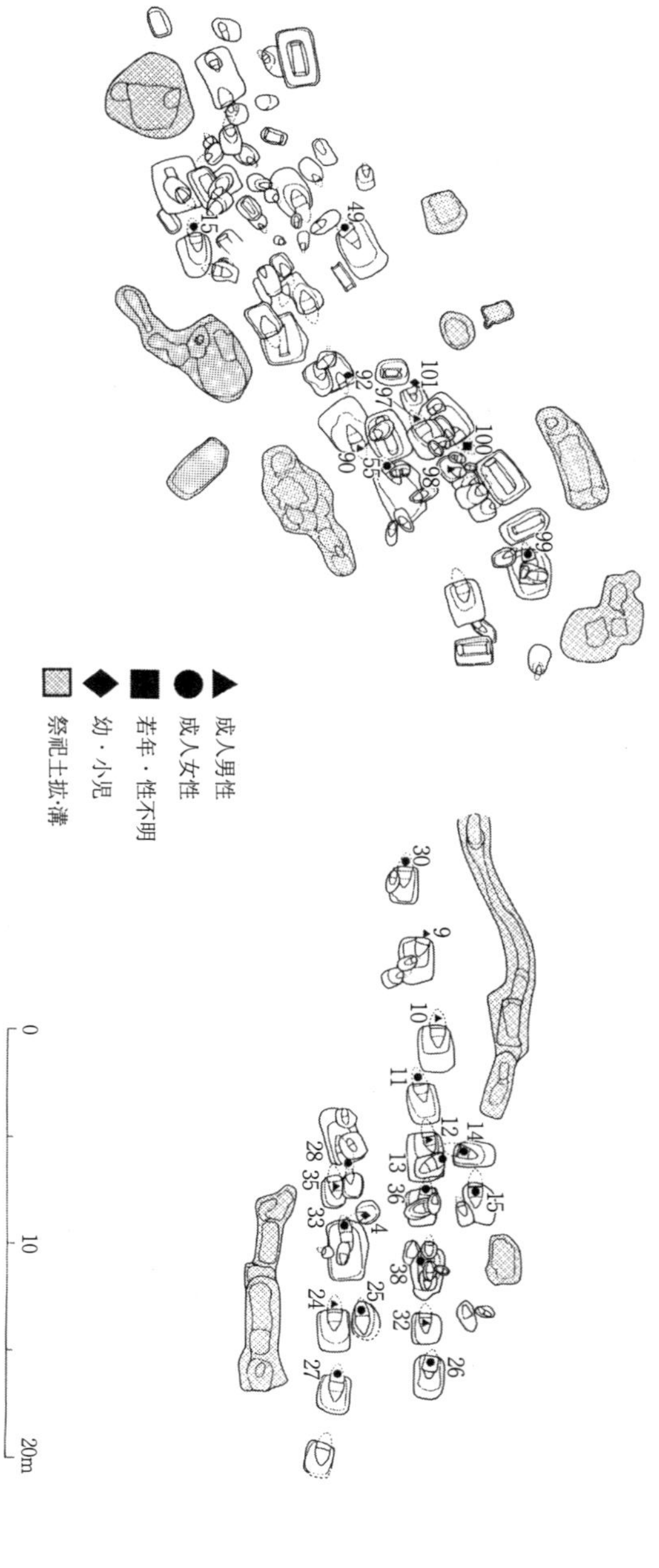

図10　永岡遺跡第二埋葬墓地と被葬者の血縁関係（田中・土肥 1988）
線で結んだ被葬者間には血縁関係が推定された

表3　永岡遺跡列内・列間における被葬者のQモード相関係数と現代人他人との有意差検定結果（田中2013）

列内		列間	
サンプル数	15	サンプル数	17
平均値	0.461	平均値	0.183
標準偏差	0.658	標準偏差	0.714

肥一九八八）、この段階の社会に墓で強調されるべき結合とは部族的結合であり、そうするとその主体は氏族あるいは氏族を二つにまとめた半族などの親族集団であったことになろう。そして、永岡遺跡のその後の分析結果で、列ごとに血縁者がより多く認められ、他人群との間に統計的有意差が認められた。したがって、列がそれぞれ半族であった可能性が高い（田中二〇〇八・二〇一三）。ただ、一列の列状墓の存在や、時に三列やそれ以上になることもある点は、単純な双分制ではなく、半族が分節したり氏族をいくつかにまとめた胞族であった可能性もある。

このように、いくつもの氏族が二つの半族にまとめられ、それが通婚をはじめとする社会単位となっていったのは、おそらくは人口増加と社会の拡大、人口の流動化といった、社会動態に対応し、広域の社会において対応可能な親族組織へと改編されていった結果であると考えられる。渡来人が水稲耕作をはじめとする諸技術をもたらし、生業の大転換を引き起こしたことはもちろんであるが、それによって生じた人口増加もまた、社会規模とその組織の再編をもたらしたのである。

おわりに

日本列島に農耕社会を現出させた弥生文化は渡来人抜きでは成立しなかった。それは事実であるが、それが学界においてコンセンサスを得られたのは一九八〇年代以降にすぎない。

明治以降の論争の過程は、当初の神話からの類推から学問的事実に基づく科学的考察へと進みながらも、日本人が単一人種ではないという仮説と、単一人種であるという要請あるいは願望との間を揺れてきたように思えることは既述のとおりである。

その論争は、資料的蓄積もあり、渡来混血説へと落ち着いたものの、渡来人の果たした役割の評価をめぐり論は分かれてきた。日本人の人類集団としての起源を明らかにしようとする自然人類学と、歴史的脈絡のなかで弥生文化と弥生人の起源を解明しようとする考古学。この違いは、二つの学問の目的の違いに起因する。本稿は、人類学と考古学双方の成果を検討しつつ、上記のような結論にいたった。すなわち、渡来人は大陸ではなく、やはり対岸の韓半島南部からやってきた。その人類集団としての起源は大陸内部にあるとしても、社会集団としては「韓半島住民」がその文化とともに渡来したわけである。

しかし、渡来人たちの数は予想外に少なかったと考えられる。ところが、福岡平野を中心とした地域では、縄文人の人口密度も低く、結果として渡来人の人口比率が局所的に高くなり、この地域で混血した集団が「渡来的弥生人」として人口を増加させていった。そして、増加した彼らが四方に拡散していき、各地の在来集団との婚姻で結ばれることにより、各地の弥生人の形質をつくっていったと考えられるのである。したがって、弥生文化を担っていった主体は渡来人でも縄文人でもなく、縄文人と渡来人との混血集団に縄文人の後裔を加えた「弥生人」たちであったということである。

とはいえ、歴史的プロセスが前述のようであっても、縄文時代から弥生時代への大転換に際して、渡来人のもたらした情報と遺伝子が重大な影響を与えたことは事実であり、これを過小評価してはならない。そして、農耕社会となった弥生社会は人口を増やし、社会をしだいに複雑化させて、やがては階層社会を列島に現出させるにいたったのである。

ともあれ、残された問題はまだ多い。小稿に取り上げられなかった問題もいくつもある。これらについては、今後の資料の増加をまって再論を期すことにしたい。

参考文献

Brace, C. L. and Masafumi Nagai 1982 "Japanese tooth size." *Am. J. Phy. Anthrop.* 59.

百々幸雄・石田肇　一九八八年「頭骨の形態小変異の出現型からみた土井ヶ浜弥生人」（『日本民族・文化の生成』六興出版）

Doi, Naomi and Yoshiyuki Tanaka 1987 "A Geographycal Cline in Metrical characteristics of Kofun skulls from Western Japan," *Journal of the Anthropological Society of Nippon* 95 (3)（『人類学雑誌』九五巻三号）

土肥直美・田中良之　一九八七年「人骨の地域差」（『古代史復元』6　講談社）

Haggett, P., A. D. Cliff and A. Frey 1977 "Locational Analysis in Human geography" Jhon Wiley and Sons.

埴原和郎　一九八四年『日本人の起源』（朝日新聞社）

Hanihara, K. 1987 "Estimation of the Number of Early Migrants to Japan" *Journal of the Anthropological Society of Nippon* 95 (3)『人類学雑誌』九五巻三号）

埴原和郎　一九九三年「渡来人に席巻された古代の日本」（『原日本人』朝日新聞社）

埴原和郎　一九九四年「二重構造モデル―日本人集団の形成に関わる一仮説―」『人類学雑誌』一〇二巻五号

春成秀爾　一九七三年「弥生時代はいかにしてはじまったか」『考古学研究』二〇巻一号

春成秀爾・藤尾慎一郎・今村峯雄・坂本稔　二〇〇三年「弥生時代の開始年代―^{14}C年代の測定結果について―」（『日本考古学協会第六九回総会研究発表要旨』日本考古学協会）

橋口達也　一九八五年「日本における稲作の開始と発展」（『石崎曲り田遺跡』Ⅲ　福岡県教育委員会）

Hiorns, R. W. and G. A. Harrison 1977 "The combined effects of selection and migration in human evolution," *Man* (N. S.) 12.

宝来　聡　一九九三年「縄文人のＤＮＡは語る」（『原日本人』朝日新聞社）
池田次郎　一九八一年「異説弥生人考」（『季刊人類学』一二巻四号）
池田次郎　一九九八年『日本人のきた道』（朝日新聞社）
Japanese Archipelago Human Population Genetics Consortium 2012 "The history of human populations in the Japanese Archipelago inferred from genome-wide SNP data with a special reference to the Ainu and the Ryukyuan populations," *Journal of Human Genetics* 57.
金関丈夫　一九五五年「弥生人種の問題」（『日本考古学講座』4　河出書房）
金関丈夫　一九六六年「弥生時代人」（『日本の考古学』3　河出書房）
金関丈夫　一九七一年「日本人種論」（『新版考古学講座』10　雄山閣）
片岡宏二　一九九九年『弥生時代渡来人と土器・青銅器』（雄山閣）
金鎮晶・小片丘彦・峰和治・竹中正巳・佐熊正史・徐男　一九九三年「金海礼安里古墳群出土人骨（Ⅱ）」（『金海礼安里古墳群』Ⅱ　釜山大学校博物館）
清野謙次　一九四九年『古代人骨の研究に基づく日本人種論』（岩波書店）
清野謙次・宮本博人　一九二六年「津雲石器時代人はアイヌなりや」（『考古学雑誌』一六巻八号）
小林達雄　一九八五年「縄文文化の終焉」（『日本史の黎明』六興出版）
小林行雄　一九五一年『日本考古学概説』（創元社）
松本秀雄『日本人は何処から来たか―血液型遺伝子から解く―』（日本放送協会）
松永　英　一九七八年「日本人の遺伝的特徴」（『現代のエスプリ　日本人の原点』至文堂）
松下孝幸・韓康信　一九九七年「山東臨淄周―漢代人骨体質特征研究及西日本弥生時代人骨比較概報―」（『考古』一九九七―四）
Mizoguchi, Yuji 1988 "Affinities of the Protohistoric Kofun People of Japan with Pre a nd Proto-historic Asian

Populations" *Journal of the Anthropological Society of Nippon* 96（1）（『人類学雑誌』九六巻一号）

森貞次郎　一九六六年「弥生文化の発展と地域性」（『日本の考古学』3　河出書房）

モース・エドワード　一九七〇年『日本その日その日』（石川欣一訳　平凡社　原著 Morse, Edward Sylvester, 1917 *Japan Day by Day*）

永井昌文　一九八一年「古墳時代人骨」（「シンポジウム骨からみた日本人の起源」『季刊人類学』一二巻一号）

中橋孝博　一九九三年「墓の数で知る人口爆発」（『原日本人』朝日新聞社）

中橋孝博・土肥直美・永井昌文　一九八五年「金隈遺跡出土の弥生時代人骨」（『史跡金隈遺跡』福岡市教育委員会）

中橋孝博・永井昌文　一九八九年「弥生人の形質」（『弥生文化の研究』1　雄山閣）

中橋孝博・飯塚勝　一九九八年「北部九州の縄文～弥生移行期に関する人類学的考察」（『人類学雑誌』一〇六巻一号）

岡崎　敬　一九六八年「日本における初期稲作資料」（『朝鮮学報』四九）

岡崎　敬　一九七一年「日本考古学の方法」（『古代の日本』9　角川書店）

尾本恵市　一九七八年「日本人の遺伝的多系」（『人類学講座』6　雄山閣）

小片丘彦・金鎮晶・峰和治・竹中正巳　一九九七年「朝鮮半島出土先史古代人骨の時代的特徴」（『青丘学術論集』一〇）

小沢佳典　二〇〇〇年「集落動態からみた弥生時代前半期の社会」（『古文化談叢』四五）

崎谷満　二〇〇九年『新日本人の起源』（勉誠出版）

サトウ・アーネスト　一九六〇年『一外交官のみた明治維新』（坂田精一訳　岩波書店）

沈奉　謹　一九八〇年「日本弥生文化形成過程研究」（『東亜論叢』16）

下條信行　一九八六年「日本稲作受容期の大陸系磨製石器の展開」（『九州文化史研究所紀要』三一）

佐原　眞　二〇〇二年「弥生時代の比較考古学―総論―」（『稲・金属・戦争』吉川弘文館）

千　羨幸　二〇〇八年「西日本の孔列土器」（『日本考古学』二五）

篠田謙一　二〇〇七年『日本人になった祖先たち　ＤＮＡから解明するその多元的構造』（日本放送出版協会）
鈴木　尚　一九六三年『日本人の骨』（岩波書店）
高倉洋彰　二〇〇三年「弥生文化開始期の新たな年代観をめぐって」（『考古学ジャーナル』五一〇）
多賀谷昭　一九八七年「性差の集団間変異―日本人の四肢長骨計測値の分析―」（『人類学雑誌』九五巻一号）
武末純一・前田義人　一九九四年「北九州市貫川遺跡の縄文晩期の石庖丁」（『九州文化史研究所紀要』三九）
武末純一　一九九八年「弥生環溝集落と都市」（『古代史の論点』３　小学館）
田中良之　一九八五年「縄文時代」（『北九州市史　総論　先史・原史』北九州市史編纂委員会）
田中良之　一九八六年「縄文土器と弥生土器」（『弥生文化の研究』３　雄山閣）
田中良之　一九九一年「いわゆる渡来説の再検討」（『日本における初期弥生文化の成立』文献出版）
田中良之　一九九三年「古代社会の親族関係」（『原日本人』　朝日新聞社）
田中良之　一九九六年「埋葬人骨による日韓古墳時代の比較　四・五世紀の日韓考古学」（『九州考古学会・嶺南考古学会』）
田中良之　二〇〇一年「弥生時代における日韓の埋葬姿勢について」（『弥生時代おける九州・韓半島交流史の研究』九州大学）
田中良之　二〇〇二年「弥生人」（『稲・金属・戦争』　吉川弘文館）
田中良之　二〇〇八年ａ「山鹿貝塚墓地の再検討」（『地域・文化の考古学　下條信行先生退官記念論文集』下條信行先生退官事業会）
田中良之　二〇〇八年ｂ『骨が語る古代の家族』（吉川弘文館）
田中良之　二〇一一年「ＡＭＳ年代測定法の考古学への適用に関する諸問題」『ＡＭＳ年代と考古学』学生社）
田中良之　二〇一三年「川西高原先史社会の親族関係」（『東チベットの先史社会』中国書店）
田中良之・土肥直美　一九八八年「二列埋葬墓の婚後居住規定」（『日本民族・文化の生成』六興出版）

田中良之・小澤佳憲　二〇〇一年「渡来人をめぐる諸問題」（『弥生時代における九州・韓半島交流史の研究』　九州大学）
田中良之・溝口孝司・岩永省三　二〇〇四年「弥生人骨を用いたＡＭＳ年代測定（予察）」（『嶺南考古学会・九州考古学会合同考古学大会』）
田中良之・溝口孝司・岩永省三　二〇〇六年「ＡＭＳ年代測定法の考古学への適用に関する諸問題」（『第七二回〔二〇〇六年度〕日本考古学協会総会』）
チェンバレン、バジル　一九六九年『日本事物誌』（高梨健吉訳　平凡社　原著 Basil Hall Chamberlain, 1890: *Things Japanese*）
鳥居龍蔵　一九一八年『有史以前の日本』（磯部甲陽堂）
坪井清足　一九六八年『シンポジウム日本農耕文化の起源』（石田英一郎・泉靖一編　角川書店）
山口　敏　一九七七年『日本人の起源』（社会保険新報社）
山口　敏　一九八四年「日本人の生成と時代的な推移」（『人類学その多様な発展』日経サイエンス社）
山口　敏　一九八五年「東日本―とくに関東・東北南部地方―シンポジウム国家成立前後の日本人―」（『季刊人類学』一六巻三号）
山口　敏　一九八六年『日本人の顔と身体』（ＰＨＰ研究所）
家根祥多　一九八一年「縄文土器から弥生土器へ」（『縄文から弥生へ』　帝塚山考古学研究所）

第二章　韓半島南部における初期農耕文化の動態

―石製工具を通して―

裵　眞晟

はじめに

近年、新石器時代の遺跡からも各種の穀物資料が検出されており、江原道高城郡文岩里遺跡では、畠遺構も発見されているが、農耕の占める比重や役割を勘案すれば、韓半島の櫛文目土器社会に〝農耕文化〟あるいは〝農耕社会〟という用語をただちに適用することは難しいものと思われる。

現在、韓半島における農耕社会の開始は、無文土器の始まりにほぼ一致するとみてよい。各種の穀物資料と水田および畠遺構が各地で確認されており、大規模集落と墳墓築造の始まりおよびそこにみられる階層化の進展などの点から農耕社会的な姿が読みとれるためである。現在まで続いてきた韓半島の農耕文化は、いわゆる無文土器が使用された時点から始まったと考えられるため、無文土器社会の農耕文化は、すなわち韓半島の初期農耕文化と呼べるであろう。

韓半島の初期農耕文化はさまざまな遺物・遺構・遺跡として多様な姿で確認されるが、本稿では最近の資料を含め、石製工具の全体的な状況と特徴などを整理しつつ、韓半島初期農耕文化の一端を把握することにする。韓半島の青銅器時代は磨製石器の全盛期であり、石製武器類の発達とともに、石製工具類が定型化し、機能的に発達したことが大きな特徴としてあげられる。無文土器社会の農耕具は主に木製農耕具であったと考えられるが、それは石製工具によって製作されたため、石製工具は韓半島初期農耕文化の主要な構成要素の一つであるといえる。

1　韓半島初期農耕研究の現況

1　間接的な資料中心の研究

日本列島における弥生文化の最も大きな特徴である稲作農耕が、韓半島の青銅器時代後期に該当する松菊里文化の影響で始まったという点は、古くから日韓両国の研究者たちに受け入れられてきた。にもかかわらず、一九八〇年代まで韓半島南部では実際の耕作遺構が確認されておらず、農耕に関連する間接的な資料を中心に研究が行われてきた。

八〇年代当時までの農耕に関連する資料としては、まずさまざまな遺跡から検出された各種の穀物資料があげられる。平壌市南京遺跡と驪州郡欣岩里および扶餘郡松菊里遺跡では炭火米、西北・東北地域では、アワ、キビ、マメなどの畠作物が主に検出された。これらをもとに韓半島北部地域は畠作中心であり、韓半島南部地域は松菊里段階に稲作農耕が本格化したと推定される一方、中国～韓半島～日本列島にいたる稲作の伝来ルートに関する諸説が並立することになった。特に、収穫具である石庖丁は、石器のなかで農耕に直結する最も代表的なものであり、櫛形・魚形・長方形・舟形・三角形など多様な型式が時期差と地域差をみせながら活発に展開していった。

また、遺跡の立地と農耕の関係、集落の規模および支石墓などからみた農耕社会的な側面を通して、当時の農耕文化の発達が論じられるなど多くの学者により研究と整理が行われている（鄭一九九一、安一九九六、趙二〇〇〇、李二〇〇二、金度憲二〇〇七など）。

2　資料の増加と研究の多様化

このような農耕研究は一九九〇年代半ば以降、蔚山市玉峴遺跡と晋州市大坪里遺跡で良好な状態の青銅器時代の水田と畠が確認され、資料の質的・量的充実の転換点を迎えることになった。水田は丘陵の斜面末端部の開析谷底に立地しており、（長）方形の小区画式（玉峴遺跡）と階段式（也音洞遺跡）に大きく区分される。畠は、河川側の氾濫原に区画なく広がっており（大坪里・平居洞遺跡）、論山市麻田里遺跡では、水田とともに木造井戸も確認された。

このように一九九〇年代後半から韓半島南部地域では、実際の耕作遺構とそこから出土した各種穀物の自然科学的分析などが続き、農耕研究はより具体化および多様化しはじめた。韓国国立中央博物館の新千年特別展（国立中央博物館二〇〇〇）および二〇〇一年と二〇一二年に行われた韓国考古学全国大会が、農耕をテーマに開催されたこともそれと関係するが、二つの大会での議論内容を通して韓半島の初期農耕文化に関する最近の成果と傾向を把握できる。

二〇〇一年の韓国考古学全国大会では「韓国農耕文化の形成」という大会テーマからわかるように、青銅器時代の農耕文化に注目し、稲作開始期の自然環境と耕作遺構および集落の変化を中心に議論された。とくに、前期の水田に注目し、松菊里段階以前に稲作が開始されたことが明らかになった（韓国考古学会二〇〇一）。「農業の考古学」というテーマで行われた二〇一二年の大会では、先史時代と歴史時代の植物資料・農具・耕作遺構・動物飼育・土壌分析・農業技術の発展過程に関する成果とその展望を中心に整理された（韓国考古学会二〇一二）。二つの大会の内容を比較すると、近年の韓半島南部地域の農耕研究は対象資料と分野が拡大しており、自然科学的分析とその結果を積極的に活用しようとする傾向が高まっていることがわかる。

また、調査された耕作遺構の規模からみると、日本列島とは異なり、韓半島の初期農耕文化では水田より畠が活発に造成されたことがわかる。遺跡で検出された穀物資料においてもコメのみが検出される遺跡より、コメとアワ・ヒエ・キビなどの雑穀類がともに検出される遺跡が多いことから、畠作の割合が小さくないことがわかり、畠作と水田稲作が多様に組み合わさった農耕として把握されてきた（後藤二〇〇二）。晋州市大坪里漁隠1地区の一〇四号住居址では、刻目突帯文土器とともにコメ・アワ・キビ・オオムギ・コムギなどが多量に検出され（李二〇〇二）、青銅器時代の開始期である早期にも稲作と畠作が混合しながら畠作の比重が高かったことがうかがえる。

水田と畠遺構の調査とともに出土穀物に対する自然科学的分析が活発になり、これまでに知られていた作物の同定誤謬に対する指摘もなされる（李二〇〇五、安二〇〇八）など、分析的な研究はより進展している。また、中国東北地域を含めた東北アジア的な視野のなかで韓半島および日本列島の初期農耕文化の特徴を整理した研究もあり（庄田二〇〇九b）、稲作農耕の伝来ルートに関しては山東半島が発源地として注目されている（宮本二〇〇八b）。

3　石製工具と農耕

上述した研究のなかで農耕文化の構成要素である石製工具についての検討は、主に木工具を対象として行われてきた。松菊里段階になり前期から流行した大型の蛤刃石斧をはじめ、有溝石斧と扁平片刃石斧および石鑿がセットになり木材加工具が完備された（盧一九八一）。これらは青銅器時代の工具の様相において大きな画期であり、農耕を中心にした道具体制への転換または社会体系が農耕生産を中心に組織化されたことを反映しているとみた（趙二〇〇〇）。

さらに石斧の種類と出土頻度および組成比を農耕の形態と関連づける見解もある（安二〇〇〇：五二）。この見解によると、焼畑耕作の場合、天安市白石洞遺跡のように伐木用の蛤刃石斧の割合が大きく、水田耕作の場合は扶餘郡松菊里遺跡のように水田に適した木製農耕具を製作するため、片刃石斧の割合が大きくなるはずであり、畠が立地する河岸堆積層の耕作には、打製石斧の効用性が小さくないと考えられている（図1）。前期の焼畑耕作については、肯定的な見解（李二〇〇九）とともに多様な側面での批判的検討（高二〇一〇）もあるが、石製工具と農耕方式を具体的に関連させたことは注目できる。

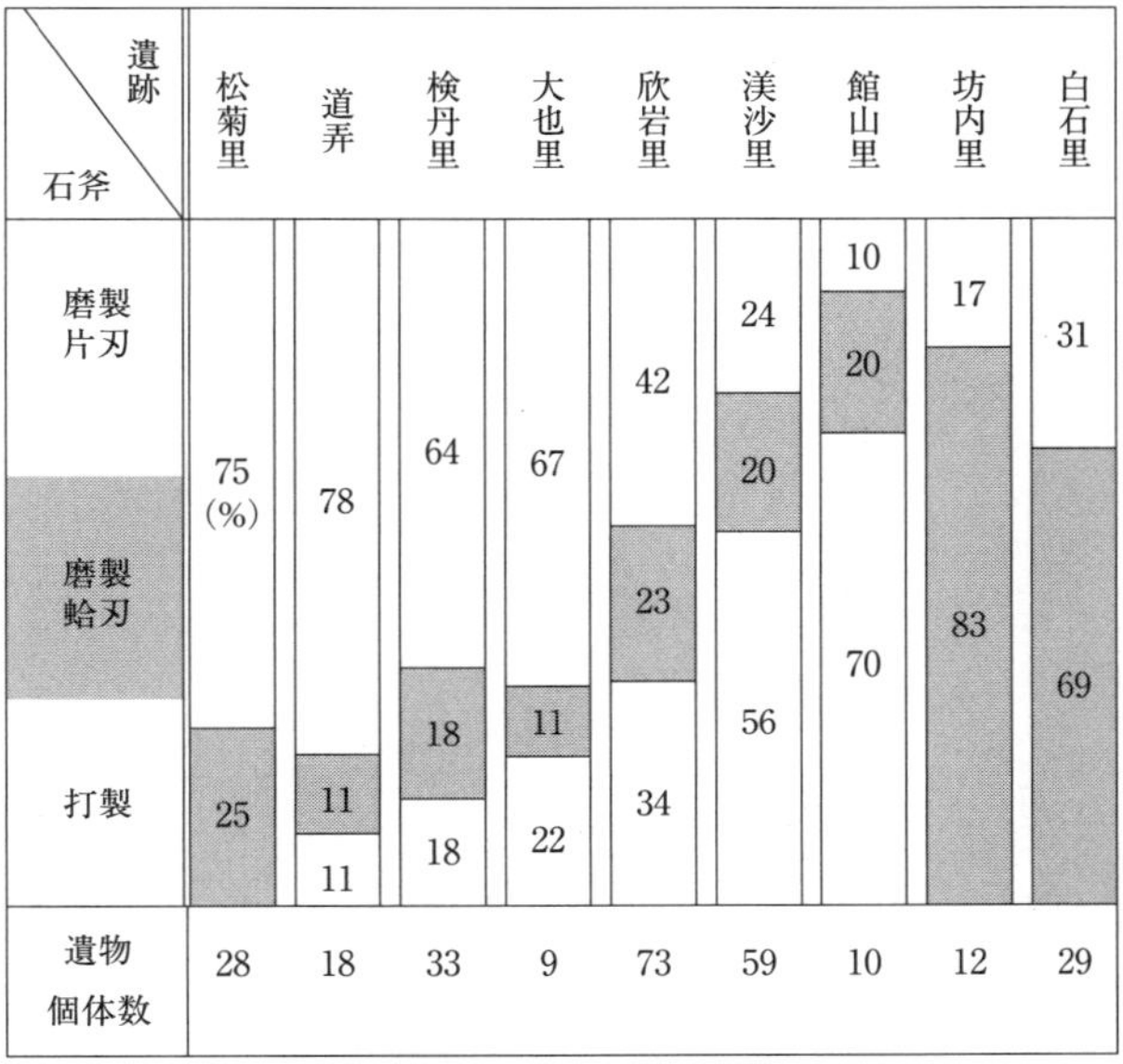

図１　石斧の種類と比率（安 2000）

また、石製工具類の組成比を比較し、後期に伐採具が減少し加工具が増加する様相を通して稲作農耕の拡散および生産量の増大と解釈した研究もある（図２。孫二〇〇八）。石製工具類のなかで比較的に型式変化の明らかなものが柱状片刃石斧であるが、このような木工具の変化はそれ自体の機能向上ととも

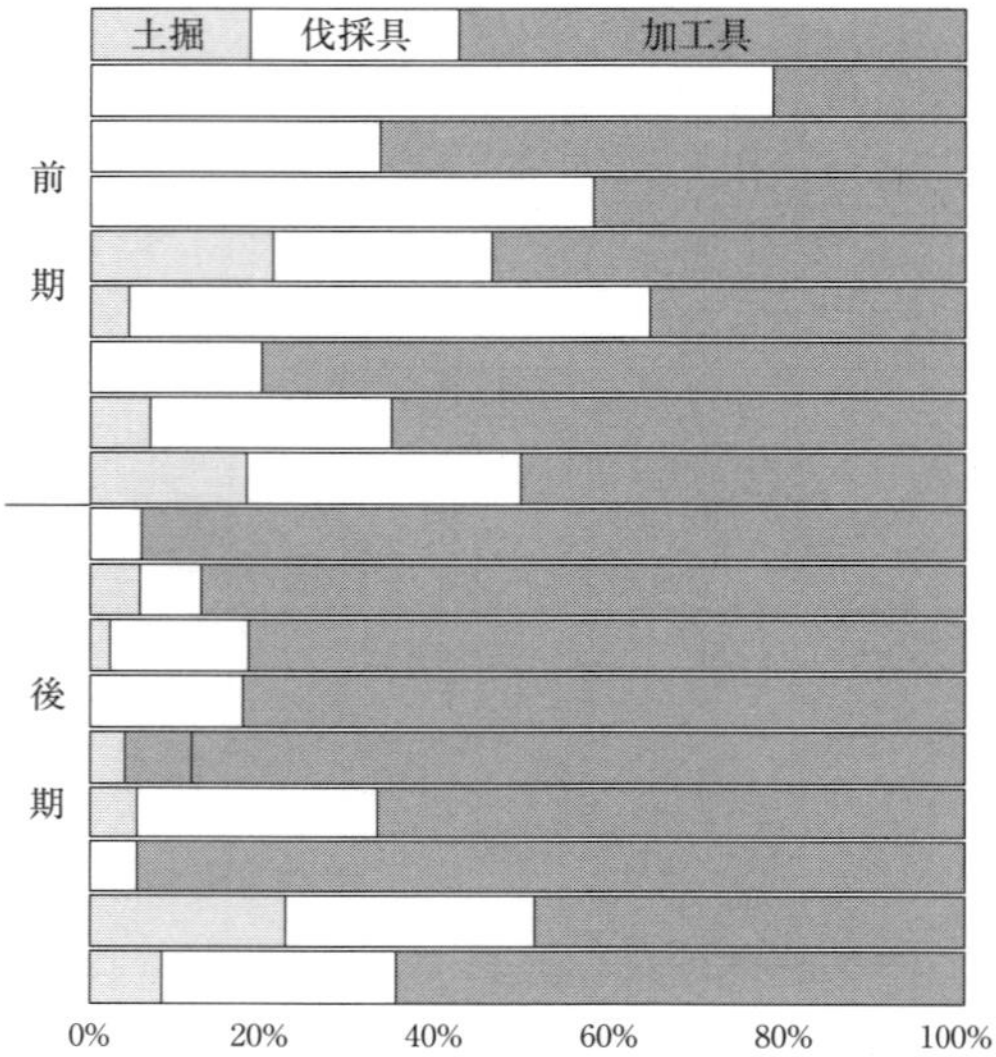

図2　土掘具・伐採具・加工具の組成比較（孫 2008）

に木器製作技術の発達など農耕文化の発展という側面から検討されてきた（裵二〇〇一）。

一方、まだ研究成果は多くないが、近年は木器資料も増加しており、前期から後期になるほどより多様になる。このような現状を松菊里段階の農耕の本格化および集約化と解釈する見解もあり、安東市苧田里遺跡から出土した木杵は、日本列島の菜畑・板付・唐古遺跡出土品に類似しており、韓半島から日本列島への農耕文化伝来に木器製作技術も含まれていた可能性が高かったとした（金二〇〇八）。

上述したように韓半島南部での石製工具の変化は、農耕文化の発達とともに扱われ、後期（〔先〕松菊里段階）の農耕文化の発達が強調され、石器においては前期と後期との間が青銅器時代の最も大きな画期と認識されている（図3）。柱状片刃石斧の型式変化をみる観点（裵二〇〇一）もこのような共通した認識のもとにあるが、これは有溝石斧という新出の加工具に焦点を合わせており、資料の数も後期のものが圧倒的に多かった。

しかし近年には、早期をはじめ、古い時期の石製工具資料も相当増加しており、以下では早期から後期までの青銅器時代の全時期にわたる石製工具を概観し、韓半島初期農耕文化の一端を扱うことにする。

2　早期の石製工具

青銅器時代早期を含む古い時期の石製工具が最近増加している。代表的な遺跡としては、旌善郡アウラジ（江原文化財研究所二〇一一）、燕岐郡大平里（韓国考古環境研究所二〇一二、忠清南道歴史文化研究院二〇一二、百済文化財研究院二〇一二）、晋州市平居洞（慶南発展研究院歴史文化センター二〇一一、慶南文化財研究院二〇一二）などがあげられる。これらの遺跡は、早期とともに前期前半の古い時点を含めて編年される場合もあるが、刻目突帯文土器と遼東系二重口縁土器（裵二〇一二）が中心をなす遺構から良好な石製工具が多数出土しており、早期の石製工具の様相が明らかになりはじめたといえる（図4・5）。

その種類をみると、まず両刃の伐採石斧は横断面が長方形に近いいわゆる四稜斧（図4－1～3）、それよりは小型であるが横断面が楕円形の蛤刃石斧（図4－6）がみられる。また、扁平片刃石斧のように横断面は平坦だが、刃部が両刃の形態のものも注目される（図4－9～13）。幅が狭いものもあるが（図4－7・8）、アウラジ1号住居址出土品のように左右幅が八・八センチメートルあるものや（図4－9）、平面形態が方形に近いものもある（図4・10）。これは蛤刃石斧として報告されているが、一般的に蛤刃石斧とは横断面が太く楕円形をなしたいわゆる厚斧を指称する。扁平片刃石斧のように横断面が平坦で刃部のみ両刃をなしたものは、一般的な蛤刃石斧と区分されるために、ここではいったんこのような種類を「扁平両刃石斧」と呼ぶことにする。

次に、扁平片刃石斧は、前期～後期の出土品と同じく平面（細）長方形のもの（図5－7・11～13）とともに、扁平両刃石斧のように幅が広く方形に近い形態のもの（図5－1・3・4・9・10）がある。このような幅の広い扁平片刃石斧は、早期（～前期前半）を中心とした古い時期の特徴と判断される。それに伴い、石鑿もこの時期から確認される（図5－18～21）。

このように刻目突帯文土器および遼東系二重口縁土器と共伴する石製工具は、大きく四稜斧・横断面楕円形の蛤刃石斧・扁平両刃石斧という三つの伐採石斧、片刃の加工具である扁平片刃石斧、石鑿から構成される。後述するが、これらは在地の新石器時代から続いたものではなく、刻目突帯文土器などに伴い、主に鴨緑江流域を中心とした遼東～西北地域から伝来したものと考えられる。

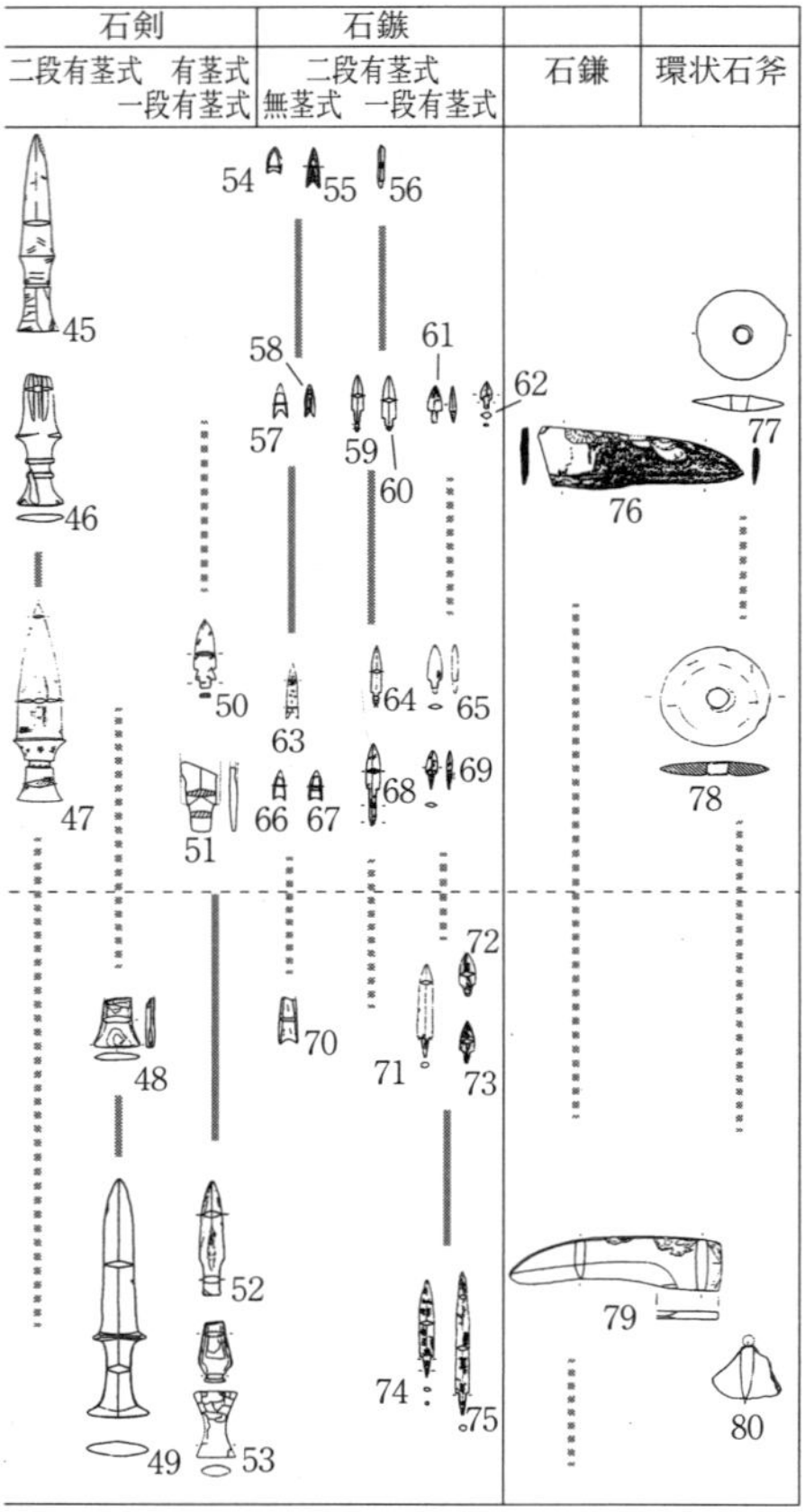

期を後期に修正）
8：欣岩里9号住　9：坊内里4号住　10：欣岩里
16：検丹里25号住　17：検丹里2号住　18：休岩
丹里13号住　24：松菊里50-2号住　25：長川里6
住　30：梧谷里1号住　31：駅三洞　32：内谷洞
杖洞4号住　39：松菊里54-11号住　40：検丹里
46：玉石里　47：新岱洞　48：休岩里　49：盤橋
号住　54：可楽洞　55：屯山　56：可楽洞　57：
洞　64：欣岩里11号住　65：坊内里4号住
72-73：検丹里49号住　74：梧谷里32号石
55-15号住　80：松菊里55-4号住

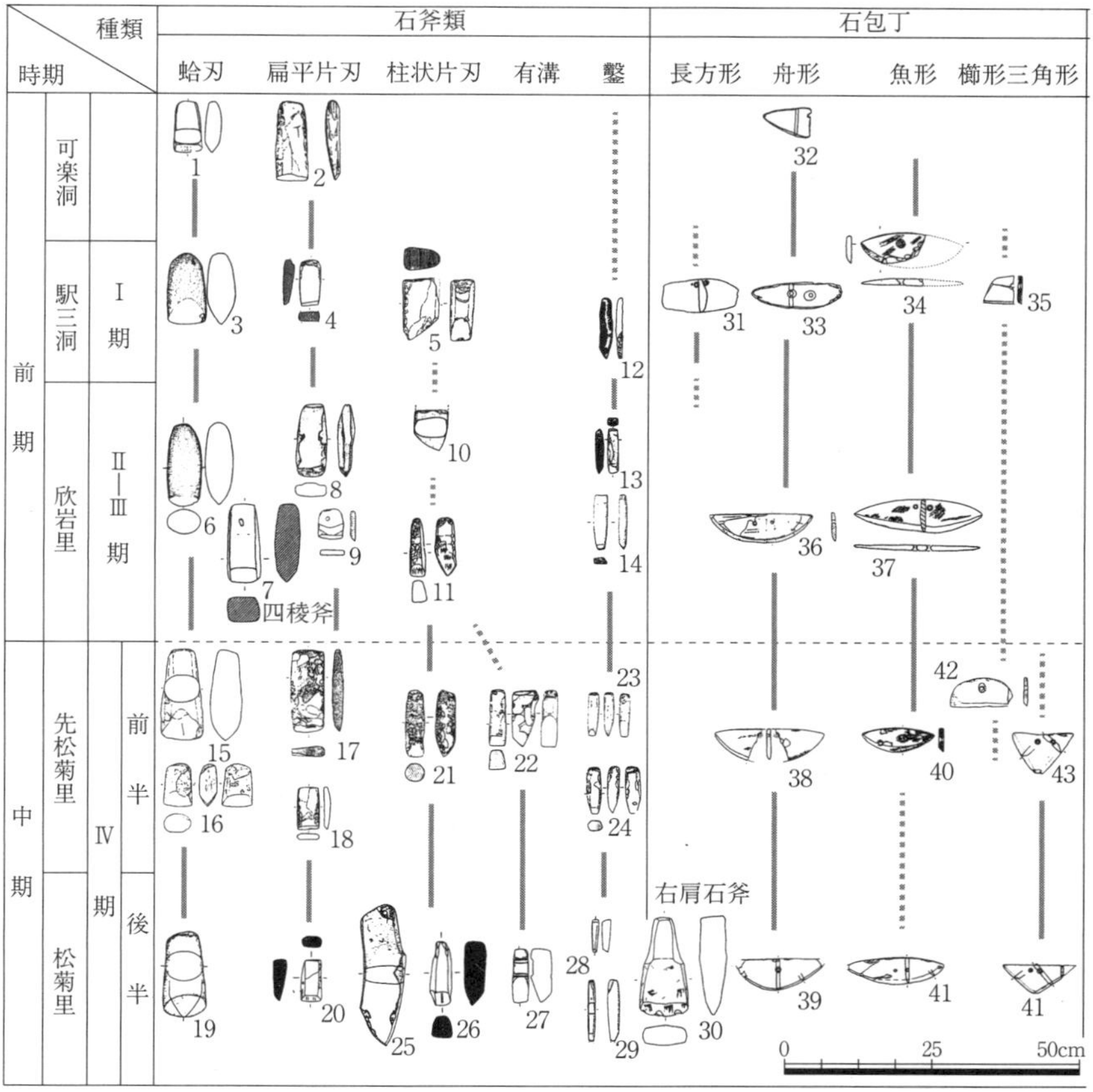

図 3　青銅器時代における石器の変化と画期（裵 2001 の中

1：屯山　2：三巨里　3：駅三洞　4：苧浦 E8 号支　5：山浦 1 号住　6-7：白石洞 B11 号住
11：茶雲洞 7 号住　12：欣岩里 12 号住　13：上摹里　14：高竹洞 2 号住　15：休岩里 8 号住
里 9 号住　19：松菊里　20：烏石里 94-1 号住　21：検丹里 22 号住　22：検丹里 1 号住　22：検
号住　26：烏石里 95-2 号住　27：松菊里 55-2 号住　28：松菊里 50-2 号住　29：松菊里 55-15 号
33：交河里　34：草谷里　35：山浦 1 号住　36：館山里 11 号住　37：朝陽洞 7 号住　38：錫
32 号住　41：松菊里 54-11 号住　42：山浦支石墓　43：古南里　44：長川里 2 号住　45：屯山
里 6 号住　50：白石洞 B2 号住　51：朝陽洞 2 号住　52：松菊里 54-11 号住　53：松菊里 54-11
欣岩里 8 号住　58：駅三洞　59〜60：欣岩里 4 号住　61：苧浦 E3 号住　62：草谷里　63：比来
66-67：欣岩里 9 号住　68：君徳里　69：館山里 13 号住　70：休岩里 9 号住　71：検丹里 39 号住
75：梧谷里 22 号土　76：苧浦 5 号住　77：欣岩里 12 号住　78：白石洞 B2 号住　79：松菊里

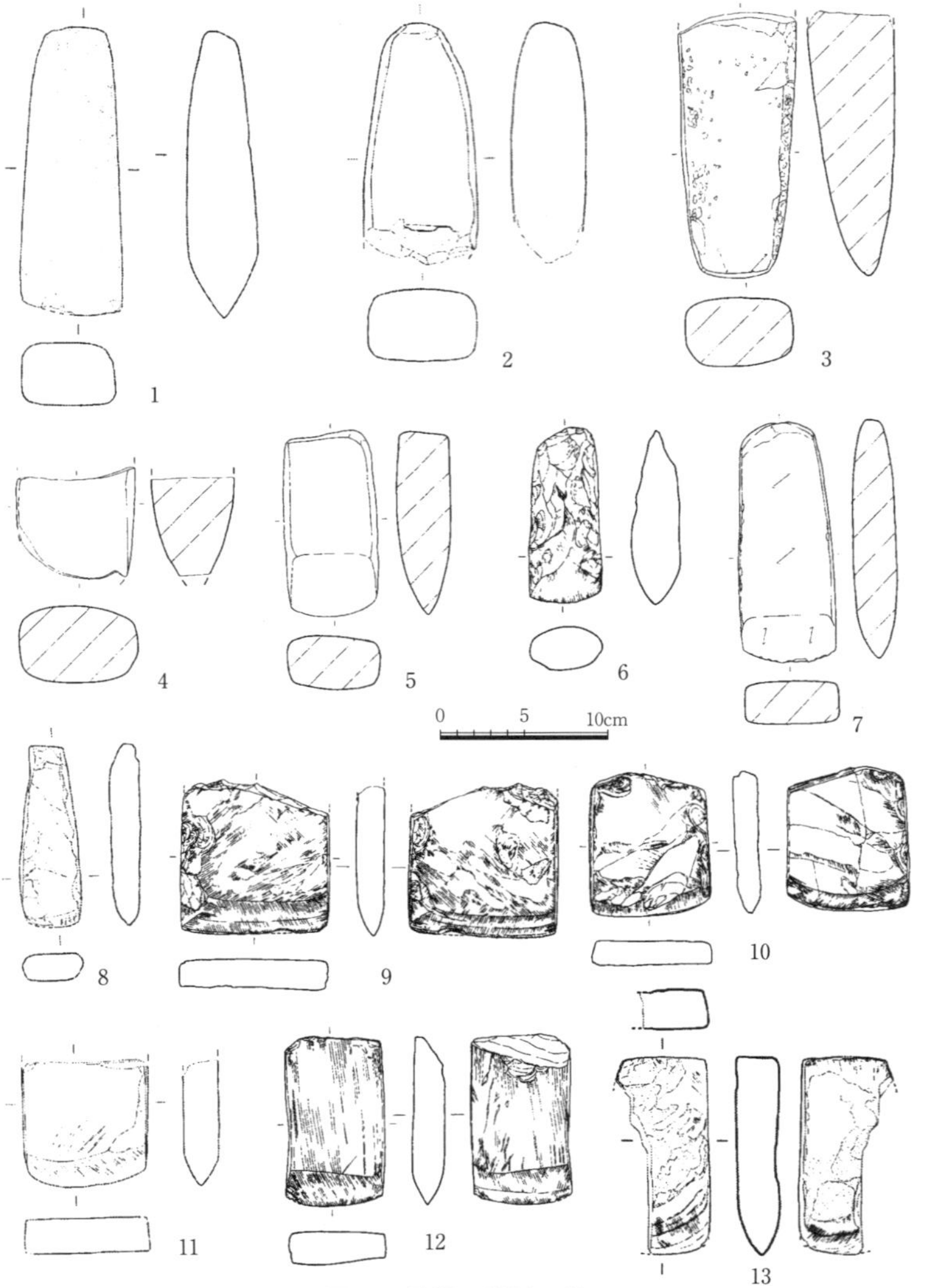

図 4　早期の伐採石斧

1：燕岐郡大平里 C-1 号住　2・8・11：同 2 号住　3～5：同 B-5 号住　6：旌善郡アウラジ 12 号住　7：燕岐郡大平里 B-13 号住　9・10：旌善郡アウラジ 1 号住　12：同 6 号住　13：燕岐郡大平里 A-6 号住

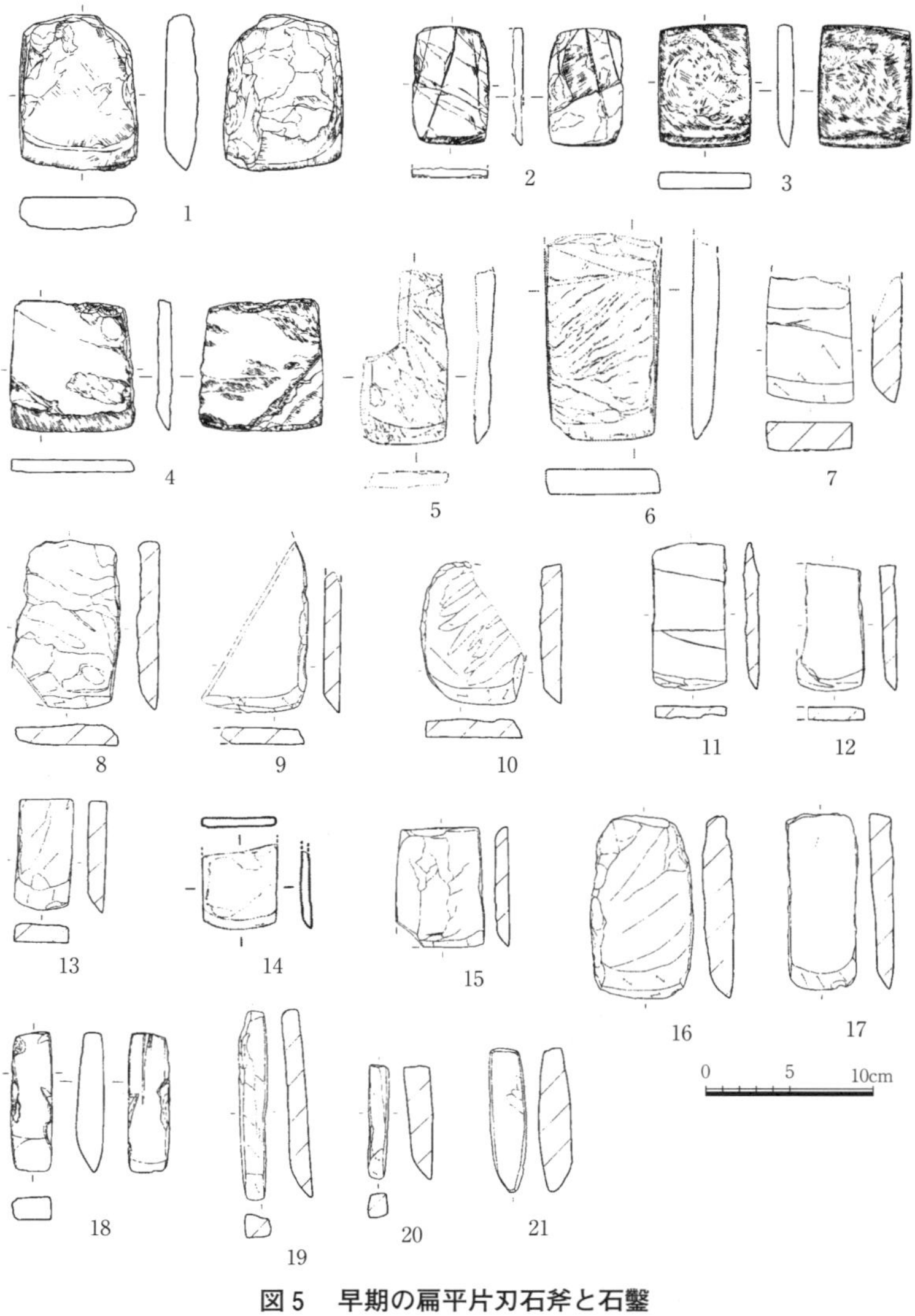

図５　早期の扁平片刃石斧と石鑿

１：旌善郡アウラジ 12 号住　２～４：同１号住　５・６：燕岐郡大平里 C-2 号住　７：同 B-3 号住
８～10・13・19・20：同 B-13 号住　11・12：同 B-4 号住　14：同 B-3 号住　15～17：同 B-5 号住
18：旌善郡アウラジ６号住　21：燕岐郡大平里 B-4 号住

3　前期前半の石製工具

前期の石製工具は、前期前半と前期後半に区分した。前期前半の対象資料は、最近、地域別の編年を整理した研究書である『韓国青銅器時代編年』（韓国青銅器学会二〇一三）と、前期を対象に詳細な編年を提示した琴湖江流域の前期無文土器の研究（柳二〇一三）を参照した。前期後半は主に欣岩里式土器と駅三洞式土器の出土する遺構を中心に前期後半として報告された資料を対象とした。

前期前半からみると、伐採石斧にはまず横断面が（長）方形の四稜斧（図6－10～12）と青銅器時代の典型的な横断面楕円形の蛤刃石斧（図6－13・14）がある。早期にも四稜斧は多数確認され、小型の蛤刃石斧（図4－6）もみられるが、横断面楕円形の厚斧は、前期前半から完成した姿を呈しながら盛行しはじめる。また、この時期にはより薄く、断面が平坦な形態の両刃石斧もみられる（図6－1～9）。高城郡泗川里（江原文化財研究所二〇〇七）と襄陽郡臨湖亭里（江原文化財研究所二〇〇八ａ）出土品のように身部と刃部の境界線となる鎬が微弱なものがあり（図6－1～3）、大きさも大小がある。早期の扁平両刃石斧は、平面（長）方形であり横断面も角の明瞭な細長方形であるのに対し、前期前半の両刃石斧の大部分は平面が長方形に近く横断面も細長い楕円形をなす。このように早期と同じく、前期前半の伐採石斧も四稜斧、横断面が楕円形の蛤刃石斧、（扁平）両刃石斧という三種類に大きく区分され、時期による形態的差異はあるが、使用上の機能は異ならないと推定される。

加工具である扁平片刃石斧は、大小の多様な大きさのものが確認される。平面の長幅比が一：一・五を超えない（長）方形系のもの（図7－1・2・9・10）は、早期の扁平片刃石斧（図5）に後続する型式と判断されるが、石鑿（図7－14～16）も同様である。

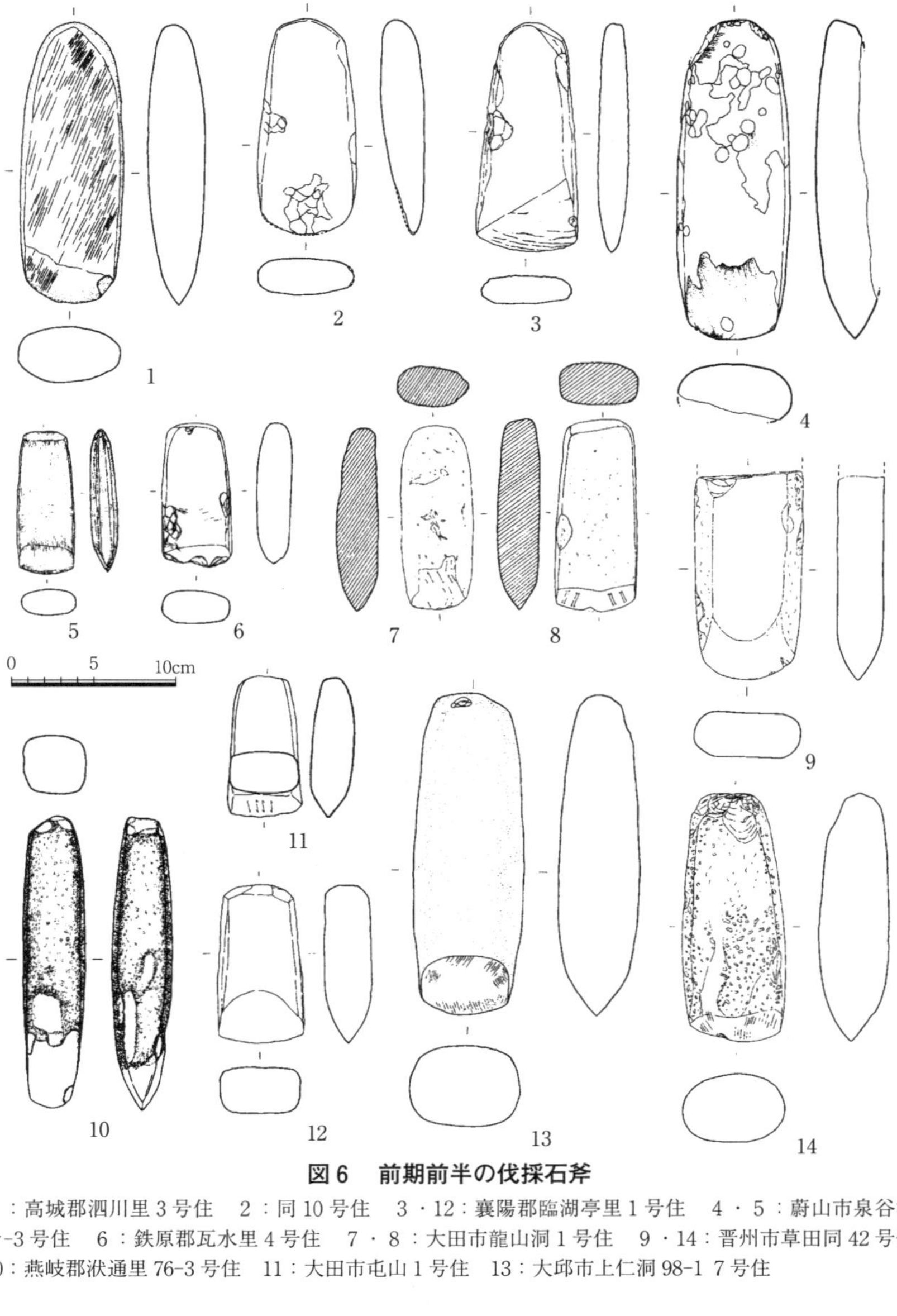

図 6　前期前半の伐採石斧

1：高城郡泗川里 3 号住　2：同 10 号住　3・12：襄陽郡臨湖亭里 1 号住　4・5：蔚山市泉谷洞ナ-3 号住　6：鉄原郡瓦水里 4 号住　7・8：大田市龍山洞 1 号住　9・14：晋州市草田同 42 号住　10：燕岐郡洑通里 76-3 号住　11：大田市屯山 1 号住　13：大邱市上仁洞 98-1 7 号住

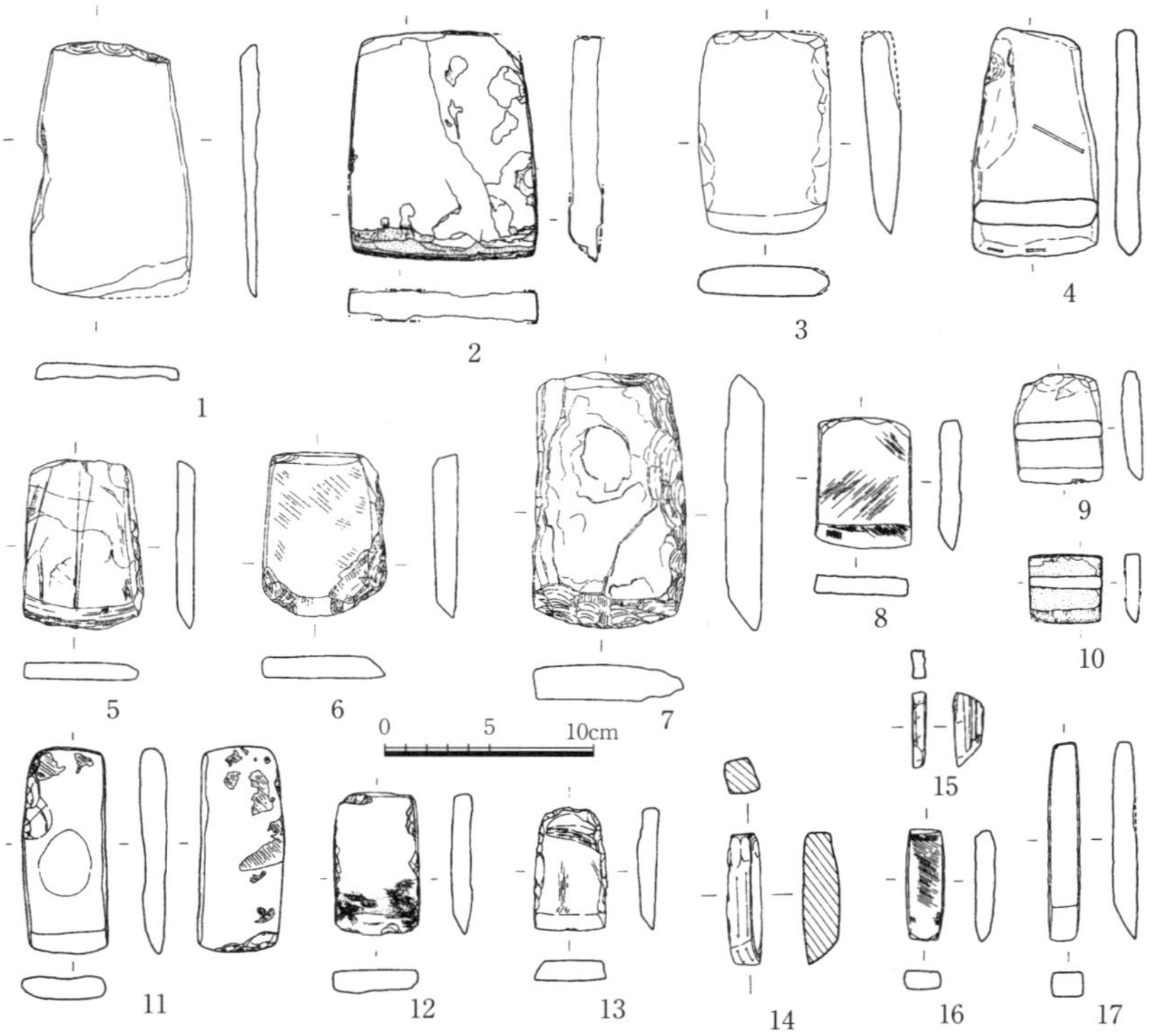

図７　前期前半の扁平片刃石斧と石鑿

１：大邱市月城洞 1275 遺跡 16 号住　２・９・10：蔚山市泉谷洞ナ-3 号住　３・16：高城郡泗川里 10 号住　４：大田市屯山１号住　５～７：晋州市草田洞 42 号住　８：高城郡泗川里３号住　11：大邱市上仁同 98-1 遺跡７号住　12：鉄原郡瓦水里４号住　13：襄陽郡臨湖亭里１号住　14：清原郡大栗里９号住　15：燕岐郡洑通里 76-3 号住

17：高城郡泗川里６号住

4　前期後半の石製工具

この時期の石製工具のなかで伐採石斧は、以前の時期から続く四稜斧とともに青銅器時代の代表的な蛤刃石斧といえる横断面楕円形の厚斧が発達する（図8－2・3）。横断面の扁平な両刃石斧は、蔚山市泉谷洞カジェゴル15号住居址（蔚山文化財研究院二〇〇九ａ）などで一部確認されているが、以前の時期に比べ、前期後半になると非常に珍しくなる。扁平片刃石斧は早期～前期前半に確認される方形系のものはみられなくなり、図8－9～14のような青銅器時代の典型的な扁平片刃石斧が多様な規格で出土する。

しかし、前期後半の石製工具で最も注目されるのは、なにより柱状片刃石斧という新しい加工具の登場である（図8－6～8）。柱状片刃石斧は刃部の反対側である後面の形態を主な属性とし、三つの型式に分類され、前期後半という限定された時期内で他の石製工具に比べ速く変化、発達した点から有溝石斧の出現とともに、青銅器時代における石製工具の展開において大きな特徴として認められる。また、以前の時期までの伐採石斧・扁平片刃石斧・石鑿という組み合わせに新たに柱状片刃石斧が追加されることにより、大きく四種類の石製工具のセットがそろうことになった（裵二〇一三）。

前期の中・後半に編年される密陽市希谷里（慶南発展研究院歴史文化センター二〇〇七）3号住居址のように蛤刃石斧・柱状片刃石斧・扁平片刃石斧・石鑿がセット関係をなして出土する事例も確認される（図9）。

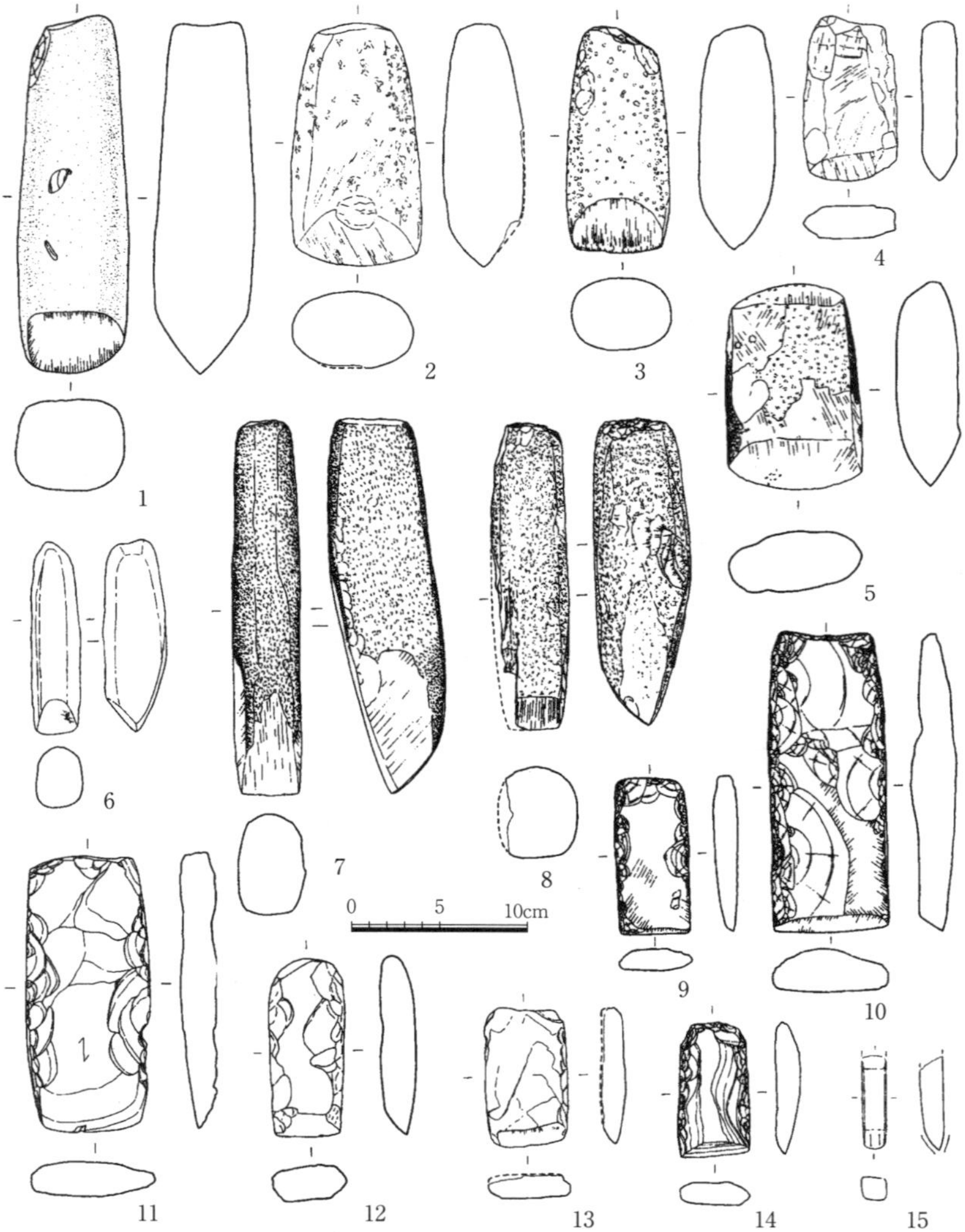

図 8　前期後半の石製工具

1・9・10：金泉市松竹里 31 号住　2・4：蔚山市泉谷洞カジェゴルⅢ 15 号住　3・8：大邱市梅川洞 13 号住　5・7・12：水原市金谷洞 3 号住　6：蔚州市徳新里吾山Ⅱ-4 号住　11：清道郡陳羅里 3 号住　13：蔚州市徳新里吾山Ⅰ-5 号住　14：清道郡陳羅里 3 号住　15：平澤市梁橋里 5 号住

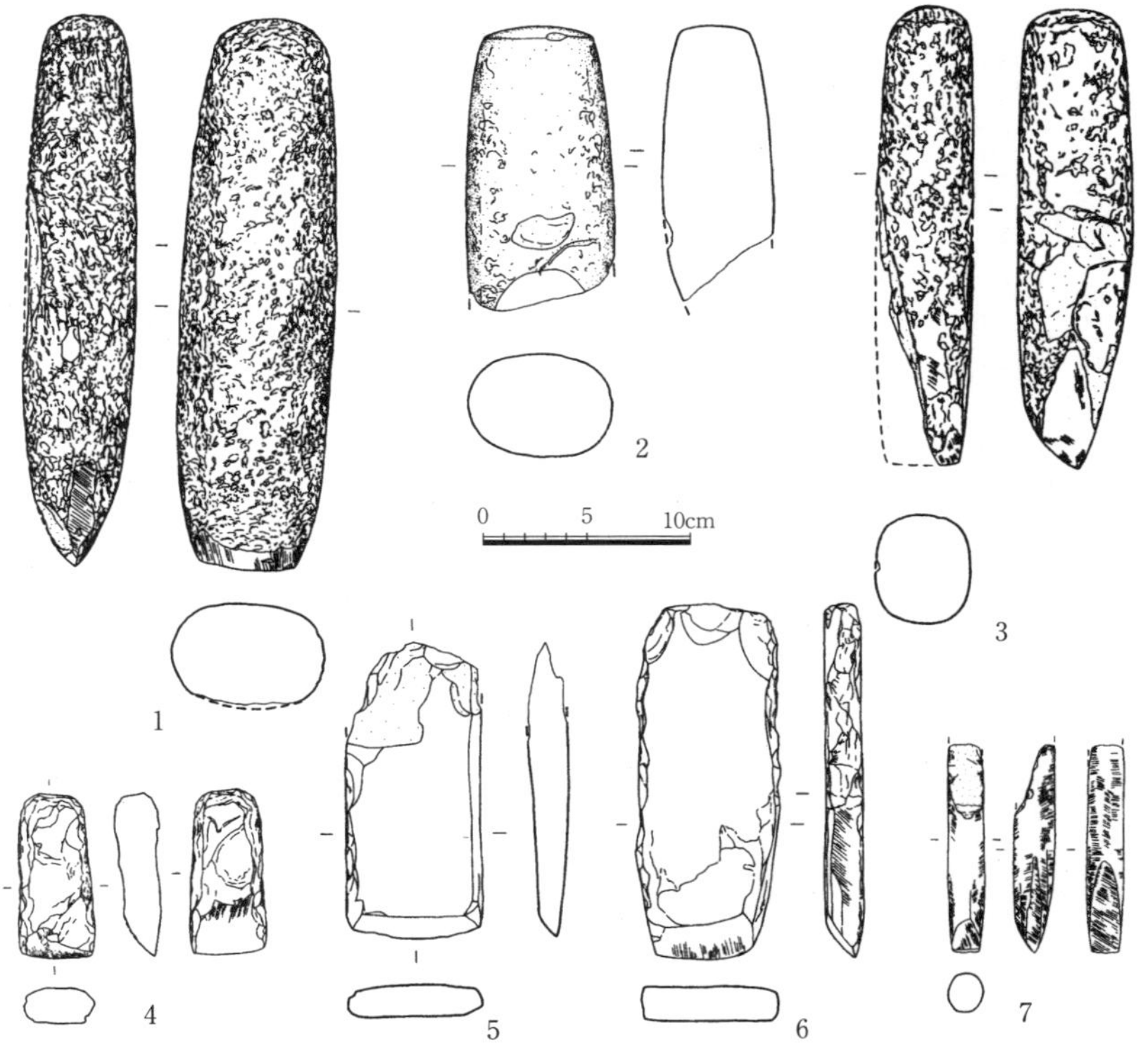

図９　密陽市希谷里遺跡３号住居址で出土した石製工具

5 後期の石製工具

伐採石斧のなかでは、四稜斧と横断面の平坦な小型の両刃石斧も一部残存するが、前期後半から全盛期を迎えはじめた横断面が楕円形の蛤刃石斧（図10－1・2）が中心である。一方、打製と磨製の有肩石斧も確認されるが（図10－3）、打製有肩石斧は土掘具として使用されたものであり、磨製のものは木工具に含まれる可能性も皆無ではなかろう。

加工具では、前期後半から活発に使用された大・小の柱状片刃石斧も残存するが、後期の石製工具類のなかで最も可視的な特徴としては、なにより有溝石斧の発生である。これは柱状片刃石斧の後面に溝を形成し着装力をより強化させたものであり、加工具としての効率性を高めた道具として青銅器時代の東北アジアにおける韓半島特有の石製加工具として注目されてきた（裵二〇〇一）。扁平片刃石斧は、前期後半から続いてきた多様な規格のものが盛行し（図10－7～11）、石鑿もより発達し出土量も以前の時期より多くなる（図10－13・15～19）。

すなわち、後期の石製工具は前期に比べ、片刃を形成した加工具がより発達したことがわかる。二〇〇六年の集計であるが（表1）、前期と後期における両刃類と片刃類との出土量の比較が指摘されている（孫二〇〇六：一〇二）。また後期には、扁平片刃石斧と石鑿の区分が難しい事例が少なくない（図10－12・14）。これは後期に片刃の加工具が

表1　石製工具の種類別の個体数（孫晙鎬 2006）

時期＼種類	両刃類		片刃類			合計
	方形系	円形系	柱状片刃（有溝石斧を含む）	扁平片刃	石鑿	
前期	31	58	9	89	10	197
後期	7	39	73	174	34	327

図 10　後期の石製工具

1・5・10：蔚山市検丹里 22 号住　2：同 28 号住　3：咸安郡梧谷里 1 号住　4：晋州市大坪里玉房 1 地区　6：扶餘郡松菊里 55-2 号住　7：蔚山市検丹里 29 号住　8：同 2 号住　9・19：晋州市大坪里玉房 2 地区 15 号住　11・12：保寧市寛倉里 48 号住　13：同 10 号住　14：同 40 号住　15：扶餘郡松菊里 50-2 号住　16：泗川市梨琴洞 9 号住　17：蔚山市検丹里 1 号住　18：同 13 号住

以前より発達したためにあらわれた現状と考えられる。

6 石製工具の展開と農耕文化

続いていった。

1 農耕文化とともに登場する石製工具

青銅器時代の石製工具は、新石器時代とは異なる新しい形態のものが早期から登場し、後期まで変化と発展が続いていった。

青銅器時代の開始期である早期の石製工具は、新石器時代のものから継続せず、遼東～韓半島西北地域の出土品との類似性が高い。早期の伐採石斧（図4）の三種類である四稜斧・蛤刃石斧・扁平両刃石斧は、遼東半島の双砣子Ⅰ～Ⅲ期の伐採石斧の構成と同一であり（図11）、双砣子Ⅲ期には扁平両刃石斧が目立つようになると考えられている（下條二〇〇二）。韓半島西北地域では、新岩里Ⅰ～Ⅱ期と深貴里1号住居址出土の扁平両刃石斧が知られている（図11-4・8）。この地域の考古学的な様相と遼東半島の様相との類似性が高いことを考えると、報告された資料のみでは全貌は不明だが、伐採石斧の構成は双砣子と異ならないものと予想される。

韓半島南部地域における初期農耕文化の成立動因は、遼東半島～鴨緑江流域からの農耕集団の南下であり（安二〇〇〇）、早期の標識資料である刻目突帯文土器の系統も鴨緑江流域を中心とした西北系統説が支持されている（裵二〇一〇）。上述した韓国における早期の伐採石斧三種も双砣子・新岩里・深貴里遺跡と同じ型式や構成をなしていることがわかり、東北アジア農耕文化の伝来についても遼東～韓半島西北部と南部地域の石製工具は、同一の系統線上で検討され、無文土器社会を成立させた一要因として把握されている（宮本二〇〇八a・二〇〇八b・二〇〇九）。また、平面方形・細長方形の扁平片刃石斧や石鑿も伐採石斧とともに登場する早期の石製工具で

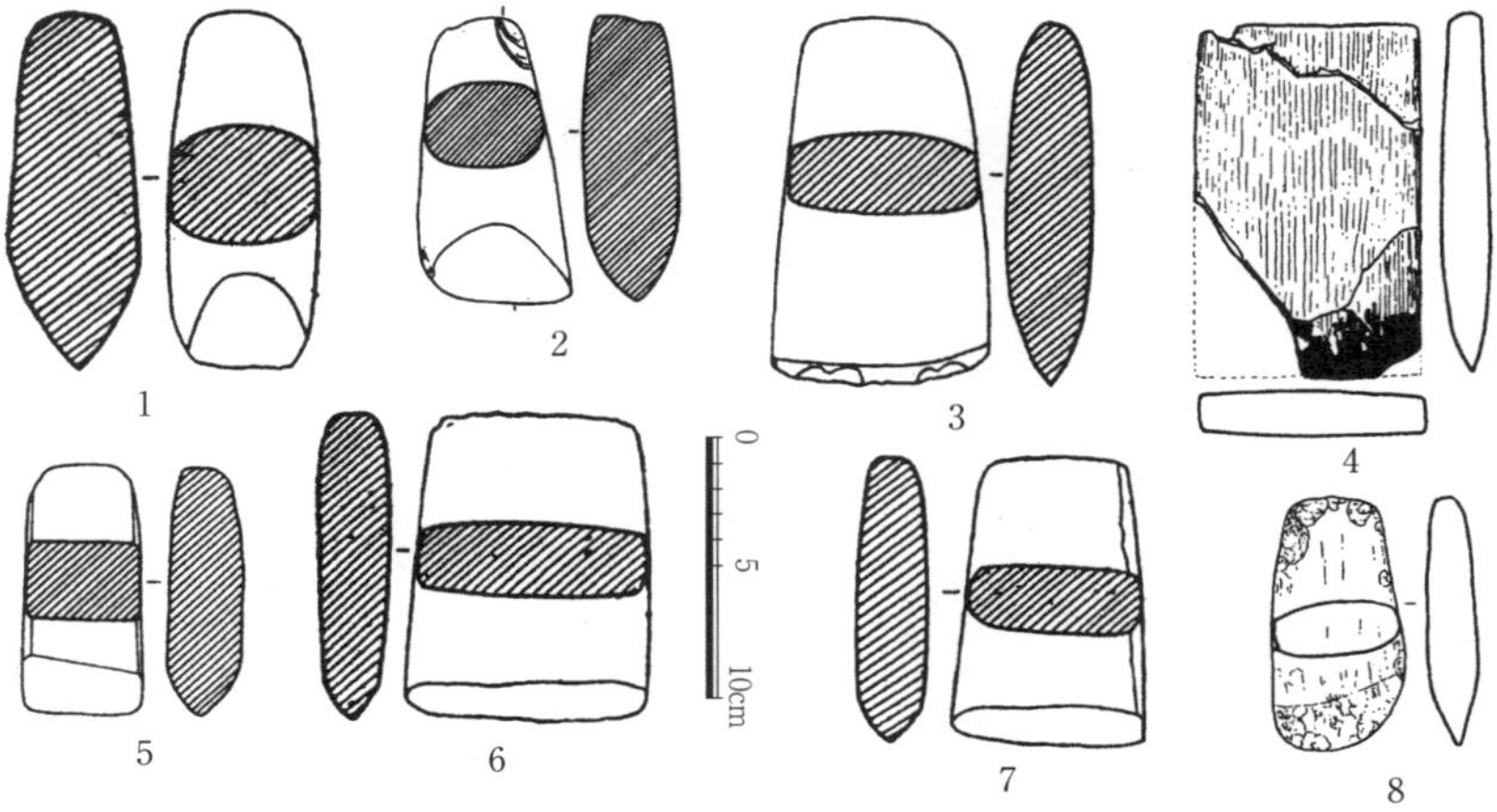

図 11　双砣子Ⅲ期および新岩里Ⅰ～Ⅱ期の伐採石斧

1・6・7：双砣子Ⅲ　2・3・5：大嘴子Ⅲ　4：深貴里1号住　8：新岩里Ⅰ

ある。すなわち、新しい農耕技術をもつ住民によって以前とは異なる形態や組み合わせの石製工具があらわれたことで、早期の石製工具は韓半島南部地域における初期農耕文化の一員として出発したと想定される。このように新たな石製工具がそろったことは、以前とは異なる木製道具の生産体制が整いはじめたことを意味する。

2　石製工具の展開と画期

前期になると、伐採石斧三種のなかで横断面が楕円形を呈する蛤刃石斧の発達が目立つようになる。大きさの大小はあるが、重量一〇〇〇gを超える大型の厚斧が前期から後期にかけて発達し、伐採石斧としての効率性はより高くなった。これはすなわち、農耕社会の発達により、伐木の量が増えたことを間接的に示唆する。一方、遼東~西北地域の双砣子Ⅲ期を中心とした時期および韓半島南部地域の早期に目立った扁平両刃石斧は前期から衰退した。扁平両刃石斧において、両刃の刃部は伐採斧の特徴であるが、扁平な身部は加工斧に適した形態である。前期~後期に多様な規格の扁平片刃石斧が盛行し、新たに柱状片刃石斧と有

図 12　蔚山市校洞里 192-37 遺跡の木製鍬
（蔚山文化財研究院 2009b）

図 13　大邱市西辺洞遺跡の斧柄
（国立中央博物館 2010）

溝石斧という加工具が登場しており、石鑿も発達することから加工具はかなり機能的に分化し、発達した姿で展開した。また、伐採石斧は横断面が楕円形を呈する蛤刃石斧のように伐採の機能がより充実した方向へ変化したことをみると、形態上、伐採斧と加工斧の機能的側面が混合したような扁平両刃石斧は衰退せざるをえなかったと考えられる。

前期後半には、既存の伐採石斧・扁平片刃石斧・石鑿という組み合わせに柱状片刃石斧という新出の加工具が加わり、四種類の石製工具セットが完備される。遼東半島の双砣子Ⅲ期を前後する時期の柱状片刃石斧の存在を勘案すれば、韓半島南部地域における柱状片刃石斧の登場時点が前期後半以前になる可能性も排除できないが、本格的に盛行し発達した時点が前期後半であることは明らかである（裵二〇一三）。前期後半に新しい加工具が無文土器社会の日常工具として安定・定着したことは、石製工具自体の発達とともに木製道具の発達および生産技術の向上に直結する要因であろう。もちろん現時点において石製工具の発達による木製道具の発達を具体的に示す資料は不足している。しかし近年、光州市新昌洞遺跡や昌原市茶戸里遺跡など三韓時代に集中していた木製農具の出土事例が、青銅器時代の遺跡からも少しずつ増えつつある。新石器時代に比べ石製土掘具が減少する状況を通じて、木製鍬の増加を推定した見解もあるが（金度憲二〇〇八）、金泉市松竹里・大邱市西辺洞・蔚山市校洞里192-37などさまざまな遺跡から木製鍬が出土している（図12）。大邱市西辺洞と春川市泉田里遺跡（江原文化財研究所二〇〇八b）では伐採石斧の木柄（図13）と矢柄がほぼ完璧な形で確認されており、光州市東林洞低湿地遺跡では木製鍬と扁平片刃石斧の木柄をはじめ多量の木器が出土した（湖南文化財研究院二〇〇七）。

伐採石斧・扁平片刃石斧・石鑿に続き、柱状片刃石斧という新しい加工具の登場と発達により、韓半島における青銅器時代の石製工具セットが完備されはじめた。このような様相は以前より進展した木製道具の生産体制が整備されたことを意味し、現在確認されている前期のさまざまな木製道具は農耕文化の成長とそれによる石製工具の発達を土台するものであろう。

3　有溝石斧の登場と木製道具の発達

韓半島の初期農耕文化における稲作農耕の全盛期は後期、すなわち（先）松菊里段階とすることに異見はない。この時期の石製工具は前期後半の組み合わせが続きながら、柱状片刃石斧とともに安定した着装力を高めた有溝石斧が登場し、多様な規格の扁平片刃石斧や石鑿がさらに増加する。水田が本格化する時期に石製加工具が発達する状況を、稲作農耕に関連する木製道具および木材加工技術の発達と解釈すれば（趙二〇〇〇、裵二〇〇一、孫二〇〇六：一〇二）、当時の農耕文化のなかで石製工具類が日常の必需品として確固たる位置を占めていたことは間違いない。

一方、前期に比べ後期の遺跡が低丘陵および低地帯に立地する事例が多いのは、後期に伐採石斧が減少する現象と関連する（許二〇〇六）蓋然性は小さくないが、加工具の発達と増加という全体的な傾向性は石製土掘具の減少などとともに木製農耕具の増加および水田稲作の発達と関連したことは明らかである（庄田二〇〇九a：一五二）。

後期の木製道具としては、すでに知られている松菊里遺跡の石剣柄をはじめ、近年、論山市麻田里C地区（高麗大学校埋蔵文化財研究所二〇〇四）および安東市苧田里遺跡（東洋大学校博物館二〇一〇）などで多様な事例が発見されている。論山市麻田里遺跡から出土した伐採石斧の木柄は、頭部と把部の先端が斜めに処理され、中央に二つの突帯部のある（図14－1）。これは前期の大邱市西辺洞出土品（図13）とほぼ同じ形態である。安東市苧田里遺跡からは木杵と木製の槌・鍬・杭などの多様な木器が出土しており、とくに木杵は弥生時代のものとほぼ同様である（図14－3・4）。麻田里C地区の水路の入口部分からは水桶と推定される木製品が確認されており、麻田里とともに大邱市東川洞遺跡などで用途不明の木製品が多数出土した。このような後期の木製道具が前期に比べ、より多様になるのは（金権九二〇〇八）、石製工具セットの発達があったためである。

一般的な先史時代の範疇では理解しにくいほど社会的複合性が進展した松菊里文化が花開いたのは、先述したような前期後半と後期の石製工具セットの完備と加工具の発達が農耕文化の堅固な土台として作用したことも一つの要因になったものと考えられる。

おわりに

以上のように、韓半島南部地域における初期農耕文化の一つの要素として無文土器社会の石製工具の状況を概

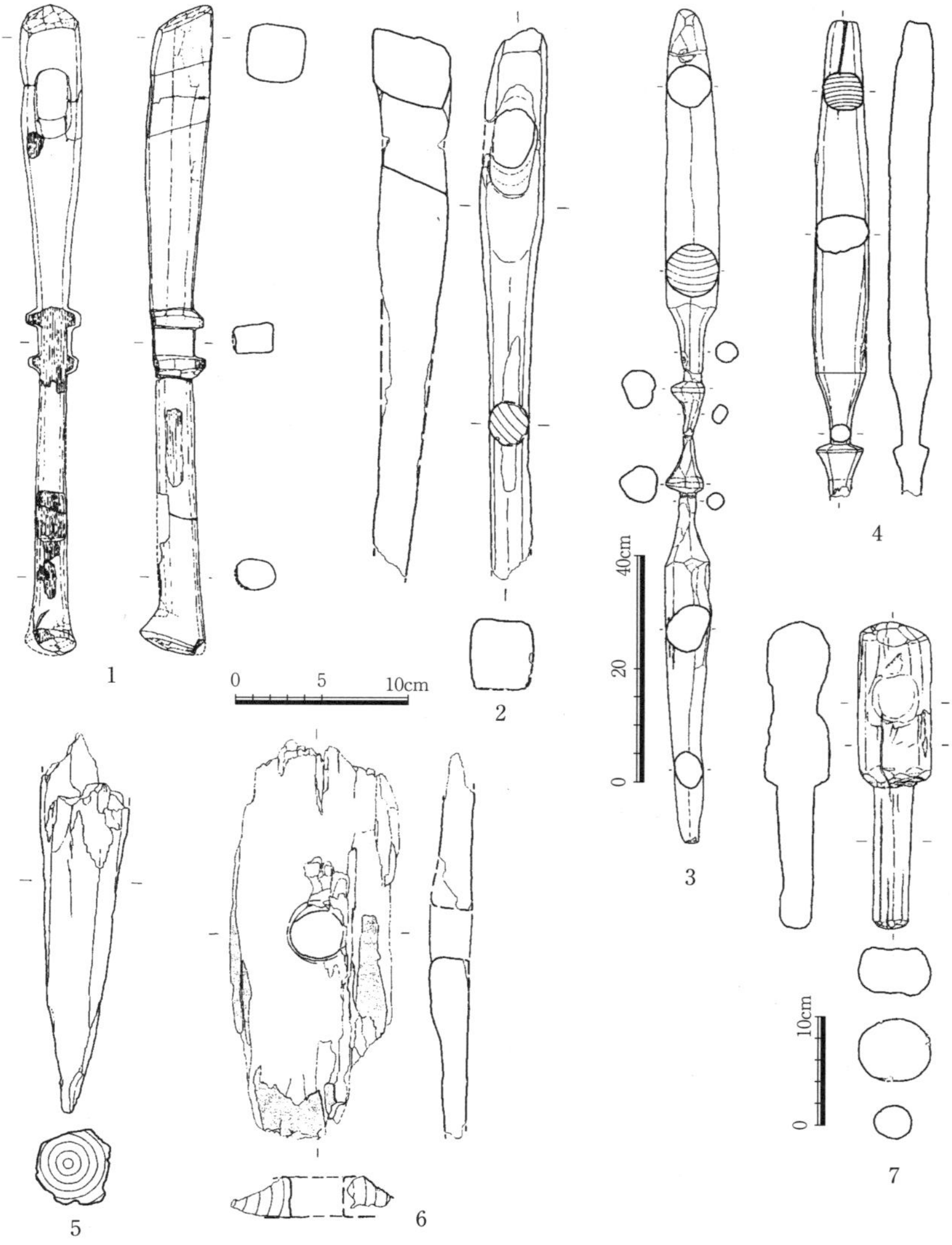

図 14　後期の木器

1：論山市麻田里 C 地区　2～7：安東市苧田里

観し、それが木製道具の発達と連動するという側面からその特徴と変遷を簡略に整理してみた。

韓半島南部地域で農耕文化が始まる時期における石製工具には、それ以前とはまったく異なる形態や組み合わせがあらわれた。南部地域で無文土器の地域色が目立ちはじめる前期には、遼東～西北系統の扁平両刃石斧および方形系の扁平片刃石斧が衰退し、横断面が楕円形の蛤刃石斧とともに南部地域独自の多様な扁平片刃石斧が盛行しており、さらに柱状片刃石斧という新たな加工具が展開しはじめた。それに伴い、無文土器社会にふさわしい石製工具が完備・定着しはじめた。これを土台に先史時代の農耕文化の全盛期といえる松菊里段階になると、石製工具のなかでも有溝石斧をはじめとする加工具が増加・発達し、それは木製農耕具の発達へとつながったのであろう。

日本列島の初期農耕文化は、韓半島の（先）松菊里段階の農耕文化が伝来し成立したが、（先）松菊里段階は韓半島で稲作農耕が本格化する時期だと一般に認識されている。このような既存の認識では韓半島で稲作農耕が本格化し、すぐに日本列島へ伝来したことになる。しかし、石製工具類をはじめ墳墓および集落などでも（先）松菊里段階の発達した初期農耕文化の主要な要素は、前期後半からその姿が整えられていたことに注目する必要がある（安二〇〇九、裵二〇一一）。石製工具の側面からみると、韓半島南部地域の初期農耕文化は前期後半から本格的な体制が整いはじめており、それが（先）松菊里段階になると、より安定的に定着する一方、日本列島へ伝来したと想定したい。

農耕文化の一要素としての石製工具の役割や機能を明らかにするためには、多様な木製道具とあわせて研究が行われなければならないが、未だに木製道具の検出や関連研究が不足している状況であり、無文土器社会の石製工具に関する理解も皮相的な水準に留っている点が多いと思われる。しかし近年、韓半島南部地域においても木製道具の出土が少しずつ増加しているため、これからの展望は明るいといえるであろう。

参考文献

江原文化財研究所　二〇〇七『高城　泗川里 遺蹟』
江原文化財研究所　二〇〇八a『襄陽　臨湖亭里 遺蹟』
江原文化財研究所　二〇〇八b『泉田里』
江原文化財研究所　二〇一一『旌善 아우라지 유적』
慶南文化財研究院　二〇一二『진주 평거동 유적Ⅲ』
慶南發展研究院 歴史文化센터　二〇〇七『密陽 希谷里遺蹟』
慶南發展研究院 歴史文化센터　二〇一一『진주 평거 3-1 지구 유적』
高麗大學校 埋藏文化財研究所　二〇〇四『麻田里 遺蹟—C地區—』
高 一弘　二〇一〇「청동기시대 전기의 농경방식 재조명」（韓國上古史學會『韓國上古史學報』六七）
國立中央博物館　二〇〇〇『겨레와 함께 한 쌀』
國立中央博物館　二〇一〇『청동기시대 마을풍경』
金 權九　二〇〇八「한반도 청동기시대의 목기에 대한 고찰」（韓國考古學會『韓國考古學報』六七）
金 度憲　二〇〇七「韓半島南部地方の先史時代農耕—研究動向を中心に—」（西本豊弘編『縄文時代から弥生時代へ』雄山閣）
金 度憲　二〇〇八「선사・고대의 농구 조합과 생산력의 변화」（嶺南考古學會『嶺南考古學』四七）
盧 爀眞　一九八一「有溝石斧에 대한 一考察」（歴史學會『歴史學報』八九）
東洋大學校博物館　二〇一〇『安東苧田里遺蹟』
柳 善英　二〇一三「금호강유적 전기 무문토기의 편년」（嶺南考古學會『嶺南考古學』六四）
朴 榮九　二〇〇九「南部東海岸地域 無文土器文化 展開様相」（嶺南考古學會『嶺南考古學』五一）
裵 眞晟　二〇〇一「柱狀片刃石斧의 變化와 劃期」（韓國考古學會『韓國考古學報』四四）

裵　眞晟　二〇一〇「무문토기의 계통과 전개」（國立中央博物館『考古學誌』一六）
裵　眞晟　二〇一一「墳墓 築造 社會의 開始」（韓國考古學會『韓國考古學報』八〇）
裵　眞晟　二〇一二「可樂洞式土器의 初現과 系統」（釜山考古學研究會『考古廣場』一一）
裵　眞晟　二〇一三「柱狀片刃石斧의 再檢討」（韓國上古史學會『韓國上古史學報』八二）
百濟文化財研究院　二〇一二『燕岐 大平里遺跡（A地點）』
孫　晙鎬　二〇〇六『青銅器時代 磨製石器 研究』（署京文化社）
孫　晙鎬　二〇〇八「石器 組成比를 통해 본 青銅器時代 生計와 社會經濟」（韓國青銅器學會『韓國青銅器學報』第三號）
安　承模　一九九六「韓國 先史農耕研究의 成果와 課題」（韓國古代學會『先史와 古代』七）
安　承模　二〇〇八「韓半島 青銅器時代의 作物組成」（湖南考古學會『湖南考古學報』二八）
安　在晧　二〇〇〇「韓國 農耕社會의 成立」（韓國考古學會『韓國考古學報』四三）
安　在晧　二〇〇九「松菊里文化成立期の嶺南社会と弥生文化」（『弥生文化誕生』同成社）
安　在晧　二〇一〇「掘立柱建物이 있는 청동기시대 聚落相」（『韓國古代의 水田農耕과 水利施設』書京文化社）
蔚山文化財研究院　二〇〇九a『蔚山泉谷洞가재골遺蹟Ⅲ』
蔚山文化財研究院　二〇〇九b『蔚山校洞里一九二―三七遺蹟』
李　炅娥　二〇〇五「植物遺體에 基礎한 新石器時代 農耕에 대한 觀點의 再檢討」（韓國新石器學會『韓國新石器研究』一〇）
李　相吉　二〇〇二「韓国の水稲と畠作」（後藤直・茂木雅博編『東アジアと日本の考古学〔生業〕』同成社）
李　秀鴻　二〇〇五「檢丹里式土器의 時空間的 位置와 性格에 대한 一考察」（嶺南考古學會『嶺南考古學』三六）
李　亨源　二〇〇九『청동기시대 취락구조와 사회조직』（書京文化社）
鄭　澄元　一九九一「初期農耕遺跡の立地環境［1］韓国」（『日韓交渉の考古学 弥生時代編』六興出版）

趙 現鐘 二〇〇〇「農工具의 變遷과 生産量의 增大」（國立中央博物館『韓國 古代의 稻作文化』）
忠清南道歴史文化研究院 二〇一二『燕岐 大平里遺跡（C地點）』
韓國考古學會 二〇〇一『한국 농경문화의 형성』（韓國考古學會）
韓國考古學會 二〇一二『농업의 고고학』（韓國考古學會）
韓國考古環境研究所 二〇一二『燕岐 大平里遺跡（B地點）』
韓國青銅器學會 二〇一三『한국 청동기시대 편년』（書京文化社）
許 義行 二〇〇六『無文土器時代 聚落立地와 生計經濟 研究』（高麗大學校大學院碩士學位論文）
湖南文化財研究院 二〇〇七『光州 東林洞遺蹟Ⅰ』

宮本一夫 二〇〇八ａ「弥生時代における木製農具の成立と東北アジアの磨製石器」（『九州と東アジアの考古学』九州大学考古学研究室五〇周年記念論文集）
宮本一夫 二〇〇八ｂ「日本水稲農耕文化の起源地」（宮本一夫編『日本水稲農耕の起源地に関する総合的研究』）
宮本一夫 二〇〇九「直接伝播地としての韓半島農耕文化と弥生文化」（『弥生文化の輪郭』同成社）
庄田慎矢 二〇〇九ａ『청동기시대의 생산활동과 사회』（학연문화사）
庄田慎矢 二〇〇九ｂ「東北アジアの先史農耕と弥生農耕」（『食糧の獲得と生産』同成社）
下條信行 二〇〇二「北東アジアにおける伐採石斧の展開—中国東北・朝鮮半島・日本列島を繋ぐ文化回路を巡って—」（『韓半島考古学論叢』すずさわ書店）
下條信行 二〇一〇「韓日初期農耕期の石斧組成の展開と比較検討」（『釜山大學校考古學科創設二〇周年記念論文集』）
後藤 直 二〇〇二「無文土器時代의 農耕과 聚落」（韓國考古學會編『韓國 農耕文化의 形成』학연문화사）

（翻訳：金想民）

第三章　渡来文化の形成とその背景

端野晋平

はじめに

今日、日本考古学界においては、水稲農耕の開始をもって弥生時代の開始とみなす見解が定着しつつある。また、弥生時代に導入される水稲農耕の起源は、日本列島（以下、列島と略する）に近接する朝鮮半島（以下、半島と略する）に求めて間違いない。さらに、水稲農耕の導入の背景に、半島からの人間集団の渡来と一定の関与を認める見解もある。弥生時代がいかにして始まったのかについては、戦前から数多くの議論があるが、福岡県板付遺跡（福岡市教委一九七九）、佐賀県菜畑遺跡（唐津市教委一九八二）、福岡県石崎曲り田遺跡（福岡県教委一九八五）などの弥生時代開始期を代表する諸遺跡の発掘調査成果によって、一九八〇年代には大きな転機が訪れた。すなわち、弥生時代の開始にあたって、縄文人と渡来人のいずれに主体性を認めるかを問う議論が盛んに行われた。こうした議論は、自然人類学の立場から提出された大量渡来説を背景とするものであったが、一九九〇年代になると、これを「主体性論争」と呼び、この議論自体の意味についての疑義も示された。その後、これから抜け出

し、縄文時代から弥生時代への移行のプロセスを明らかにしようとする試みも行われはじめ、今日に至っている。いっぽう韓国では一九七〇年代において、京畿道欣岩里遺跡（서울大博一九七三）、忠清南道松菊里遺跡（国立中央博一九七九）などから、日本列島の弥生文化との関係を積極的に見出せるさまざまな遺構や遺物が出土した。その結果として、列島の弥生時代に開始される水稲農耕の起源が半島に求められることは確実なものとなった。とりわけ、松菊里遺跡での調査成果は、のちに弥生時代開始期にほぼ併行する時期である無文土器時代中期(1)（松菊里式期）の設定（藤口一九八六）をもたらすこととなった。その後、とくに二〇〇〇年代以降になると、大規模な開発事業に伴う発掘調査が急増することによって、半島南部各地での無文土器文化の様相が明らかとなりつつある。

このように、近年の日韓両国の考古学界において、これまでの考古資料の蓄積による研究の進展は目覚ましいものがある。ところが、弥生文化の成立に一定の貢献を果たした渡来人の故地や、彼らが列島にもたらした文化の、半島での形成過程、そして渡来の要因については、いまだに未解明といってよい。これには、次のような日韓双方の考古学界の風潮が背景にあるように思われる。すなわち日本考古学界では、研究者の多くが、列島での弥生文化の成立過程とその内的要因に強い関心を払いつつも、外的要因についてアプローチを試みた研究はさほど多くはない。いっぽう韓国考古学界では、半島での農耕文化の成立過程には関心が集中するものの、半島での研究蓄積をふまえたうえで、列島の弥生文化の成立を論じた研究はきわめて少ない。結果として、半島・列島の考古資料を徹底的に突き合せた比較研究が不十分になっていることが、これらの研究課題が未解明のままである一因となっているようである。

こうした状況を受けて、これまで筆者は、半島・列島両地域に共通して分布する文化要素の系統学的研究によって、両地域間の交流の実態解明を行ってきた。さらに最近では、気候変動と考古学的事象との関係をみて、水稲農耕伝播のメカニズムの解明に挑んでいる。本稿では、こうした研究の成果をふまえ、半島において、弥生文化の成立に関与した半島由来の外来文化（以下、本稿では「渡来文化」と呼ぶ）がどのようにして形成され、どこから列島へと伝わったのかを明らかにし、そしてなにゆえ渡来文化と水稲農耕が列島にもたらされたのかという課題についての見通しを示したい。

1　水稲農耕伝播における渡来の二段階

ここでは、まず本稿で取り扱う地域と時代・時期を明らかにしたうえで、あとの議論に深くかかわってくる水稲農耕伝播に伴う段階性を論じたい。先述のように、二〇〇〇年代以降、韓国では発掘調査が急増したことを受け、半島南部各地における無文土器文化研究が大幅に進展した。とりわけ、弥生文化の成立期に前後する無文土器時代前期から中期にかけての物質文化の編年研究は、それまでの研究のように半島南部全体を一括して扱うのではなく、半島南部をいくつかに分けた小地域ごとに、住居跡・土器・石器などの複数の物質文化を対象として、精力的に行われた。たとえば、湖西地方（忠清道地方）では李亨源（二〇〇二）・千羨幸（二〇〇三）・庄田慎矢（二〇〇四b）などが、嶺南地方（慶尚道地方）では董眞淑（二〇〇三）・黄炫眞（二〇〇四）・庄田慎矢（二〇〇四a）などがあげられる。これらの研究は、松菊里型住居跡と松菊里型土器とがそろって分布する範囲を「松菊里文化圏」と定義するならば、その中の小地域を対象としたものといえる。ところが、従来から松菊里文化は無文土器時代中期に位置づけられてきたが、近年はこの松菊里文化の範囲が鮮明となった一方で、それの及ばない範囲が明らかとなった。松菊里文化の及ばない地域のうち、北漢江流域では「北漢江類型」（金二〇〇五）、蔚山地域では「検丹里類型」（裵二〇〇五、李二〇〇五）が設定された。これらは松菊里文化と併行しつつ、それとは異なる物質文化の組み合わせによって設定された独自の考古学的文化である。嶺東地方は、朴榮九（二〇〇五）によって無文土器時代の集落構造の検討が行われたが、中期についてはとくに言及がなかった。そこで筆者は、嶺東地方においては、北漢江流域や蔚山地域とは異なり、無文土器時代中期併行期になっても、独自の文化が形成されず、前期無文土器文化が継続し、そのまま円形粘土帯文化（水石里式）へと移行したものとみなした（端野二〇〇六b）。なお、「北漢江類型」という名称は、今後の発掘調査の進展によって、その空間的範囲が変更される可能性を考慮すると、他の類型と同様に、標識となる遺跡名をとって「泉田里類型」と呼ぶ方が適切であろう。

さて、以上の半島南部各地における物質文化の編年研究の成果と、半島南部と北部九州の土器編年の併行関係に関する研究成果（家根一九九七、武末二〇〇四）、そして筆者による丹塗磨研壺の編年研究（端野二〇〇三b、二〇〇六a、Hashino 2010）をも加味しつつ、無文土器文化編年と弥生土器編年の併行関係を整理すると、図1の通りである。また、これに対応する半島南部の地域区分、および本文で扱う遺跡の位置は、図2を参照されたい。このうち、本稿で対象とする時期は、半島南部の無文土器時代前期〜中期、列島の縄文時代晩期〜弥生時代前期ということになる。これらは半島・列島双方で水稲農耕が開始される時期の前後にあたる。

以上の半島・列島それぞれでの時期区分と両者の関係をふまえ、次に水稲農耕開始前後における半島・列島間の交流に関する研究の到達点を振り返り、水稲農耕伝播のメカニズムを論じるための妥当な段階を設定したい。ここで段階設定を行うための基準は、先行研究にならって、列島における半島系の文化要素の出現率であることをお断りしておく。古くから弥生時代開始論の脈絡では、縄文時代と弥生時代との境界を前後する時期において、弥生文化を構成する要素が断片的にみられるのか、あるいはほぼすべてみられるのかによって、個々の時期を評価し、文化の移行を段階的にとらえようとする考え方が提出されている。森貞次郎は、九州の弥生文化を構成する文化要素を「定型化された土器、大陸系磨製石器を含む農工具、米、紡錘車、金属器、支石墓など」の組み合

		朝鮮半島南部						日本列島		
地域区分		①	②	③④⑤	⑥⑦	⑧⑨⑩	⑪	九州北部		
無文土器時代	早期	渼沙里式				渼沙里式		縄文時代	晩期	広田式
	前期	可楽洞式/駅三洞式	可楽洞式/駅三洞式	可楽洞式/駅三洞式	(駅三洞式)	可楽洞式/駅三洞式	(駅三洞式)			黒川式
	中期	泉田里類型		(休岩里式)松菊里式	松菊里式	松菊里式	松菊里式			山ノ寺・夜臼式
	後期	水石里式	水石里式	水石里式	水石里式	水石里式	水石里式	弥生時代	前期	板付Ⅰ式
										板付Ⅱ式 a
										板付Ⅱ式 b
										板付Ⅱ式 c
									中期	城ノ越式

図１　無文土器時代と縄文・弥生時代の併行関係

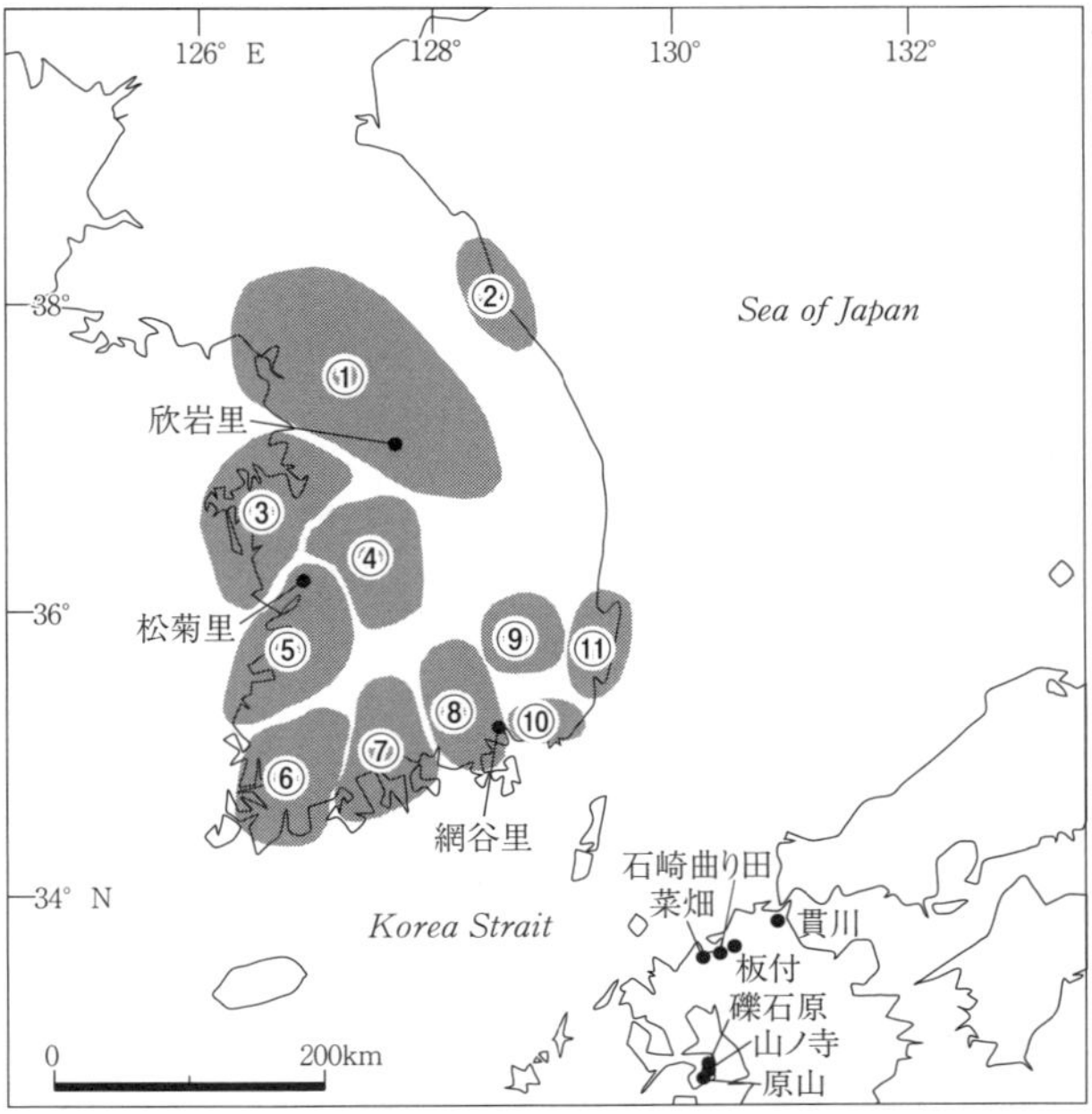

図２　朝鮮半島南部の地域区分と本文で扱う遺跡の位置

地域区分：①漢江流域　②嶺東地域　③中西部地域　④錦江上流域　⑤錦江中・上流域　⑥栄山江流域　⑦宝城江流域　⑧南江流域　⑨大邱地域　⑩金海地域　⑪蔚山地域（番号は図１と対応）

わせに求めた。そして、長崎県原山遺跡、山ノ寺遺跡、礫石原遺跡の調査を通じて、縄文時代晩期にこれらの要素の一部がすでに認められるとして、「弥生式文化の成立の過程は意外に複雑で、決して短い時期に一挙にして成立したといったものではなく、弥生式文化を構成する幾つかの要素が積み重ねられていき、それらが緊密に組み合わされて、完全な形を備えた時が弥生式文化の発生の時期と見られるのではあるまいか」と述べた（森一九六〇）。これは、弥生時代前期より前の時期に、弥生的な要素の出現を認め、そこに一定の意味を与えた見解といえよう。

ところが、その後の一九七〇年代末〜一九八〇年初めにかけての発掘調査によって得られた事実によって、この見解は変更を迫られることとなった。板付遺跡で夜臼式期の水田が発見され（福岡市教委一九七九）、続いて菜畑遺跡ではそれよりややさかのぼる時期の水田と大陸系磨製石器類、木製農耕具が豊富に出土した（唐津市教委一九八二）。さらに、石崎曲り田遺跡の調査では、夜臼式期に属する住居跡群が検出され、それに大陸系磨製石器群と鉄器が伴うことが明らかにされた（福岡県教委一九八五）。これらの調査の結果、森が提示した弥生文化の成立に必要な諸要素のうち、「定型化された土器」（弥生土器）を除いたほぼすべての要素が夜臼式期あるいは山ノ寺式期とされる時期にすでに出そろっていたことが判明した。

こうした学史的な流れからすれば、列島における本格的な農耕や弥生時代の開始が一気に起きたように論調が転換してもよかったとも思えるが、実際にはそうはならなかった。一九八〇年代以降も、弥生文化の構成要素が出そろう段階よりも前に、要素が断片的に出現する段階を設定するという考え方自体は、こうした段階をより古い時期へとスライドさせたかたちで生き続けることとなった。(2) これは、山ノ寺・夜臼式期よりもさらにさかのぼる黒川式期において、半島系の文化要素の一部が存在するという事実が認識されていたか、その後の発掘調査によって得られた新たな事実が付け加えられたからである。田中良之は、黒川式期において半島の丹塗磨研小壺の塗彩を模倣した丹塗浅鉢と、在来の粗製深鉢・突帯文土器に施された孔列の存在を指摘し、水稲農耕が本格化する前の時期にすでに半島南部からの情報の流入・蓄積があったことを明らかにした（田中一九八六）。前田義人と武末純一は、福岡県貫川遺跡出土の石庖丁を半島南部の無文土器文化に由来するものとし、当時の水稲農耕が試行的で一般化しなかったものと評価している（前田・武末一九九四）。

その後も、水稲農耕の本格化に先立つ半島南部からの影響に焦点をあてて研究が進行してきた。たとえば、広田式期における浅鉢・深鉢の色調の模倣を明らかにした研究(3)（松本一九九六）、黒川式期における孔列土器の列島西部への拡散過程の研究（片岡一九九九）などがそれにあたる。最近では、これらの研究成果にもとづき、広田式期から黒川式期を本格的な水稲農耕の開始に先立つ「園耕」段階に位置づける動きもある（宮本二〇〇五）。

以上の研究成果をふまえ、列島における半島系文化要素の出現率にもとづくと、次の二つの段階が設定できる。

渡来第1段階：水稲農耕は試行的で一般化しなかったものの、孔列土器や石庖丁、赤色塗彩浅鉢などが半島南部との交流と渡来人の存在を暗示する無文土器時代前期／縄文時代晩期中葉（黒川式期）。

渡来第2段階：水田をはじめ、農耕具、各種の工具、磨製石鏃・石剣、壺形土器、松菊里型住居、支石墓などの様々な文化要素が体系的に出現し、水稲農耕が本格化する無文土器時代中期／縄文時代晩期後葉（弥生時代早期・夜臼式期）。

なお先行研究では、半島系文化要素が断片的に出現する段階を縄文時代晩期前葉（広田式期）以降とみる見解と、縄文時代晩期中葉（黒川式期）以降とみる見解の二つに分かれる。本稿では、文化要素の出現率の点からみて、この二つの時期を区別し、このうち出現率の高い黒川式期を渡来第1段階に位置づける。次章以降は、こうした段階設定にしたがって、議論を進めることとする。

2　松菊里文化の変容と渡来人の故地

さて、列島の弥生文化の成立にかかわった渡来文化は、半島において、いかにして形成されたのであろうか。そして、その文化を列島へともたらした渡来人は半島のどこから来たのであろうか。ここでは、列島の弥生時代開始期に出現する松菊里型住居、石庖丁、丹塗磨研壺、支石墓といった四つの物質文化に対して筆者が試みた系統学的研究の結果を概観する。こうすることによって、前章で述べた渡来二段階のうち、第2段階を中心として、当該課題に一定の答えを示したい。なお、これらの物質文化を研究対象として選んだのは、資料の蓄積が十分であり、かつ半島南部で地域性が比較的明瞭であると予想されたからである。

松菊里型住居

半島南部においての、初めての本格的な農耕文化、松菊里文化を定義づける一つの要素として、「松菊里型住居跡」と呼ばれる住居跡がある。これは竪穴の中央部に楕円形の穴を掘って、その両脇に柱の穴があるのを特徴とする（図3）。半島南部では、こうした住居が水稲農耕の本格化する無文土器時代中期に出現・盛行し、さらに水稲農耕とともに列島にも伝わる。ここでは、端野（二〇〇八a）での研究成果にもとづいて、松菊里型住居が半島で発生し、列島にいたるまでの過程を明らかにしたい。

松菊里型住居跡は細部をみると、二〇種類のタイプに分類することが可能である。**図4**は、中央の土坑とそれに伴う二つの柱穴の有無・位置、竪穴の形態、二つの柱穴以外の柱穴の特徴・有無といった三つの属性にもとづいて、分類した結果と諸タイプの空間的セリエーションを示したものである。ここでは、松菊里型住居の系統発

1

2

図 3　朝鮮半島南部の松菊里型住居跡

1：松菊里遺跡で検出された松菊里型住居跡（国立公州博 2002），2：1をもとに上屋を復元された住居（2011 年 11 月，高敞支石墓博物館にて筆者撮影）。

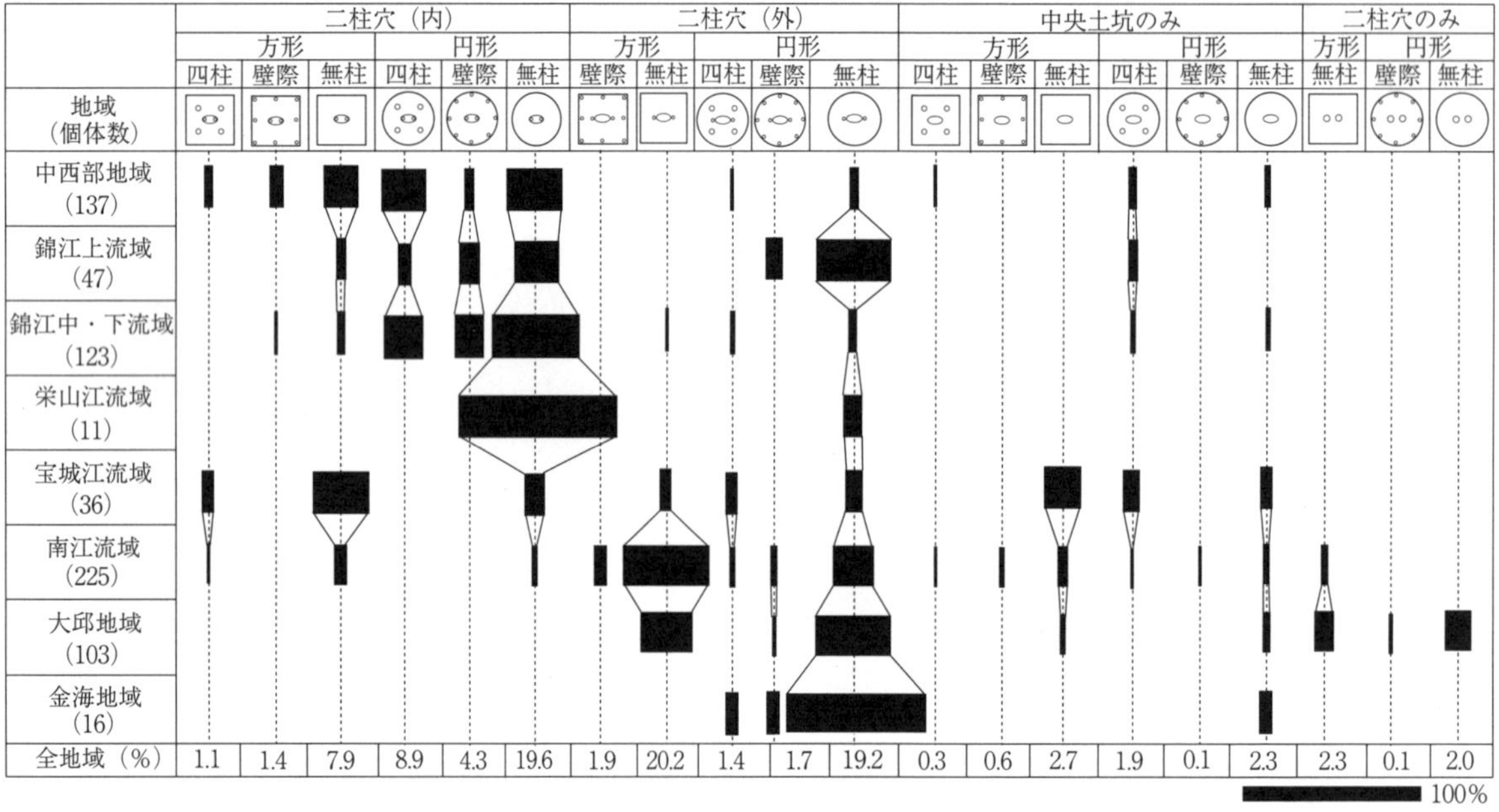

図4　松菊里型住居跡の諸タイプと空間的セリエーション

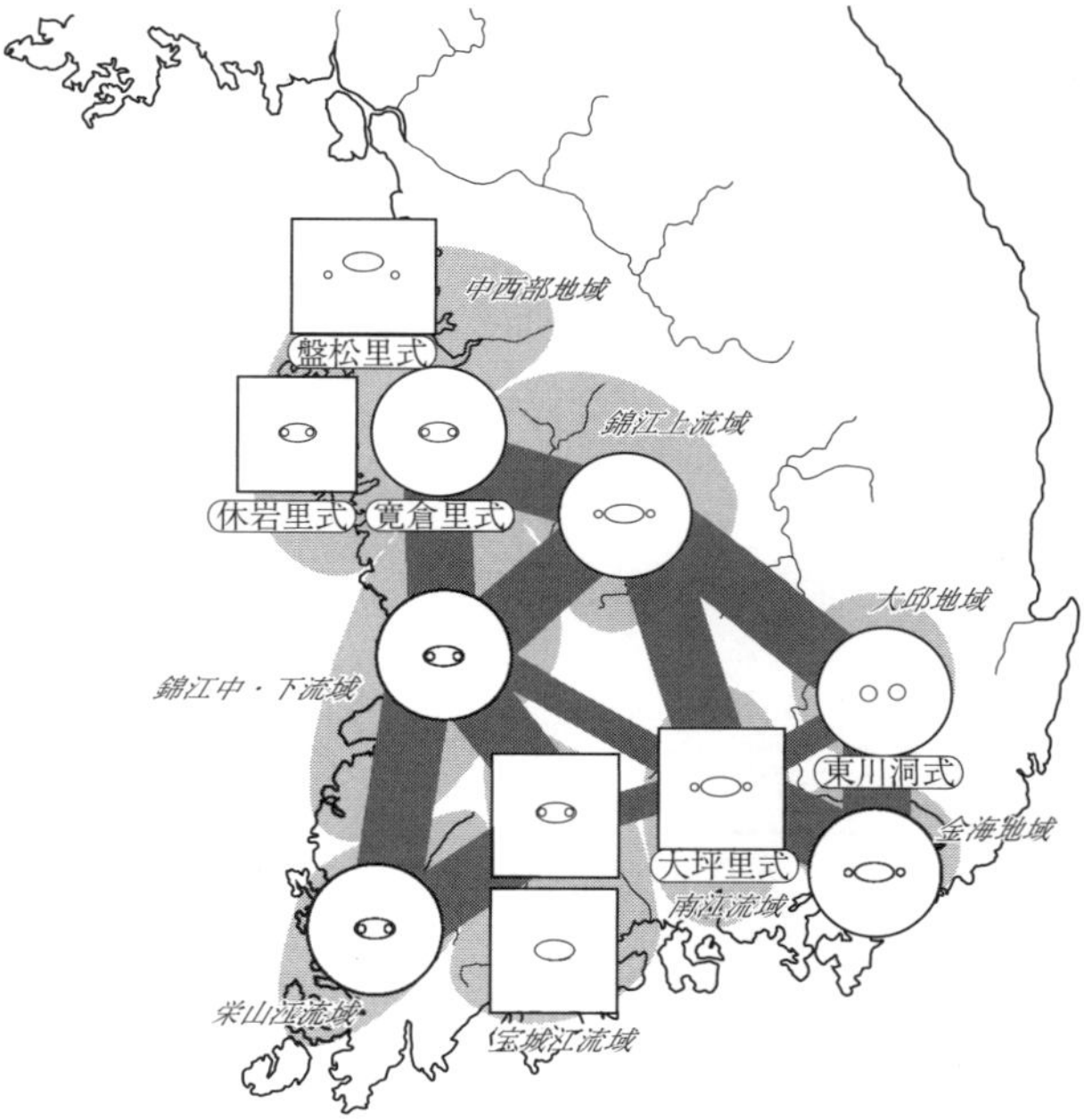

図5　松菊里型住居跡からみた地域間ネットワーク

住居跡の模式図は各地域に特徴的なタイプ，太い線はとくに関係の深い地域間関係を示すことに注意。

生の過程を明らかにするために、その諸タイプの地域ごとの出現頻度を表現する方法として、セリエーション・グラフを採用した。これは長さが頻度の大きさに比例して大きくなるバーを、その中心点にそろえて配列したもので、ここで目的とする物質文化の拡散と変容のあり方を明らかにする手段として有効な方法である。こうした分析の結果、明らかとなった各地域での優勢となるタイプと、地域間の関係の強弱を図に示すと、**図5**の通りである。結論からいって松菊里型住居は、半島南部の中西部地域で発生し、西海岸ラインと小白山脈越えラインにおおむね沿って拡散すること、中西部地域で発生した松菊里型住居は、半島南部各地に広がる過程で変容することが考えられる。

　それでは、なぜ松菊里型住居は各地に

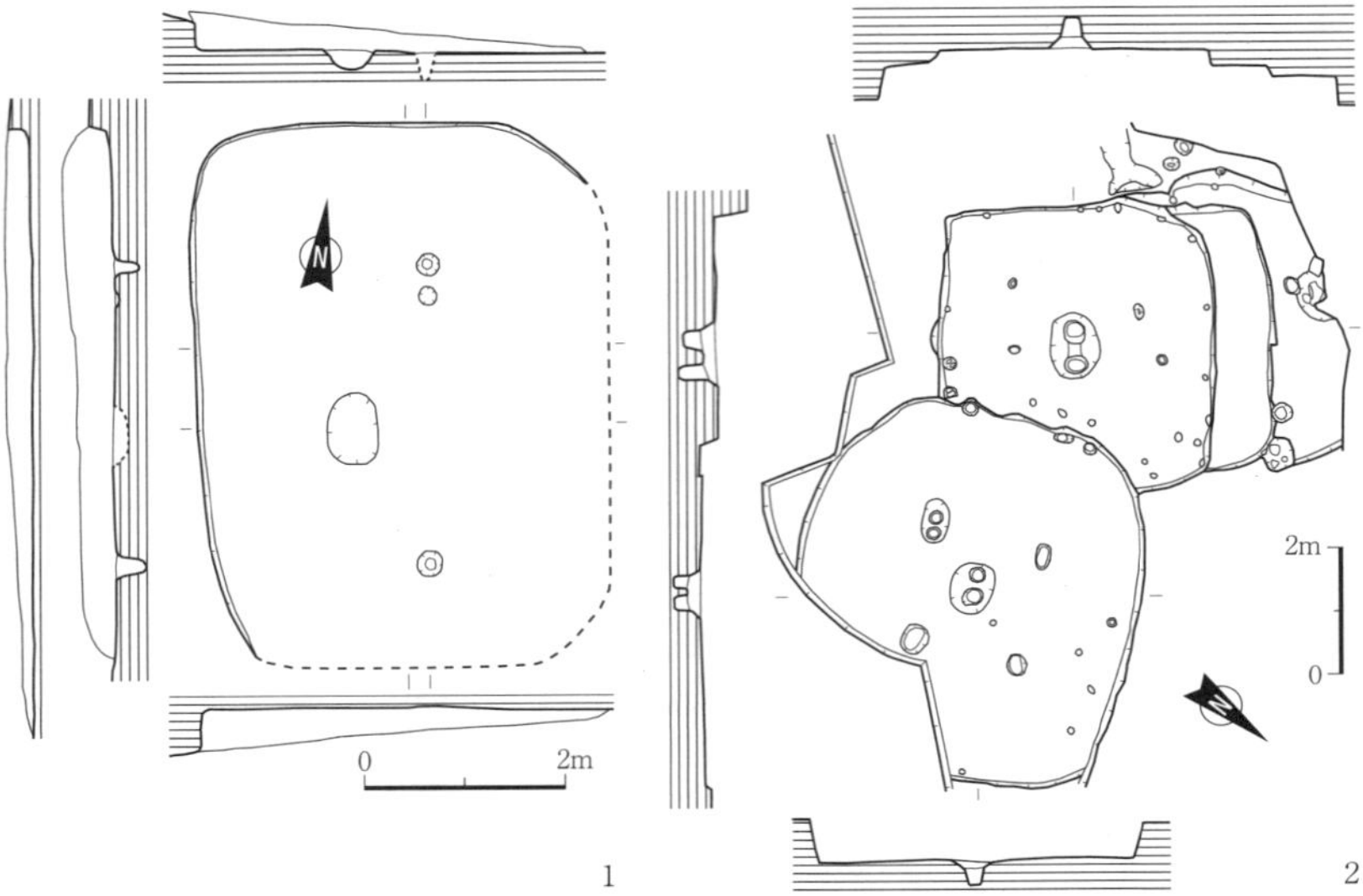

図 6　中西部地域における前期無文土器文化の住居跡と松菊里型住居跡

1：盤松里 14 号住居跡（李 2006）　2：休岩里 1・2 号住居跡（国立中央博 1990）　前期末の長方形住居（1）から中期になると方形，円形の松菊里型住居（2）の序列で変遷する。縮尺不同。各文献よりトレース・改変。

広がる過程で変容するのか。南江流域を例にあげ、もう少し細かくみてみよう。中西部地域では、無文土器時代前期の終わり頃の長方形住居から方形の松菊里住居がまず発生し（李二〇〇六）、そのあとに円形の松菊里型住居へと変化すると考えられる（図6）。こうした中西部地域での状況をふまえ、南江流域における松菊里型住居の受容についてみていく。南江流域では、無文土器時代前期の終わり頃までは長方形住居を使っていたが、松菊里文化の発生からまもなくして、方形の松菊里型住居を受容する。最近では、この長方形住居と方形の松菊里型住居の間の時期に細長い小型の住居タイプを位置づける見解もある（図7）。ここで注目されるのは、松菊里型住居のタイプのうち、中西部地域では円形が主体となるのに対して、南江流域では方形が主体となっていることである。また、二本の柱の穴の位置をみても、中西部地域では土坑の

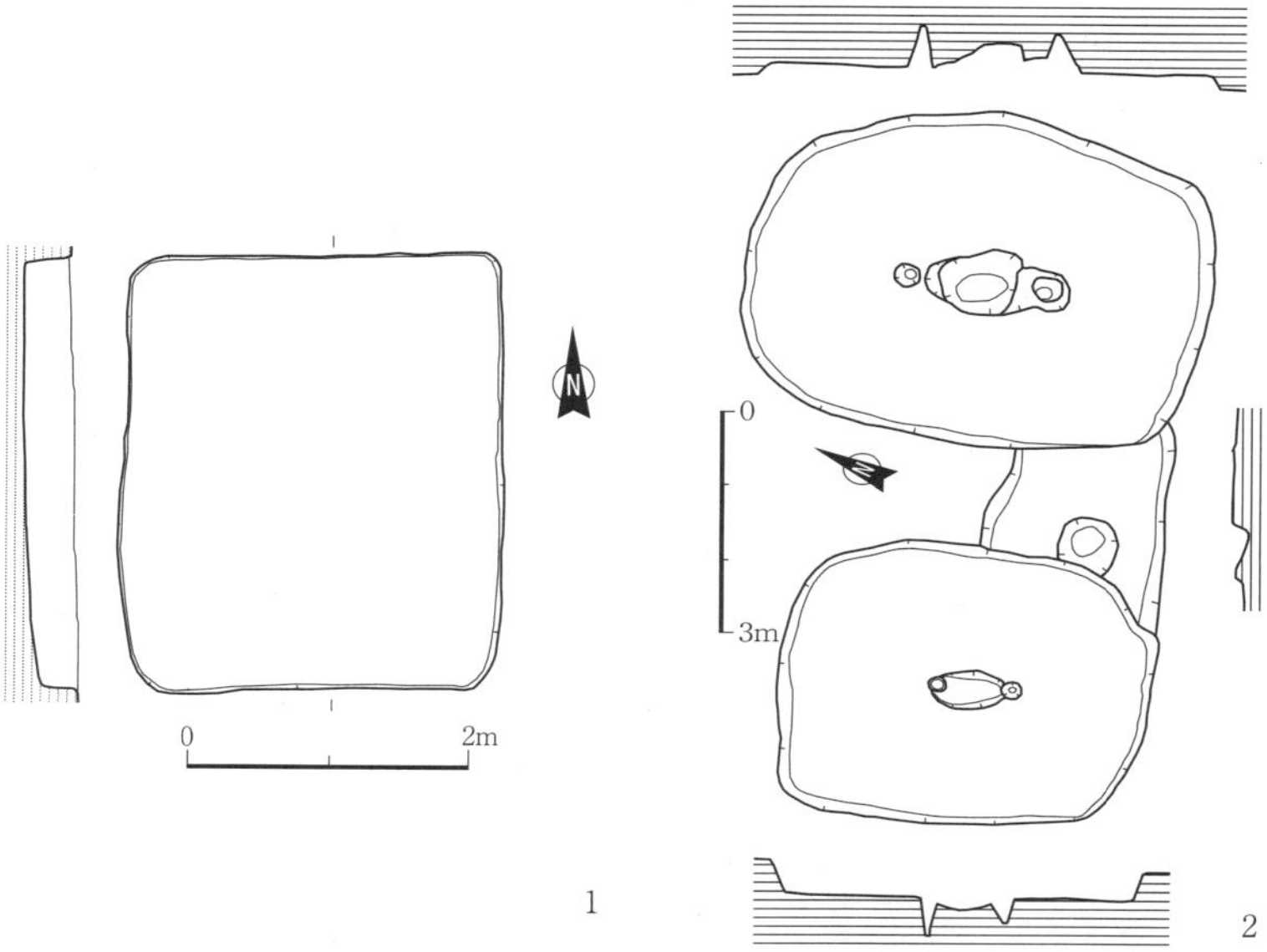

図７　南江流域における前期無文土器文化の住居跡と松菊里型住居跡

１：大坪里玉房１地区（国立晋州博 2001a）　２：大坪里漁隠２地区 43・46・47 号住居跡（国立昌原文研 2001）　前期末の長方形住居（１）から小型長方形住居，方形松菊里型住居（２）の序列で変遷する。縮尺不同。各文献よりトレース・改変。

内側、南江流域では外側というように、支配的なタイプが異なっている。なぜこうした違いが生じたのか。筆者はこれを、南江流域では松菊里型住居の受容にあたって、在来伝統と規制によって変容した結果ではないかと考えている。すなわち、この地域では、無文土器時代前期以来の長方形住居の構築に関する伝統・規制を背景として、方形の松菊里型住居が優先的に採用され、その後も多く使用されたものとみなせる。

こうした変容を遂げた松菊里型住居の波は、海峡を挟んだ列島にも到達する。筆者は、北部九州における縄文時代晩期後葉（弥生時代早期）から弥生時代前期前葉に属する松菊里系住居跡を取り上げ、個別に諸属性を検討し、その結果と先のセリエーション・グラフで得られた結果とを突き合わせることによって、列島の松菊里系住居の起源地を検討した。その結果、タイプの

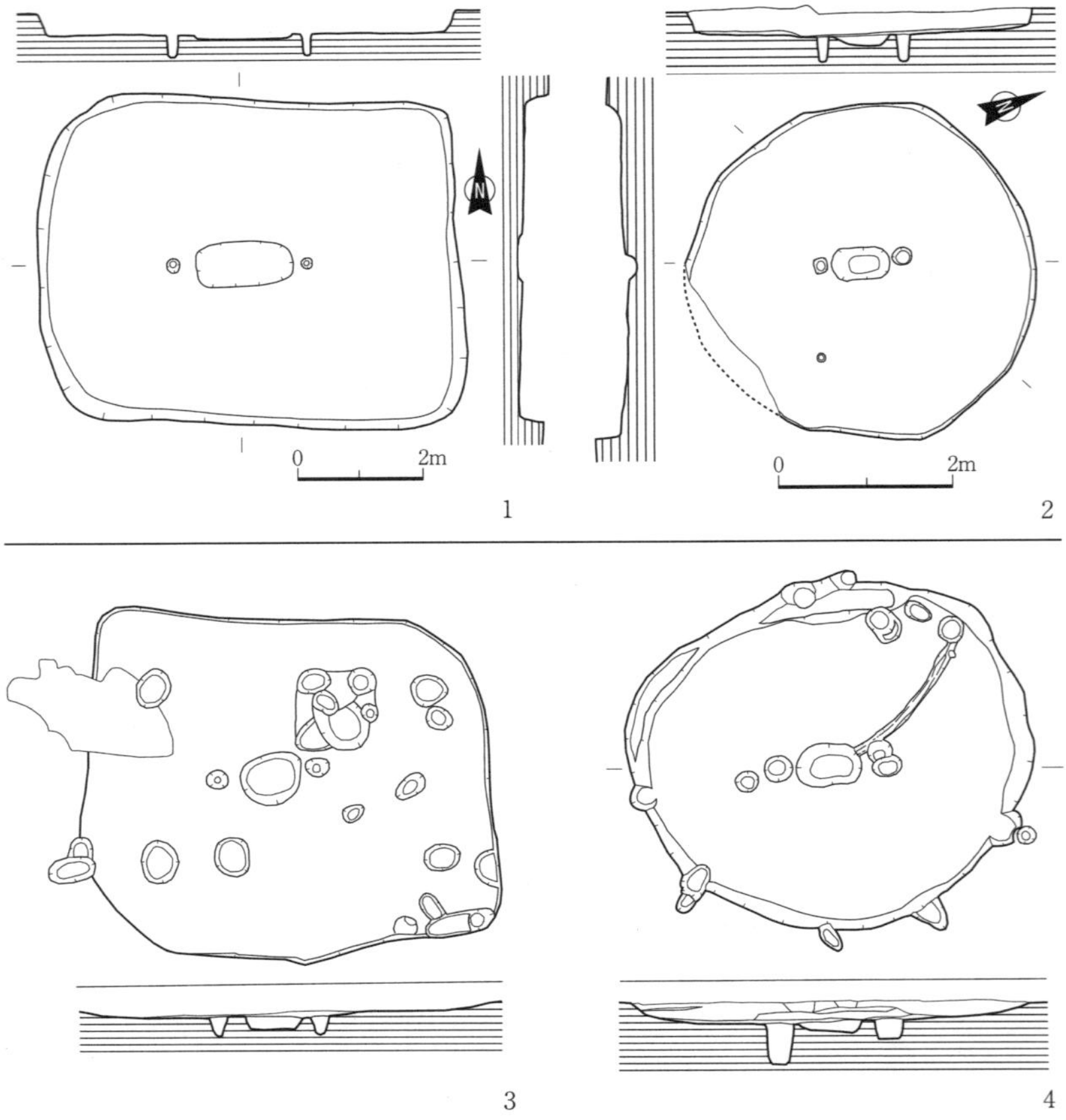

図 8　南江流域・金海地域の松菊里型住居跡と北部九州の松菊里系住居跡

1：大坪里玉房 2 地区 16 号住居跡（国立晋州博 1999）　2：所土里 13 号住居跡（慶南考古研 2005）
3：江辻 1 地区 1 号住居跡（新宅 1994）　4：江辻 2 地区 3 号住居跡（新宅 1994）　二地域の住居跡の間で，竪穴の形態や中央に設けられた二つの柱穴の位置が共通することに注意。縮尺不同。各文献よりトレース・改変。

組み合わせの点で、南江流域・金海地域の松菊里型住居跡と北部九州の松菊里系住居跡が類似していることがわかった。**図8**は上段に南江流域・金海地域、下段に北部九州のそれぞれの地域で特徴的な松菊里型（系）住居跡の例を示したものである。このように、これらの二地域の間では、竪穴の形態や二つの柱穴の位置などが共通する例が多い。したがって、列島の松菊里系住居の起源地は、南江流域と金海地域をあわせた範囲の地域である可能性が高い。そして、先に明らかにした半島南部各地での広がり方をふまえると、中西部地域で発生した松菊里型住居が南江流域や金海地域まで広がり、そこでいったん変容したものが列島の北部九州まで到達したものと考えられる。

図9　三角形交差刃石庖丁
平面形は三角形を呈し，左辺と右辺のそれぞれに片刃が交差するように作られているのが特徴。松菊里遺跡より出土（国立公州博 2002）。

石庖丁

石庖丁はイネ科植物の収穫具として知られる石器である。こうした用途は、金属顕微鏡を用いた使用痕分析によって、すでに明らかにされている（孫二〇〇二）。半島南部では、無文土器時代の前期に様々な形態の石庖丁が出現し、中期になると「三角形交差刃石庖丁」と呼ばれる半島南部独自の石庖丁が誕生する（**図9**）。これは、先ほど紹介した松菊里型住居とともに、松菊里文化を定義づける一要素とされる。そして、こうした石庖丁も水稲農耕と不可分な関係にある物質文化の一つとして列島に到来したものと考えられる。ここでは、端野（二〇〇八b）での研究成果にもとづいて、半島南部の石庖丁の時空間的な様相を明らかにし、その

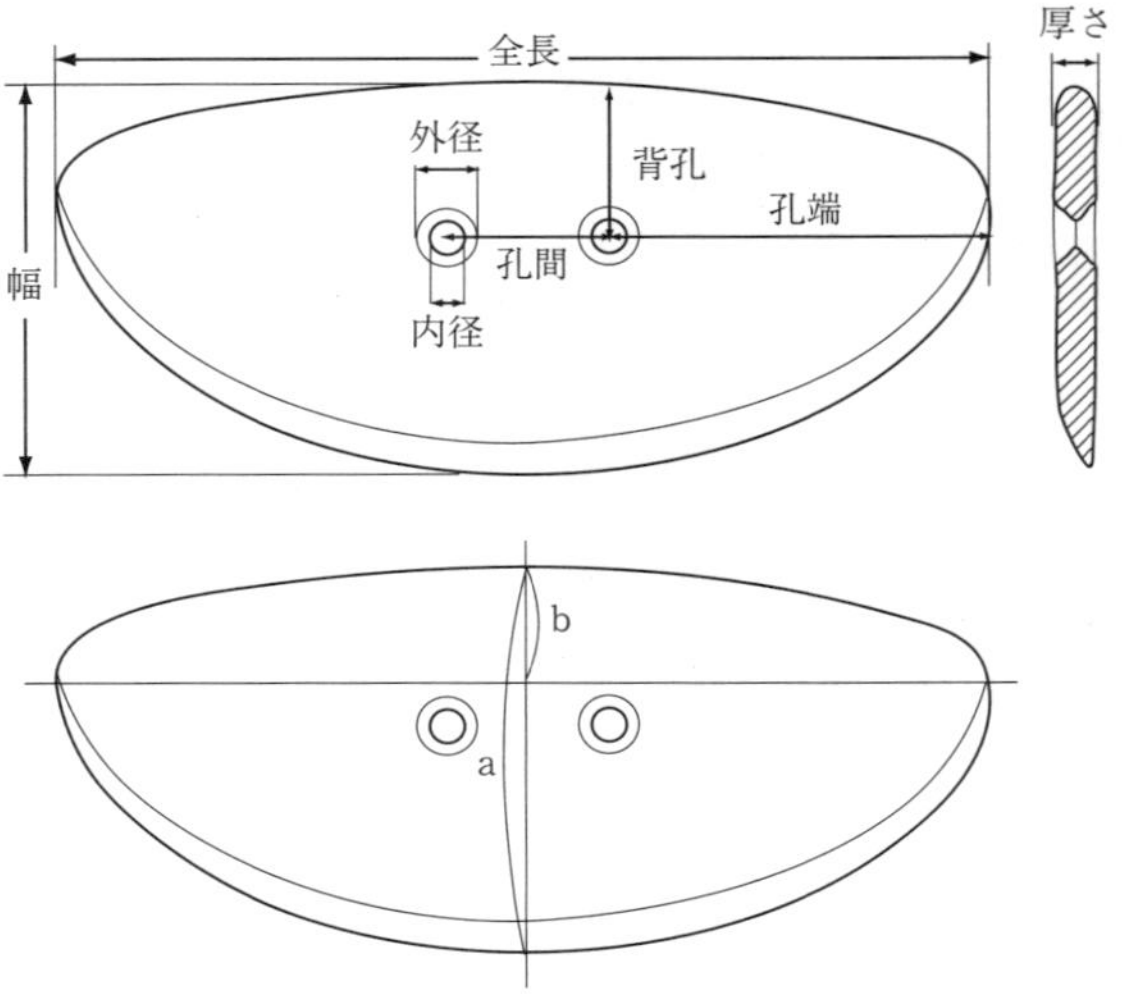

図 10　石庖丁の計測的属性

図示した各属性に加え，長幅比（幅/全長），孤背度（b/a）を用いた。

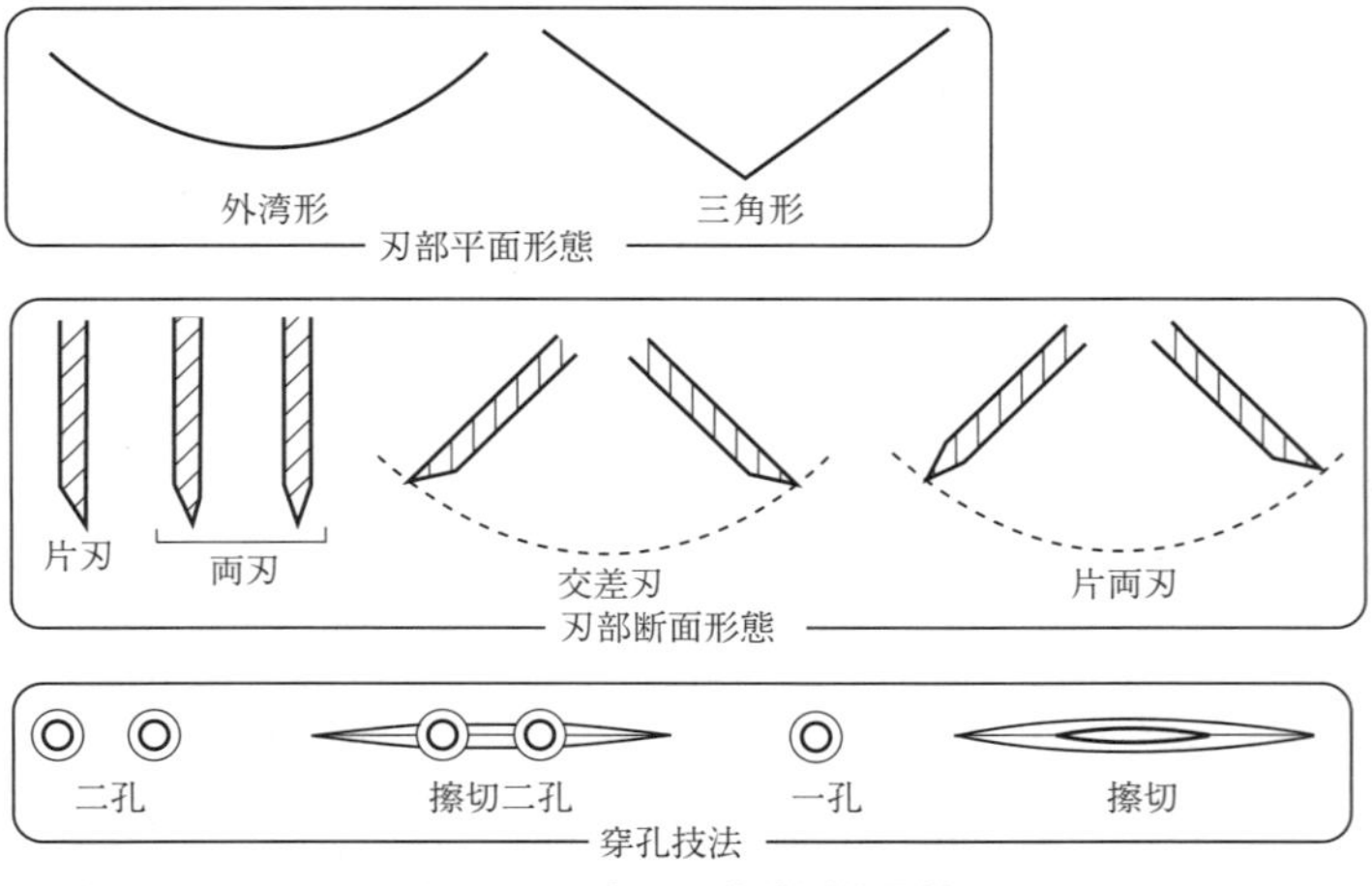

図 11　石庖丁の非計測的属性

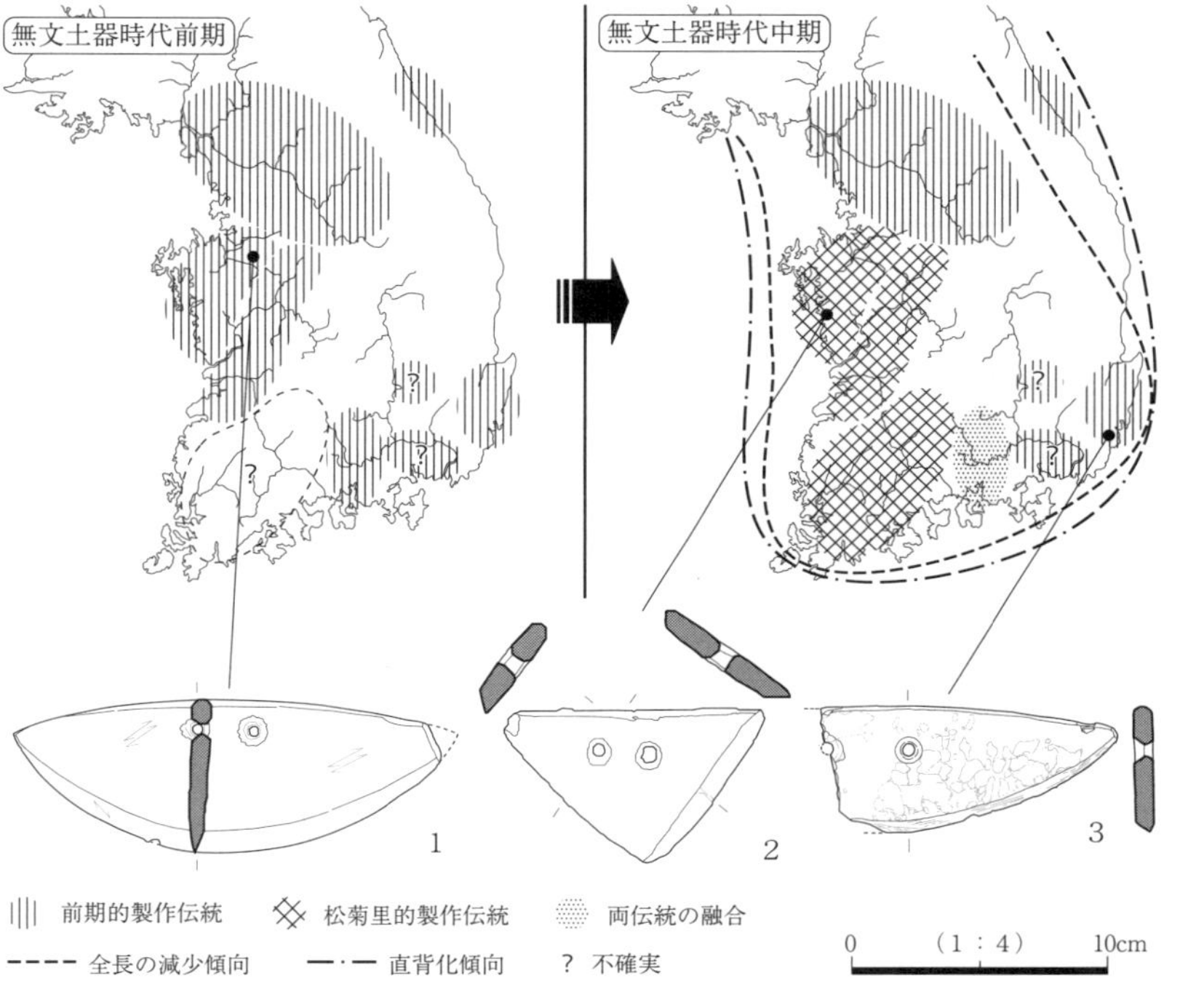

図 12　石庖丁製作伝統の推移

1：白石洞 95 年度地表採集（公州大博 1998）　2：寛倉里（高麗大）地表採集（高麗大埋文研 2001）
3：検丹里 74 号住居跡（釜山大博所蔵）　1・2 は各文献よりトレース・改変，3 は筆者実測。

結果をふまえ、列島の石庖丁の祖型がどのようにして形成され、その起源地がどこであったのかについて議論を試みたい。

筆者は、計測値を用いた属性（計測的属性）（図10）と、刃部平面形態・刃部断面形態・穿孔技法といった非計測的属性（図11）の双方によって、半島南部各地の石庖丁の製作伝統がどのように推移したのかを検討した。その結果を一図に示すと、図12の通りである。まず、半島南部の無文土器時代前期には、いろいろな形をした石庖丁があるが、そのなかでも、のちの三角形石庖丁の発生にかかわる、魚形あるいは舟形といわれるような形をした石庖丁は、半島南部の全域で作られ、使われたと考えら

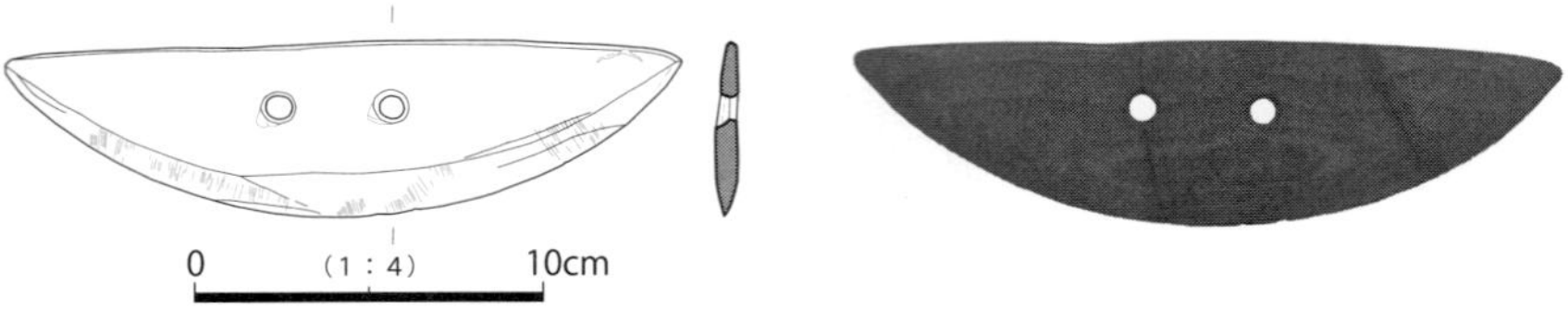

図13　貫川遺跡の石庖丁

左は実測図，右は写真（両方とも筆者による）。北九州市立いのちのたび博物館所蔵。

れる。次の無文土器時代中期になると、中西部地域で三角形交差刃石庖丁が発生する。これが半島南部の西南部地域や南江流域へと広まっていく。まず、西南部地域へは三角形交差刃石庖丁のほぼそのものが伝わる。一方の南江流域では、平面形は三角形が伝わるが、刃の付け方は交差刃ではなく、両面から研ぎ出した両刃である。これは、南江流域では、三角形交差刃石庖丁を受容するにあたって、在来文化の伝統や規制が作用した結果、変容があったことを物語っている。なお、中西部地域・西南部地域・南江流域以外の半島南部の地域では、三角形石庖丁自体が伝わらず、無文土器時代前期以来の石庖丁がそのまま作られ、使われていたようである。

以上の半島南部各地での状況をふまえ、列島の石庖丁の祖型とその起源地について考えてみよう。渡来第1段階にあたる縄文時代晩期中葉の石庖丁は、貫川遺跡で一点だけ出土している（**図13**）。これはこれまでも前期無文土器文化に由来する石庖丁とみなされてきた（前田・武末一九九四）。しかし、これが半島のどの地域からもたらされたのか、あるいはどの地域からの影響のもとで作られたのかははっきりしない。というのも、この例は、端野（二〇〇八b）でのタイプでいえば、「外湾形両刃二孔」にあたり、このタイプは同時期の半島南部では漢江流域・嶺東地域・錦江流域・蔚山地域で確認され、地域的に偏って分布するようではないからである。[4] 渡来第2段階にあたる縄文時代晩期後葉になると、石庖丁は九州北部に本格的に導入される。九州北部の石庖丁は、**図14**に示したように、平面形が三角形や外湾形、刃の付け方が両刃、穿孔技法が二つあるいは一つの穴を開けたもの、磨り切りで穴を開けたものといった特

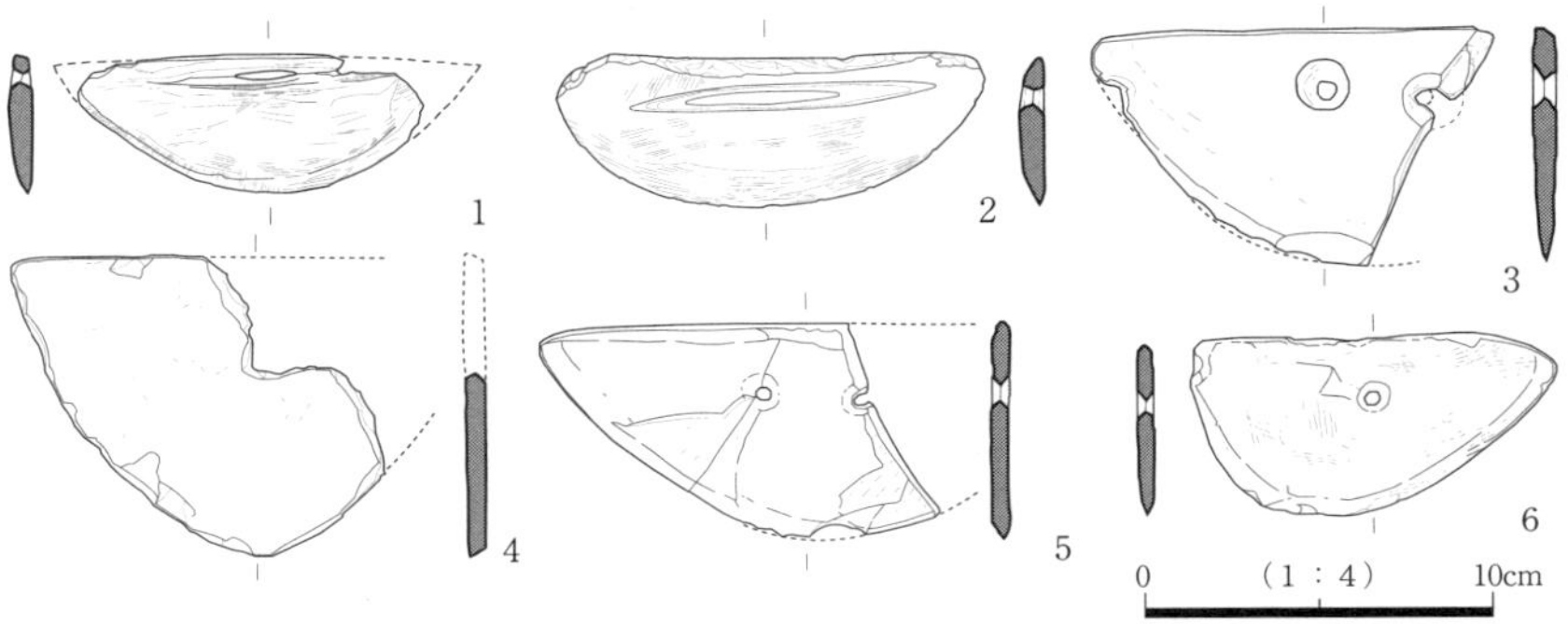

図 14　九州北部縄文時代晩期後葉の石庖丁

1：原山（九州大学考古学研究所蔵）　2：菜畑 9 ～10 層（唐津市教育委員会所蔵）　3：曲り田 17 号住居跡（福岡県教委 1984）　4：曲り田 W-2 区（福岡県教委 1984）　5：板付 G7 区（下條 1980）　6：曲り田 8 号住居跡（福岡県教委 1984）　1・2 は筆者実測，それ以外は各文献よりトレース・改変。

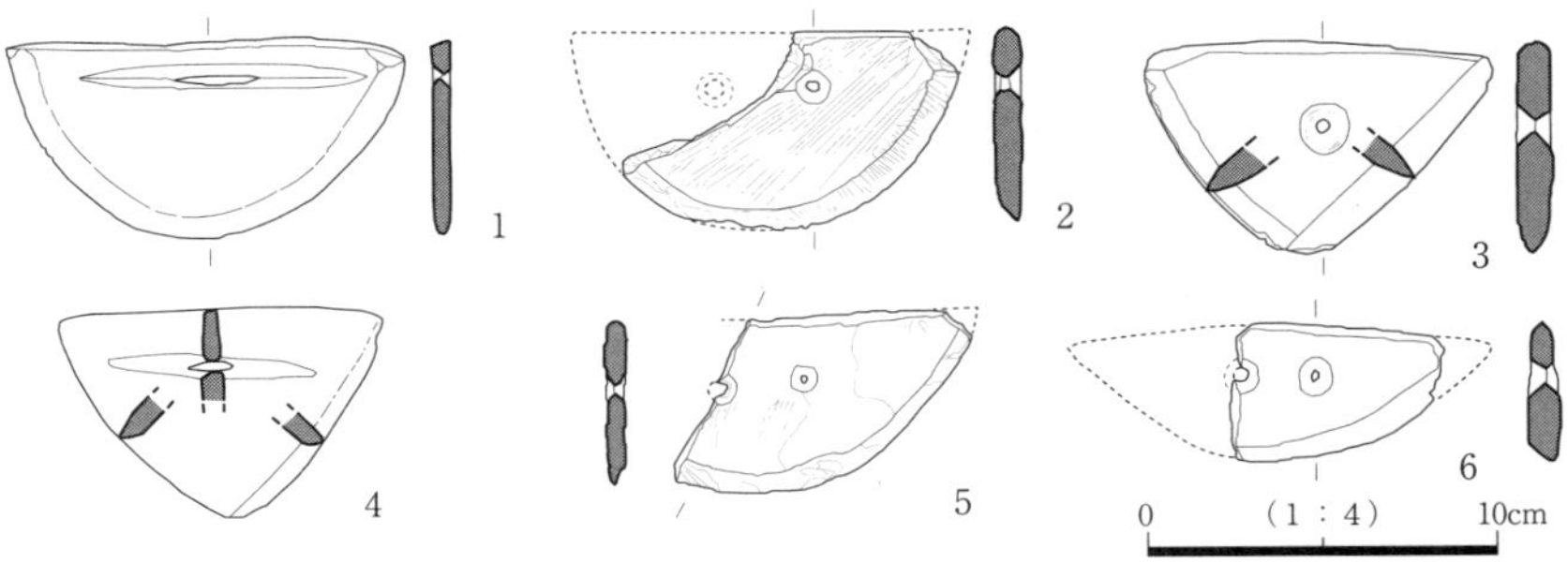

図 15　南江流域・金海地域の石庖丁

1：(伝) 泗川（小田・韓 1991）　2：大坪里玉房 2 地区畑（慶尚大博 1999）　3：梨琴洞 2 号住居跡（慶南考古研 2003）　4：大坪里 80 年度地表採集（文化財研 1994）　5：梧谷里 2 号住居跡（昌原大博 1995）　6：道項里住居跡（国立昌原文化財研 1996）　各文献よりトレース・改変。

図16　朝鮮半島の丹塗磨研壺
大坪里玉房2地区29号土壙墓出土（慶尚大學校博物館所蔵）。筆者撮影。

徴をもつ。こうした特徴は、同時期の半島南部では、図15に示した南江流域や金海地域の石庖丁にも認められる。とくに南江流域では、九州北部の石庖丁と共通する特徴をもつ石庖丁が、半島南部の他地域より多くそろっており、この事実から南江流域と九州北部との間に何らかの強いつながりを見出すことは可能であろう。ただし、南江流域以外の地域のなかでも、金海地域は資料数が少ないため、地域的な特徴がはっきりしないものの、他の物質文化のあり方からみて、九州北部とのつながりの強い地域であった可能性も残している。また、蔚山地域における擦切二孔石庖丁の存在も、この地域と九州北部との関係を示唆するものであり、後述するように、決して九州北部が南江流域以外の地域とは没交渉であったということを主張するわけではない。ここでは、現状で半島南部のなかでも、九州北部との間に強いつながりをより積極的に認めうるのは、南江流域であるということにとどめておきたい。

丹塗磨研壺

半島南部では、この時期に作られ、使われた土器のなかに、丹塗磨研土器と呼ばれる、表面を赤く塗って、石か何かで光沢が出るまで磨き上げた土器がある。そのうち、壺形を呈した丹塗磨研壺（図16）は、渡来第2段階に水稲農耕とともに新たに列島の北部九州にもたらされ、在来の土器様式に精製器種として組み込まれる。ここでは、端野（二〇〇三b、二〇〇六a）やHashino（2011）での研究成果にもとづいて、半島南部各地と九州北部と

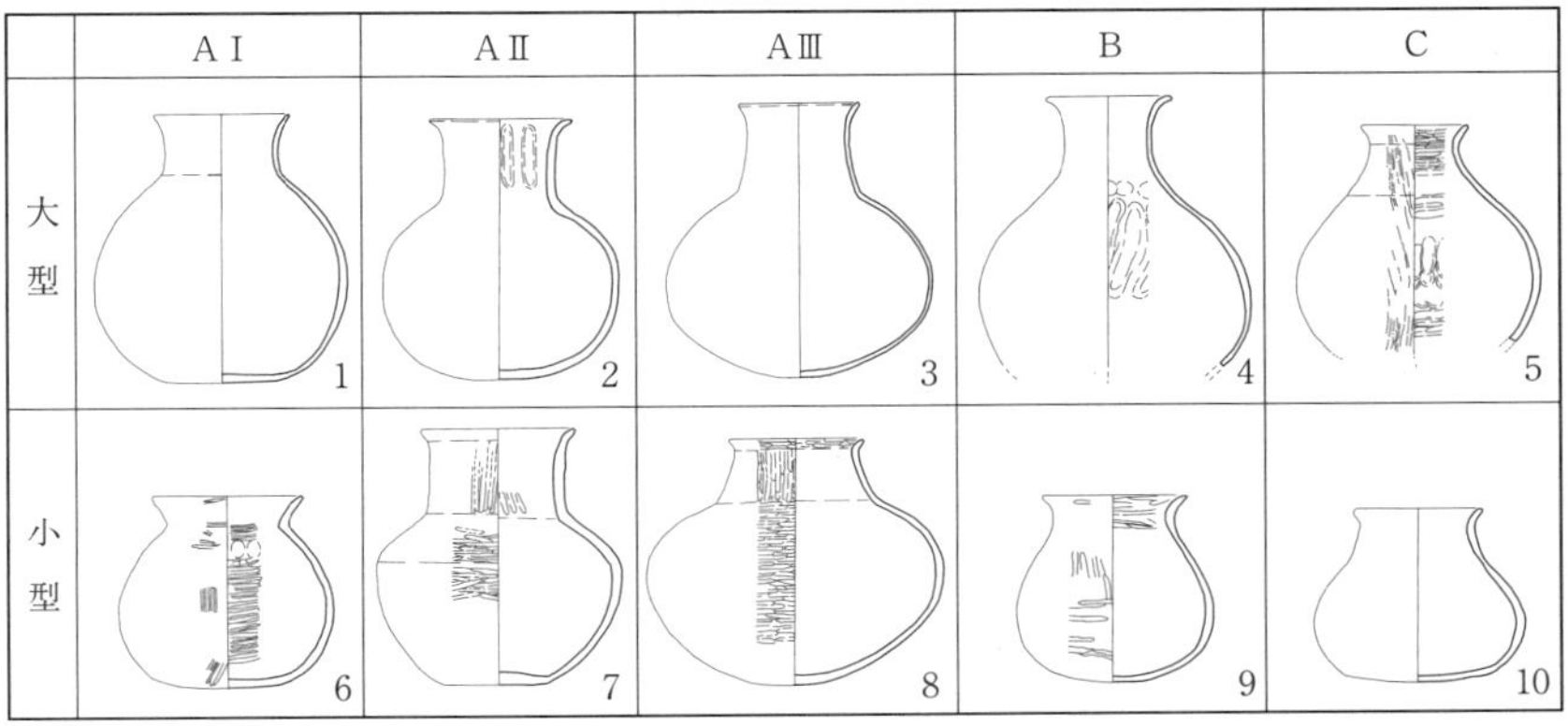

図 17　丹塗磨研壺の諸タイプ

1：苧浦里 E 地区 8 号支石墓（釜山大博 1987）　2：隍城洞Ⅰ—나— 3 号住居跡（隍城洞調査団 1991）　3：大鳳洞 1 区 2 号支石墓（有光 1959）　4：大坪里玉房 2 地区 6 号住居跡（慶尚大博 1999）　5：任佛里（河仁秀 1992）　6：大坪里玉房 5 地区C - 4 号住居跡（鮮文大博 2001）　7：検丹里 36 号住居跡（釜山大博 1995）　8：道項里바号住居跡（国立昌原文化財研 1996）　9：大坪里玉房 2 地区 60 号竪穴（慶尚大博 1999）　10：大坪里住居跡（文化財研 1994）　縮尺不同。各文献よりトレース・改変。

の間の関係について議論したい。

半島南部の丹塗磨研壺は、一口に壺とはいっても、その形は多様である。そこで筆者は、土器の高さと土器の口から頸にかけての形に注目し、**図17**に示したように分類した。そして、こうした分類をふまえて、丹塗磨研壺の時期的な移り変わりと地域ごとの特徴を調べてみた。その結果によれば、渡来第2段階における、中西部地域と南江流域の間、南江流域・金海地域と九州北部の間に密接な関係を指摘することができる。まず、中西部地域と南江流域の関係を物語る資料としては、頸と胴とがスムーズにつながり、かつ平底あるいはやや上げ底の丹塗磨研壺がある（**図18－1・5**）。南江流域では、いくつかのタイプがみられるが、そのなかにはこうした中西部地域の無文土器時代中期に特徴的な丹塗磨研壺と共通する特徴をもったものが含まれる。

次に、半島と列島との間の関係を物語る資料をみていこう。九州北部の丹塗磨研壺あるいは壺形土器には、小型で頸が直立あるいは内側に傾くタイプ、

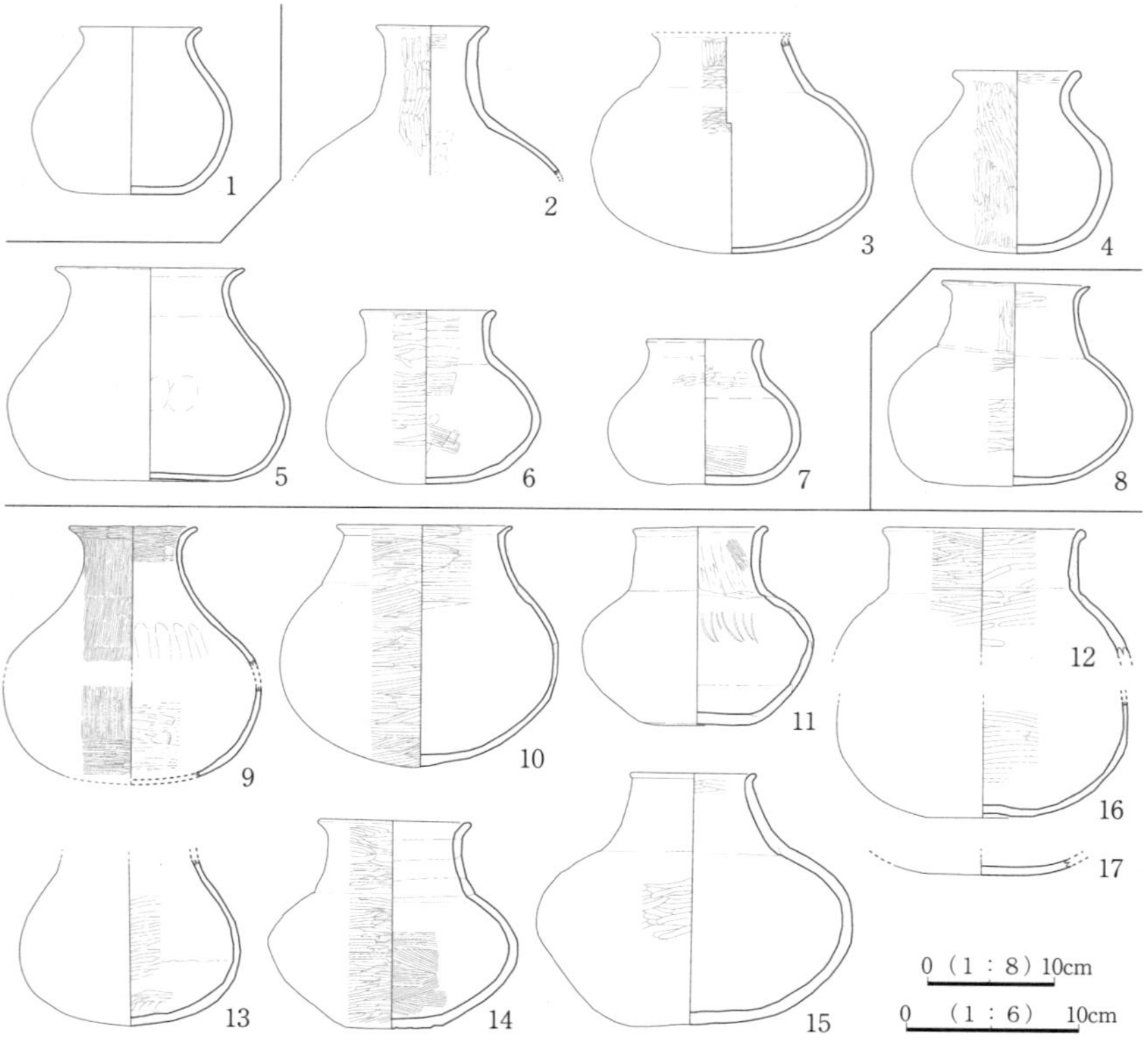

図 18　朝鮮半島南部と九州北部の丹塗磨研壺（壺形土器）

1：松菊里 54-5 号住居跡（国立中央博 1986）　2：大坪里玉房 7 地区（慶南文化財研所蔵）　3：梧谷里 30 号石槨墓（昌原大博 1995）　4：大坪里玉房 2 地区 29 号土壙墓（慶尚大博 1999）　5：内村里 1-5 号石棺墓（東亜大學校博物館所蔵）　6：大坪里玉房 1 地区 3 号住居跡（国立晋州博 2001 b）　7：玉房 2 地区 60 号竪穴（慶尚大博 1999）　8：府院洞土壙墓（東亜大學校所蔵）　9：曲り田W-4（福岡県教委 1984）　10：雀居 4・5 次 SD-003 下層（福岡市教委 1995）　11：新町 45 号墓（志摩町教委 1987）　12：菜畑 9～12 層（唐津市教委 1982）　13：宇木汲田G-7～10 区（小田 1986）　14：大友 5 次 6 号支石墓（九大考古研 2001）　15：久保泉丸山 SA026 支石墓（佐賀県教委 1986）　16：宇木汲田 84 年度第X層（横山・藤尾 1986）　17：曲り田W-3（福岡県教委 1984）　2・9 は 1/8，それ以外は 1/6。2・5・8・14 は筆者実測，それ以外は各文献よりトレース・改変。

大型・小型で頸と胴がスムーズにつながるタイプ、底部に注目すると平底あるいはやや上げ底と丸底の二つがみられる（図18－9～17）。いっぽう半島南部では、南江流域や金海地域にこうした特徴をもつ土器がそろっている（図18－2～8）。したがって、丹塗磨研壺の場合も、先にあげた物質文化と同じく、半島の中西部地域から南江流域・金海地域、そして九州北部といった文化的なつながりがうかがえる。

支石墓

半島南部の無文土器文化に特徴的な墓制として、支石墓が知られる。支石墓は、墓室の位置によってテーブル式と碁盤式の二つのタイプに大別できるが、図19はそのうち、大きな上石を数個の小さな石が支え、その下に埋葬施設をもつ碁盤式にあたる。半島南部では無文土器時代前期に出現し、中期になると盛行する。このことから、まさにこの地での農耕社会の確立を象徴する墓制といえる。渡来第2段階には、こうした墓制が半島南部から水稲農耕とともに九州北部へと伝わる。筆者はかつて、半島南端部の支石墓がどこから、どのようなルートを経て、列島に到着したのかを議論したことがある（端野二〇〇三ａ）。ここではその成果をふまえ、半島南端部・九州北部のそれぞれどの地域同士が密に関係しているのかを明らかにしたい。

支石墓は、半島南端部のなかでもどこから到来したのか。支石墓を構成する属性のうち、これに答えることのできる属性は、上石である。上石は、支石墓を最も特徴づける属性であり、その形態や規模は、支石墓の築造過程において上石の選定が単純に個人の任意によってではなく、集団のメンタル・テンプレイト（mental template）（Deetz 1967）により行われたとすると、半島南端部と九州北部の支石墓の親縁性を測るうえで重要な属性とみなせる。上石に用いられる石材は、半島南端部・九州北部の両地域ともに、主として花崗岩・玄武岩・安山岩といった火成岩であり、各地域での差異は地質環境に起因する差異というよりは、むしろ支石墓の築造にあ

1

2

図 19　朝鮮半島南部の碁盤式支石墓の構造

1：国立光州博物館敷地内に移築された支石墓（順天市徳山里）　2：下部施設を展示用として開放した別の支石墓。2011 年 11 月，筆者撮影。

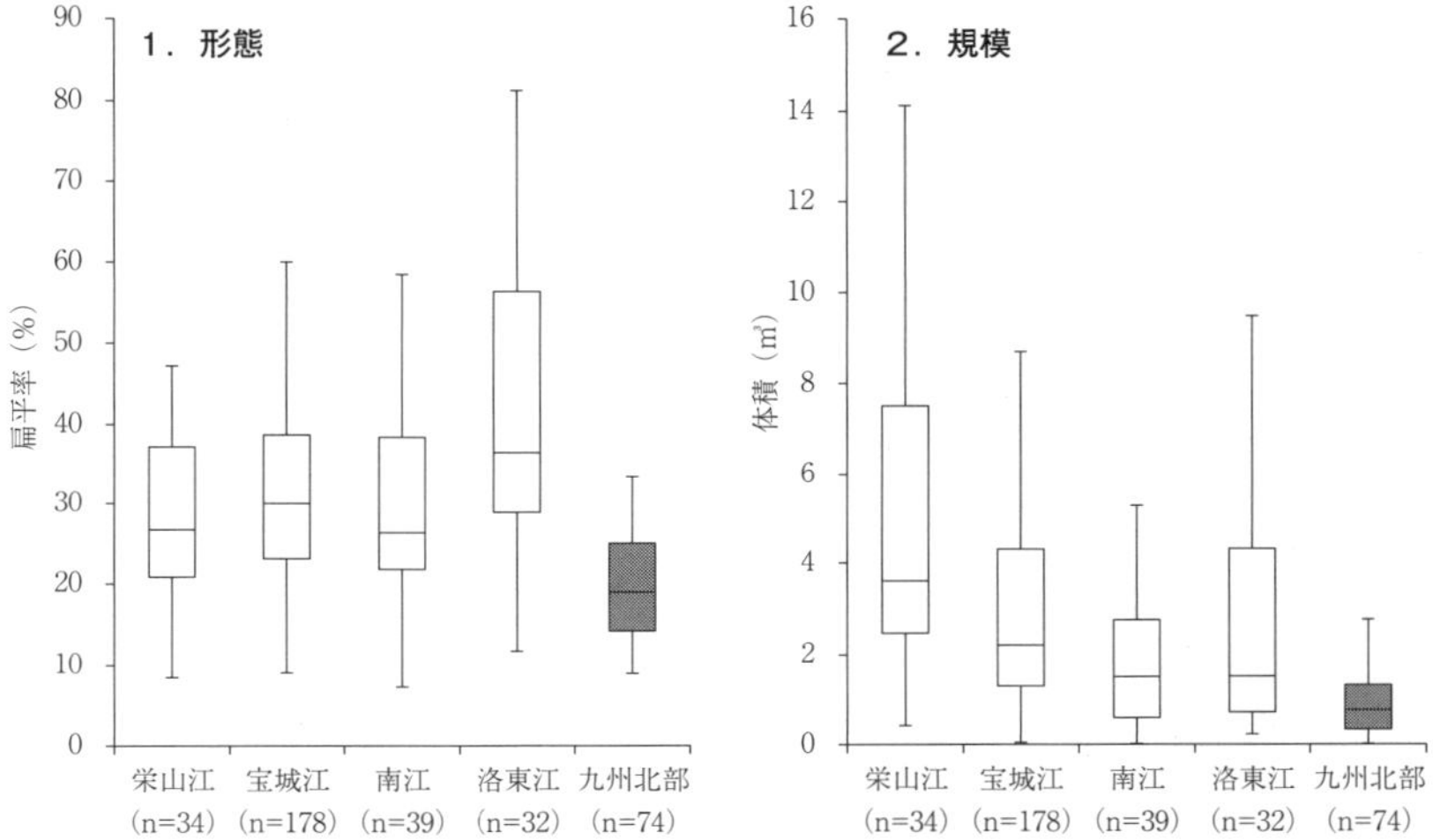

図20　各地における支石墓の上石の規模・形態

1は扁平率（厚さ÷長さ×100）で形態を，2は体積（長さ×幅×厚さ）で規模を表現した箱ひげ図。形態・規模双方の中央値が九州北部に最も近いのは南江流域であることに注意。なお，四分位範囲（箱ひげ図の箱の長さ）の1.5倍を上・下側境界とみた場合の，これから外れるデータ（外れ値）は非表示。

たった集団相互のメンタル・テンプレイトの差異を大きく反映するものと考えられる。図20は、支石墓を構成する要素のうち、上石の形態・規模についての地域間比較を行ったグラフである。このグラフでは、半島南端部を栄山江流域、宝城江流域、南江流域、洛東江流域[5]といった河川流域を単位とする四つの地域に分け、それぞれの地域の例と九州北部の例との比較を試みた。これによれば、南江流域と九州北部の間で、上石が最も類似していることがわかる。こうした地域間のつながりは、先に三つの物質文化を通じて確認された文化的なつながりを支持するものといえ、支石墓の出発地もやはり南江流域である蓋然性は高い。

それでは、南江流域を出発した支石墓は、九州北部のどこに到達したのか。結論からいって、半島の南端部に分布する上石の下に石槨構造をもつ支石墓が、九州北部のなかでもまず玄界灘沿岸地域に伝わったと考えられる（図21・22）。

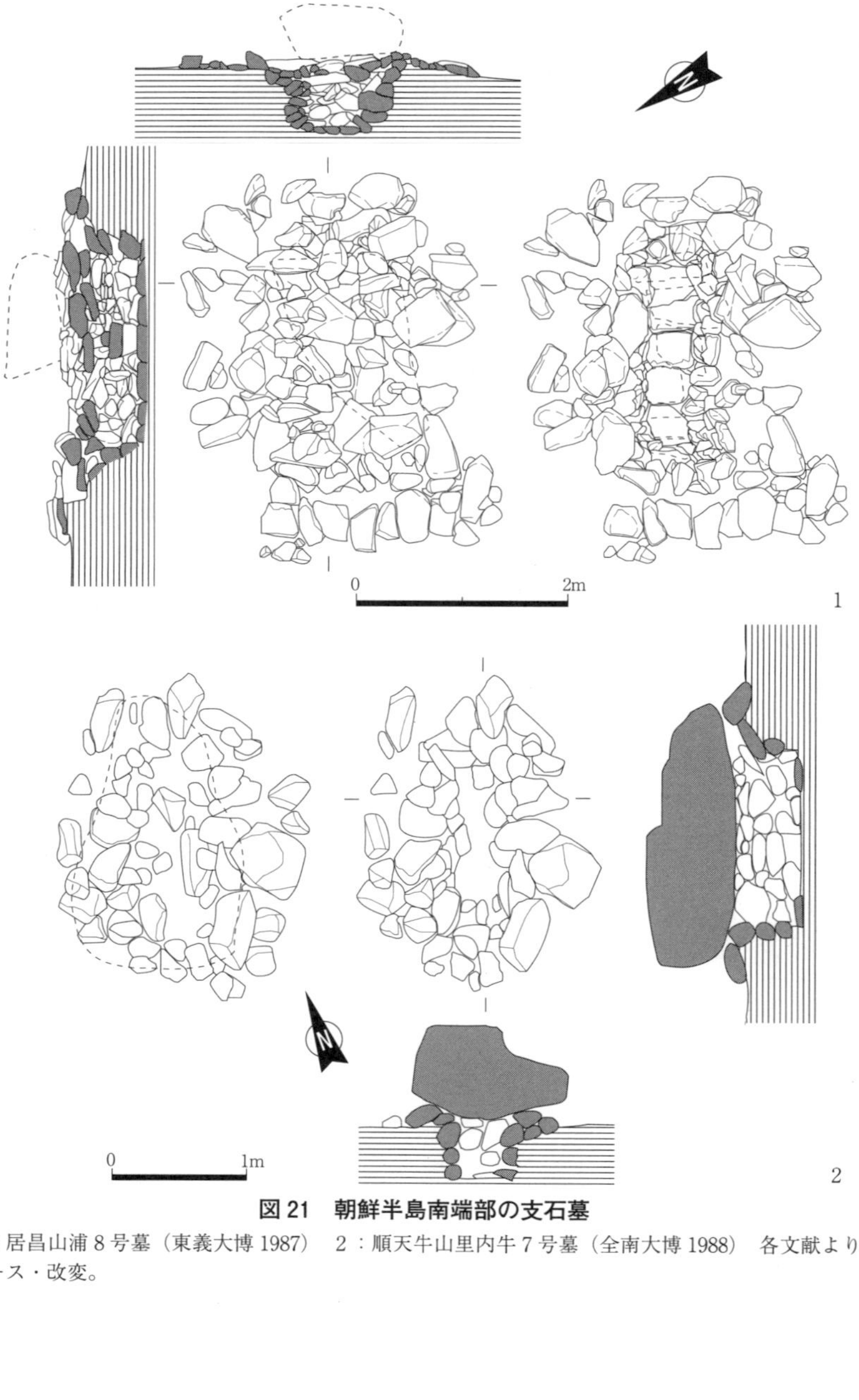

図 21　朝鮮半島南端部の支石墓

1：居昌山浦 8 号墓（東義大博 1987）　2：順天牛山里内牛 7 号墓（全南大博 1988）　各文献よりトレース・改変。

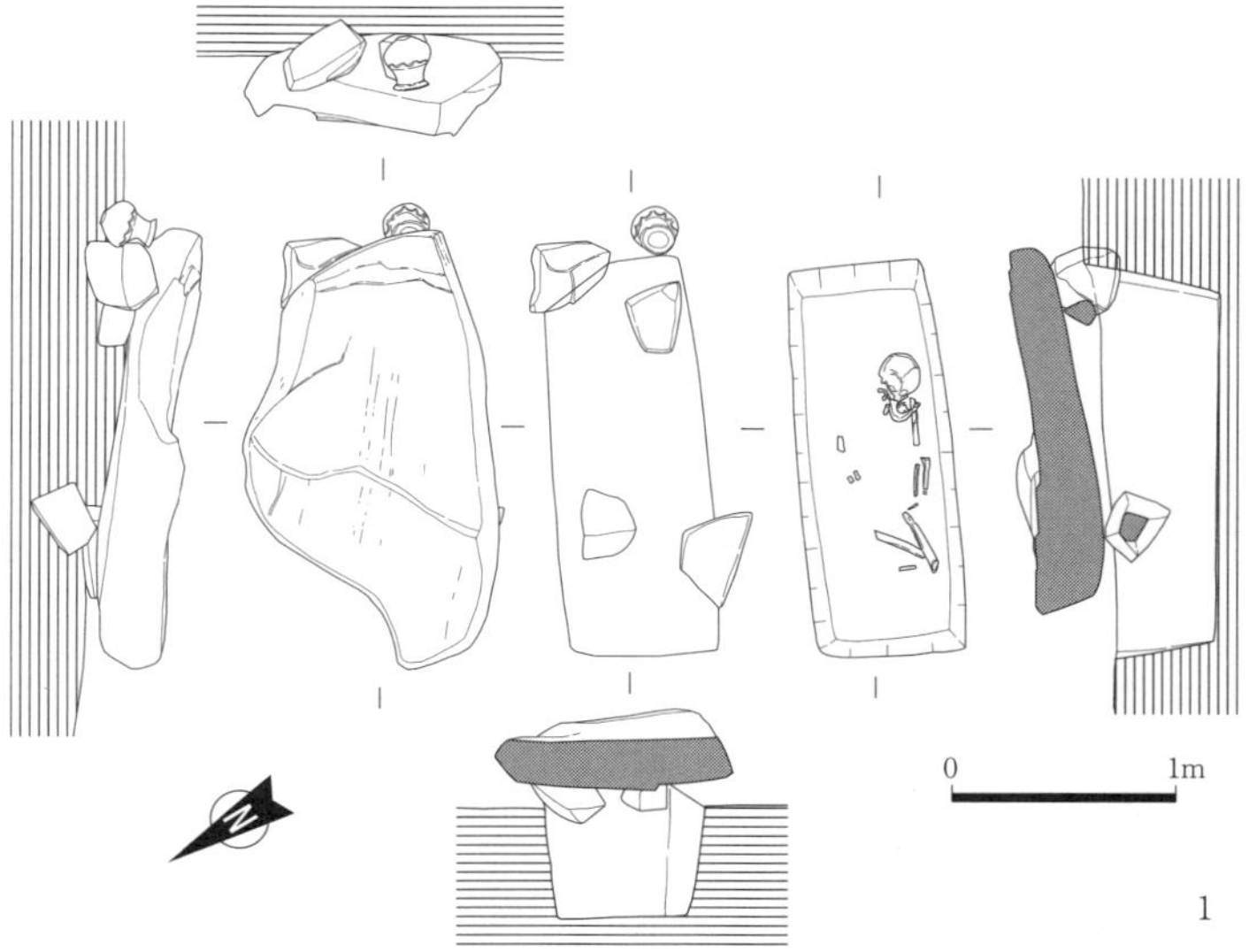

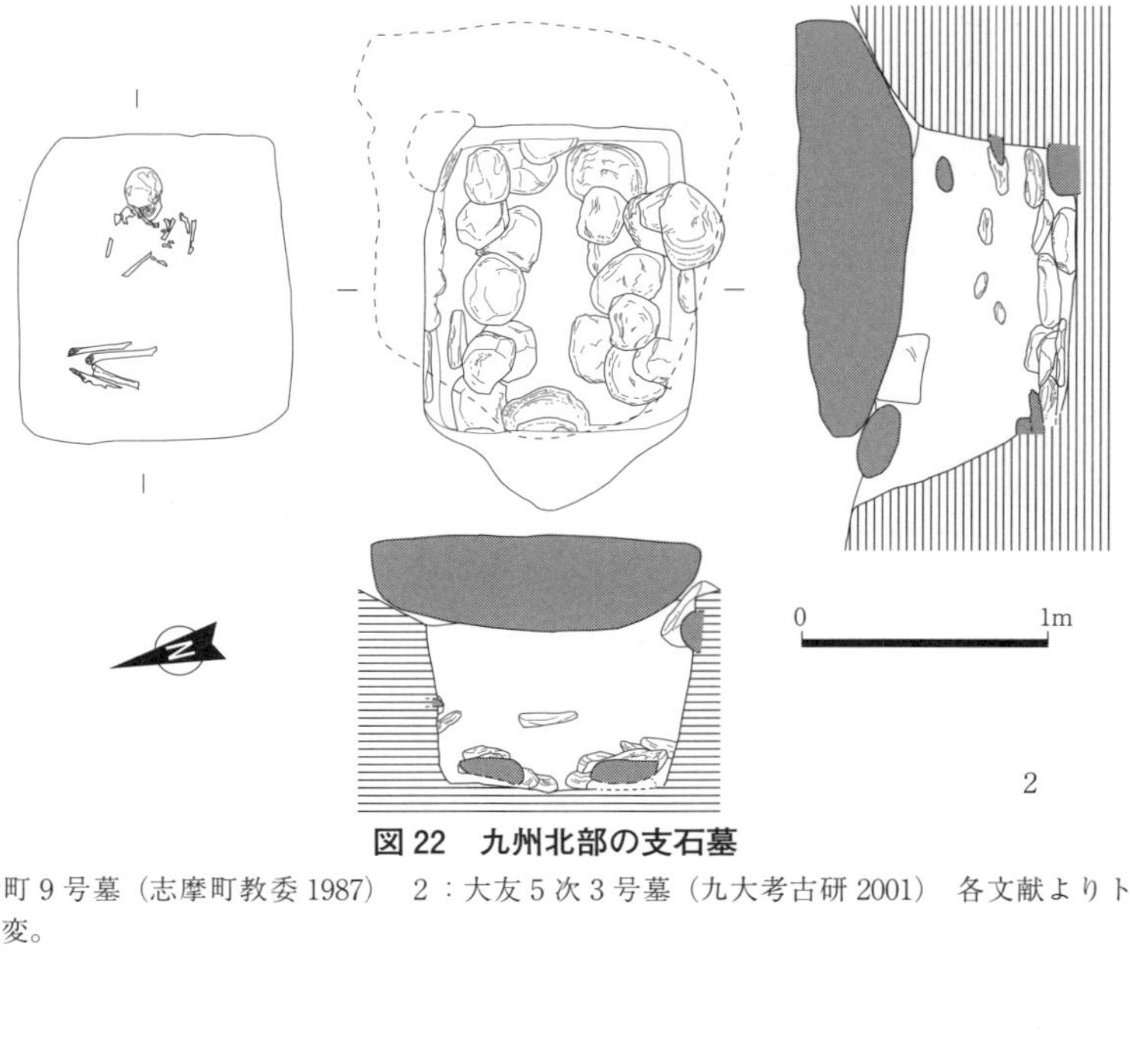

図 22　九州北部の支石墓

1：新町 9 号墓（志摩町教委 1987）　2：大友 5 次 3 号墓（九大考古研 2001）　各文献よりトレース・改変。

筆者は、九州北部の墓制を構成する属性ごとに変異を析出し、そして個々の属性変異の分布状況を調べた。さらに多変量解析を用いて、半島南端部の支石墓と九州北部各地の墓制との間の類似度を総合的に検討した。その結果、玄界灘沿岸地域の墓制には、半島南端部の支石墓との類似度が高い例が含まれるのに対し、西北九州や佐賀平野などの他の地域では、石槨が退化したものか、消失したものしか認められなかった。したがって、支石墓はまず玄界灘沿岸地域に到着し、その周辺へと広まるにつれ、変形していったものと考えられる。

まとめ

以上、四つの物質文化それぞれについての研究成果を概観した。その結果を総合すると、まず松菊里型住居、三角形交差刃石庖丁などによって特徴づけられる松菊里文化が、半島の中西部地域で発生し、各地に広がるなかで、無文土器時代前期以来の在来伝統と規制の作用によって変容したと考えられる。そして、そうしたなか、南江流域や金海地域で変容した文化が海を越え、水稲農耕とともに列島の九州北部へと渡来したものといえる。さらに、今日の考古学・自然人類学の成果（田中一九九一、二〇〇二）を参照すれば、こうした文化伝播の背景には、彼我の交流に加え、少数の人間集団の渡来が想定される。したがって、当然のことながら、渡来人の故地も南江流域や金海地域を中心とした範囲であった可能性が高い。

ところで、以上のような議論をもって、筆者は九州北部の玄界灘沿岸地域以外の地域と半島南部の南江流域・金海地域の間、あるいは九州北部の玄界灘沿岸地域と半島南部の南江流域・金海地域以外の地域の間においては、没交流であったことを主張するものではない。筆者は、複数の文化要素の重なり、型式・属性の組成の類似度などを総合的に検討することによって、先述の結論に至っているが、実はこのような方法を用いたのは、「A地域とB地域の間には関係がある」ということの蓋然性を高めることを意図したのであって、「A地域はB地域以外には関係をもたない」ということを証明しようとしたつもりはない。逆にいえば、一定の文化要素を共有することによって、無文土器文化あるいは松菊里文化としてくることの可能な半島南部の諸地域と、列島の玄界灘沿岸地域との間に交流がまったくなかったことを考古学的に証明することのほうが困難である。要するに、筆者の研究は、従来は同一の文化としてくくられていた地域において、これまで見落とされてきた細かな地域差を見出し、それにもとづいて、地域間関係の濃淡を鮮明にしたものであることを強調しておきたい。すなわち、ここでの半島・列島間の地域間の関係は、南江流域・金海地域と玄界灘沿岸地域との間に最も密に形成されており、その周囲にいくにつれ薄まっていくというグラデーション構造をなしているものと理解されるものなのである。

3　半島・列島における情報伝達網の形成と機能

次に、水稲農耕伝播のメカニズムを語るうえでの鍵概念として「情報伝達網」を定義づけ(6)、それが半島・列島にわたる地域にどのようにして形成され、機能していたのかを議論する。ここではまず、「情報伝達網」とは何なのかを明らかにしよう。「情報伝達網」の定義にかかわる概念として「コミュニケーション」がある。これを、発信者がもつ概念（意味）が何らかの規則体系（コード）に従って感覚的にとらえられるメッセージとなり、それが何らかの手段（回路）を通じて受信者に受け渡されてメッセージが解読され、さらにフィードバッグされていくプロセス（伊藤一九九四）といった、ごく一般的な意味で理解する。すると、「情報伝達網」とは、交易・婚姻・移住などの様々な手段を媒介とする一定のコミュニケーションが保証された人間関係を基盤とする情報の受け渡し回路の集合体と定義される。

さて、以上の定義にしたがえば、当該期・地域においては、その考古学的な諸事象からみて、位相の異なる二

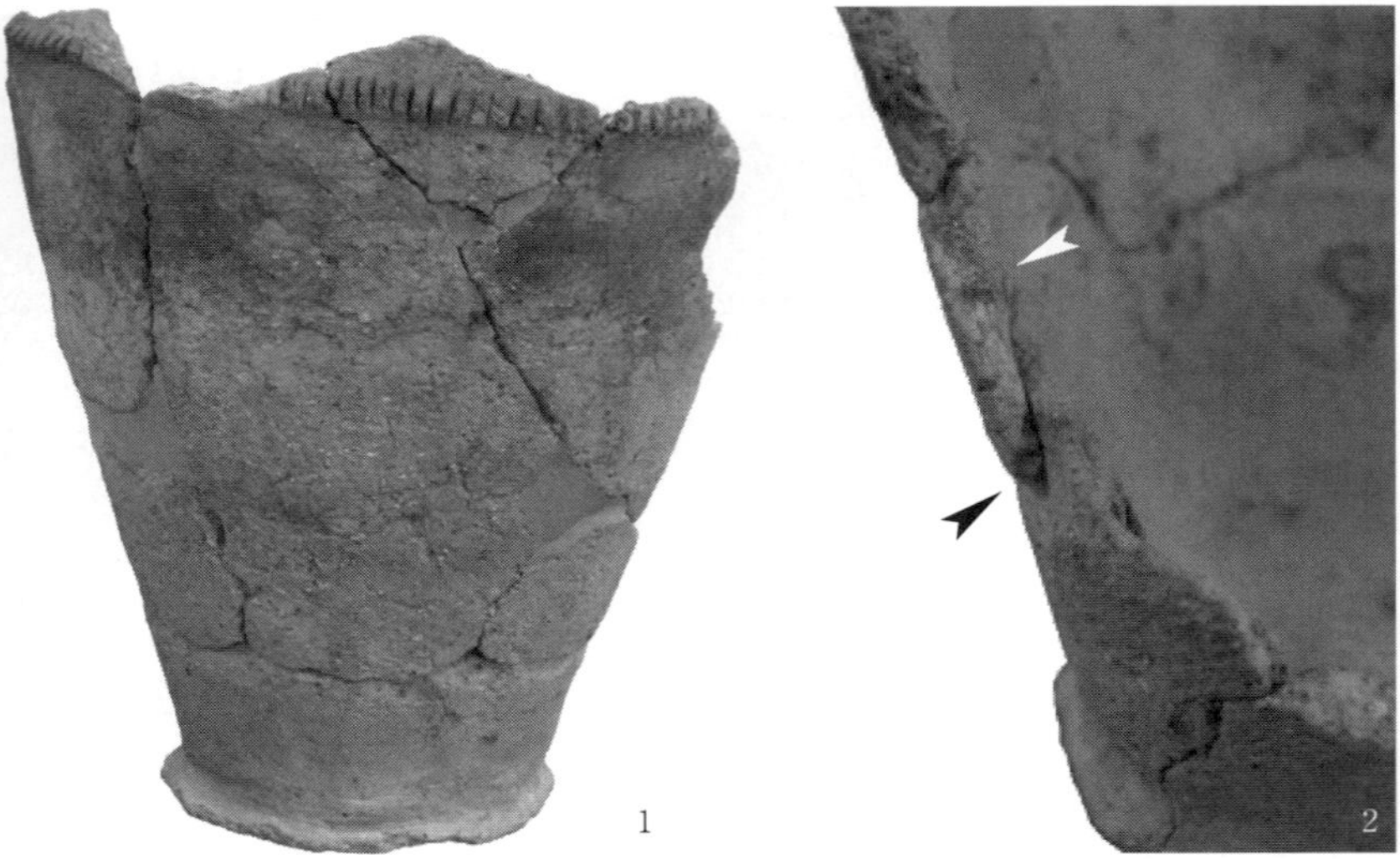

図 23　網谷里遺跡出土の突帯文系土器

1：器形の全体写真　2：外傾接合部の接写写真　外観は九州北部の突帯文土器に類似する一方で，製作技法は無文土器的である。筆者撮影。慶南発展研究院歴史文化センター所蔵。

者の「情報伝達網」が存在するといえる。すなわち、半島・列島それぞれに形成された「密な情報伝達網」と、半島・列島間を横断する「粗な情報伝達網」の二者である。それぞれの「情報伝達網」について、渡来第1段階においての考古学的事象をあげて説明すると、次の通りである。まず「密な情報伝達網」は、半島南部でいえば可楽洞式土器・駅三洞式土器・欣岩里式土器があらわす前期無文土器文化圏、列島でいえば九州島を中心とした黒川式土器分布圏の背後に横たわっているものである。そして、もう一つの「粗な情報伝達網」は、土器に施された孔列、赤色塗彩などの部分的な要素の広がり、あるいは貫川遺跡の石庖丁のような普遍的ではない単発的な外来文化の存在があらわすような、「密な情報伝達網」を横断する範囲に横たわっているものである。

以上のことをふまえ、渡来第2段階における半島から列島への文化の広がりを、「情報伝達網」の形成と機能に着目して考えてみよう。まず、渡来第2段階の松菊里型住居、三角形石庖丁、松菊里型土器の分布をみると、これは渡来第1段階の前期無文土器の分布範囲に収まることがわかる。このことから、無文土器時代前期に形成され機能していた「密な情報伝達網」を背景として、松菊里文化が半島南部の各地へと拡散していったといえる。また先述の通り、渡来第1段階には九州北部において、半島からの渡来を物語る文化要素が断片的に出現する。これは、「密な情報伝達網」の外側の、半島南部と九州北部とを横断する範囲に「粗な情報伝達網」が広がっていたことを意味する。そして渡来第2段階になると、水稲農耕と不可分な文化要素が九州北部に体系的に伝わるのは、こうした「粗な情報伝達網」が前段階に形成・機能しており、この段階にも健在であったからこそだといえる。以上のように、渡来第2段階において、半島の中西部地域で松菊里文化が発生し、それが半島南部各地に広がり、列島にいたる背景には、渡来第1段階に形成・機能していた、位相の異なる二つの「情報伝達網」が複合して横たわっていたものと考えられる。

それでは、こうした「情報伝達網」は、半島↓列島という一方向だけの情報伝達に機能していたであろうか。いや、決してそうではない。近年、半島で発見された興味深い考古資料を紹介しよう。図23は、韓国の慶尚南道網谷里遺跡（慶南発展研究院歴史文化센터二〇〇九）の環溝から出土した突帯文系土器である。この資料は、屈曲する肩部にヘラ状工具による刻目が施された突帯をもち、九州北部の突帯文土器によく似ている。ところが、粘土帯接合技法をみると、無文土器によくみられる外傾接合で作られ、色や胎土は同じ遺跡から出土した無文土器と変わらない。したがって、この例は、渡来第2段階の九州北部での一定期間の滞在あるいは彼我の交流を通じて、突帯文土器を知りえた無文土器人の手による在地製作の模倣品ではないかと筆者は考える（端野二〇一〇a）。すなわち、このことは、半島から列島へ水稲農耕と文化要素が体系的に伝わる渡来第2段階にあっても、情報伝達は半島↓列島という方向だけの一方通行ではなく、逆方向の列島↓半島という流れもありえたということを意味

する。

次章では、この二つの「情報伝達網」のうち、「粗な情報伝達網」に着目しつつ、半島から列島への水稲農耕伝播のメカニズムを予察したい。

4　水稲農耕伝播のメカニズム（予察）

最後に、これまでの議論をふまえ、水稲農耕伝播のメカニズムに関して予察したい。近年、日本考古学界では農耕伝播の要因やメカニズムを考えるための一要素として、気候変動が注目されている[7]。筆者も、気候変動と考古学的事象との関係をみて、農耕伝播のメカニズムを明らかにしようとしている一人である。

さて、**図24**は縄文時代の終わり頃から弥生時代の始まりにかけての炭素14年代の較正曲線である。これが現在のところ、過去の気候変動と暦年代、考古学的な時期区分の関係を明らかにするのに最も適したものといえる。この較正曲線について、少し説明すると、これは年輪によって暦年代が判明した欧米の樹木の炭素14年代にもとづいて作成したものである。そして、地球科学分野では、較正曲線の形状が地球規模での気候変動、すなわち地球磁場と宇宙線の強弱を示すことが知られている[8]。これを利用すると、紀元前七三〇年から五六〇年ごろが寒冷期ということになる。そして、縄文時代の終わりから弥生時代の始まりにおいて、風成砂丘の形成期が存在することが知られている（甲元二〇〇八）。この風成砂丘は、海水準が低下する寒冷期に形成されたと考えられるので、この時期は紀元前七三〇年から五六〇年頃の寒冷期に対応するものとみなせる。

さて、以上のことを念頭におきつつ、渡来第1段階、第2段階はそれぞれ暦年代にして、いつごろだったのか、考えてみよう。田中良之は、先述の較正曲線で知られる寒冷期と砂丘形成期との対応関係、古人骨の炭素14年代

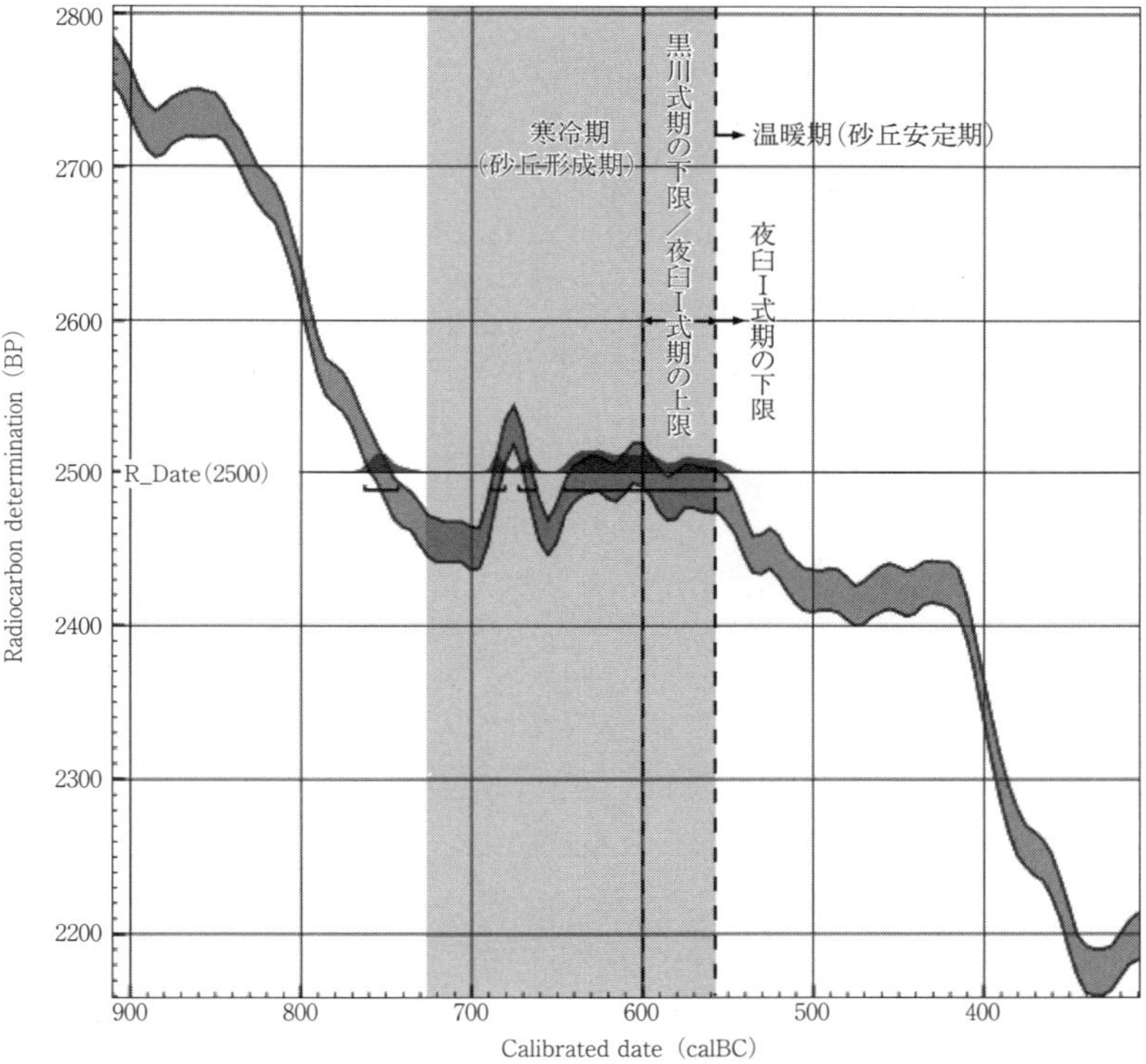

図 24　較正曲線 IntCal04 からみた寒冷期

OxCal4.1 より作成。グレーの部分は曲線の形状から知られる寒冷期を示す。

測定の結果をふまえ、縄文時代晩期後葉（夜臼Ⅰ式期）の開始年代は紀元前七〇〇年より古くはなりえず、夜臼Ⅱ式期〜板付Ⅰ式期は紀元前五六〇年よりも後になるという見解を示した（田中二〇〇九、二〇一一）。また岩永省三は、東北アジアに分布する青銅器などの考古資料にもとづいて、夜臼Ⅰ式期の上限年代を紀元前六世紀以降と推定した（岩永二〇一一）。筆者も、無文土器時代前期・中期の炭素14年代を統計的に検討することによって、無文土器時代中期の始まりが、紀元前八〇〇年から紀元前四〇〇年の間のどこかまで確実に下ることを明らかにした（端野二〇一〇b）。これは無文土器時代中期にほぼ併行する夜臼Ⅰ式期の開始年代もまた紀元前八〇〇年から紀元前四〇〇年の間のどこかまで確実に下ることを物語っており、田中や岩永の見解とも矛盾しない。

さらに、砂丘安定期が終了した考古学的時期をもう少し詳しくみてみよう。縄文から弥生にかけて形成された砂丘上に立地する遺跡のうち、最も古い時期から開始される遺跡は、福岡県新町遺跡である。この遺跡の開始時期は、墓に副葬された小壺からみて、夜臼Ⅰ式期である。したがって、縄文時代晩期後葉（夜臼Ⅰ式期）の一点は、砂丘安定期に入った後にあり、黒川式期と夜臼Ⅰ式期の境界は紀元前六〇〇年から紀元前五六〇年のどこかにあるものと考えられる（図24）。

以上のことをふまえると、渡来第1段階・第2段階の暦年代は次のように考えられる。すなわち、渡来第1段階の始まりは、紀元前七三〇年ごろの寒冷期の始まりに対応する。そして、渡来第2段階は、紀元前六〇〇年から紀元前五六〇年の一時期から始まるものと考えられる。なお、こうした結果をみると、近年話題になっていた、弥生時代の始まりが紀元前一〇世紀後半までさかのぼるとした国立歴史民俗博物館研究チームの主張（藤尾二〇〇九ほか）は正しくないといえる。

こうした年代観をふまえ、最後に渡来のメカニズムについて、予察しよう（図25）。渡来第1段階の始まりは、紀元前七三〇年頃からの寒冷期の開始と時を同じくする。そして、この気候の悪化は、畑作を主たる生業としていた前期無文土器社会に農業生産力の低下をもたらす。気候の悪化にともない、一つの集落に居住する人口を支えるために十分な生産力を確保できなくなると、その解決策の一つとして、人口の分散が行われる。この人口の分散は、無文土器人が農耕にとってより好条件を求めることによって、列島にまで及ぶことになる。その結果として、半島・列島間を横断する情報伝達網が形成される。同時に列島各地では、海水準の低下によって、のちに水稲農耕適地となる沖積地や後背湿地が形成される。

続いて、渡来第2段階は紀元前六〇〇年～紀元前五六〇年の一時期から始まるが、この段階にも前段階から始まった寒冷期が継続し、これがまたしても渡来の要因となる。気候は依然として不安定なままであり、無文土器社会に不安を与え続ける。前段階と同様、気候の悪化を要因とする生産力の低下は、集落内における人口圧の増大を招く。これに対して、無文土器社会は、より積極的に人口の拡散によって解決をはかろうとする。そうした

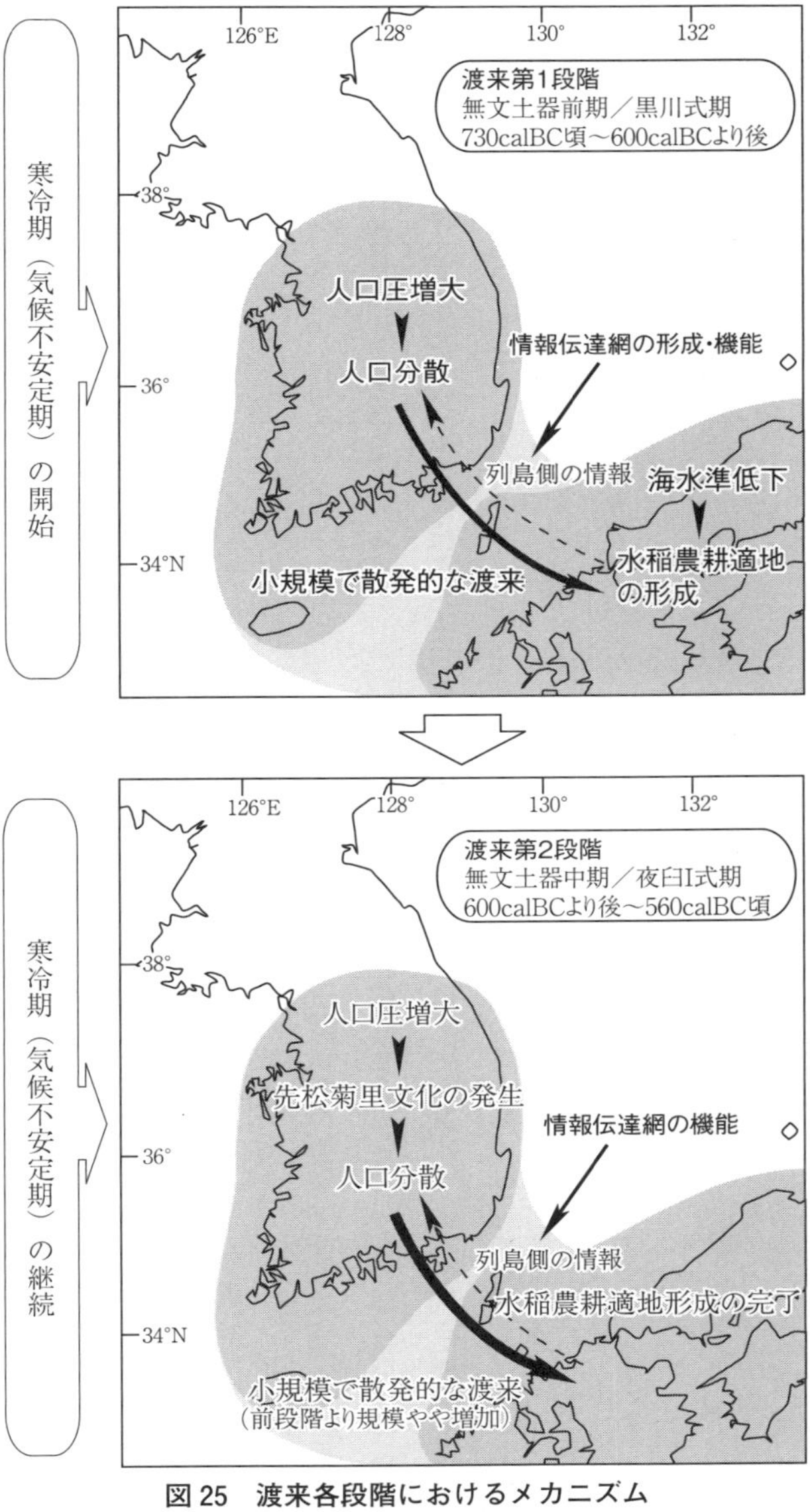

図25　渡来各段階におけるメカニズム

文化的適応の結果が松菊里文化の成立というかたちであらわれる。松菊里文化の指標とされる松菊里型住居は、居住規模の小ささや柱構造の脆弱性からみて、前段階の長方形住居と比べ、人間集団がより遊動性を志向しはじめたことを暗示している。また、リバーシブルを可能にした三角形交差刃石庖丁は、人口圧の増大を解消するために、生産効率を高める道具として考案されたものととらえられる。この段階における半島→列島の渡来や交流は、前段階に比べて、やや活発化する。これは、半島・列島間に形成された情報伝達網を通じて、列島側に存在する水稲農耕に好ましい自然条件や人・社会などに関する情報が、この段階以前の無文土器社会にすでに蓄積されていたことを背景にすると考えられる。そして、こうした情報伝達網の存在を可能にしたのは、前段階に列島に移住した渡来人やその子孫、あるいは彼らと近しい関係にある列島在来人と無文土器人との間に確立していた人間関係のネットワークであっただろう。このネットワークを通じて、かねてから水稲農耕に適した風土があると知られ、かつ自らを受け入れてくれる人や社会が列島側に存在するという確信があったからこそ、渡来第2段階は第1段階に比べ、半島→列島の渡来や交流がより活発になったものと考えられる。

おわりに

以上、半島において渡来文化がいかにして形成され、どこから、なにゆえ列島へと伝わったのか、を議論した。筆者は本稿の意義を、渡来文化の形成過程、渡来人の故地が鮮明になったことにおきたい。なぜなら、これらを明らかにすることは、今後、なにゆえ渡来人は列島に渡ったのかを解明しようとするとき、そこでいったい何が起きていたのかを探求するための基礎となるからである。そして、半島から列島への人間集団の渡来は、ボートピープルのような難民というかたちで行われたのではなく、既存の人間関係のネットワークを駆使して、目的的に行われたことを強調しておきたい。ところで、本稿での議論のうち、とくに水稲農耕伝播のメカニズムについては、やや大胆に予察を述べるにとどまっている。今後、人間集団とそれを取り巻く外部環境を包括的に研究対象とする生態学的観点から、無文土器時代の集落を検討することによって、人間集団が環境変化に対して、いかにして適応したのかを追跡する必要がある。また、渡来の要因としては、気温の低下や日照量の低下によって作物の収穫量が低下したというだけではなく、天候不順にともなう自然災害、たとえば洪水による農作地の被害などを裏づける証拠も視野に入れて議論していく必要があろう。なお、筆者が本稿で提示した仮説を、気候の悪化によって停滞した社会像を描いたものとみる人もいるかもしれない。しかし、それは全くの誤解である。そこにあるのは、自分たちを取り巻く環境の変化に対して、どうにか工夫して必死に生き抜こうとする前向きな人たちの姿だけなのだから。

註

（1）近年、韓国考古学界では、「無文土器時代」という時代名称を用いず、「青銅器時代」を用いることが一般化しつつある。また、それに伴って時期区分についても、変更が行われている。たとえば、無文土器時代研究の代表的な研究者の一人である安在晧は、それまで「無文土器時代」という時期区分で用いてきた「早期」「前期」「中期」「後期」の四時期区分において、「後期」に相当する粘土帯土器文化期（水石里式期・勒島式期）を「三韓時代（原三国時代）」に編入し、「中期」（先松菊里式期・松菊里式期）を「後期」に変更した。これは、安在晧が従来、無文土器時代前期・中期と呼んできた時期に、石器・土器・玉などの製作の専門家や都市の存在、社会の複雑化・階層化などを想定する研究が近年になって提出されていることを受けたことによるという（安二〇〇八）。しかし、西欧の時代概念である「青銅器時代（Bronze Age）」を朝鮮半島の歴史にあえて適用することの意義がどこにあるのか、そしてそれを認定するための個々の要件が、現状の考古学的事象を通じて想定が可能なのかなど、その意義と妥当性には疑問点も残る。そのため、本稿では時代名称は「無文土器時代」を、時期区分は「早期」「前期」「中期」「後期」の四時期区分を用いることとする。

（2） 興味深いことに、これとほぼ同時期に欧州考古学界においても、狩猟採集経済から食料生産経済への移行を段階的にとらえた、似通った考え方が提出されている。Zvelebil と Rowley-Conwy（1984）による有効性モデル（availability model）がそれである。これは、時間軸と空間軸の双方において、採集民と農耕民とを明確に区分する境界線を設けるのではなく、採集活動と農耕活動のコンタクト・ゾーンを想定する点に特徴があり、一定地域内における農耕活動と非農耕活動の要素間の関係、農耕活動の集中度にもとづいて、狩猟採集活動から農耕活動への転換における相（phase）として、次の三つを設定している。すなわち、狩猟採集民と農耕民との間に物質文化や情報の交換があり、狩猟採集民は農耕の存在を知りつつも、それを採用していない「有効性の相（availability phase）」、農耕民が狩猟採集民のテリトリーに移住した後、あるいは狩猟採集民が自らの生業戦略に農耕活動の要素を加えた後、農耕民と狩猟採集民の両者が土地と食料資源をめぐって競合している「置換の相（substitution phase）」、そして農耕転換への最終段階かつ新石器経済の最初の段階で、食料生産の広域化・集中化を特徴とし、農耕適地を求めて農耕集落が新たな二次的地域に拡大したり、土地利用の潜在力を使い果たし、農耕の集約化がはかられたりしている「定着の相（consolidation phase）」の三つである。ただし、このモデルでは、狩猟採集経済から農耕経済への移行において、一つの集落における渡来人と在来人との共住が想定される列島の水稲農耕開始期の場合とは異なり、狩猟採集民と農耕民とがそれぞれ別の集落で生活を営み、相互交流や競合を行い、結果として狩猟採集民が生業活動を農耕へと転換するという点は注意しておく必要がある。このことから、このモデルを半島あるいは列島にそのまま当てはめるのは妥当ではない。

（3） 橋口達也は、松本直子（一九九六）よりも先に、黒色磨研の精製土器のなかでも「黒色を呈する土器は比較的古い段階に多く、次第に茶褐色・黄褐色を呈するものが多くなってくる」という傾向を指摘した。そのうえで、福岡県広田遺跡と権現塚北遺跡出土の土器を対比すると、その傾向は広田遺跡の方が早く進行しているとみた（橋口一九八八）。しかし松本は、この二つの遺跡出土器の間で、色調の違いを確認できなかったという。

（4）以前に筆者は、貫川遺跡例の厚さの薄さと内径の大きさを、前期無文土器文化の石庖丁にはない列島の独自性とみなしたことがある（端野二〇〇八b、二〇〇九）。しかし、これらの特徴は前期無文土器文化の石庖丁がもつ変異幅に収まる可能性もあることから、現在は単純に列島の独自性とみなすことはできないと考えている。また、武末純一によれば、この石庖丁の厚さが薄いのは、背部断面が刃部断面に比べて薄くなっていることからみて、刃部だけでなく面全体にかけて、研磨を行った結果である可能性があるという。

（5）図2で示した地域区分でいえば、洛東江流域はおおむね⑨と⑩とを合わせた地域にあたる。

（6）旧稿（端野二〇〇九、二〇一〇a）では、「コミュニケーション・システム」という用語を用いて、渡来第2段階での半島南部の各地、さらに半島南部から列島への文化伝播の背景を説明しようとした。これは、列島の板付Ⅰ式土器の広域伝播の背景を説明する際に、この用語を用いた田中良之（一九八六）にならったつもりであった。ところが田中は、土器様式成立の背後にある情報交換系を「コミュニケーション・システム」と呼び、通婚などによる土器製作者の移動範囲を超えた広域に存在する土器様式圏の背後にあるものをとりあえず把握する概念として、これを用いたのであり（田中一九八二）、一定の考古学的文化のなかでの新出文化要素の広がりや異文化間を横断するような文化伝播の背景を説明するために用いたわけではない。田中のいう「コミュニケーション・システム」の本来的な意味では、旧稿ではそれを誤用したことになる。したがって、本稿では「コミュニケーション・システム」に代え、新たに「情報伝達網」という概念の設定を行うことによって、この問題を解消しようとする次第である。

（7）他の研究者の見解に関する問題点は、別稿で議論するので、ここでは取り上げない。

（8）従来から地球科学においては、過去の大気中の^{14}Cの増減にもとづいて気候変動の推定を行えることが知られている。今日、地球科学において、気候変動の要因としては、①太陽の活動度、②地球磁場と宇宙線、③火山活動、④地球の軌道、⑤温暖ガスが考えられている。^{14}Cは、地球外から降り注ぐ宇宙線によって生成される炭素同位体元素であり、^{14}C量が多いほど宇宙線照射量が多かったことが明らかとなっている。そこで、^{14}Cはこのうち、②地球磁場と宇宙線の強弱をとらえるための指標となる。ここにあがった「磁場」というのは、地球内部の外核に存在する電子の対流によって発生し、生物にとって有害な物質（宇宙線や太陽プラズムなど）から地球を守る「バリア」のような役割を果たすものである。大気中の宇宙線量はこの磁場の強弱によっても決まってくる。そして、宇宙線が多く入ってくると雲が増えることもわかっている。すると、たとえば気候が寒冷化する場合、磁場の弱体化→宇宙線量の増加→雲の増加→太陽熱量の低下→気温の低下というような流れで、気候変動のメカニズムの説明が可能である（丸山二〇〇八）。これらのことをふまえると、樹木年輪による較正曲線において、急に上がったり平坦になったりしている部分は^{14}Cが増加傾向にある時期、すなわち寒冷期、いっぽう急に下がる部分は^{14}Cが減少傾向にある時期、すなわち温暖期というように評価できる。

参考文献

有光教一　一九五九年『朝鮮磨製石剣の研究』（京都大学文学部考古学叢書第二冊　考古学談話会　京都）

安　在皓　二〇〇八年「韓国青銅器時代の時期区分」（端野晋平訳『九州考古学』八三　四七—六三頁）

伊藤義之　一九九四年「コミュニケーション」（石川栄吉・大林太良・蒲生正男・佐々木高明・祖父江孝男編『文化人類学事典』弘文堂　東京　二八六—二八七頁）

岩永省三　二〇一一年「弥生時代開始年代再考　—青銅器年代論から見た—」（高倉洋彰・田中良之編『AMS年代と考古学』学生社　東京　三九—八七頁）

小田富士雄　一九八六年「北部九州における弥生文化の出現序説」（『九州文化史研究所紀要』三一　一四一—一九七頁）

小田富士雄・韓炳三　一九九一年『日韓交渉の考古学　弥生時代篇』（六興出版　東京）

片岡宏二　一九九九年『弥生時代渡来人と土器・青銅器』（雄山閣出版　東京）

唐津市教育委員会　一九八二年『菜畑遺跡』（唐津市教育委員会　唐津）
甲元眞之　二〇〇八「気候変動と考古学」（熊本大学文学部編『文学部論叢歴史学篇』熊本大学文学部　熊本　一―五二頁）
志摩町教育委員会　一九八七年『新町遺跡』Ⅰ（志摩）
下條信行　一九八〇年「東アジアにおける外湾刃石包丁の展開―中国・朝鮮・日本―」（鏡山猛先生古稀記念論文集刊行会編『古文化論攷：鏡山猛先生古稀記念』鏡山猛先生古稀記念論文集刊行会　大宰府　一九三―二一三頁）
庄田慎矢　二〇〇四年ａ「韓国嶺南地方南西部の無文土器時代編年」（『古文化談叢』五〇（下）一五七―一七五頁）
庄田慎矢　二〇〇四年ｂ「比來洞銅剣の位置と弥生暦年代論（上）」（『古代』一一七　一―二九頁）
田中良之　一九八二年「磨消縄文土器伝播のプロセス」（森貞次郎博士古稀記念論文集刊行会編『古文化論集：森貞次郎博士古稀記念』森貞次郎博士古稀記念論文集刊行会　福岡　五九―九六頁）
田中良之　一九八六年「縄文土器と弥生土器　1　西日本」（金関恕・佐原眞編『弥生文化の研究』三　雄山閣出版　東京　一一五―一二五頁）
田中良之　一九九一年「いわゆる渡来説の再検討」（高倉洋彰編『日本における初期弥生文化の成立：横山浩一先生退官記念論文集Ⅱ』文献出版　福岡　四八二―五〇五頁）
田中良之　二〇〇九年「AMS年代測定法の考古学的利用の諸問題」（『平成二一年度九州史学会考古学部会』）
田中良之　二〇一一年「AMS年代測定法の考古学への適用に関する諸問題」（高倉洋彰・田中良之編『AMS年代と考古学』学生社　東京　一三一―一六一頁）
田中良之・小澤佳憲　二〇〇一「渡来人をめぐる諸問題」（田中良之編『弥生時代における九州・韓半島交流史の研究』九州大学大学院比較社会文化研究院基層構造講座　福岡　三―二七頁）
橋口達也　一九八八年「九州における縄文と弥生の境」（『季刊考古学』二三　一七―二二頁）
端野晋平　二〇〇三年ａ「支石墓伝播のプロセス―韓半島南端部・九州北部を中心として―」（『日本考古学』一六　一

―二五頁）
端野晋平　二〇〇三年ｂ「韓半島南部丹塗磨研壺の再検討―編年・研磨方向を中心として―」（『九州考古学』七八　一―二一頁）
端野晋平　二〇〇六年ａ「朝鮮半島南部丹塗磨研壺の編年と地域性―嶺南地方を中心として―」（有限責任中間法人日本考古学協会編『有限責任中間法人日本考古学協会第七二回総会研究発表要旨』有限責任中間法人日本考古学協会　東京　二三八―二五一頁）
端野晋平　二〇〇六年ｂ「水稲農耕開始期における日韓交渉―石庖丁からみた松菊里文化の成立・拡散・変容のプロセス―」（溝口孝司・田尻義了・端野晋平編『九州考古学会・嶺南考古学会第七回合同考古学大会―日韓新時代の考古学』九州考古学会・嶺南考古学会　福岡　四九―八七頁）
端野晋平　二〇〇八年ａ「松菊里型住居の伝播とその背景」（九州大学考古学研究室五〇周年記念論文集刊行会編『九州と東アジアの考古学―九州大学考古学研究室五〇周年記念論文集―』九州大学考古学研究室五〇周年記念論文集刊行会　福岡　四五―七二頁）
端野晋平　二〇〇八年ｂ「計測的・非計測的属性と型式を通じた石庖丁の検討―韓半島南部と北部九州を素材として―」（『日本考古学』二六　四一―六七頁）
端野晋平　二〇〇九年「無文土器文化からの影響」（『古代文化』六一（二）　八三―九三頁）
端野晋平　二〇一〇年ａ「近年の無文土器研究からみた弥生早期」（『季刊考古学』一一三　三一―三四頁）
端野晋平　二〇一〇年ｂ「朝鮮半島南部無文土器時代前・中期炭素14年代の検討―歴博弥生開始年代に対する検討もかねて―」（『古文化談叢』六五（二）　二一七―二四七）
端野晋平　二〇一四年（刊行予定）「朝鮮半島・日本列島における過去の気候変動データの検討」（『高倉洋彰先生退職記念論文集』高倉洋彰先生退職記念論文集刊行会）
福岡県教育委員会　一九八四年『石崎曲り田遺跡』Ⅱ（福岡）

福岡県教育委員会　一九八五年『石崎曲り田遺跡』Ⅲ（福岡県教育委員会　福岡）
福岡市教育委員会　一九七九年『板付遺跡調査概報』（福岡市教育委員会　福岡）
福岡市教育委員会　一九九五年『雀居遺跡』三（福岡）
藤尾慎一郎　二〇〇九年「弥生時代の実年代」（西本豊弘編『新弥生時代のはじまり第4巻　弥生農耕のはじまりとその年代』雄山閣　東京　九―五四頁）
藤口健二　一九八六年「朝鮮無文土器と弥生土器」（金関恕・佐原眞編『弥生文化の研究』三　雄山閣　東京　一四七―一六二頁）
前田義人・武末純一　一九九四年「北九州市貫川遺跡の縄文晩期の石庖丁」（『九州文化史研究所紀要』三九　六五―九〇）
松本直子　一九九六年「認知考古学的視点からみた土器様式の空間的変異―縄文時代晩期黒色磨研土器様式を素材として―」（『考古学研究』四二（四）　六一―八四頁）
丸山茂徳　二〇〇八年『「地球温暖化論」に騙されるな！』（講談社　東京）
宮本一夫　二〇〇五年「園耕と縄文農耕」（慶南文化財研究院編『韓・日新石器時代農耕問題』韓国新石器学会・慶南文化財研究院　昌原　一一一―一三〇頁）
森貞次郎　一九六〇年「島原半島（原山・山ノ寺・礫石原）及び唐津市（女山）の考古学的調査―おわりに―」（『九州考古学』一〇　六―八頁）
横山浩一・藤尾慎一郎　一九八六年「宇木汲田遺跡一九八四年度調査出土の土器について」『九州文化史研究所紀要』三一　五九―一〇一頁）
慶南考古學研究所　二〇〇三年『泗川　梨琴洞　遺蹟』（晋州）
慶南考古學研究所　二〇〇五年『梁山　所土里　松菊里文化集落：京釜高速道路　擴張區間　内　梁山ＩＣ建立地　發掘調査　報告』（晋州）

慶南発展研究院歴史文化센터　二〇〇九年『마산 진북 망곡리유적Ⅰ』（咸安）
慶尚大學校博物館　一九九九年『晋州　大坪里　玉房　2地區　先史遺蹟』（晋州）
高麗大學校埋藏文化財研究所　二〇〇一年『寛倉里遺蹟』（鳥致院）
公州大學校博物館　一九九八年『白石洞遺蹟』（公州）
國立公州博物館　二〇〇二年『금강』（公州）
國立中央博物館　一九七九年『松菊里1』（서울）
國立中央博物館　一九八六年『松菊里2』（서울）
國立中央博物館　一九九〇年『休岩里』（서울）
國立晋州博物館　一九九九年『晋州　大坪里　玉房2地區　先史遺蹟』（晋州）
國立晋州博物館　二〇〇一年『晋州　大坪里　玉房1地區　遺蹟Ⅰ』（晋州）
國立晋州博物館　二〇〇一年『晋州　大坪里　玉房1地區　遺蹟Ⅱ』（晋州）
國立昌原文化財研究所　一九九六年『咸安岩刻書古墳』（昌原）
國立昌原文化財研究所　二〇〇一年『晋州　大坪里　漁隠2地區　先史遺蹟Ⅰ—住居址、石棺墓篇—』（晋州）
國立中央博物館　一九七九年『松菊里』1（서울）
金　權中　二〇〇五年「嶺西地域　青銅器時代　住居址의 編年 및 性格—北漢江流域을 中心으로」（『二〇〇五年秋季學術大会　江原地域의　青銅器文化』江原考古學会　春川　一一一—一四〇頁）
董　眞淑　二〇〇三年『영남지방 청동기시대 문화의 변천』（慶北大學校大學院碩士學位論文）
文化財研究所　一九九四年『晋陽　大坪里　遺蹟：發掘調査報告書』（서울）
朴　榮九　二〇〇五年「嶺東地域　青銅器時代　聚落構造」（『二〇〇五年秋季學術大会　江原地域의　青銅器文化』江原考古學会　春川　一一—六四頁）
裵　眞晟　二〇〇五年「檢丹里類型의 成立」（『韓國上古史學報』48　韓國上古史學会　五—二八頁）

서울大學校博物館一九七三年『欣岩里住居址：漢江畔先史聚落址　發掘進展報告』（서울）

釜山大學校博物館　一九八七年『陜川　苧浦里E地區　遺蹟』（釜山）

釜山大學校博物館　一九九五年『蔚山　檢丹里　마을　遺蹟』（釜山）

서울大學校博物館　一九七三年『欣岩里住居址：漢江畔先史聚落址　發掘進展報告』（서울）

鮮文大學校博物館　二〇〇一年『晋州　大坪里　玉房5地區　先史遺蹟』（牙山）

孫　晙鎬　二〇〇一年『韓半島出土半月形石刀의 諸分析』（高麗大學校大學院碩士學位論文）

李　秀鴻　二〇〇五年「檢丹里式土器의 時空間的 位置와 性格에 대한 一考察」（『嶺南考古學報』36　嶺南考古學会　四三―七二頁）

李　亨源　二〇〇二年『韓國　青銅器時代　前期　中部地域　無文土器　編年　研究』（忠南大學校大學院碩士學位論文）

李　亨源　二〇〇六年「泉川里聚落의　編年的位置　및　変遷―松菊里類型의　形成과　関連하여―」（『華城　泉川里　青銅器時代　聚落』韓神大學校博物館　서울　一七九―一八九頁）

全南大學校博物館　一九八八年『住巖댐　水没地區　發掘　調査　報告書』（光州）

昌原大學校博物館　一九九五年『咸安　梧谷里遺蹟』（昌原）

千　羨幸　二〇〇三年『無文土器時代　前期文化의　地域性研究：中西部地方를　中心으로』（釜山大學校大學院碩士學位論文）

河　仁秀　一九九二年「嶺南地方　丹塗磨研土器의　編年」（『嶺南考古學報』10　嶺南考古學会　一九―五一頁）

皇城洞遺蹟發掘調査團　一九九一年「慶州隍城洞　遺蹟　第一次　發掘調査　概報」（『嶺南考古學報』八　一―一〇二頁）

黄　炫眞　二〇〇四年『嶺南地域의　無文土器時代　地域性研究：東南海岸　無文土器文化를　中心으로』（釜山大學校大學院碩士學位論文）

Deetz, J., 1967. Invitation to Archaeology. Doubleday, New York.

Zvelevil, M., Rowley-Conwy, P., 1984. Transition of farming in Northern Europe; a hunter-gather's perspective. *Norwegian Archaeological Review* 17, 104-128.

第四章　土器からみた弥生時代開始過程

三阪一徳

はじめに

縄文時代から弥生時代へ移行した最も大きな要因が、朝鮮半島南部（現在の韓国）の文化の受容であったことが、長きにわたり蓄積された学史により解明されてきた。考古資料からみると、水稲農耕および墓制、住居、石器、土器、木器、玉など、朝鮮半島南部と共通する要素が、弥生時代のはじまりの北部九州に数多く出現する。形質人類学からみると、弥生時代の形質変化は、日本列島外から人の移住に起因することが明らかになっている。これまでの考古学と形質人類学の研究成果を整理すると、朝鮮半島南部の人々が北部九州へ移住（渡来）したことが嚆矢となり、日本列島で縄文時代から弥生時代への文化変化が生じたと解釈するのが最も妥当であろう。

しかし、朝鮮半島南部から北部九州への影響の時期ごとの変化や、物質文化を通じた移住者と在来人、それに関連する出自集団や社会集団に対する評価は議論がある。そこで、本稿では北部九州と朝鮮半島南部の土器の細かな特徴を読み取ることにより、この課題について検討したい。

1 研究史と問題の所在

1 朝鮮半島からの影響と縄文時代からの連続性

二〇世紀初頭、鳥居龍蔵は縄文土器をアイヌ、弥生土器を日本人の祖先である「固有日本人」の所産ととらえ、両土器の背後に集団差を想定した。後者は中国大陸より朝鮮半島を経由して日本列島に到達した可能性をあげている（鳥居一九一八）。小林行雄は、縄文時代と弥生時代の文化が著しく異なる点に注目した。そして、石庖丁と磨製石斧の類似性を主な根拠とし、縄文時代と弥生時代を区別する根本的な特性が、弥生時代のはじまりに、中国北部から朝鮮半島を経て伝わった可能性を示した（小林一九五一）。

北部九州では、一九五〇年代前半の板付遺跡の調査によって、最古の弥生土器とされていた板付I式土器と、最後の縄文土器とされていた夜臼式土器が共伴し、縄文系打製石器と大陸系磨製石器が伴うことや、イネの存在など、縄文時代から弥生時代への過渡期的な状況が明らかとなりつつあった（森・岡崎一九六一）。さらに、一九六〇年代後半から一九八〇年代前半にかけて、宇木汲田遺跡（九州大学考古学研究室一九六六）、板付遺跡（山崎一九八〇）、菜畑遺跡（中島・田島編一九八二）、石崎曲り田遺跡（橋口編一九八三ほか）の発掘調査や土器編年研究の成果により、板付I式期に先行する夜臼式単純期の存在が確実となり、縄文時代から弥生時代への移行期における、物質文化の詳細な時間的先後関係が判明した。

このような状況のもと、森貞次郎と岡崎敬は、弥生時代が縄文時代晩期の文化を基盤に、朝鮮半島の影響あるいは渡来を受けて成立したととらえるに至った（森一九六六、岡崎一九六八）。のちに、石崎曲り田遺跡を調査した橋口達也も、弥生文化の成立は縄文時代晩期以降、朝鮮半島からの文化要素と在来要素を融合させ、漸次弥生文化へと変化したと説明している（橋口一九八五）。下條信行は石器に注目し、朝鮮半島の磨製石器と機能が共通するものが縄文時代に存在する場合、容易に伝わらず、自己の社会に欠落した石器のみを受容するという現象を明らかにし、在地社会が選択的に外来文化を受容したととらえた（下條一九八六）。田中良之は土器の分析を通じ、縄文時代晩期の黒川式期にすでに朝鮮半島からの影響が存在することを指摘した。さらに、土器にみられる外来要素と在来要素を整理し、「在来伝統と規制が健在であったことが、無文土器文化との交流や渡来者によってもたらされた情報に対する選択性として機能し、無文土器とは似て非なる土器としての弥生土器を生む結果になった」との理解を示した（田中一九八六）。

縄文時代から弥生時代への移行には、朝鮮半島の影響が確実に存在する一方で、在来文化の連続性もみられ、それは一気に転換するのではなく、徐々に変容していくことが明らかにされてきたといえる。

2　形質人類学からみた移住者

形質人類学からは、弥生時代の移住に関する重要な研究成果が提出されている。まず、縄文時代から弥生時代における人骨の形質変化に関する仮説として、「移行説」（鈴木一九六三）と「渡来説」（金関一九五五）の大きく二つが存在した。一九八〇年に鈴木尚が金関丈夫の主張を認めて以降、渡来説が優勢となり（田中一九九一）、現在は、弥生時代における日本列島外からの移住は定説となっている。移住者の故地や具体的な時期、量についても議論がなされている。北部九州では、縄文時代後期の人骨は縄文人的な形質であるが、遅くとも弥生時代中期には人骨の大半が、中国東北部や朝鮮半島の集団と目立った差の見出しがたい特徴をもつものに転換する。しかし、肝心な縄文・弥生移行期の人骨資料は不明瞭である（中橋・飯塚一九九八）。この形質変化に関して、埴原和郎は弥生時代以降の一〇〇〇年間に一五〇万人を超える大量の移住者があったと想定した（埴原一九八七）。これに対し、山口敏は日本列島で最初に稲作農耕を開始した移住者の人口増加率を低く見積もりすぎているとの批判を提出した（山口一九八七）。

ところで、考古資料からみた場合、北部九州において朝鮮半島南部の文化要素が流入するピークは、弥生時代開始期と、弥生時代前期末から中期初頭の二時期である。田中良之は、後者について、発掘調査の密度が高い福岡県小郡市三国丘陵の事例をあげ、在地系の集落数が朝鮮半島系の集落数の八倍にのぼる点から、「この時期の渡来人では、すでに人口増を果たした弥生集団に大きな遺伝的影響を与えうるとは考えられない」とみた（田中一九九一）。中橋孝博と飯塚勝は、山口の指摘および考古学的研究成果を吟味し、人口増加のシミュレーションを行った。その結果、弥生時代開始期の北部九州において、朝鮮半島南部からの移住者が少数であっても、弥生時代中期には逆転現象が起こりうるとした（中橋・飯塚一九九八）。

このように、形質人類学と考古学の研究成果からみると、縄文時代のおわりの北部九州に、朝鮮半島南部の人々が移住し、たとえ移住者が在来人に比べ少数であっても、弥生時代中期までに形質の逆転現象は起こりえたといえる。

3　物質文化からみた在来人と移住者

物質文化から、北部九州の弥生時代開始期における、在来人と朝鮮半島からの移住者の具体的な復元を試みたのは春成秀爾である。春成は、「夜臼式・板付Ⅰ式の二型式の土器が、それぞれの文化的伝統をせおう在来者と渡来者の集団によって別々に製作使用され」、在来人と移住者がそれぞれの文化を維持しながら共存している状況を想定した（春成一九七三）。のちに、春成が扱った両土器に時期差が存在することが明らかとなるが、当時の社会を具体的に復元しようとした点で評価される。

一九八〇年代前半までの調査により、北部九州で板付Ⅰ式期に遡る夜臼Ⅰ式期においても、朝鮮半島の影響がみられることがわかってきた。ただし、朝鮮半島の物質文化のみで構成されるコロニーのような遺跡はない。また、住居址が検出された石崎曲り田遺跡をはじめ、遺物も在来のものと共伴し、量的にも在来のものを上回ることがない点から、移住者と在来人が平和的に共住したと解釈される（田中一九九一、家根一九九三）。家根祥多は、土器の製作技術のなかで「外傾接合」という粘土帯の積み上げ方法に注目し、これが北部九州の板付Ⅰ式期より遡る山ノ寺式期や夜臼Ⅰ式期および、同時期の朝鮮半島南部に共通してみられることを発見した。これにより、北部九州に朝鮮半島南部からの移住者が存在したことを裏付けた（家根一九八四）。さらに、従来から朝鮮半島との関係が指摘されていた壺（沈一九八〇）だけではなく、深鉢／甕にも朝鮮半島南部に系譜をもつものが存在し、これらの製作技術が在地のものとは異なることを見出した。これを根拠とし、石崎曲り田遺跡では、約三から四割が朝鮮半島南部からの移住者であったと算出した（家根一九九三）。具体的な移住者の割合を提示したのは、朝鮮半島南部からもたらされたのは壺が中心であり、量もごくわずかであるという認識（橋口一九九〇）に対して、朝鮮半島南部からの影響が、従来考えられていたよりも大きなものであったことを強調する意図があったものと考えられる。その後、宮地聡一郎は、家根による土器の製作技術に基づく移住者と在来人の抽出方法を、再検討したうえで踏襲している。土器の製作技術やサイズが朝鮮半島南部系と黒川式系によって異なることを指摘し、これを製作者の違いとみなした。すなわち、夜臼Ⅰ式期において、移住者そのものではなく、その土器製作技術を受け継ぐ「無文土器系土器製作者」と、縄文時代晩期以来の技術をもつ「縄文土器製作者」が存在し、前者は甕と壺、後者は深鉢、浅鉢、壺を中心とし、それぞれが異なるセットの器種を製作していたと考えた。のちに、前者が後者を淘汰し板付Ⅰb式の単純な器種組成へと変化したと理解した（宮地二〇〇九）。ほかに、藤尾慎一郎は夜臼Ⅰ式期から板付Ⅰ式期の深鉢／甕の器種組成に注目し、遺跡間における差異が、在来人と移住者ではなく、狩猟採集民と農耕民の差異に起因すると解釈した（藤尾一九九九）。物質文化の微細な差異から、移住者と在来人あるいは、それに関連する社会集団を抽出し、当時の社会を具体的に復元する試みは非常に重要である。

一方、板付式土器と夜臼式土器が共伴する状況について、壺と深鉢／甕の組成比の検討から、背後に異なる製作者を想定するのではなく、両者が一連のセットとして使用されたとする見解もある（岡本一九六六）。よって、土器の形態や製作技術の差異が、移住者と在来人あるいは出自集団や社会集団を直接的に示しうるのかについては慎重な検証が必要である。

4　影響の起源地と到達地

朝鮮半島南部では、近年までに蓄積された発掘調査とそれに伴う研究成果により、弥生時代開始期に併行する物質文化の時間的・空間的位置づけが明らかになってきた（藤口一九八六、安一九九二、高二〇〇三、庄田二〇〇九ａなど）。これを受け、縄文・弥生移行期における、朝鮮半島南部からの影響の起源地や移住者の故地、その到達地について詳細な地域を特定する研究が進められている。端野晋平は支石墓（端野二〇〇三ａ）、松菊里型住居（端野二〇〇八ｂ）、精製壺（丹塗磨研壺）（端野二〇〇三ｂ・二〇〇六）、石庖丁（端野二〇〇八ａ）という複数の物質文化を分析した結果、弥生時代開始期の玄界灘沿岸と、朝鮮半島南部の南江流域から金海平野に至る地域との類似性が最も高いとした。一方、中村大介は墓域構成と埋葬施設（中村二〇〇九）から、糸島地域は嶺南地域東南海岸、西北九州は湖南地域南海岸との共通性が高いとみている（中村二〇一二）。武末純一と平郡達哉は、支石墓の構造と副葬品の配置から、梁山から泗川に至る慶南地域南海岸から麗水半島にわたる地域が、北部九州との類似性が高いとした（武末・平郡二〇一〇）。墓制と石剣の分析を行った宮本一夫は、朝鮮半島南部からの影響が二段階存在し、夜臼Ⅰ式期は玄界灘沿岸西部を中心とし、青銅器時代後期前半の湖南地域から南江流域を含む洛東江下流域からの点的で一過性の影響があり、次の夜臼Ⅱa式期は玄界灘沿岸東部を中心に、前段階に比べさらに直接的な影響が青銅器時代後期後半の洛東江中・下流域からあったと評価した（宮本二〇一二）。

到達地については、北部九州のなかでさらに地域を絞り込んだ見解もある。片岡宏二は、土器編年を根拠に、農耕文化が最も早く開始したのは菜畑遺跡が所在する唐津平野であったとする（片岡二〇〇五）。また、宮地は、北部九州の夜臼Ⅰ式期にみられる粗製大型壺が、朝鮮半島南部の青銅器時代後期前半のそれと類似度が高く変容が少ない点を根拠に、粗製大型壺が多く存在する菜畑遺跡を含む唐津平野周辺を、主な移住があった地とする（宮地二〇〇九）。

以上を整理すると、起源地は朝鮮半島南部の嶺南地域と湖南地域が想定され、前者については意見が一致しているが、後者については見解が分かれている。到達地は北部九州のなかでも玄界灘沿岸とみる点ではおおむね一致している。

5　文化変化のモデル

これまでみたように、縄文時代から弥生時代の文化変化は、朝鮮半島南部からの影響が北部九州に及んだことが契機となり生じたことが解明されてきた。さらに、この文化変化がなぜ起こるに至ったのかを説明する必要があろう。田中良之は考古学と形質人類学の研究成果を整理し、「渡来に起因する文化変容は、在来文化に取ってかわるDisplacement Patternではなく、渡来要素を在来伝統の規制下に取り込み、外来情報が蓄積されていくにつれシステムに動揺をきたし、ついには別のシステム（弥生文化）へと変化する、というパターンであった」とした（田中一九九一）。さらに、「北部九州における混血と文化変化の過程モデル」を提示し、渡来の時期は後期末から晩期前半、少なくとも黒川式期には始まり、夜臼Ⅰ式期にまで継続あるいは増加していたとする。また、朝鮮半島からの移民は若年から成年層を中心とした世代であり、かつ男女同数に近い性構成であったため、混血効果が高かった可能性を指摘している。一方、文化規範を取り仕切るのは縄文人の熟年・老年層であり、在来文化の規範が優先されるため、渡来人とその混血の子供たちも在来文化の規範にそって土器や石器を作る。このような渡来が散発的かつ何世代にもわたった結果、文化変化が起こるとともに、渡来遺伝子が再生産され渡来的弥生人の形質形成がされたとする（田中二〇〇二）。このような文化変化のモデルを補強し発展させていくために、細かな事実を積み上げていくことが重要である。

6　研究の到達点と問題の所在

以上に述べた考古学と形質人類学の研究成果を以下にまとめる。縄文時代から弥生時代の移行期に、朝鮮半島南部の嶺南地域南部および湖南地域を含む範囲から、北部九州の玄界灘沿岸を中心とする地域へ移住が起きた。このとき移住者は在来人に比べ少なく、在来人と平和的な関係を取り結び共住したことが想定される。これが嚆矢となり、北部九州で縄文時代から弥生時代への文化変化が生じ、日本列島各地に展開した。

しかし、物質文化を通じさらに具体的に、移住者と在来人あるいは、出自集団や何らかの社会集団を抽出することが可能であるのかは、十分な検証を行わなくてはならない。そのうえで、縄文時代から弥生時代への文化変化の説明を行う必要があろう。

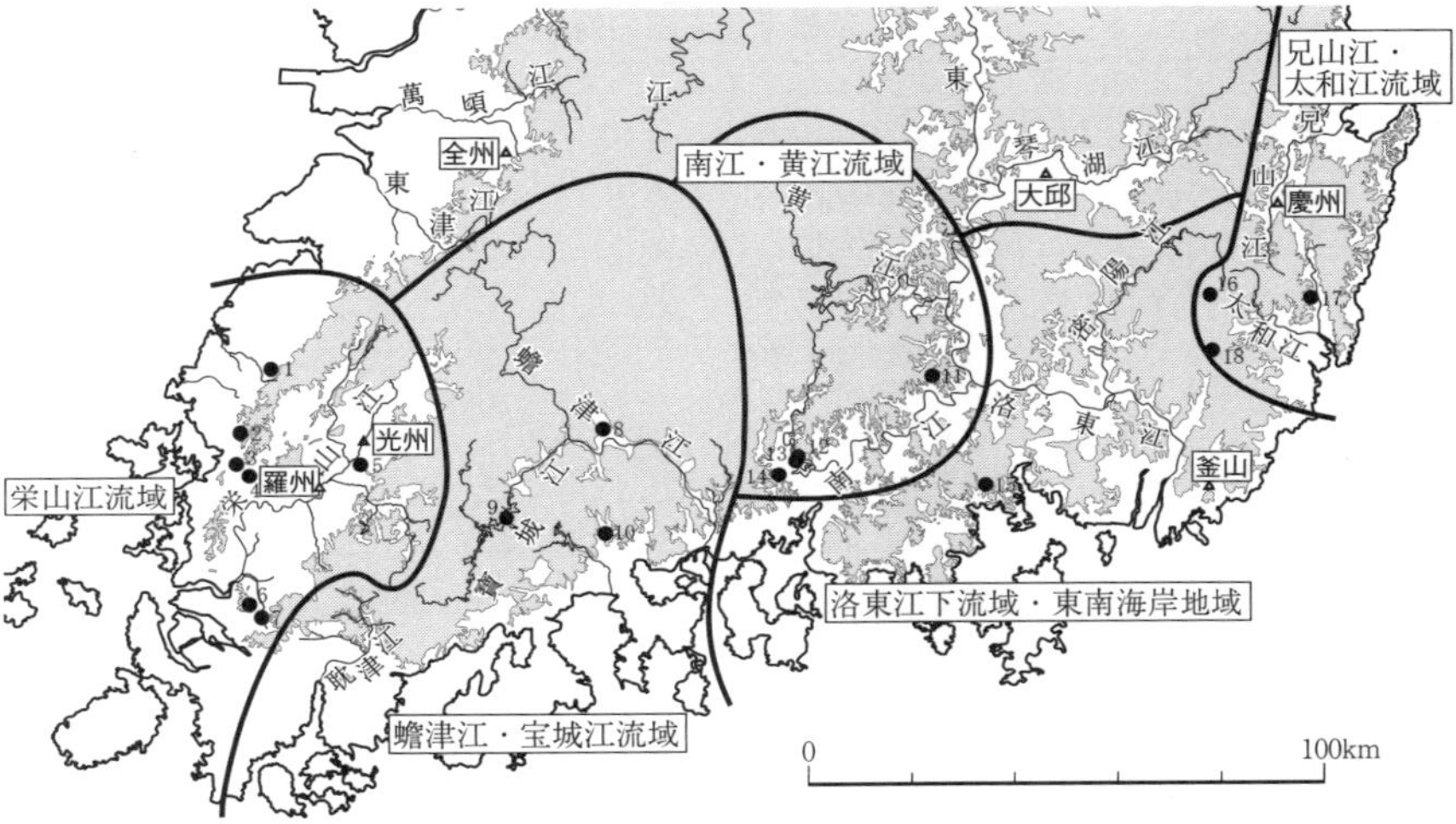

図1　朝鮮半島南部の対象遺跡と地域区分（S＝1/250万）

1：霊光群洞　2：咸平昭明　3：咸平大徳里　4：咸平新興洞　5：光州龍頭里　6：霊岩長川里　7：霊岩金渓里　8：求礼鳳北里　9：昇州大谷里　10：順天船坪里江清　11：晋州大坪里漁隠　12：晋州大坪里玉房　13：泗川本村里　14：宜寧石谷里　15：馬山網谷里　16：蔚山校洞里　17：蔚山達川　18：梁山新平

2　対象資料と分析方法

1　対象資料

朝鮮半島南部については、弥生時代開始期の北部九州へ影響を与えた可能性が高いとされる、青銅器時代前期中葉から後期後半（欣岩里式期から松菊里式期）の湖南地域と嶺南地域南部を対象とする。地域区分を行う場合は、栄山江流域、蟾津江・宝城江流域、南江・黄江流域、洛東江下流域・東南海岸地域、兄山江・太和江流域とする（図1、表1）。

日本列島は、黒川式期から板付Ⅰ式・夜臼Ⅱb期の玄界灘沿岸を中心とした北部九州を対象とする。必要に応じて、唐津地域、糸島地域、早良地域、福岡地域、粕屋地域、北九州市域に区分する（図2、表2）。

表 1　朝鮮半島南部の対象資料

地　域	時　期 (青銅器時代)	遺　跡　名	遺　構	NO.
栄山江流域	前期中葉	霊光群洞 A 地区	6 号住居址	1
		咸平新興洞	5 号住居址	4
		光州龍頭里	青銅器 6 号住居址	5
	後期(Ⅰ群)	霊光群洞 A 地区	2・5 号住居址	1
		霊岩金渓里	4 号住居址	7
	後期(Ⅱ群)	霊光群洞 A 地区	2 号竪穴 ,11・13 号住居址	1
		咸平昭明	3 号住居址	2
		咸平大徳里		3
		霊岩長川里	2・5・7 号住居址	6
		霊岩金渓里	1 号住居址	7
蟾津江・ 宝城江流域	前期後葉	求礼鳳北里		8
		順天船坪里江清	5 号住居址	10
	後期(Ⅰ群)	求礼鳳北里		8
		昇州大谷里ハンシル地区	C-pit	9
		昇州大谷里ハンシル地区	A-5 号住居址	9
		昇州大谷里道弄地区 86’	86’-1 号住居址	9
		順天船坪里江清	7・11 号住居址	10
	後期(Ⅱ群)	昇州大谷里道弄地区 86’	小形遺構 W	9
		昇州大谷里道弄地区(ソウル大 1 次)	16 号住居址	9
		昇州大谷里道弄地区(ソウル大 2 次)	A-2 号住居址	9
南江・ 黄江流域	前期中葉	晋州大坪里漁隠 1 地区	75 号住居址	11
		晋州大坪里漁隠 2 地区	2 号住居址	11
		泗川本村里	ナ 3・6 号住居址	13
	前期後葉	晋州大坪里漁隠 1 地区	99 号住居址	11
		晋州大坪里漁隠 2 地区	2・3 号野外炉址	11
		晋陽大坪里(文化財研究所)	1 号住居址	12
		晋州大坪里玉房 3 地区	20 号住居址	12
		晋州大坪里玉房 4 地区	11 号住居址，周辺採集	12
		泗川本村里	ナ 8 号住居址	13
	後期前半	晋州大坪里漁隠 1 地区	84 号住居址	11
		晋州大坪里玉房 3 地区	27～29 号住居址	12
	後期後半	晋州大坪里漁隠 1 地区	21 号野外炉址，野外炉址	11
		晋州大坪里玉房 1 地区(晋州博)	6 号住居址，121 号竪穴	12
		晋州大坪里玉房 2 地区	17 号竪穴	12
		晋州大坪里玉房 3 地区	75 号竪穴，84 号竪穴	12
		宜寧石谷里	1 号支石墓*	14
洛東江下流域・ 東南海岸地域	前期後葉	馬山網谷里(慶発)	10 号石棺墓	15
	前期中-後葉	馬山網谷里(慶発)	4 号住居址，周溝墓周溝	15
	後期前半	馬山網谷里(慶発)	環濠，環濠内部収拾	15
	後期後半	馬山網谷里(慶発)	5・7・9・9-1 号石棺墓	15
兄山江・ 太和江流域	後期前半	蔚山校洞里 192-37	9 号住居址	16
		蔚山達川 3 次	5 号住居址	17
		梁山新平 A 地区	18・20 号住居址	18
	後期後半	梁山新平 A 地区	9 号住居址	18
		梁山新平 B 地区	1 号住居址	18

*製作技術の分析は行っていない。

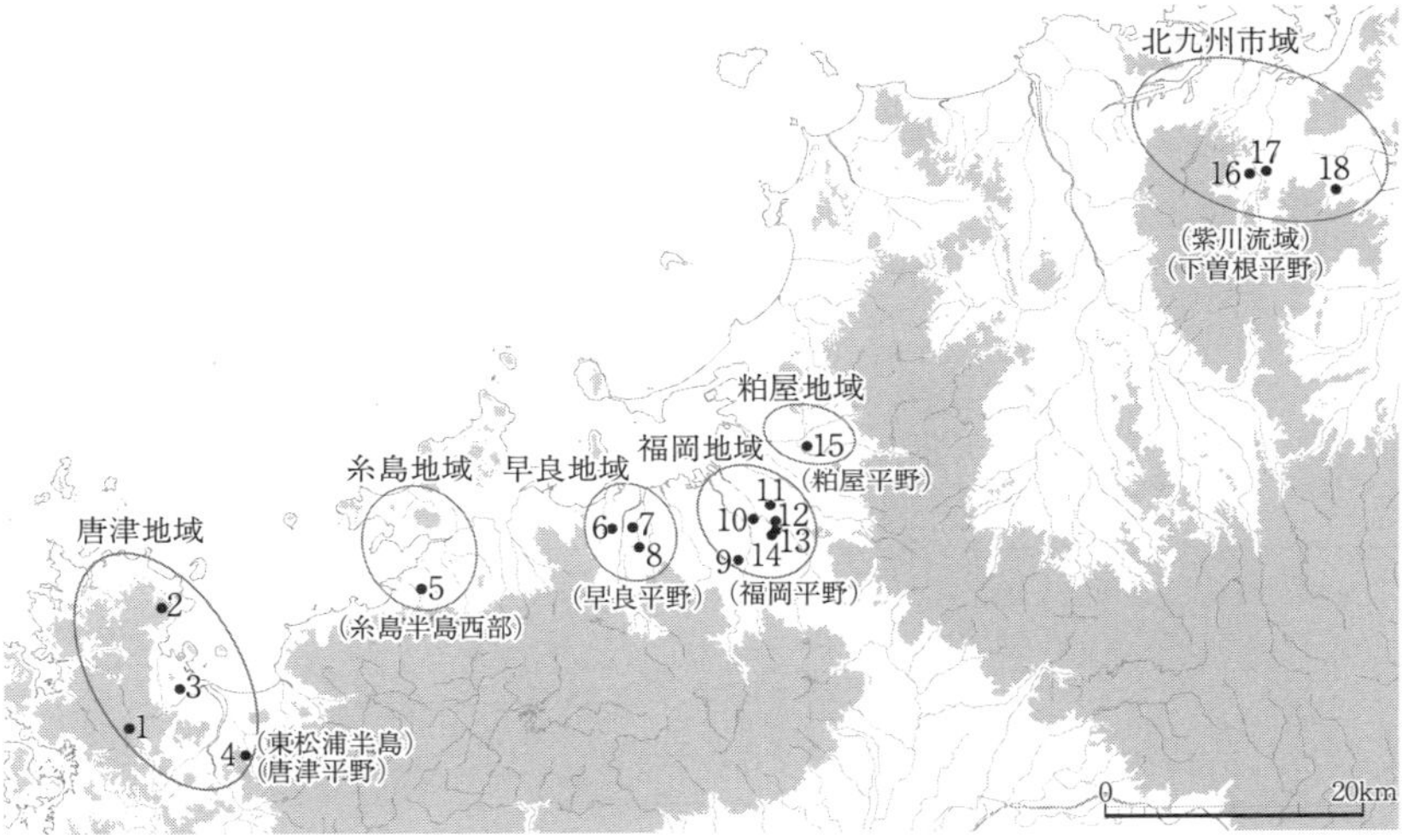

図２　北部九州の対象遺跡と地域区分（S＝1/100万）

1：高峰　2：十蓮Ⅱ　3：菜畑　4：宇木汲田　5：石崎曲り田　6：橋本一丁田　7：有田　8：鶴町　9：野多目　10：那珂　11：雀居　12：下月隈C　13：板付　14：諸岡　15：江辻　16：長行　17：春日台　18：貫・井手ヶ本

2　北部九州と朝鮮半島南部における土器編年と併行関係

北部九州は宮地の土器編年案（宮地二〇〇七・二〇〇八ａ・ｂ）、朝鮮半島南部は庄田慎矢の土器編年案（庄田二〇〇九ａ・ｂ）を参照した。両地域の併行関係については、家根（一九九七）、武末純一（二〇〇四）および深澤芳樹・庄田（二〇〇九）を参考とし、本稿では**表3**のように土器の時間的関係をとらえた。

3　分析方法

本稿では土器の製作技術に注目するため、まずその分類案を示す。これに基づき、朝鮮半島南部の青銅器時代前期中葉から後期後半における土器の製作技術について、その特徴を明らかにする。次に、黒川式期から板付Ⅰ式・夜臼Ⅱｂ期の北部九州の土器の形態および製作技術の分析を通じ、朝鮮半島南部からの影響を時期別にみる。その後、夜臼Ⅰ式期の土器様式に注目し、そこから何が読

表2　北部九州の対象資料

地　域	時　期	遺　跡　名	遺　構	NO.
唐津地域	黒川式	高峰	包含層	1
		十蓮Ⅱ	包含層	2
	夜臼Ⅰ式	菜畑	9-12 層	3
		宇木汲田	Ⅸ・Ⅹ・Ⅺ層＊	4
	夜臼Ⅱａ式	菜畑	8 層下	3
	板付Ⅰ式・夜臼Ⅱｂ式	菜畑	8 層上	3
糸島地域	夜臼Ⅰ式	石崎曲り田	17・26・28・33・39・40 号住居，W-3 区・W-4 区包含層	5
早良地域	夜臼Ⅰ式	橋本一丁田 2 次	SD001-11 層・7･8 層，SX088	6
	板付Ⅰ式・夜臼Ⅱｂ式	橋本一丁田 2 次	SD10	6
		有田 2 次	29 街区溝状遺構	7
		有田 77 次	SD12	7
		鶴町	第Ⅰ・Ⅱ号溝	8
福岡地域	夜臼Ⅰ式	雀居 4･5 次	SD003 下層	11
		板付 30･31 次	G-7ab 区下層	13
		諸岡Ｆ区	黒色粘質土層	14
	夜臼Ⅱａ式	那珂 37 次	SD02	10
		板付 30･31 次	G-7ab 区中層	13
		板付 60 次	SC01	13
	板付Ⅰ式・夜臼Ⅱｂ式	下月隈 C6 次	SK460・SK488・SK500・SD507	12
		板付 30･31 次	G-7ab 区上層	13
		板付 G-6a 地点	粗砂層	13
粕屋地域	黒川式	江辻第 4 地点	SX1	15
北九州市域	黒川式	長行	Ａ区包含層・Ｂ区包含層	16
		春日台	1・2 号土壙	17
		貫･井手ヶ本	2 号・3 号土壙	18

＊製作技術の分析は行っていない。

表3　北部九州と朝鮮半島南部における土器編年と併行関係

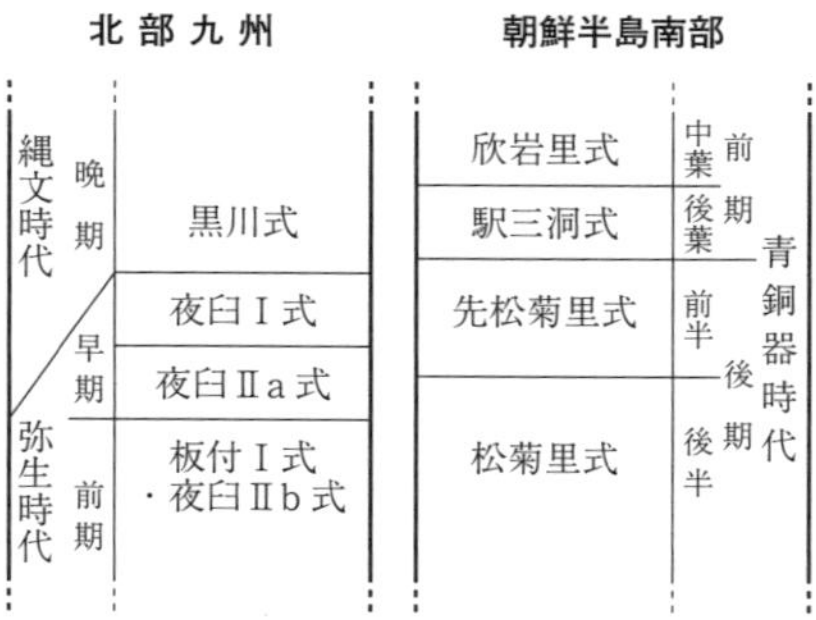

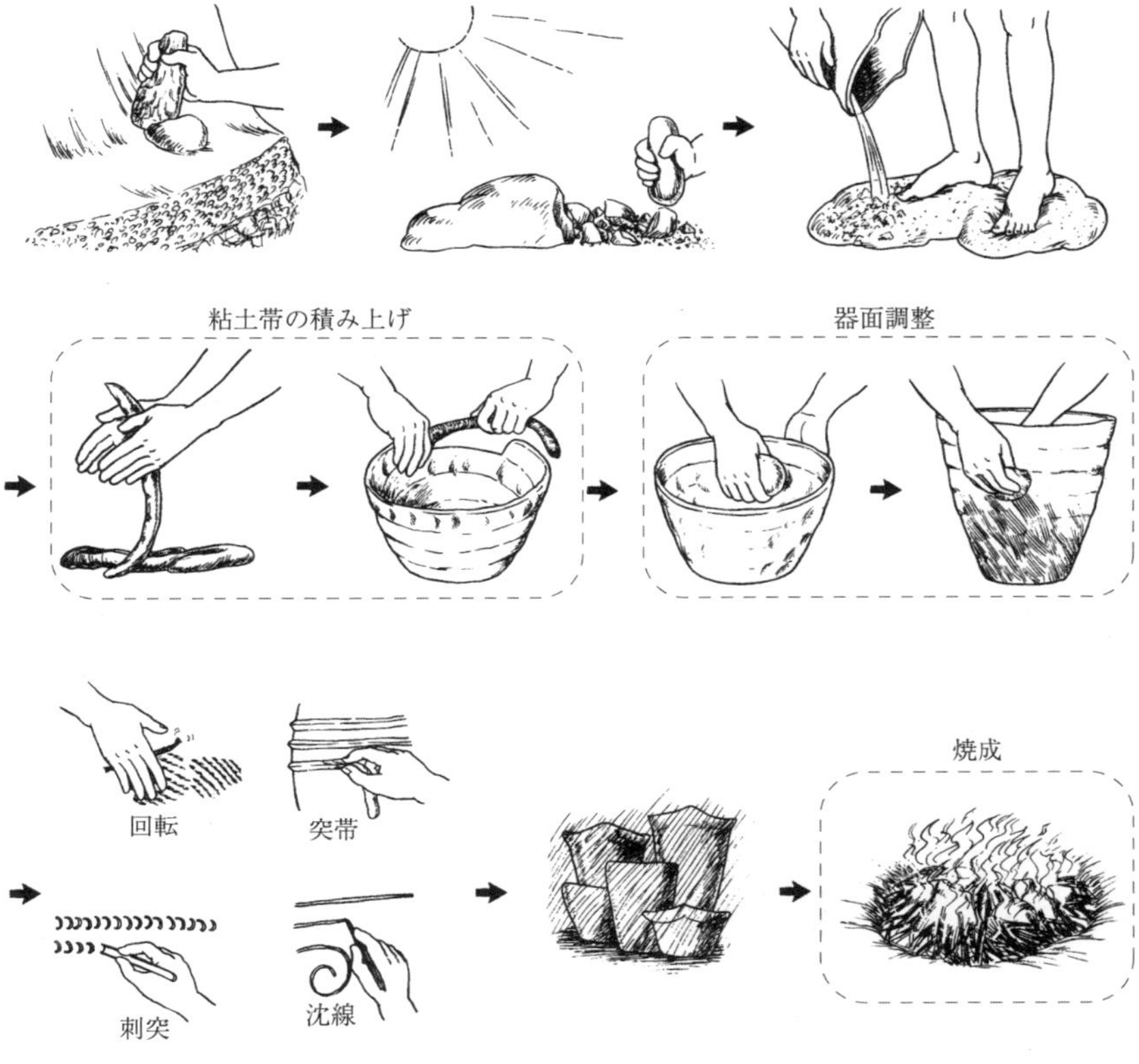

図3　土器の製作工程と本稿の分析項目（潮見 1988 を一部改変）

みとれるのかについて検討する。また、日本列島から朝鮮半島南部への影響についてもみておく。

3　土器製作技術の分類

1　分析項目

土器の製作工程は、粘土の採集、素地作り、成形、整形、装飾、乾燥、焼成などが想定される（図3）。本稿では、粘土帯の積み上げ方法、器面調整方法、焼成方法について分析を行う。これら三つは、完成品として出土した土器からも観察可能であり、学史においても注目されてきた要素である。しかし、研究者によ

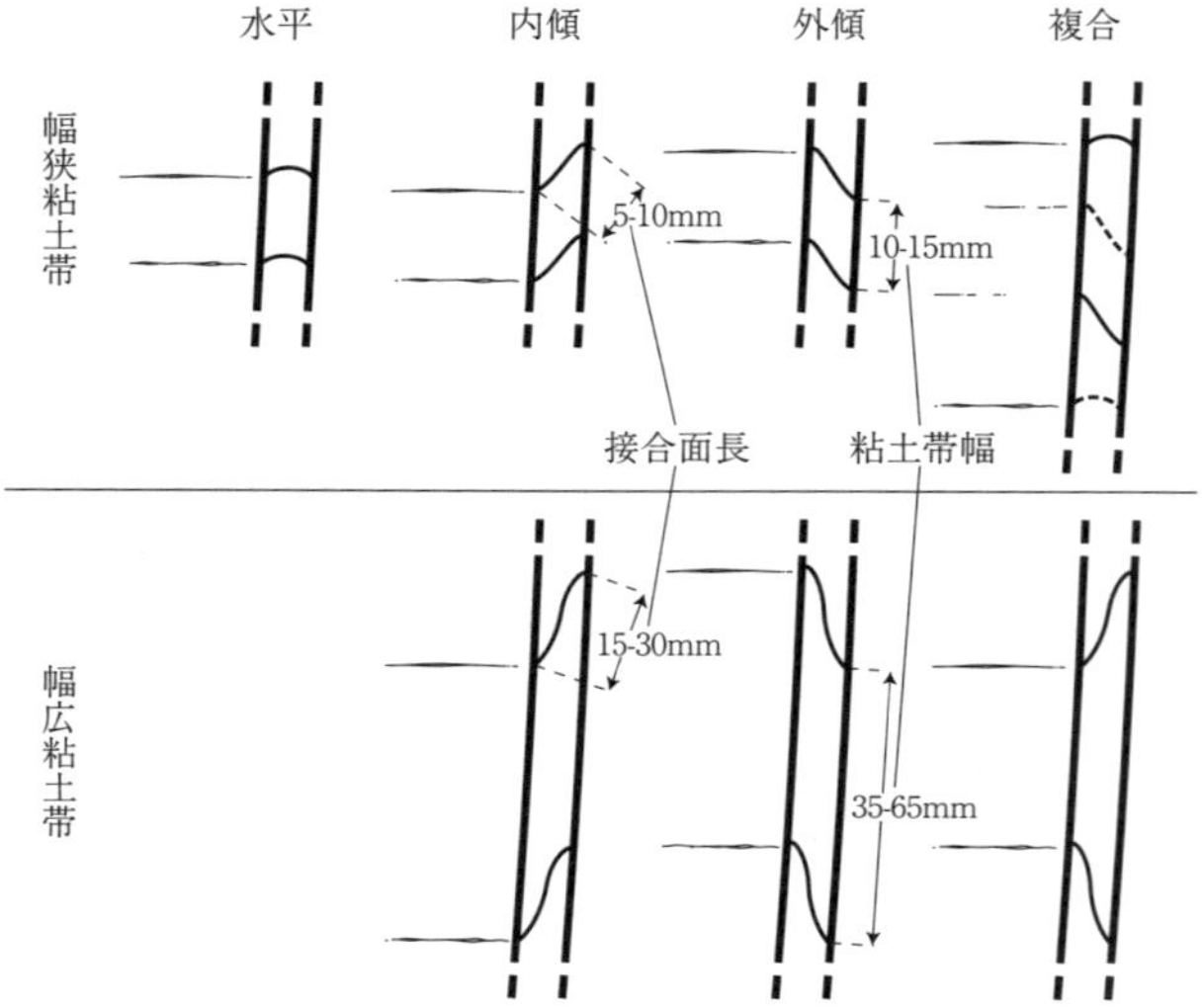

図４　粘土帯の積み上げ方法

り分類基準に若干の相違が認められるため、資料の観察結果に基づき再検討を行う。また、複数の技術要素がセットとして固定的に扱われることが多いが、その検証は十分ではない。よって、製作技術に関する諸要素をいったん切り離し、個々に検討したのち、相関関係をみる。

2　粘土帯の積み上げ方法

先行研究の成果（佐原一九六七、家根一九八四、深澤一九八五、木立二〇〇三、可児二〇〇五、中尾二〇〇八、田畑二〇一二など）に拠るところが大きいが、資料の観察結果に基づき改めて分類を行った。ここでは、粘土帯幅と接合面長および、接合面の傾きを個別に分類し組み合わせをみた（図４）。

①粘土帯幅と接合面長

粘土帯幅と接合面長の相関により、「幅狭粘土帯」と「幅広粘土帯」の大きく二つに分類できる。幅狭粘土帯は粘土帯幅が一〇～一五㎜程度、接合面長が五～一〇㎜程度のもの、幅広粘土帯は粘土帯幅が三五～六五㎜程度、接合面長が一五～三〇㎜程度のものである。

②接合面の傾き

「水平」、「内傾」、「外傾」に分類される。また、土器一個体に二種以上が認められる場合があり、それを「複合」とした。

今回の対象資料では、幅狭粘土帯―水平、幅狭粘土帯―内傾（いわゆる内傾接合）、幅広粘土帯―外傾（いわゆる外傾接合）、幅広粘土帯―複合の四種類が確認された。ただし、朝鮮半島南部の新石器時代後期から青銅器時代前期前葉（可楽洞式期）までを含めると、少なくとも図4に示した七種類がみられる。また、後述する分析結果をふまえると、より大きな違いを示すのは、接合面の傾きよりも、粘土帯幅と接合面長であると考えられる。

3　器面調整方法

横山浩一は考古資料の観察と製作実験により、刷毛目調整が木製板工具によるものであることを明らかにした（横山一九七八・一九九三）。本稿では刷毛目調整や板ナデ調整など木製板工具による調整を「木製板工具調整」と呼ぶ。日本列島では弥生時代開始期以降、木製板工具調整が採用され、これは朝鮮半島南部の青銅器時代後期からの影響であることが明らかになっている（横山一九七九、家根一九八四・一九八七、三阪二〇〇九・二〇一一など）。ここでは、木製板工具調整と、そうではない「非木製板工具調整」に大別し（図5）、木製板工具調整の有無に注目した。

①木製板工具調整

木製板工具による調整。認定基準は起点の形状が直線的であること、両側辺が平行であること、一単位の幅が一〇～二五㎜程度であること、条の間隔が等間隔ではないこと、条の断面形状が丸みをもつことである。さらに条の粗密によって、一五～二五条／一〇㎜程度のものおよび条がないものを「板ナデ調整」、四～一〇条／一〇㎜程度のものを「刷毛目調整」に区分した。

	非木製板工具調整				木製板工具調整	
	二枚貝貝殻 条痕	二枚貝貝殻 ケズリ	非木製板工具 ナデ	非木製板工具 ケズリ	板ナデ	刷毛目
模式図	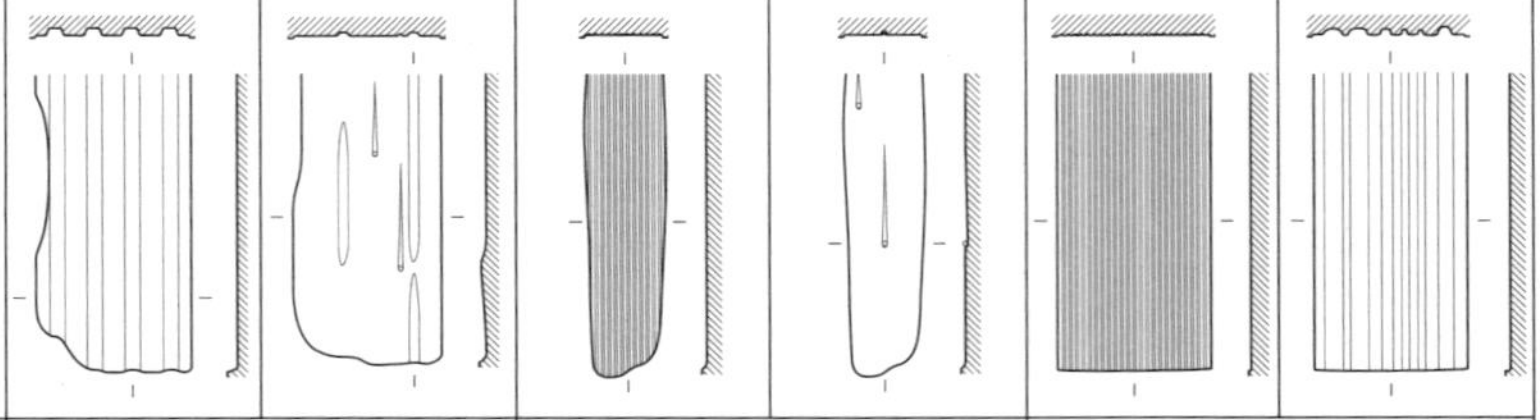					
工具	二枚貝貝殻		木製板工具ではない不明工具		木製板工具	
起点の形状	波状もしくは不定形		曲線的もしくは不定形		直線的	
両側辺	平行もしくは非平行		非平行		平行	
一単位の幅	10-20mm 程度		3-10mm 程度		10-25mm 程度	
条の間隔	ほぼ等間隔	–	–		等間隔ではない	
条の断面形状	やや角張る	–	–		丸みをもつ	
条の粗密	2-4 条 / 10mm 程度	–	15-25 条 / 10mm 程度, なし	不定	15-25 条 / 10mm 程度, なし	4-10 条 / 10mm 程度
砂粒の移動	なし	あり	なし	あり	なし	

図 5　器面調整方法

②非木製板工具調整

木製板工具調整ではないものを一括した。「二枚貝貝殻条痕調整」・「二枚貝貝殻ケズリ調整」は、二枚貝の貝殻が工具であり、起点の形状が波状もしくは不定形で、両側辺が平行のものとそうではないものが含まれる。一単位の幅は一〇〜二〇㎜程度である。条を明瞭に残し、条の間隔がほぼ等間隔で、条の断面形状はやや角張り、条の粗密が二〜四条／一〇㎜程度である「二枚貝貝殻条痕調整」と、条が不明瞭で砂粒の移動が認められる「二枚貝貝殻ケズリ調整」に区分される。両者の差異は、調整時の粘土の水分量に拠るものと考えられる（森本二〇一〇)。

「非木製板工具ナデ」・「非木製板工具ケズリ」は、木製板工具ではない不明工具によるものである。起点の形状は曲線的もしくは不定形で、両側辺は平行ではなく、一単位の幅は三～一〇㎜程度のものである。砂粒の移動がなく、条の粗密が一五～二五条／一〇㎜程度のものおよび条がないものを「非木製板工具ナデ」とし、砂粒の移動があるものを「非木製板工具ケズリ」とした。

③不明ナデ調整

ナデ調整のうち木製板工具調整であるか非木製板工具調整であるか区別できないもの。ただし、当該期の木製板工具調整は、器壁外面を縦方向に施すものが高い頻度を占める。よって、不明ナデ調整のうち、器壁外面を縦方向に施されたものは、木製板工具調整である可能性が高いため、別に抽出した。

外面と内面の対応をふまえ、木製板工具調整（板）、非木製板工具調整（非板）、外面を縦方向に施す不明ナデ調整（ナ―縦）、非木製板工具調整と木製板工具調整あるいは外面を縦方向に施す不明ナデ調整が混在するもの（混）の四つに分け集計を行った。

4　焼成方法

小林正史・北野博司らは民族誌、実験、考古資料を総合的に検討し、黒斑の形態と分布に基づいた焼成方法の復元方法を考案した（小林ほか二〇〇〇、小林編二〇〇六、庄田ほか二〇〇九など）。本稿でもこれに従う。このなかで、弥生時代開始期を前後する北部九州および、それに併行する朝鮮半島南部の青銅器時代前期から後期の焼成方法の分析はすでに行われており、覆い型野焼きが朝鮮半島南部から北部九州にもたらされたことが明らかにされている。基本的にこれらの研究成果に従うが、小林正史らが北部九州において夜臼式期と一括していたものを、

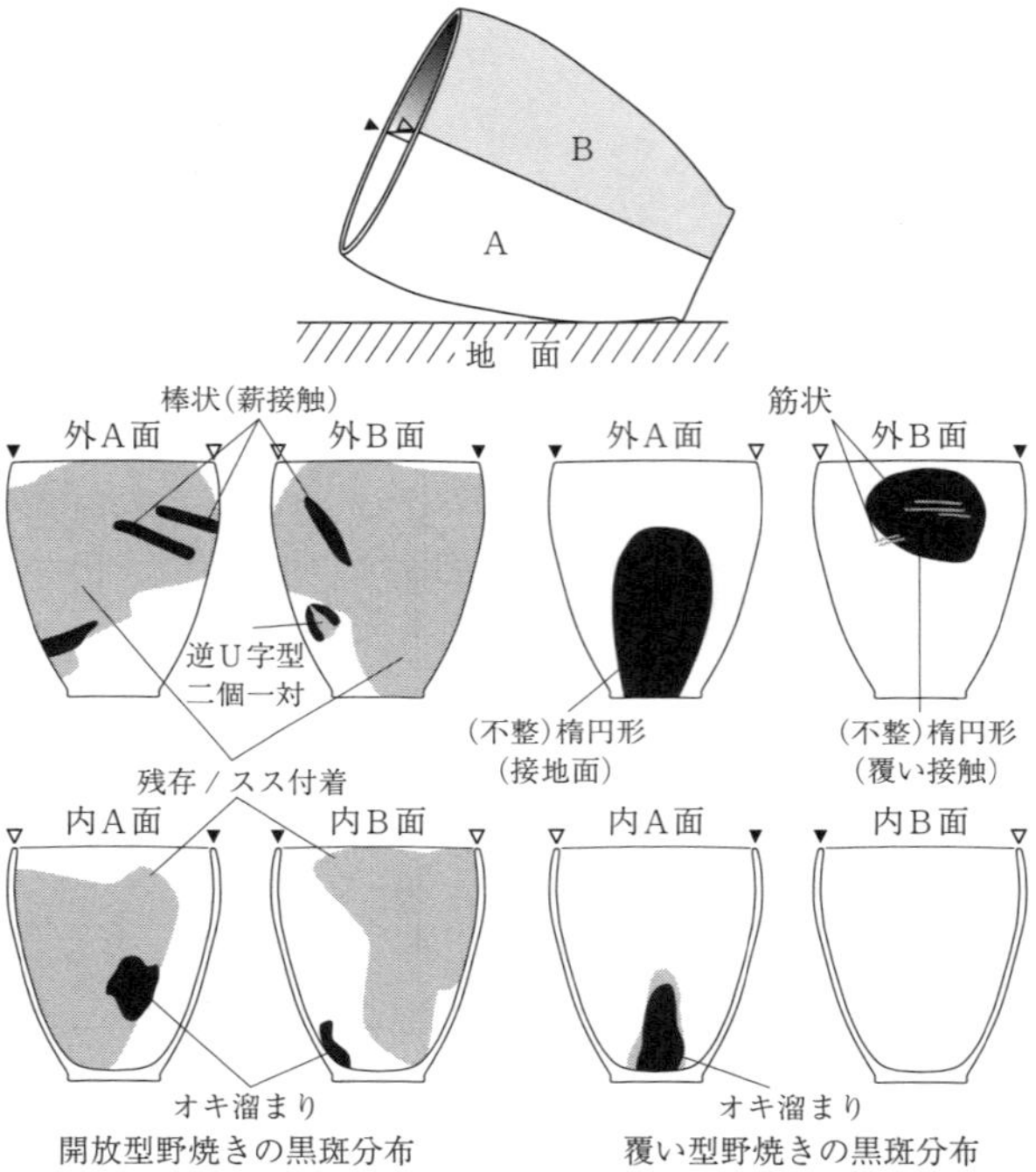

図6　焼成方法

本稿では夜臼Ⅰ式期と夜臼Ⅱa式期に区分して検討した。また、朝鮮半島南部は一括して扱われていたが、地域差の有無を検証する。ここでは、資料数の確保を目的とし破片資料も扱ったため、焼成方法の認定基準に若干改編を加え、以下のように基準を設定した（図6）。

①開放型野焼き（図6左）

覆いを用いない野焼きである。認定条件は次の通りである。

a．外面接地面（外A面）と外面上面（外B面）に（不整）楕円形の黒斑がつくという規則的な黒斑の分布を示さず、外面の複数個所に黒斑が分布する。

b．内面にオキ溜まり黒斑（ないしオキによる酸化部）が複数個所分布する。

c．U字型もしくは二個一対の薪接触黒斑が認められる。

a～cの条件を一つのみ満たす場合を「開1」、a～cの条件を複数満たす場合を「開2」とする。開放型野焼きである確実性は開1より開2が高い。

②覆い型野焼き（図6右）

覆いを用いた野焼きである。認定条件は次の通りである。

x．外面接地面（外A面）に（不整）楕円形を呈する接地面黒斑を有する。

y．外面上面（外B面）に（不整）楕円形を呈する覆い接触黒斑を有する。

z．内面接地面（内A面）にオキ溜まり黒斑を有する。

xもしくはyのどちらか一つの条件を満たす場合を「覆1」、xかつzまたは、yかつzの場合を「覆2」、xかつyの場合を「覆3」、すべての条件を満たす場合を「覆4」とする。覆い型野焼きの確実性は覆1から覆4に向かい高くなる。なお、覆い型野焼きの認定条件の一つである「火色」（小林ほか二〇〇〇など）については、認定が困難であったため、今回は扱っていない。

4　朝鮮半島南部の土器製作技術

朝鮮半島南部からの影響の在り方を明らかにするためには、朝鮮半島南部の物質文化の特徴を正確に把握する必要がある。ここでは土器製作技術に注目し、粘土帯の積み上げ方法、器面調整方法、焼成方法について分析を行った。粘土帯の積み上げ方法については、家根（一九八四・一九八七・一九九三）と深澤・庄田（二〇〇九）、器面調整方法は深澤・庄田（二〇〇九）、焼成方法は小林正史と庄田（小林編二〇〇六、庄田二〇〇九ａ）が観察結果を報告している。これらによると、日本列島で弥生時代のはじまりに出現する、幅広粘土帯―外傾接合、木製板工具調整、覆い型野焼きが、朝鮮半島南部では青銅器時代前期まで遡ることが指摘されている。筆者はこれらの出現が、青銅器時代早期（渼沙里式期）に遡ることを指摘した（三阪二〇一二）。

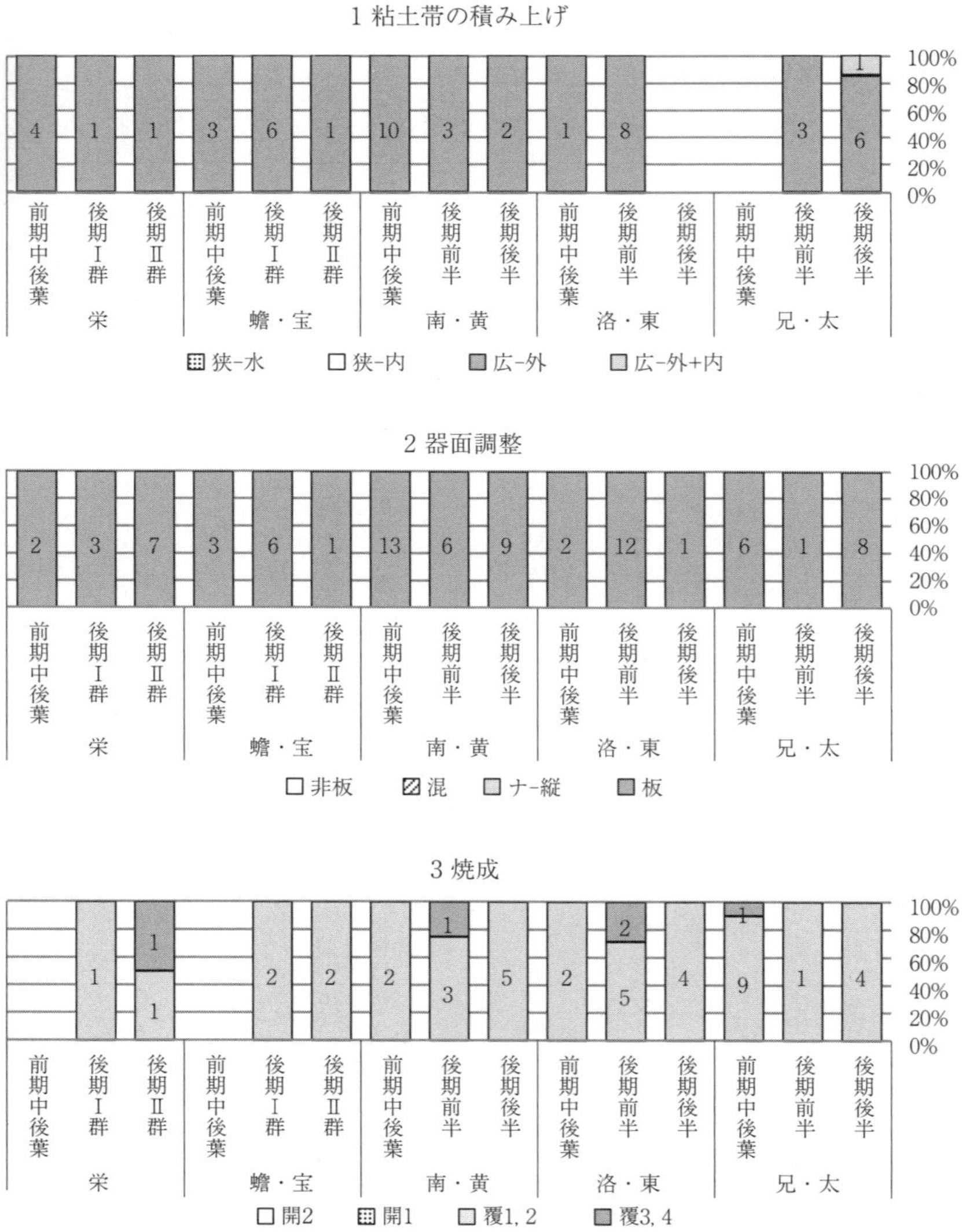

図7　地域別にみた朝鮮半島南部の土器製作技術

栄：栄山江流域　蟾・宝：蟾津江・宝城江流域　南・黄：南江・黄江流域　洛・東：洛東江下流域・東南海岸地域　兄・太：兄山江・太和江流域

しかしながら、朝鮮半島南部のなかでの地域差や、縄文時代晩期と共通する幅狭粘土帯接合、非木製板工具調整、開放型野焼きが存在しないのかなども確かめておく必要があろう。そのため、ここでは、弥生時代開始期前後の北部九州に影響を与えた可能性が高いとされる、湖南地域から嶺南地域南部について、時期・地域ごとの土器製作技術を確認しておく。

粘土帯の積み上げ、器面調整、焼成に関する分析結果を図7に示した。以上三つの製作技術に関しては、青銅器時代前期中・後葉（欣岩里式期・駅三洞式期）から青銅器時代後期前半・後半（先松菊里式期・松菊里式期）を通じ、図1に示した地域すべてにおいて、幅広粘土帯接合、木製板工具調整、覆い型野焼きという共通のセットが用いられている。

5　時期別にみた朝鮮半島南部の影響

1　黒川式期

北部九州の黒川式期の器種組成を図9に示した。複数種類の深鉢／甕と浅鉢／鉢で構成されている。一方、図8は南江・黄江流域の青銅器時代前期後葉から後期後半の器種組成を示したものである。当地域は、北部九州にみられる朝鮮半島南部系の物質文化と類似度が高いとされる。黒川式期に併行する青銅器時代前期後葉の器種組成をみると、孔列をもつ深鉢／甕（図8－1）、粗製大型壺（図8－2）、精製小型壺（図8－3）、浅鉢／鉢（図8－4・5）などが主要な器種である。この段階において、北部九州と朝鮮半島南部の主要器種間に形態的な影響関係は認められない。

図12に両地域の製作技術を示した。北部九州の黒川式期は、粘土帯の積み上げが幅狭粘土帯―水平・内傾接合、

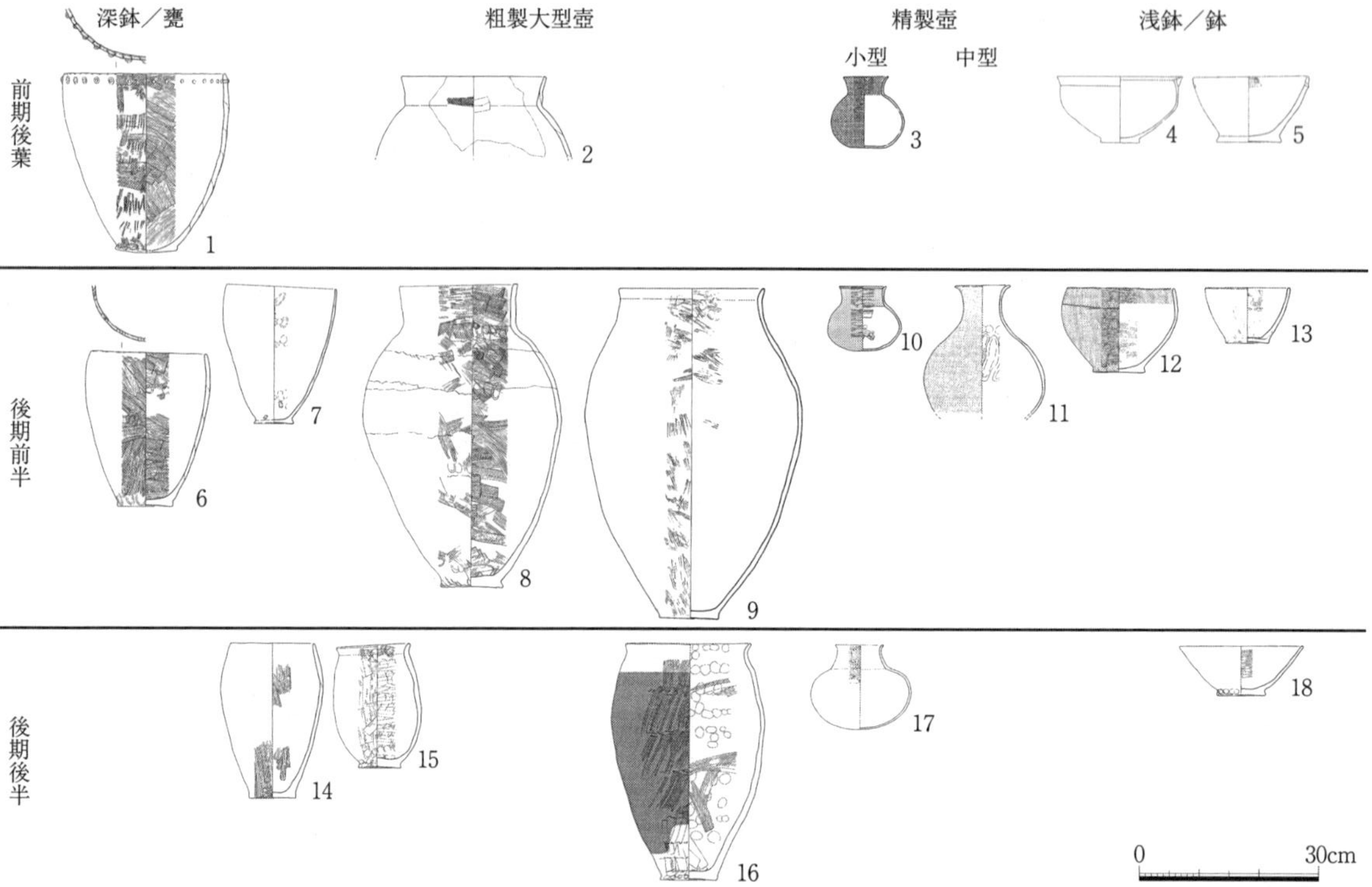

図8　朝鮮半島南部（南江・黄江流域）の器種組成（S=1/15）

1：玉房2，20号住　2：玉房2，21号住　3：漁隠2，8号石　4・5：玉房，1号住　6：玉房3，27号住　7・11：玉房2，6号住　8：玉房1（晋），4号堅　9：玉房9，22号堅　10：玉房1（晋），3号住　12：玉房9，5号堅　13：玉房9，44号住　14：玉房3，77号溝　15：玉房1（慶），14-1号堅　16：玉房1（晋），121号堅　17：石谷里，1号支　18：玉房1（慶），33号住

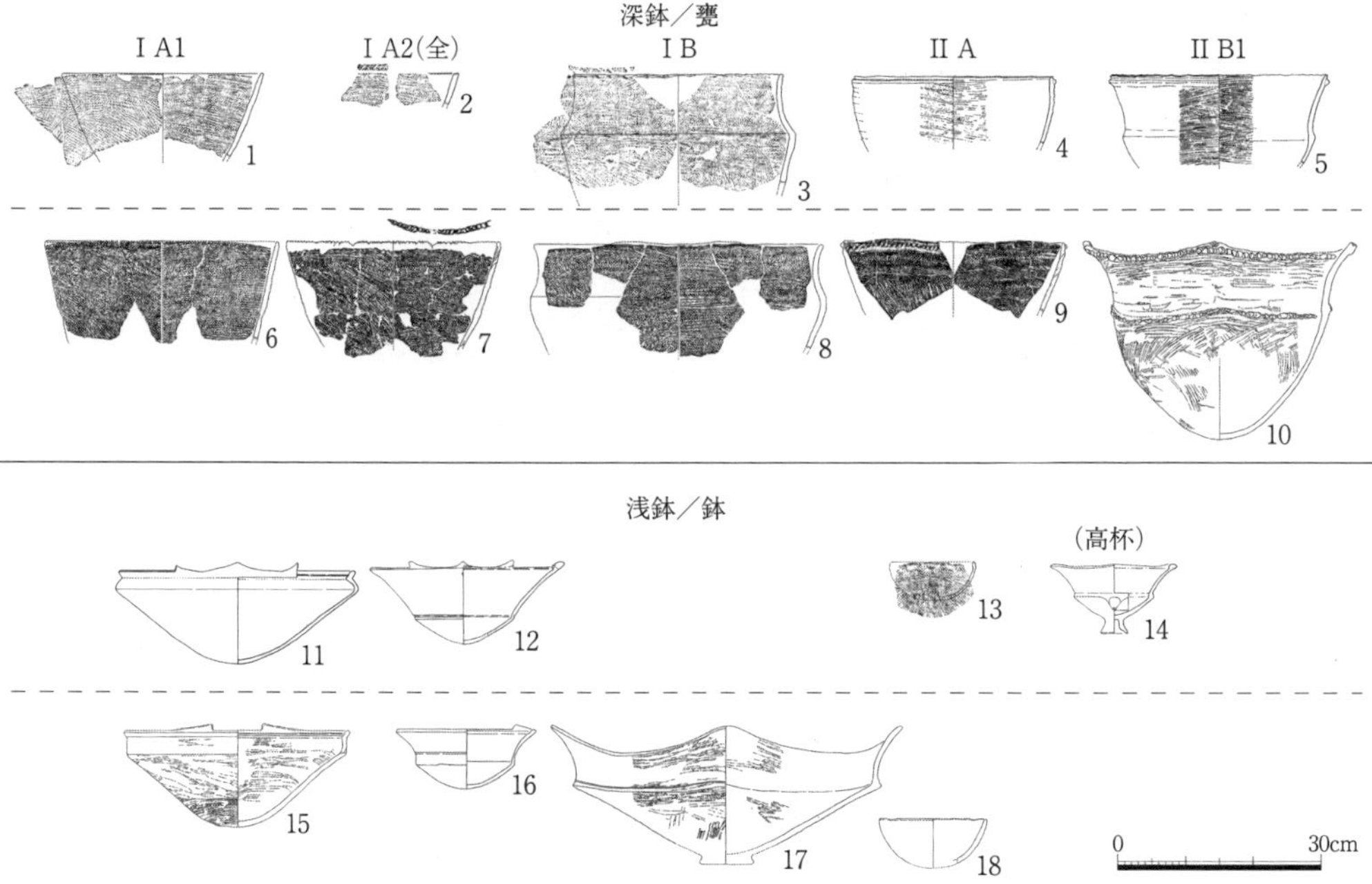

図9　黒川式期の器種組成（S=1/15）

1・3・12・13・14：貫・井手ヶ本3号土壙　2：貫・井手ヶ本2号土壙　4・5：春日台1号土壙　11：春日台2号土壙　6-10, 15-18：江辻4地点 SX-1

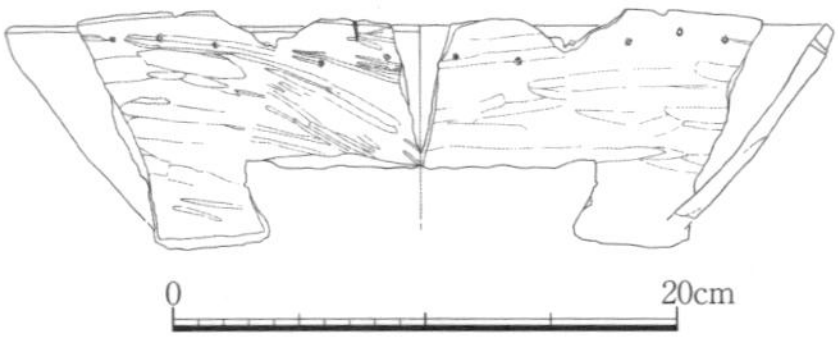

幅狭粘土帯—内傾接合
（外面右）

非木製板工具調整（外面）　　非木製板工具調整（内面）

図10　北部九州における孔列土器の製作技術（S＝1/6）
貫・井手ヶ本2号土壙（2号粘土穴）

器面調整が非木製板工具調整、焼成が開放型野焼きである。朝鮮半島南部については、青銅器時代前期後葉が、おおよそ黒川式期に併行するが、資料数がやや不足するため、前期中葉の資料もあわせて示している。青銅器時代前期中葉から後葉は、幅広粘土帯—外傾接合、木製板工具調整、覆い型野焼きである。よって、当該期の両地域に共通性はみられず、異なる製作技術の体系を有していたといえる。

しかし、黒川式期には朝鮮半島南部の影響が存在しないわけではない。土器については、孔列土器があげられるが、製作技術においては朝鮮半島南部との共通性はなく在地の土器と同様である。孔列が朝鮮半島南部からの影響であれば、孔列という要素のみが採用されたことになる（三阪二〇一〇）。図10は北部九州の孔列土器の製作技術に関する一例である。粘土の積み上げは幅狭粘土帯—内傾接合であり、器面調整は非木製板工具調整である。また、松本直子は土器の色調という視点から、九州西北部の晩期前半（広田式・天城式・上加世田式～古閑・入佐式）の深鉢／甕の色調が明るくなる現象について、朝鮮半島南部からの影響を受けた可能性を指摘している（松本一九九六・二〇〇〇）。近年の日本列島と朝鮮半島南部の土器の併行関係に関する研究（田中二〇〇九）をふまえても、九州西北部の縄文時代晩期前半は、朝鮮半島南部の青銅器時代前期に併行し、土器の色調は両地域とも明るいといえる。ただし、松本の分析では次の黒川式期は扱われておらず、連続性は不明である。よって、両地域の色調の類似性については他人の空似である可能性も残される。このほかに、黒川式期の浅鉢／鉢に施された丹塗が、朝鮮半島南部の影響であることが指摘されている（田中一九八六）。土器以外では、朝鮮半島南部と形態が類似する石庖丁が、黒川式期の貫川遺跡から出土しており（前田・武末一九九四）、厚さや内孔において変容がみられる可能性も指摘されている（端野二〇〇八ａ）。また、縄文時代後期後葉に出現する玉類について、朝鮮半島の影響が想定されたが（大坪二〇〇三）、近年は東日本からの影響により成立したと考えられている（大坪二〇一一）。

土器およびその他の文化要素において、黒川式期以降朝鮮半島南部の影響は認められる。しかし、黒川式期における北部九州の土器様式に大きな影響や変化は確認できない。

2　夜臼Ⅰ式期

夜臼Ⅰ式期の器種組成を図11に示した。先行する黒川式期（図9）と、夜臼Ⅰ式期に併行する朝鮮半島南部の青銅器時代後期前半（図8－6～13）の器種組成を比較すると、形態的に黒川式期に系譜を求められるもの（黒川式系、図11－1～10）、朝鮮半島南部に系譜が求められるもの（朝鮮半島南部系、図11－9～13）、黒川式期にも朝鮮半島南部にも形態が共通するものがなく何らかの変容により創出されたもの（変容型、図11－14～17）の、おおむね三つに区分することが可能である。ただし、砲弾形の器形をもつ深鉢／甕ⅠＡ1類（図11－9）と、同器形で

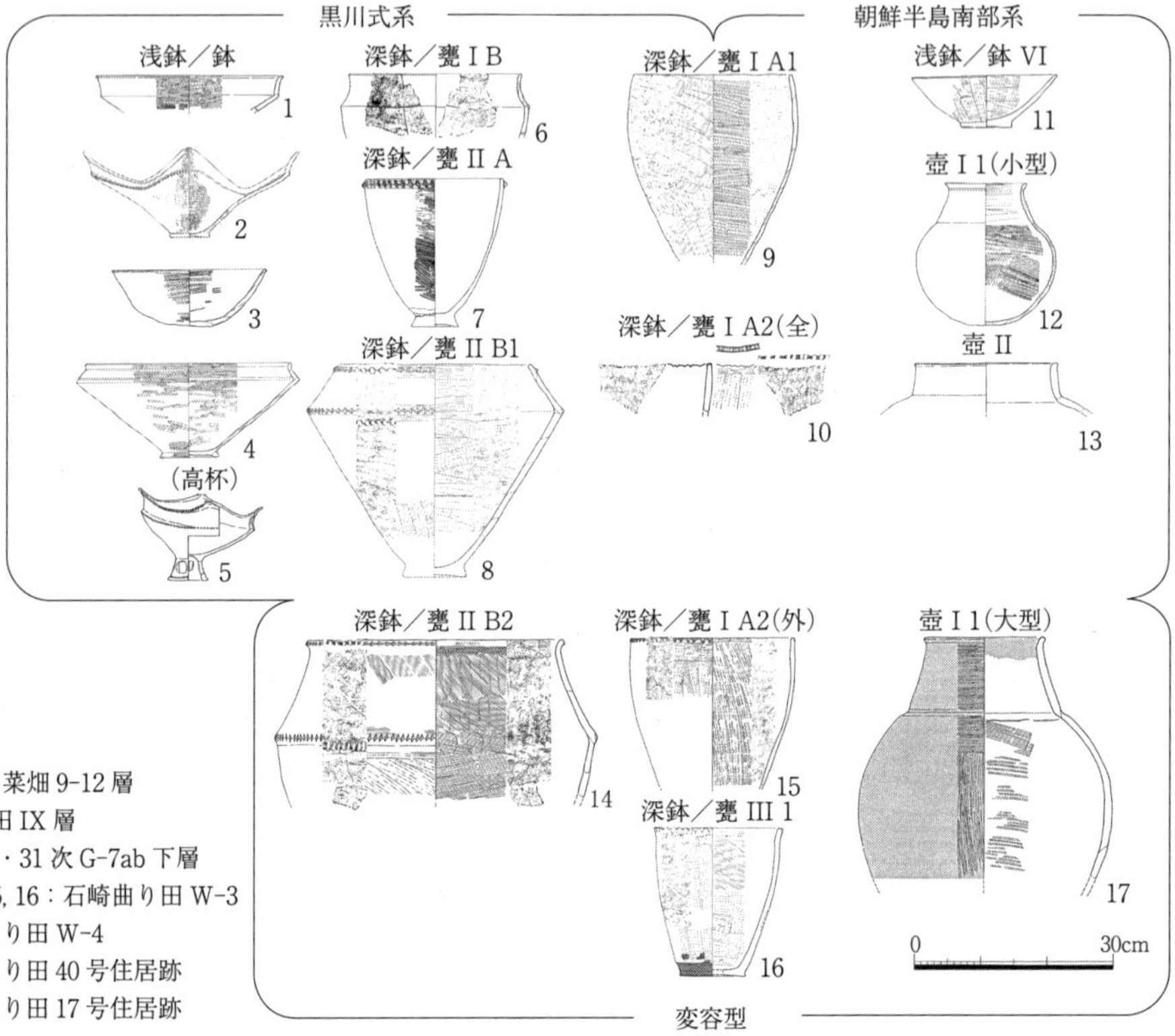

1-4, 6, 12：菜畑 9-12 層
5：宇木汲田 IX 層
7：板付 30・31 次 G-7ab 下層
8-10, 13, 15, 16：石崎曲り田 W-3
11：石崎曲り田 W-4
14：石崎曲り田 40 号住居跡
17：石崎曲り田 17 号住居跡

図 11　夜臼 I 式期の器種組成（S=1/15）

口唇部全面に刻目をもつ深鉢／甕ⅠＡ2（全）類（図11－10）は、黒川式期（図9－1・2・6・7）と朝鮮半島南部（図8－7・6）にも存在するため、どちらに系譜があるのかは限定できない。また、朝鮮半島南部系としたものは、精製壺（壺Ⅰ1〔小型〕類、図11－12）のみが受容されるのではなく、家根が指摘するように、粗製大型壺（壺Ⅱ類、図11－13）、深鉢／甕（深鉢／甕ⅠＡ1・ⅠＡ2〔全〕類、図11－9・10）、浅鉢／鉢（浅鉢／鉢Ⅵ類、図11－11）などを含むほぼすべての器種が確認される（家根一九九七）。しかし、朝鮮半島南部の土器そのものとみられるものはごく一部に限られ、朝鮮半島南部系とした土器の大半は、形態やサイズにおいて変容がみられる。このように、黒川式、朝鮮半島南部系、変容型と大きく三つに区別できるものの、境界は不明瞭で重複するものも少なくない。

次に、夜臼Ⅰ式期と、それに併行する朝鮮半島南部の青銅器時代後期前半の土器製技術を比較する。朝鮮半島南部については、湖南地域（栄山江流域、蟾津江・宝城江流域）の青銅器時代後期の土器編年案は見解の一致をみず（金二〇〇三、後藤二〇〇六、庄田二〇〇九ａ）、前半と後半に区分することが困難であったため集計から除いた。ただし、図7に示したように、湖南地域も後期を通じ、他地域と同様の製作技術である。まず、朝鮮半島南部の青銅器時代後期前半は前段階と同様、幅広粘土帯―外傾接合、木製板工具調整、覆い型野焼きである（図12－4～6）。一方、北部九州の夜臼Ⅰ式期は、黒川式期から継続する製作技術が中心となるが、朝鮮半島南部の要素が一定の比率で組み込まれるようになる。

粘土帯の積み上げは、黒川式期以来の幅狭粘土帯―内傾接合が高い比率を占めるが、朝鮮半島南部と共通する幅広粘土帯―外傾接合が認められるようになる。幅広粘土帯―外傾接合の比率は五％程度である（図12－1）が、実際の比率はこれより若干高くなると想定される。それは、夜臼Ⅰ式期の幅広粘土帯―外傾接合は、密着度が高く、接合面で剥離している個体が少ないためである。しかしながら、幅狭粘土帯―内傾接合の比率が高いことに

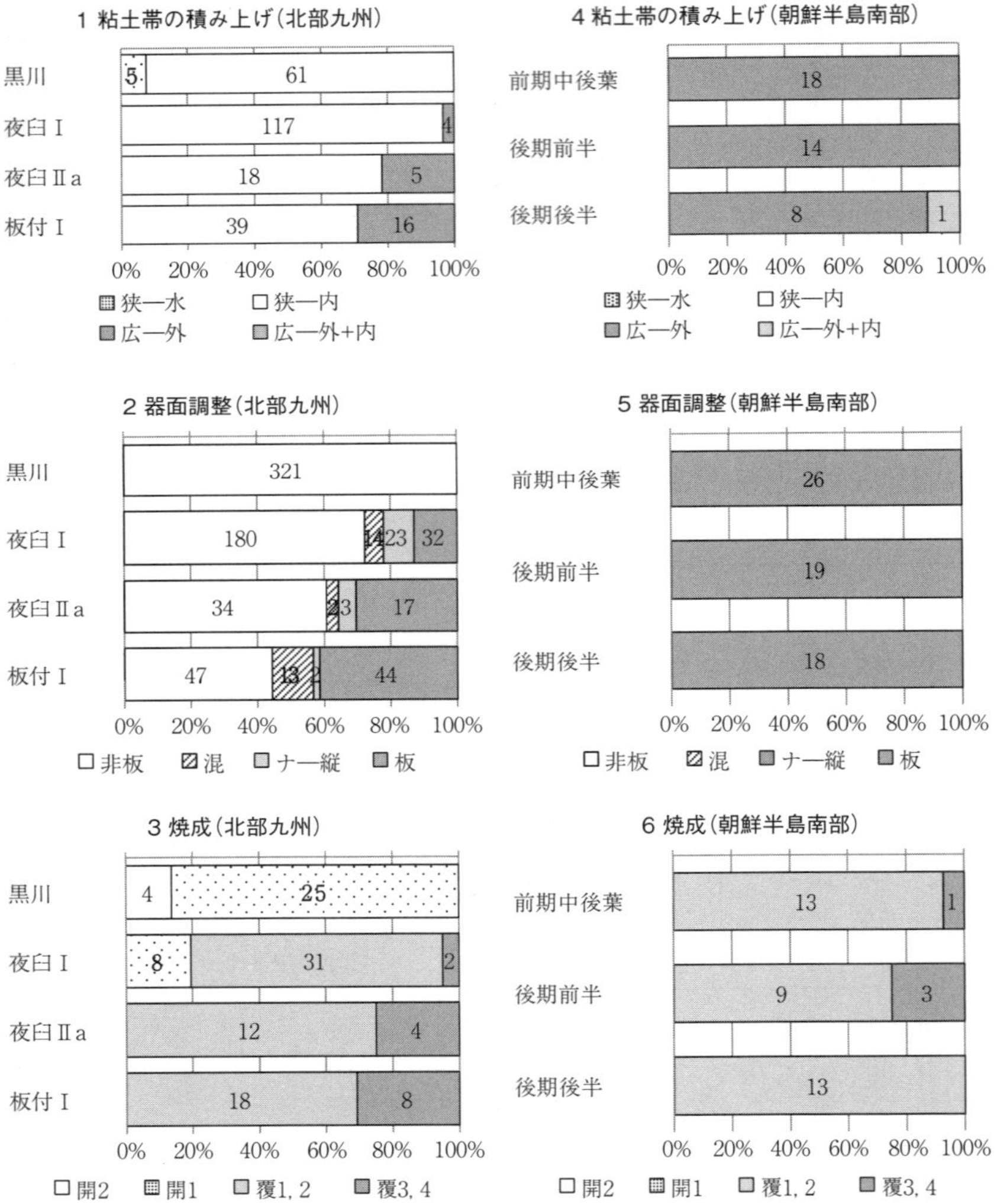

＊朝鮮半島南部の後期前半と後半は，栄山江流域と蟾津江・宝城江流域の資料を除いて集計している。

図 12　北部九州と朝鮮半島南部の土器製作技術

変わりはない。また、黒川式期には幅狭粘土帯接合のうち、水平のものが少量存在したものの、夜臼Ⅰ式期には認められず、内傾のみに統一されるようである。器面調整は、黒川式期以来の非木製板工具調整が約七〇%を占めるが、木製板工具調整および外面縦方向のナデ調整が合わせて約二〇%みられる。また、両者が混在するものも確認される（図12－2）。非木製板工具調整に関して、黒川式期には非木製板工具ナデ・ケズリ調整と二枚貝貝殻条痕・ケズリ調整がみられるが、夜臼Ⅰ式期には後者にほぼ統一されるようである。焼成方法に関して、小林正史らは夜臼Ⅰ式期から夜臼Ⅱａ式期までの夜臼式期において、黒色化を伴う浅鉢／鉢を除き、壺と深鉢／甕は、朝鮮半島南部からの影響によって覆い型野焼きに転換していると指摘している（小林編二〇〇六、一六〇頁）。本稿では、夜臼Ⅰ式期と夜臼Ⅱａ式期を区分し分析を行った（図12－3）。その結果、夜臼Ⅰ式期においても、覆い型野焼きが中心であり、小林らの結果を追認した。ただし、浅鉢／鉢の一部に、黒川式期以来の開放型野焼きである可能性がある黒斑分布が確認されたが、黒色化による可能性もある（小林ほか二〇〇〇、一一〇頁）。従って、夜臼Ⅰ式期は浅鉢／鉢を除く器種において、覆い型野焼きに転換していた可能性が高いといえる。

また、製作技術において朝鮮半島南部系としたものについても、朝鮮半島南部とまったく同じではなく、若干変容がみられる。粘土帯の積み上げに関して、同じ幅広粘土帯―外傾接合であっても、夜臼Ⅰ式期のものは、接合面で剝離している事例が少ない。一方、朝鮮半島南部では青銅器時代前期から後期を通じて、接合面で剝離した事例が散見される。これは、成形時の粘土の水分量の違いに由来する可能性がある。また、器面調整については、夜臼Ⅰ式期に、外面縦方向の不明ナデ調整が認められ、これは木製板工具調整である可能性が高いが、起点、条線、単位が不明瞭である。一方、朝鮮半島南部では、木製板工具調整（刷毛目調整、板ナデ調整）の起点、条線、単位などが明瞭に残っている。調整時の粘土の水分量の違いによるものであろうか。さらに、夜臼Ⅰ式期には木製板工具調整と非木製板工具調整が混在するものも存在する。

夜臼Ⅰ式期の土器にみられる朝鮮半島南部からの影響は、黒川式期とは異なり、器種組成と製作技術にまで及ぶ。器種組成は黒川式系と朝鮮半島南部系、変容型で構成されるが、境界は不明瞭なものである。また、朝鮮半島南部系としたものも、朝鮮半島南部の土器そのものはほとんどなく、変容している（図11）。製作技術は、黒川式系の比率がなお高いが、朝鮮半島南部に共通するものが一定の頻度で採用される（図12）。また、製作技術にも黒川式期や朝鮮半島南部のものから若干変容しているものがみられる。

3　夜臼Ⅱa式期から板付Ⅰ式・夜臼Ⅱb式期

夜臼Ⅱa式期から板付Ⅰ式・夜臼Ⅱb式期の器種組成は、黒川式に系譜をもつ器種が減少すると同時に、朝鮮半島南部からの形態的な影響もみられなくなる。その一方で、変容型あるいは在地化した形態の器種が中心となり、器種のバラエティも減少し収斂していく。福岡平野や小郡市域などで、朝鮮半島南部の青銅器時代後期後半の深鉢／甕や壺（図8－15・16）の形態に類似する土器がみられるが、数量的には少なく、夜臼Ⅰ式期のように器種組成の一角をなすようなことはない。

一方、製作技術は、夜臼Ⅰ式期から板付Ⅰ式・夜臼Ⅱb式期に向かうにつれ、朝鮮半島南部系の比率が高くなり、黒川式系のものは減少する（図12－1・2・3）。しかし、土器の形態に朝鮮半島南部の影響がほとんどみられなくなることを考慮すると、同時期の朝鮮半島南部から再び影響を受けたのではなく、夜臼Ⅰ式期に定着した朝鮮半島南部系の製作技術が増加したと考えられる。

4　小結

土器を通じて朝鮮半島南部からの影響を検討すると、黒川式期には器種構成や製作技術にその影響はみられない。孔列という部分的な要素や、貫川遺跡の石庖丁などの存在などからみて、朝鮮半島南部からの影響は存在するものの、土器様式に変化を及ぼすほどのものではなかったと考えられる。

一方、夜臼Ⅰ式期になると、朝鮮半島南部の土器そのものはごくわずかであるが、器種組成は黒川式系、朝鮮半島南部系、変容型の土器で構成されるようになる。しかし、その境界は不明瞭である。製作技術においても、黒川式系がなお中心であるものの、朝鮮半島南部系の技術が一定量を占めるようになる。また、黒川式期や朝鮮半島南部のものから若干変容がみられる。つまり、土器からみると、黒川式期以来の在来要素の比率が高く、それに比べ朝鮮半島南部からの外来要素は少ないが、変容した要素もあり、土器様式は黒川式期とも朝鮮半島南部とも異なるものに変化している。この時期の石器においても、朝鮮半島南部系、縄文時代晩期系、折衷型（変容型）に区分できることを下條が指摘しており（下條一九八六）、土器の様相と類似する。また、夜臼Ⅰ式期の石崎曲り田遺跡では、同一住居址に黒川式系、朝鮮半島南部系、変容型土器が共伴し、それらが住居址ごとに分かれるわけではない。

その後、夜臼Ⅱａ式期から板付Ⅰ式・夜臼Ⅱｂ式期にかけて、土器の形態に朝鮮半島南部からの影響はみられなくなると同時に、黒川式系の要素も減少し、変容型が中心となっていく。製作技術は黒川式系技術がなお残存しながらも、前段階に定着した朝鮮半島南部系技術の比率が増加していく。

6　夜臼Ⅰ式期における土器様式とその理解

夜臼Ⅰ式期の土器様式についてさらに詳しく検討したい。先述のように、北部九州の夜臼Ⅰ式期の土器は、形態と製作技術において、黒川式期と朝鮮半島南部の青銅器時代後期前半の要素がみられ、それらが変容した要素ろうか。

も存在する。このように複雑な夜臼Ⅰ式期の土器様式に、当時の社会のどういった部分があらわれているのであろうか。

この問題に対し、かなり具体的な説明を行ったのは家根である。家根は、北部九州と朝鮮半島南部の土器の形態と製作技術に関する微細な観察に基づき、「縄文土器」と「韓国無文土器およびその系譜を引く」土器に区分できると想定した。一九九三年の論考では、石崎曲り田遺跡を中心とする土器の分析にあたり、以下の判断基準を用い土器を区分している。縄文土器は幅狭粘土帯―内傾接合（内傾接合）で、二枚貝殻や粗いナデによる調整が用いられ、胎土は砂粒が多いもので、韓国無文土器およびその系譜を引く土器は、幅広粘土帯―外傾接合（外傾接合）で、木製板工具調整が用いられ、砂粒が比較的少なく、焼成も堅緻なものとした。実際には、粘土帯の積み上げ方法がわかる資料が限られるため、不明な場合は、器面調整、胎土、焼成で二者の区別を行ったと述べられている（家根一九九三）。宮地も「夜臼式単純期には技術の折衷や交換がほとんど認められないことから、家根氏が想定したように製作者が異なる」とし、夜臼Ⅰ式期には、「無文土器系土器製作者」と「縄文土器製作者」の二者が存在したと想定している（宮地二〇〇九）。確かに、黒川式系技術と朝鮮半島南部系技術は一見混在しないようにみえるが、製作技術の諸要素間の関係がやや固定化してとらえられている懸念がある。また、家根の分析では深鉢／甕が中心であるため、他の器種でも検証する必要であろう。

そこで、ここではまず器種ごとに、製作技術諸要素が頻度をみる。次に、土器一個体のなかに黒川式系と朝鮮半島南部系技術が混在しないのか確認する。図13は夜臼Ⅰ式期における主要器種の製作技術を示したものである。なお、集計に際し、深鉢／甕Ⅱ類は、木製板工具調整を多用する変容型のⅡB2類（図11-14）を除いている。浅鉢／鉢は朝鮮半島南部系のⅥ類（図11-11）以外の器種を集計した。壺は資料数の問題からすべての器種を合わせて集計している。すでに述べたように、焼成はほぼすべての器種において朝鮮半島南部系の覆い型野焼

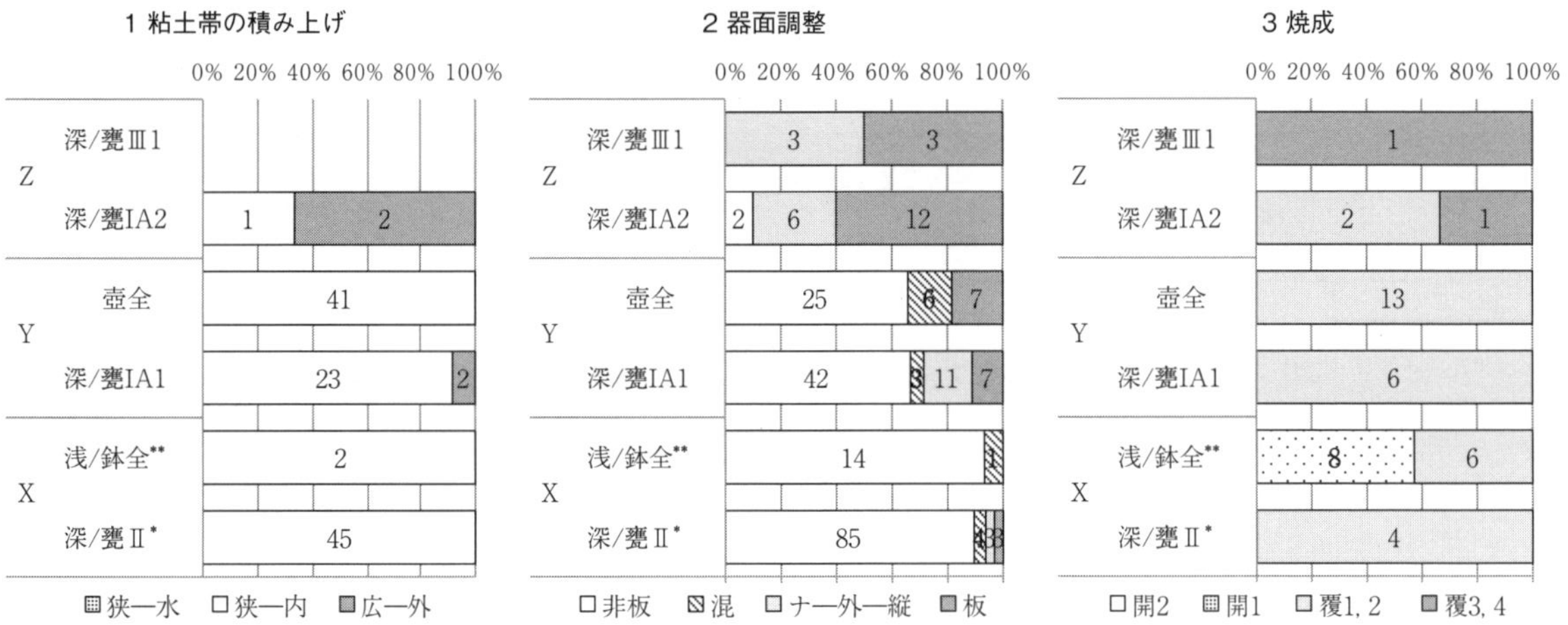

＊変容型の深鉢/甕ⅡB2類を除く。
＊＊朝鮮半島南部系の浅鉢/鉢Ⅵ類を除く。

図 13　夜臼Ⅰ式期における器種別にみた土器製作技術

表 4　夜臼Ⅰ式期の土器製作技術の相関関係

1　粘土帯の積み上げ×器面調整

	非板	混	板 ナ―縦
狭―水内	63	6	5
広―外			4

2　粘土帯の積み上げ×焼成

	開 （1－2）	覆 （1－4）
狭―水内	1	12
広―外		

3　器面調整×焼成

	開 （1－2）	覆 （1－4）
非板	2	15
混		3
板 ナ―縦		5

＊網掛け部は黒川式系技術と朝鮮半島南部系技術が共存するもの。

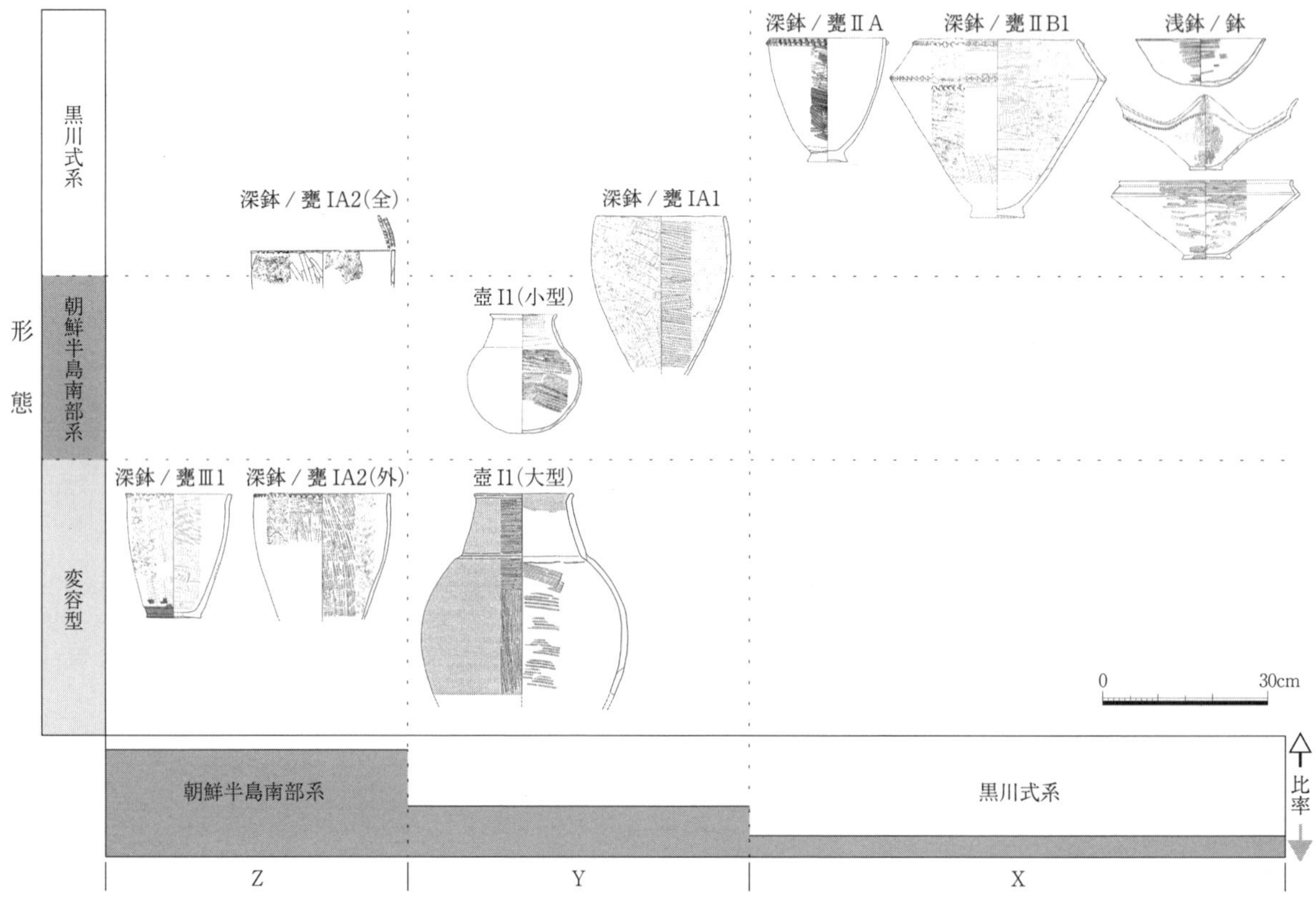

図 14　夜臼 I 式期の土器の形態と製作技術 (S=1/15)

きに転換している可能性が高い。そこで、粘土帯の積み上げと器面調整の比率に基づくと、黒川式系技術が中心であり、朝鮮半島南部系技術が少量である深鉢／甕Ⅱ類・浅鉢／鉢（X）、黒川式系技術中心であるが、朝鮮半島南部系技術が数割含まれる深鉢／甕ⅠA1類・壺（Y）、朝鮮半島南部系技術が中心であり、黒川式系技術が少量である深鉢／甕ⅠA2・Ⅲ1類（Z）、というおおむね三つのグループに分けることができる。

図14は、夜臼Ⅰ式期の代表的な器種の形態と製作技術の関係性を示したものである。縦軸は形態を示し、黒川式系、朝鮮半島南部系、変容型の大きく三つに区分される。横軸は、**図13**の結果に基づき、器種ごとに黒川式系と朝鮮半島南部系の製作技術の頻度を示している。黒川式系の形態をもつ深鉢／甕ⅡA・ⅡB1類と浅鉢／鉢は、黒川式系の製作技術の頻度が高い（X）。また、形態的系譜が黒川式にも朝鮮半島南部にも求められ変容型も含む深鉢／甕ⅠA2類と、変容型の深鉢／甕Ⅲ1類は、朝鮮半島南部系技術が中心となる（Z）。なお、深鉢／甕ⅠA2類は糸島地域が分布の中心であり、次いで唐津地域に多く、早良地域と福岡地域ではごくわずかしか確認できない。朝鮮半島南部系の形態をもつ壺と、形態的系譜が黒川式にも朝鮮半島南部にも求めうる深鉢／甕ⅠA1類は、黒川式系技術が中心であるが、朝鮮半島南部系技術も数割を占める（Y）。壺に黒川式系技術と朝鮮半島系技術が混在することはすでに指摘されている（山崎一九八〇、中村二〇〇三）。壺は形態的な系譜は朝鮮半島南部にあるにもかかわらず、宮地も指摘するように（宮地二〇〇九）、むしろ黒川式系技術が優勢である（**図13**）。**図15**は北部九州と朝鮮半島南部の精製小型壺の製作技術を比較したものである。北部九州の事例は、幅狭粘土帯―内傾接合（**図15－1**）、非木製板工具調整（二枚貝貝殻条痕調整）（**図15－2**）である。一方、朝鮮半島南部のものは、幅広粘土帯―外傾接合（**図15－3**）、木製板工具調整（板ナデ調整）（**図15－4**）である。後藤明は、民族調査を通じ、「一般に土器製作者は、新しい形態の土器を作る必要に迫られると、既存の土器製作能力（competence）の延用で、新しい器形を製作することが可能である。具体的には既存の土器を部位にわけ、器種をこえ

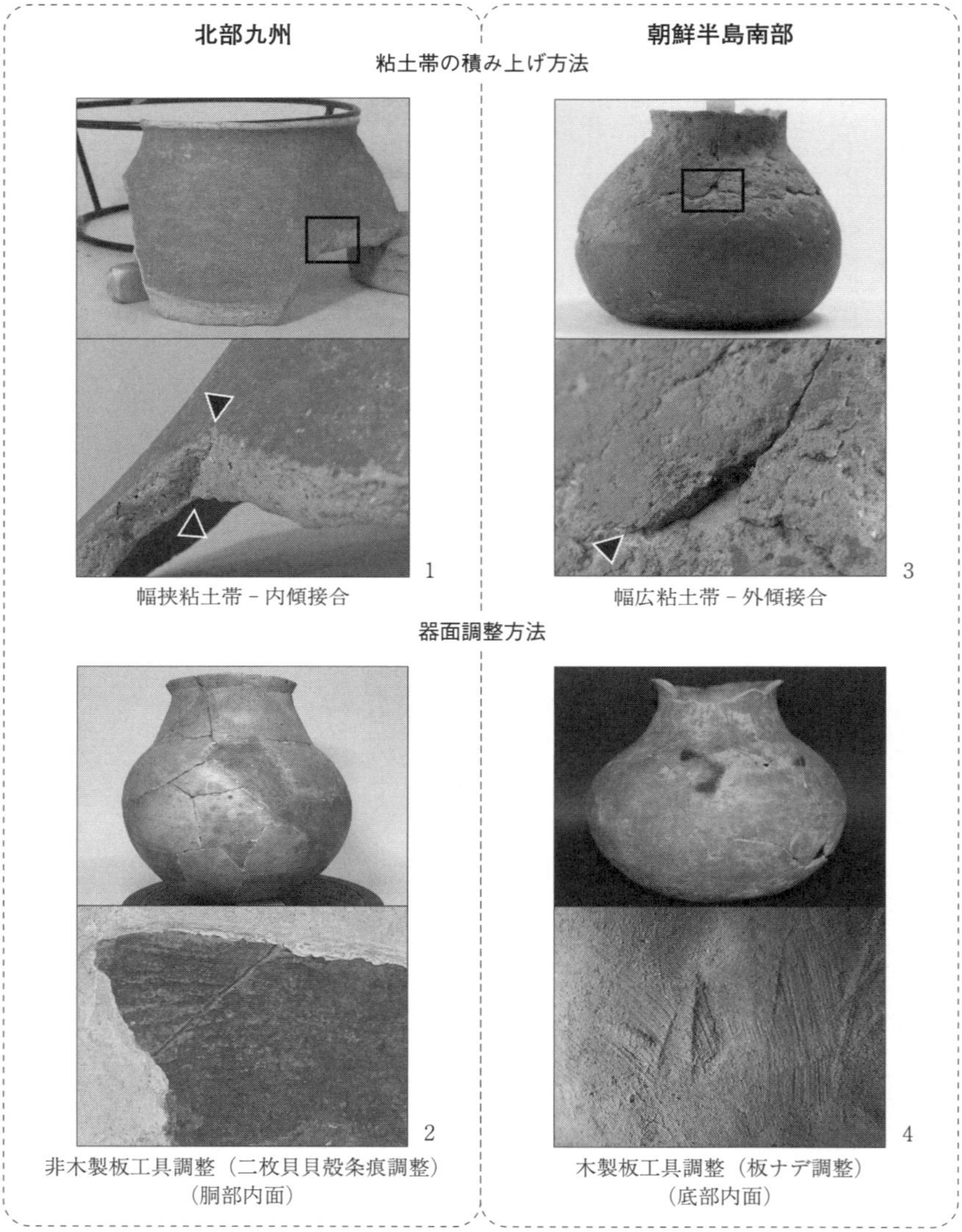

図 15　北部九州と朝鮮半島南部の精製小型壺の製作技術

1：橋本一丁田 2 次 SD001-11 層　2：菜畑 9 ～12 層　3：晋州本村里カ地区 2 号住居址
4：馬山網谷里 9-1 号石棺墓

て部分ごとの形態の相似性に対する認識partonomy（いわば土器の解剖学）を持ち、さらに上述した微細な作業に対する基本なレパートリーの組み合わせで、ある範囲ならば新しい器形でも対応可能なのである」と指摘している（後藤一九九七）。後藤の説明に基づけば、黒川式系技術でも、壺など朝鮮半島南部系の形態は製作可能であることが推測できる。

さて、図14に示したように、器形と製作技術の関係は複雑である。宮地もこの状況を把握したうえで、製作技術の違いが製作者の違いであるという前提に基づき、「縄文土器製作者」と「無文土器系土器製作者」の存在を想定した。黒川式系と朝鮮半島南部系技術が共存する、壺と深鉢／甕ⅠA1類は両者が製作した器種と理解した。本稿の図14で説明するならば、完全に一致するわけではないが、Xは「縄文土器製作者」、Zは「無文土器系土器製作者」、Yは両者が共通して製作した器種と解釈した。これは非常に理解しやすいものである。

しかし、本当に二つの製作者を想定することが可能であろうか。まず、頻度の違いはあれ、すべての器種に黒川式系と朝鮮半島南部系の技術が確認される（図13）。次に、土器一個体内における製作技術諸要素の相関関係を表4に示した。焼成は先述のように、浅鉢／鉢は不明であるが、ほかの器種は朝鮮半島南部系の覆い型野焼きに転換している可能性が高いため、黒川式系技術である幅狭粘土帯―内傾接合と非木製板工具調整と混ざる（表4－2・3）。宮地は、小林正史らの大型壺と深鉢／甕の焼成が異なるとの指摘（小林ほか二〇〇〇）を引用し、「無文土器系土器」と「縄文土器」で焼成方法が異なるとしている。しかし、その後、夜臼式期の大型壺と深鉢／甕の焼成方法は共通性が高いとし、二〇〇〇年の見解を訂正している（小林編二〇〇六、一六〇頁）。本稿の分析においても、黒色化された浅鉢／鉢を除き、他の器種は覆い型野焼きのものしか確認されず、器種による焼成方法の違いはみられなかった。ただし、焼成は製作工程において最終段階であり、粘土帯の積み上げや器面調整と脈絡が異なる可能性がある。そこで、器面調整をみると、木製板工具調整と非木製板工具調整が一個体に混在す

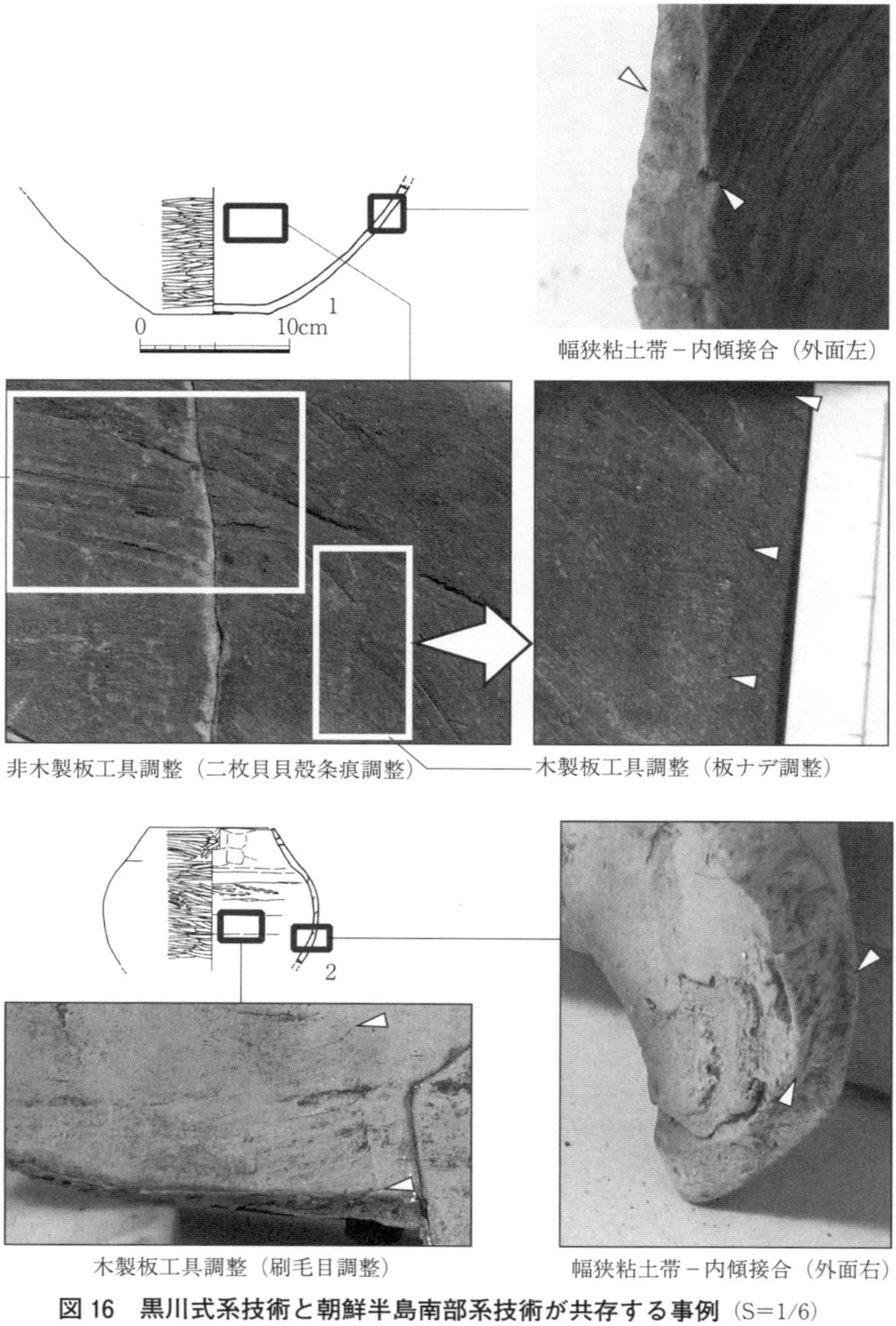

図 16　黒川式系技術と朝鮮半島南部系技術が共存する事例（S=1/6）

1・2：雀居 SD003 下層

る例が一四点（五・六％）認められた（図12－2）。図16－1は、木製板工具調整と非木製板工具調整、幅狭粘土帯―内傾接合が一個体のなかにみられる例である。また、粘土帯の積み上げと器面調整の相関関係についてみると、黒川式系技術同士あるいは朝鮮半島南部系技術同士の相関のほうが強いが、幅狭粘土帯―内傾接合と木製板工具調整が伴う例など二系統の技術が共存する事例が一定の比率で存在する（表4－1、図16－1・2）。

確かに粘土帯の積み上げと器面調整において、黒川式系技術同士、朝鮮半島南部系技術同士の相関は強い。しかし、その一方で黒川式系技術と朝鮮半島南部系技術の共存事例が一定程度含まれる。また、焼成はほぼすべての器種で朝鮮半島南部系技術に転換している。つまり、土器の製作技術において、黒川式系と朝鮮半島南部系に二区分できないものが少なからず存在する。よって、土器の製作技術の違いが、製作者の違いを直接的に示しているわけではないといえる。

以上を整理すると、家根や宮地が指摘するように、土器の形態と製作技術の系譜が一定の相関を示すのは事実である。つまり、黒川式系の形態には黒川式系の製作技術が多く、朝鮮半島南部系の要素を含む形態にも黒川式系の技術が中心であるが朝鮮半島南部の技術が数割含まれる。その一方で、形態や製作技術において、黒川式系、朝鮮半島南部系、変容型の境界は不明瞭である。もちろん、移住が生じた当初は移住者と在来人が作る土器が明確に異なっていた可能性は高い。しかし、考古資料からみると、移住者だけの集落はなく、移住者、在来人、両者の混血で集落が構成されたと考えられる。技術の伝習も単純ではないことが想定される。一人の土器製作者が黒川式系と朝鮮半島南部系の一方だけでなく二つあるいは混合した技術をもち、器種ごとに製作技術を使い分けていた可能性も十分ある。元来、朝鮮半島南部の青銅器時代の文化に属した移住者、あるいは黒川式期の文化に属していた在来人であっても、夜臼Ⅰ式期においては、両者とも夜臼Ⅰ式期の文化のもとにあり、その区分は困難ではなかろうか。

7 日本列島から朝鮮半島南部への影響

これまで述べてきたように、弥生時代開始期の北部九州では、朝鮮半島南部からの移住者がもたらした影響により文化変化がおこった。逆に、北部九州あるいは日本列島から朝鮮半島南部への影響はほとんど存在しないと考えられていた。

しかし、近年、日本列島の刻目突帯文土器（深鉢／甕ⅡＢ1類）と形態的に類似する土器が、朝鮮半島南部の馬山網谷里遺跡から出土した。出土した遺構は環濠と報告されており、共伴遺物は青銅器時代後期前半にまとまるもので、北部九州ではおおむね夜臼Ⅰ式期に併行する。日本列島の刻目突帯文土器との形態的な類似性は、すでに報告時に指摘されている（金二〇〇九）。また、端野は西北部九州・北部九州の刻目突帯文土器との比較を行い、網谷里遺跡の土器が幅広粘土帯―外傾接合である点、色調が明褐色である点、在地の土器と同様の胎土である点、底部形態をあげ、在地で製作された模倣品であるとした。しかしながら、わずかながらも日本列島から朝鮮半島南部への情報の流れがあった点を評価している（端野二〇一〇）。端野の観察結果は、筆者も追認するものである。図17は北部九州と網谷里遺跡の刻目突帯文土器の形態と製作技術を比較したものである。北部九州では幅狭粘土帯―内傾接合、非木製板工具調整（二枚貝殻条痕調整）（図17-1）が一般的であるのに対し、網谷里遺跡のものは幅広粘土帯―外傾接合、木製板工具調整（板ナデ調整）（図17-2）である。刻目の形態も異なり、網谷里遺跡のものは北部九州に比べ、幅狭で間隔は非常に密である。また、網谷里遺跡出土土器の底部形態は、在地の土器や同時期の土器（図8-6・7）に比べやや外に張り出しており、北部九州の刻目突帯文土器にみられる外に張り出す厚い底部（図11-7）とは少し異なるが、これを意識した可能性がある。

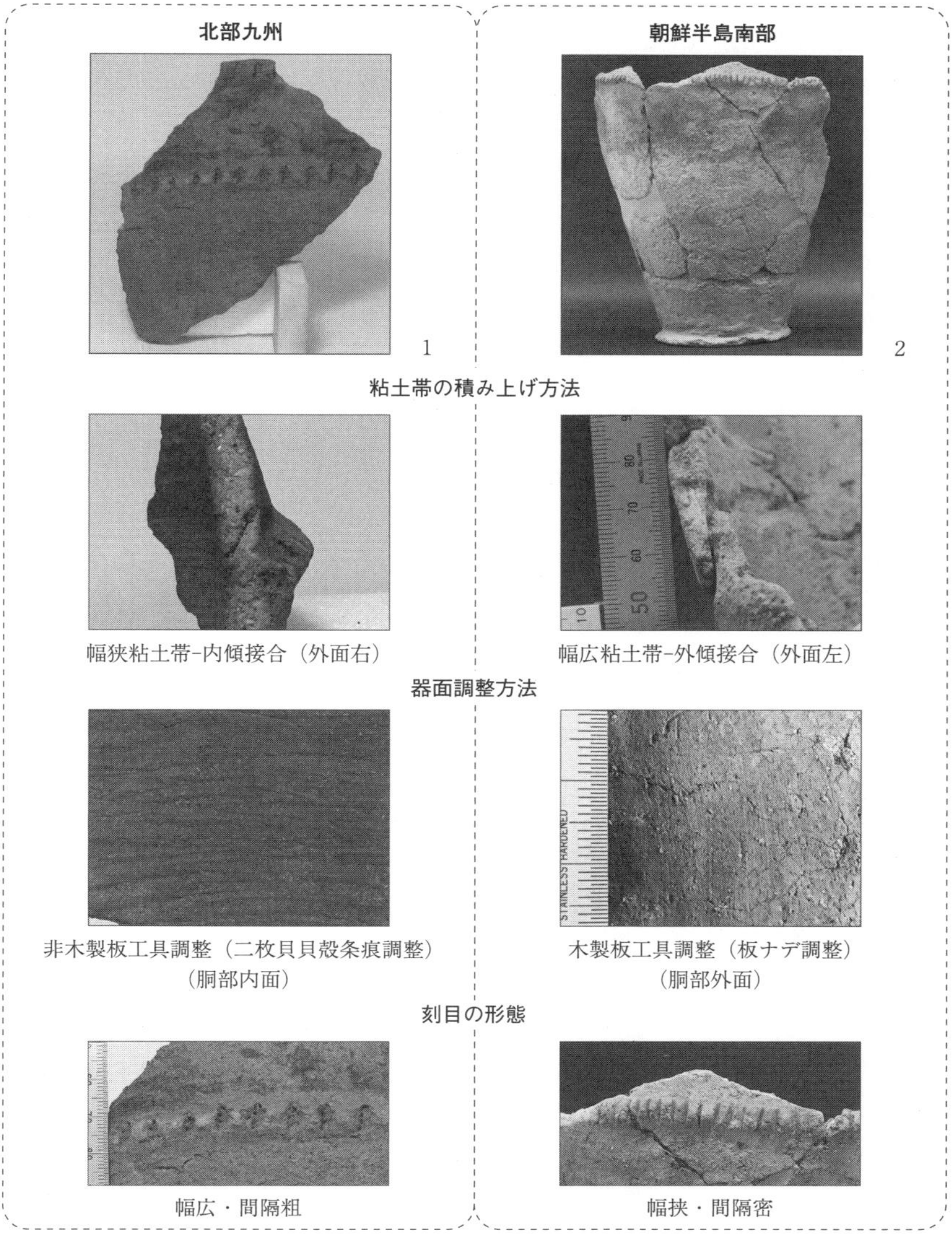

図 17　北部九州と朝鮮半島南部の刻目突帯文土器の製作技術

1：菜畑 9～12 層　2：馬山網谷里環壕

網谷里遺跡は、縄文時代から弥生時代の移行期の北部九州に影響をもたらした可能性が高いとされる地域のひとつである東南海岸地域に位置する点（図1－15）で注目される。強弱の違いがあるものの、相互の情報のやりとりが存在したことがうかがわれる。

おわりに

これまでの分析結果をまとめると次の通りである。

①北部九州では、黒川式期に朝鮮半島南部からの情報は認められるが、土器様式に変化をもたらすにはいたらない。

②夜臼Ⅰ式期に、朝鮮半島南部からの影響により、玄界灘沿岸を中心とする北部九州で土器様式に変化がもたらされる。土器の形態と製作技術において、黒川式系、朝鮮半島南部系、変容型の要素がみられ、数量的には黒川式系の要素が最も多いが、それらの境界は明瞭ではない。

③夜臼Ⅰ式期の土器様式は、在来人と、それより数量的に少ない朝鮮半島南部からの移住者が平和裏に共住していたとする見解に整合する。しかし、少なくとも土器からは、在来人と移住者あるいは、それに関係する出自集団や社会集団を抽出することはできない。

④夜臼Ⅰ式期併行期に、日本列島から朝鮮半島南部への情報もわずかながら確認される。

⑤夜臼Ⅱａ式期から板付Ⅰ式期・夜臼Ⅱｂ式期を通じ、土器における朝鮮半島南部からの影響は減少する。朝鮮半島南部系の製作技術は増加するが、これは朝鮮半島南部からの新たな影響ではなく、夜臼Ⅰ式期に定着した朝鮮半島南部系技術が増加したものによると考えられる。

参考文献（紙幅の都合上、引用した報告書は割愛した）

安　在晧　一九九二年「松菊里類型の再検討」（『嶺南考古学』一一　一―三四頁）

安　在晧（端野晋平訳）二〇〇八年「韓国青銅器時代の時代区分」（『九州考古学』八三　四七―六三頁）

大坪志子　二〇〇三年「縄文の玉から弥生の玉へ―朝鮮半島との比較をとおして―」（『先史学・考古学論究Ⅳ』（考古学研究室創設三〇周年記念論文集　熊本大学文学部考古学研究室　四一五―四三六頁）

大坪志子　二〇一一年「石材からみた九州縄文時代後晩期における石製装身具」（『平成二三年度九州考古学会総会　研究発表資料集』一―九頁）

岡崎　敬　一九六八年「日本における初期稲作資料」（『朝鮮学報』四九　六七―八七頁）

岡安雅彦　一九九九年『弥生の技術革新　野焼きから覆い焼きへ―東日本を駆け抜けた土器焼成技術―』（安城市歴史博物館）

岡本　勇　一九六六年「弥生文化の成立」（『弥生時代』日本の考古学Ⅲ　河出書房　四二四―四四一頁）

片岡宏二　二〇〇五年「渡来系集団、移住の足跡（弥生時代）」（岡内三真・菊池徹夫編『社会考古学の試み』同成社　四五―五九頁）

金関丈夫　一九五五年「弥生人種の問題」（『弥生文化』日本考古学講座四　河出書房　一八三―二〇〇頁）

金関恕・大阪府立弥生文化博物館編『弥生文化の成立―大変革の主体は「縄紋人」だった―』（角川書店　七〇―八〇頁）

可児通宏　二〇〇五年『縄文土器の技法』（考古学研究ハンドブック②　同成社）

木立雅朗　二〇〇三年「『刷毛目』調整と工具の基礎的研究1―『刷毛目』研究の課題と『刷毛目』の役割―」（『立命館大学考古学論集Ⅲ―2　家根祥多さん追悼論集』立命館大学考古学論集刊行会　一〇七九―一一〇四頁）

金　奎正　二〇〇三年「湖南地方無文土器の地域性検討―住居遺跡出土無文土器を中心に―」（『研究論文集』三　湖南文化財研究院　五―二八頁）

金　炳燮　二〇〇九年「馬山網谷里遺跡出土無文土器に関する検討」（『馬山鎮北網谷里遺跡Ⅰ』慶南発展研究院歴史文化センター・馬山市　九九―一〇七頁）
九州大学考古学研究室　一九六六年『北部九州（唐津市）先史集落遺跡の合同調査』
高　旻廷　二〇〇三年『南江流域無文土器文化の変遷』（慶北大学校大学院碩士学位論文）
後藤　明　一九九七年「実践的問題解決過程としての技術―東部インドネシア・ティレド地方の土器製作―」（『国立民族学博物館研究報告』二二（二）二二五―一八七頁）
後藤　直　一九八〇年「朝鮮南部の丹塗磨研土器」（『鏡山猛先生古稀記念古文化論攷』鏡山猛先生古稀記念論文集刊行会　二六九―三〇六頁）
後藤　直　一九九一年「弥生時代開始期の無文土器―日本への影響―」（小田富士雄・韓炳三編『日韓交渉の考古学　弥生時代編』六興出版　三一―三四頁）
後藤　直　二〇〇六年『朝鮮半島初期農耕文化社会の研究』同成社
小林正史・北野博司・久世健二・小嶋俊彰　二〇〇〇年「北部九州における縄文・弥生土器の野焼き方法の変化」（『青丘学術論集』一七　五―一四〇頁）
小林正史編　二〇〇六年『黒斑からみた縄文・弥生土器・土師器の野焼き方法』（平成一六・一七年度科学研究費補助金（基盤研究（C））研究成果報告書）
小林行雄　一九五一年『日本考古学概説』創元社
佐原　眞　一九六七年「山城における弥生文化の成立―畿内第Ⅰ様式の細別と雲ノ宮遺跡出土土器の占める位置―」（『史林』五〇（五）一〇三―一二七頁）
佐原　眞　一九八六年「弥生土器の製作技術―粘土から焼き上げまで―」（『弥生土器Ⅰ』弥生文化の研究３　雄山閣　二七―四一頁）
潮見　浩　一九八八年『図解技術の考古学』（有斐閣選書）

沈　奉謹　一九八〇年「日本弥生文化形成過程研究—韓国文化と関係して—」（『東亞論叢』一六　一五三—三二四頁）
下條信行　一九八六年「日本稲作受容期の大陸系磨製石器の展開—宇木汲田貝塚一九八四年度調査出土石器の報告を兼ねて—」（『九州文化史研究所紀要』三一　一〇三—一四〇頁）
庄田慎矢　二〇〇九年a『青銅器時代の生産活動と社会』（考古学叢書〇〇四五　学研文化社）
庄田慎矢　二〇〇九年b「朝鮮半島南部青銅器時代の編年」（『考古学雑誌』九三（一）　一—三二頁）
庄田慎矢・北野博司・小林正史・崔仁建・孫晙鎬・趙鎮亨・李雨錫　二〇〇九年「土器野焼きの対照実験」（『博望』七　東北アジア古文化研究所　一—四〇頁）
鈴木　尚　一九六三年『日本人の骨』（岩波書店）
宋　永鎮　二〇〇六年「韓半島南部地域の赤色磨研土器」（『嶺南考古学』三八　二七—六三頁）
高橋　護　一九九三年「器壁中の接合痕跡について」（『論苑考古学』坪井清足さんの古稀を祝う会　天山舎　四一五—四三六頁）
武末純一　二〇〇四年「弥生時代前半期の暦年代—九州北部と朝鮮半島南部の併行関係から考える—」（『福岡大学考古学論集—小田富士雄先生退職記念—』　一二九—一五六頁）
武末純一・平郡達哉　二〇一〇年「日本の支石墓を巡る諸問題」（『巨済大錦里遺跡〔考察編〕—巨加大橋接続道路〔長承浦〜長木〕区間内遺跡発掘調査報告書—』慶南考古学研究所　一五一—一七六頁）
田崎博之　二〇〇〇年「壺形土器の伝播と受容」（『突帯文と遠賀川』土器持寄会論文集刊行会　七三七—七八九頁）
田中聡一　二〇〇九年「櫛目文土器との関係」（『弥生文化誕生』弥生時代の考古学２　同成社　一五五—一七一頁）
田中良之　一九八六年「縄文土器と弥生土器—西日本—」（『弥生土器Ⅰ』弥生文化の研究３　雄山閣　一一五—一二五頁）
田中良之　一九九一年「いわゆる渡来説の再検討」（『日本における初期弥生文化の成立』横山浩一先生退官記念論文集　四八二—五〇五頁）

田中良之　一九九八年「出自表示論批判」(『日本考古学』五　一—一八頁)
田中良之　二〇〇二年「弥生人」『古代を考える　稲・金属・戦争—弥生—』(佐原眞編　吉川弘文館　四七—七六頁)
田畑直彦　二〇一二年「外傾接合と弥生土器」(『山口大学考古学論集—中村友博先生退任記念論文集—』七七—一〇二頁)
鳥居龍蔵　一九一八年『有史以前の日本』(磯部甲陽堂、一九二五年『有史以前の日本』改訂版　磯部甲陽堂)
中尾智行　二〇〇八年「初現期の弥生土器における接合部剝離資料—粘土紐積み上げによる土器成形技法の復元—」(『大阪文化財研究』三三　一—一八頁)
中島直幸　一九八二年「初期稲作期の凸帯文土器」(『森貞次郎博士古稀記念古文化論集』上巻　森貞次郎博士古稀記念論文集刊行会　二九七—三五四頁)
中島直幸・田島龍太編　一九八二年『菜畑—佐賀県唐津市における初期稲作遺跡の調査—』(唐津市文化財報告書五)
中橋孝博・飯塚勝　一九九八年「北部九州の縄文~弥生移行期に関する人類学的考察」(『人類学雑誌』一〇六〔一〕三一—五三頁)
中村大介　二〇〇三年「弥生文化早期における壺形土器の受容と展開」(『立命館大学考古学論集Ⅲ—1　家根祥多さん追悼論集』立命館大学考古学論集刊行会　四一五—四三二頁)
中村大介　二〇〇九年「弥生時代開始期の木棺墓」(『木・人・文化—出土木器研究会論集—』出土木器研究会　二七三—二八九頁)
中村大介　二〇一二年『弥生文化形成と東アジア社会』(塙書房)
橋口達也編　一九八三年『石崎曲り田遺跡Ⅰ』(今宿バイパス関係埋蔵文化財調査報告第八集　福岡県教育委員会)
橋口達也編　一九八四年『石崎曲り田遺跡Ⅱ』(今宿バイパス関係埋蔵文化財調査報告第九集　福岡県教育委員会)
橋口達也　一九八五年「日本における稲作の開始と発展」(『石崎曲り田遺跡Ⅲ』今宿バイパス関係埋蔵文化財調査報告第一一集　福岡県教育委員会　五—一〇三頁)

橋口達也　一九九〇年「弥生文化成立期の日本と韓国」（『第四回国際シンポジウム　東アジアから見た日本稲作の起源』福岡県教育委員会）

端野晋平　二〇〇三年ａ「支石墓伝播のプロセス—朝鮮半島南端部・北部九州を中心として—」（『日本考古学』一六　一—二五頁）

端野晋平　二〇〇三年ｂ「朝鮮半島南部丹塗磨研壺の再検討—編年・研磨方向を中心として—」（『九州考古学』七八　一—二一頁）

端野晋平　二〇〇六年「朝鮮半島南部丹塗磨研壺の編年と地域性」（『日本考古学協会第七二回総会　研究発表要旨』二四八—二五一頁）

端野晋平　二〇〇八年ａ「計測的・非計測的属性と型式を通じた石庖丁の検討—韓半島南部と北部九州を素材として—」（『日本考古学』二六　四一—六七頁）

端野晋平　二〇〇八年ｂ「松菊里型住居の伝播とその背景」『九州と東アジアの考古学』（九州大学考古学研究室五〇周年記念論文集　四五—七二頁）

端野晋平　二〇〇九年「無文土器文化からの影響—松菊里文化と弥生文化の形成—」（『古代文化』六一（二）二四七—二五七頁）

端野晋平　二〇一〇年「近年の無文土器研究からみた弥生早期」（『季刊考古学』一一三　三一—三四頁）

Hanihara, K., 1987, "Estimation of the Number of Early Migrants to Japan: A Simulative Study," *Journal of the Anthropological Specify of Nippon*, 95 (3), pp.391-403.

春成秀爾　一九七三年「弥生時代はいかにしてはじまったか」（『考古学研究』二〇（一）五—二四頁）

春成秀爾　一九九〇年『弥生時代のはじまり』（東京大学出版会）

深澤芳樹　一九八五年「土器のかたち—畿内第Ⅰ様式古・中段階について—」（『財団法人東大阪市文化財協会紀要』Ⅰ　四一—六二頁）

深澤芳樹・庄田慎矢　二〇〇九年「先松菊里式・松菊里式土器と夜臼式・板付式土器」（『弥生文化誕生』弥生時代の考古学2　同成社　一七二―一八七頁）
藤尾慎一郎　一九九九年「福岡平野における弥生文化の成立過程―狩猟採集民と農耕民の集団関係―」（『国立歴史民俗博物館研究報告』七七　五一―八四頁）
藤口健二　一九八六年「朝鮮無文土器と弥生土器」（『弥生土器Ⅰ』弥生文化の研究3　雄山閣　一四七―一六二頁）
裵　眞晟　二〇〇五年「検丹里式類型の成立」（『韓国上古史学報』四八　五―二八頁）
前田義人・武末純一　一九九四年「北九州市貫川遺跡の縄文晩期の石庖丁」（『九州文化史研究所紀要』三九　六五―九〇頁）
松本直子　一九九六年「認知考古学的視点からみた土器様式の空間的変異―縄文時代晩期黒色磨研土器様式を素材として―」（『考古学研究』四二（四）　六一―八四頁）
松本直子　二〇〇〇年『認知考古学の理論と実践的研究―縄文から弥生への社会・文化変化のプロセス―』（九州大学出版会）
三阪一徳　二〇〇九年「土器製作技術からみた文化変容過程―弥生時代開始前後の北部九州を対象として―」（『平成二一年度九州史学会考古学部会発表資料集』）
三阪一徳　二〇一〇年「日本列島出土孔列土器の製作技術―北部九州地域を中心に―」（『考古学は何を語れるか』同志社大学考古学シリーズⅩ　一七五―一九四頁）
三阪一徳　二〇一一年「韓半島青銅器時代嶺南地域における土器製作技術」（『平成二三年度九州史学会考古学部会発表資料集』）
三阪一徳　二〇一二年「土器製作技術からみた韓半島南部新石器・青銅器時代移行期―縄文・弥生移行期との比較―」（『九州考古学会・嶺南考古学会第一〇回合同考古学大会　生産と流通』二一九―二三三頁）
宮地聡一郎　二〇〇七年「逆『く』字形浅鉢の成立と展開」（『第八回関西縄文文化研究会　関西の突帯文土器　発表要

旨集』　一二七—一三四頁）

宮地聡一郎　二〇〇八年ａ「黒色磨研土器」（『小林達雄先生古稀記念企画　総覧縄文土器』『総覧縄文土器』刊行委員会　七九〇—七九七頁）

宮地聡一郎　二〇〇八年ｂ「凸帯文土器（九州地方）」（『小林達雄先生古稀記念企画　総覧縄文土器』『総覧縄文土器』刊行委員会　八〇六—八一三頁）

宮地聡一郎　二〇〇九年「刻目突帯文土器と無文土器系土器—異系統土器共存の実態—」（『古代文化』六一（二）　二五八—二六八頁）

宮本一夫　二〇〇九年「直接伝播地としての韓半島農耕文化と弥生文化」（『弥生文化の輪郭』弥生時代の考古学１　同成社　三五—五一頁）

宮本一夫　二〇一二年「弥生移行期における墓制から見た北部九州の文化受容と地域間交流」（『古文化談叢』六七　一四七—一七六頁）

森貞次郎　一九六六年「弥生文化の発展と地域性　１九州」（『弥生時代』日本の考古学Ⅲ　河出書房　三二—八〇頁）

森貞次郎・岡崎敬　一九六一年「福岡県板付遺跡」（杉原荘介編『日本農耕文化の生成』第一冊　東京堂　三七—七七頁）

森本若菜　二〇一〇年「成形・調整技法」（『西日本の縄文土器　後期』真陽社　二四〇—二四三頁）

家根祥多　一九八四年「縄文土器から弥生土器へ」（『縄文から弥生へ』帝塚山考古学研究所　四九—七八頁）

家根祥多　一九八七年「弥生土器のはじまり—遠賀川式土器の系譜とその成立—」（『季刊考古学』一九　雄山閣　一八—二三頁）

家根祥多　一九九三年「遠賀川式土器の成立をめぐって—西日本における農耕社会の成立—」（『論苑考古学』坪井清足さんの古稀を祝う会　天山舎　二六七—三二九頁）

家根祥多　一九九七年「朝鮮無文土器から弥生土器へ」『立命館大学考古学論集Ⅰ』（立命館大学考古学論集刊行会　三

九―六四頁）
Yamaguchi, B. 1987. "Meric Study of the crannia from protohistoric sites in Easteran Japan," *Bulletin of the National Science Museum*, D13, pp.1-9.
山崎純男　一九八〇年「弥生文化成立期における土器の編年的研究―板付遺跡を中心としてみた福岡・早良平野の場合―」（『鏡山猛先生古稀記念　古文化論攷』鏡山猛先生古稀記念論文集刊行会　一一七―一九二頁）
横山浩一　一九七八年「刷毛目調整工具に関する基礎的実験」（『九州文化史研究所紀要』二三　一―二四頁）
横山浩一　一九七九年「刷毛目技法の源流に関する予備的検討」（『九州文化史研究所紀要』二四　二二三―二四五頁）
横山浩一　一九九三年「刷毛目板の形状について」（『論苑考古学』坪井清足さんの古稀を祝う会　天山舎　四三七―四四二頁）

第五章　生産具（磨製石器）からみた初期稲作の担い手

下條信行

1　大陸系磨製石器と渡来論の歴史

大陸から列島への渡来問題を考古学的に解析するに際しては、いまでは土器、住居跡、墓制などの多方面から扱われるようになったが、歴史的には列島の大陸系磨製石器[1]と大陸のそれとを比較検討することによってなされてきた[2]。

この問題を人種問題も含め、考古学上最初に提起したのは大正時代前期の鳥居龍蔵であった。だが後述するように、その考えには科学的とはいかない面があり、それは先行研究者の影響から免れることができなかったことによる。

先住民族論

その先行研究には三つの潮流がある。その一つは歴史学・言語学者等の見解で、記紀神話に基づく渡来説である。スサノオノミコトを新羅の主とし、それが出雲に渡り、さらに大和に進出したとするもので、新羅の時代に半島の支配者が出雲に上陸し、そこを拠点に大和に進出し、列島の支配者となったとする日鮮同祖論とのちに称される類のものである。

二つ目は幕末から明治初期の欧米外国人による諸見解で、この見解が他の理由と相乗されて日本人学者をその枠組みのなかに引き込むことになる。これは渡来人問題そのものではなく、石器時代人とは誰かという人種比定問題であり、仮に石器時代人を現日本人の祖先と切り離して先住民に比定したとしても列島研究者にとってはコインの両面宜しく、それでは現日本人の祖先は誰かという課題がただちに降りかかってくる。

一八二三年に長崎出島オランダ商館医として来日したフランツ・フォン・シーボルトは離日後、欧文で『日本』を著し、そのなかで列島に石器時代が存在することを世界に明らかにし、その次男ハインリッヒ・フォン・シーボルトは一八七〇（明治三）年に英文で『日本考古学』を著し、貝塚人（石器時代人）をアイヌ人（蝦夷）と比定した。英国人の鉱山学者ジョン・ミルンは一八八一（明治一四）年に小樽市の手宮洞窟壁画を石器時代の産物としその作者はアイヌ人とするなど明治初期の外国人は石器時代人をいずれもアイヌ人とした。東京都大森貝塚を発掘し、精緻な観察のもと図入りの克明な客観的記録を報告書とし、発掘調査およびその報告の科学的方法を初めて列島に導入し、強い刺激を与えたアメリカの生物学者E・H・モースはこの石器時代人をプレアイヌ人とした。大森貝塚の人骨にキャニバリズム（食人主義）の痕跡を見いだし、アイヌ人の風習にはなじまないのでそうしたのであるが、この時期、来日外国人はその理由は判然としないが、石器時代人をおしなべてアイヌ人かそれを基準とした先住民に位置づけている。

三つ目は人類学・民俗学からの主張であり、その直接のきっかけはE・H・モースの見解に刺激を受けてのことらしい。一八八七（明治二〇）年前後に坪井正五郎が石器時代人コロボックル説を、小金井良精がアイヌ説を発表して鋭く対立し、鳥居龍蔵は一九〇〇（明治三三）年の北千島の調査によってアイヌ説の立場をとるようになった。

この当時、日本考古学の古段階の時代区分は先史時代としての石器時代（貝塚時代）と原始時代としての高塚時代（のちの古墳時代）の二区分しかなく、石器時代は土器、石器の、高塚時代は鉄などの金属器の時代としてとらえられていた。そしてこの時代区分を歴史的発展段階の違いとしてとらえるよりも、それを荷担した人種の違いだとして対立的にとらえ、「大和民族」の祖先は高い文化段階の高塚に相当するもので、土器石器といったいわば低段階の文物を使うはずはないとする非歴史的な優越史観が背景にあって石器時代＝アイヌ人という判断に導いたとする見解もある。

弥生土器の出現と大陸調査

人種問題に考古学的手法が導入され、提言されるようになるのは、明治四〇年代から大正時代にかけてで、それは二つの条件が結びついてのことであった。一つには一八八四（明治一七）年に発見された弥生町向ヶ丘貝塚出土の一個の土器が「弥生式土器」と認められ、それに伴う石器が石器時代の石器とは異なる新たな磨製石器であることがわかったことで、この文化が石器時代より新しく高塚時代より古そうであるとの年代観が認められるようになり、その文化の淵源に関心が高まったことがある。

他方には蒙古、「満州」（中国東北地区）、朝鮮といった東アジア各地での考古学的調査が行われはじめ、彼の地での石器時代の石器が判明するようになり、列島のそれとの突き合わせが可能になったことである。

その嚆矢を担ったのが鳥居龍蔵であり、彼は一八九五（明治二八）年と一九〇五（明治三八）年に「満州」調査を行い、その成果を一九〇八（明治四一）年、「満州」発見の石器には片刃・両刃の磨製石斧、石槍、石庖丁があり「弥生式のそれと大いに似ている」と発表し、日本列島（以下列島）の新文化を大陸の文化と結びつけて考えた（鳥居一九〇八）。

八木奘三郎は、国内で九州にも及ぶ弥生式関連の遺跡調査を遂行して、九州の遺物の構成を認識するかたわら一九〇〇（明治三三）年と一九〇一（明治三四）年に韓半島（以下半島）の調査を行い、半島と列島の磨製石器の共通性を指摘した。ここで対象とされた磨製石器は両刃と片刃の石斧、石庖丁、石剣、石鏃など、のちに大陸系磨製石器と一群化される石器のほぼすべてである（八木一九一四）。石斧のうち「片刃にして中央にククリの窪みを付した類」の石斧、つまり抉入石斧は「満州」にはなく、半島特有のものと指摘したのは出色で(3)、この類の片刃石斧は列島にも分布していることから、半島と列島が磨製石器を共有している事例を初めて具体的に示した。また半島の石庖丁、石剣、磨製石鏃が日本の中国・九州出土のそれらと共通すると指摘した点は日鮮同祖論の朝鮮―出雲―大和へと向かう進出路線とは異なるルートの提言となった。

以上のように八木は片刃石斧の抉りをもって半島と列島の磨製石器の類似性を明確にし、またそれまでの「日本」という表現の漠然さをこえて列島との交流域を中国・九州地方に絞った。

半島→山陰→畿内

鳥居龍蔵は先の発表後、一九〇九（明治四二）年に第三回目の「満州」調査を行い、一九一〇（明治四三）年の予備調査を経て、一九一六（大正五）年までに六回の半島調査に転じ、一方それまで立ち入ることの少なかった畿内でも第二回調査（第一回は一九〇四（明治三七）年の奈良、大阪、和歌山）を挙行した。「満州」、半島、畿内の考古学事情を熟知のうえ発表したのが一九一七（大正六）年の「畿内の石器時代に就いて」であり、それは半島と畿内の結びつきを重視するものであった（鳥居一九一七）が、その背景には記紀神話に基づく渡来人の畿内進出があった。

鳥居は「されば畿内の石器時代の研究はどうしても朝鮮の石器時代の其れと比較せねばなりません」と畿内の蛤刃と片刃の二種の石斧、石庖丁、石剣、石鏃をあげて半島のそれと比較した。だがそのなかで唯一具体的な型式的特徴をあげて半島と畿内との密接な関係を提示しえたのは「湾曲片刃の石斧」とした抉入石斧だけである。しかしこれも、すぐ後に梅原末治が公表した抉入石斧の出土地名表と集成図によって、抉入石斧の分布が畿内に限られたものではなく、畿内出土の抉入石斧をもって半島と畿内の特殊な関係を証明することにはならないと否定されることになった。さらに鳥居は石庖丁の型式は朝鮮、「満州」のものとよく似ているとするが、いつものことながら図示がなく、どの型式を指すのかよくわからないのだが、畿内に最も多い直線刃半月形を指すのであれば、むしろ「満州」・半島には希例で、外湾人半月形や杏仁形なら「満州」、半島、列島のどこにでも存在する型式なのでいずれにしろ畿内と半島だけに特化された型式とはいいえない。石剣は一見銅剣型と見間違うタイプのものと指摘したうえで、半島、対馬に分布するというのであるから有柄式石剣のことであろうが、これが近江、河内、大和で出土するというのは、畿内に分布する後出の石槍形を見誤って判断したもので、石剣によっても半島と畿内を結びつけえていない。これもまた、梅原の集成図により鳥居の主張が当を得ていないことが示されたことになる。さらに石鏃となれば畿内に出土するのは石器時代以来のサヌカイト製の打製石鏃で半島の磨製石鏃はまったく出土せず、両者に接点はないのだがこの点についても鳥居は言及しない。

鳥居の説明はこういう状況であるから弥生式の時代に畿内が多数の渡来人や文化を抱えたというような半島との「濃い」関係はとうてい証明できておらず、これもあってか、その後、半島と畿内の直接的な関係を証す考古学的論は出てこない。

鳥居が大正、昭和にわたって国民の支持を受けたのは、日本民族の祖先、由来に関する「固有日本人」論においてであった。この段階の鳥居の固有日本人論は、「吾人の祖先」は古い石器時代から畿内に住み着いており、その母なる国はアジア大陸―韓半島で、人種学的には日本本島も韓半島も続いていたとするものであった。そしてこの半島より「われらの祖先が多人数でここに侵入し来たり、(先住するアイヌと―引用者)接触衝突闘争し、互いに或る意味雑種混合し」、やがてアイヌを北方に追い、わが先祖が占拠するようになったとするものである。

列島への侵入経路については二ルートがあげられていて、一つは日本本島―壱岐―対馬―半島多島海―大陸(中国)ルートである。日本本島というのは九州であろうが、このルートについての具体的な言及はない。

鳥居が重視し力説したのは半島から出雲、伯耆、因幡へのダイレクトコースで、出雲に重きを置いている。半島より鬱陵島を介して出雲に上陸し、ここを拠点として各地へ派出し、アイヌを分断して大和に至るとするものである。ところが、出雲をそうした拠点として特化できる考古学的証拠が示されているわけではなく、半島と出雲の距離が近いという地理的問題でしかその根拠は説明されない。こうした侵入コースは記紀神話に基づく日鮮同祖論と同じ構図で、それを承知する鳥居は神話よりもっと古くから固有日本人の列島への進出を主張するのであるが、鳥居の論は思想であって考古学的実証とは遠いものだった。

この鳥居の観念や構想の延長の上で、一九二一(大正一〇)年に梅原末治により行われたのが鳥取県下における有史前の遺跡調査であった(梅原一九二二)。梅原は自らもかかわって先行調査した丹後函石浜遺跡において漢中期の貨幣「貨泉」を発掘した体験もあったためか、出雲、伯耆、因幡など山陰への固有日本人のダイレクト渡来を認め、かれらが弥生土器を使う主人公で、日本人の大本であるとした。その理由は半島と山陰とは距離が近いこと、日本海に環流があることなどこれも地理的自然的条件が主で、梅原が半島と列島の連絡の主器とする抉入石斧、石庖丁、槍形石剣が特に山陰にのみ特化ないし先行して出土するという証蹟は示していない。それゆえに、半島南部に普通に分布する有柄式石剣や磨製石鏃が日本海沿岸には出土しないことについて、かなり無理な解釈をしようとしている。この調査は日鮮同祖論や鳥居説を意識したうえでのことであるようで、同書の短い序文で濱田耕作が「日本民族の起源と成立に関する考察」とか「日本民族の始原に関し」と記すように、当初から一定の方向性がめざされていたようである。それでもこの調査報告は一時日本海渡来説を真実として流布せしめた。

ただ一方において、半島から列島への侵入コースとして、「九州とともに」と九州コースが存在することも述べているのは九州における中山平次郎の活動成果が無視できなかったことによるものである。

「南鮮」と列島の関係

梅原のこの調査には評価すべき考古学的な成果もある。その一つはのちに中谷治宇二郎によって命名され今日学術用語として一般化している扁平片刃石斧を「矩形、片刃」の鑿形と型式規定を行っていること、二つには半島と列島の抉入石斧を集成し、それが朝鮮一般に分布するのではなく、「南鮮」に集中すること、三つには石剣を有柄式と槍形に二分類し、有柄式は、「南鮮」に分布すること、四つには石庖丁の集成図をつくり、図でもって半島と列島の石庖丁の存在を示し、両者が親密な関係にあることを示したことなどである。この二と三の結果から、半島と列島の関係は半島全般ではなく南の、つまり「南鮮」と列島が関係したことを考古学的に限定したことは大きな成果である。

また年代問題についても、有柄式石剣を青銅剣の模倣とし、弥生土器の使われた時代は青銅器と関係していると考え、福岡や丹後函石浜遺跡で弥生土器に関連して出土した中国新の王莽時代の貨幣「貨泉」から年代の一点を紀元前後とし、鳥居の年代観よりいっそう新しくして、相対的に真実に近づけた。

大正時代までは、石庖丁をウーマンズナイフ（厨房刀）と規定するなど、弥生土器文化が何を生活基盤とした文化であるか、よくわからないまま渡来問題を扱っていた。それが一枚一枚鱗を剝ぐように明らかになってくるのは昭和に入ってからで、とくに昭和一桁台の研究進展には著しいものがあった。大正時代の後半以降から、弥生土器の底部に印された籾圧痕や炭化米の出土が弥生土器の時代が稲作時代であることを予感させ、これに伴う磨製石器を農耕との関連で理解するようになった。

弥生農耕に伴う磨製石器

中国華北における鉄製手鎌の現用例から石庖丁が穀物の収穫具であると推察されるようになり、それが紹介されると一挙に弥生文化＝農耕社会とする考えに突き進んだ。石庖丁が農具と判明すると片刃石斧を石鍬とするなど当否はともかくいわゆる大陸系磨製石器はそうじて農事との関係でとらえられるようになった。

大陸との由来関係の措定が最も遅れていた伐採石斧を師の鳥居龍蔵を継承して研究していた八幡一郎は、関東や信濃の伐採石斧を第Ⅰ類（乳棒状石斧）、第Ⅱ類（定角式石斧）、第Ⅲ類、第Ⅳ類（片刃石斧）に分け、第Ⅲ類石斧を縄文系の第Ⅰ類石斧と大陸石斧の影響が合して成立した弥生石斧とした（八幡一九二八）。この第Ⅲ類は成立の経緯はともかく、実体的に弥生石斧の特徴を特定したものであった。この伐採石斧には閃緑岩が充てられ、ほかに扁平片刃石斧、石庖丁、環状石斧などに硬質の閃緑岩が使われているのは大陸の影響として（八幡一九三〇）、次に述べる水野の緑石文化論に先だって日本にも緑石を使う大陸的な文化が存在していたことを昭和初期に指摘していた。こうして遅れていた弥生式土器に伴う伐採石斧の特定と由来の明確化がはかられた。これによって大陸由来と考えられる石器について列島側からの特定はほぼ終了した。その品種は伐採石斧（両刃石斧）、抉入石斧、扁平片刃石斧、石庖丁、有柄式石剣、磨製石鏃などであるから、ほぼ今日考えられている大陸系磨製石器のすべてに該当している。

緑石文化論とセット伝来

遼東半島における発掘調査をベースに、列島内のこうした動向を包摂して提起されたのが一九三五（昭和一〇）年に水野清一によって発表された緑石器文化論であった（水野一九三五）。水野は遼東半島を中心に「先史時代」の調査を続け、その定居農耕文化は華北の農耕文化に発源をもち、「満州にとどまらず朝鮮、日本にも姉妹的様相を示現」し、「一大連携」をなして列島まで同質の農耕文化が伝播したと構想したのである。この華北から列島までを貫いているのが緑石で、この一大連携地域では「棒状石斧」（伐採石斧）などには硬質緻密な閃緑岩、斑糲岩など緑色の深成岩が適用されるとした。緑色岩を使う農耕文化では伐採石斧には緑色岩、片刃石斧には粘板岩が充てられ、遼東半島では棒状石斧、片刃石斧、石庖丁（粘板岩）、石剣（緑色?）、石鏃（粘板岩）の石器群がセットとして組成され、この組成が連携地域を貫いて存在していたとしたのである。このことはそれまでのように個々の石器毎に由来や機能を探索するのではなく、それらの石器を、地域単位に群（セット）として一括掌握し、その内部の有機的関係を明らかにしたうえで、一大連携関係として位置づけるべきとしたのである。当然列島の磨製石器もセットとして把握したうえで、大陸のそれとの連携解釈が求められるのである。しかしそうはいうものの水野もまだ半島や列島の具体相を掌握していたわけではなかった。

水野のこの遼東半島を基盤とした発信を列島側から受けとめ、稲作農耕との絡みで群として磨製石器を取り扱ったのが、一九三八（昭和一三）年の小林行雄である（小林一九三八）。

まことに弥生式文化は石器をもちいた文化であった。というより東亜の一角に発達した磨石器文化の一支脈として本来磨石文化の特質をもつものである。各種の磨製石斧・石庖丁・環状石斧・石剣・磨製石鏃はすべてこの磨石文化に伝統的なものであって、ただに形ばかりでなく、使用石材の選択にいたるまでも、長い間

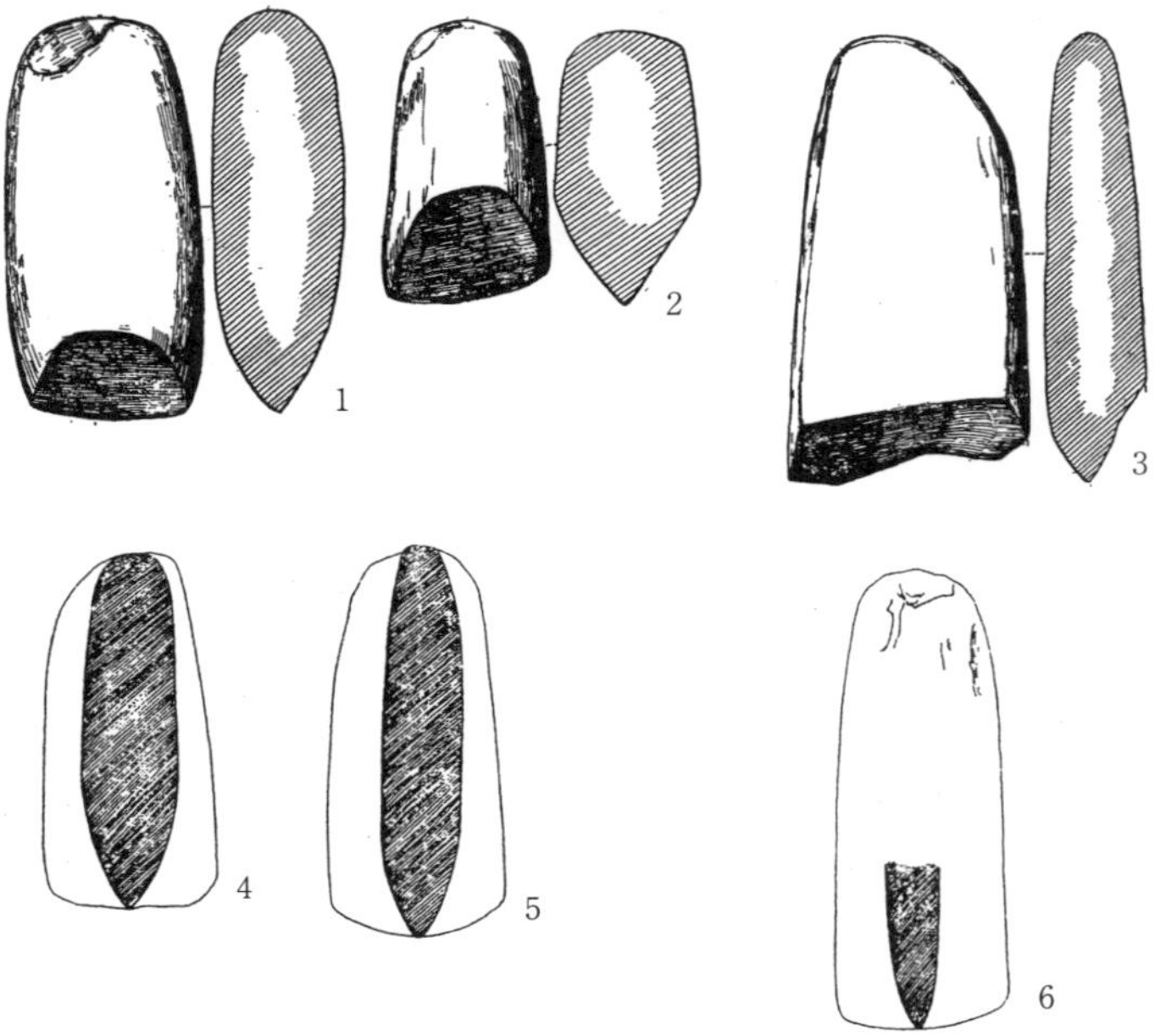

図 1　遼東半島（旧満州）の伐採石斧の分類と呼称（S = 1/4）

上段：貔子窩出土　1・2：太型両面鑿形　3：長形両面鑿形と分類呼称

下段：旅順双台子山出土　4・5：太型蛤刃石斧　6：長手石斧と分類呼称。ここに初めて太形蛤刃石斧の呼び名が登場。だがこの太形の太さは 3 の長形と変わらない。

（貔子窩は濱田ほか 1929，双台子山は江上ほか 1934）

の約束があり、それらはまた弥生式文化においても毅然として継承されているのであった。

というように、水野の緑石文化論を全面的に継承した。

とくに、石斧類の用途、名称を新たに総括し、それらの有機連携的な使用関係を定式化したのは斬新な試みであった。それまでの梅原の「丸みのある短冊形」とか八幡の「普通の石斧、何の変哲もない石斧」とかいった弥生式伐採石斧の決まらない形式名に水野の旅順双台子山遺跡の調査報告（江上ほか一九三四）における形式名を借りて[4]、太形蛤刃石斧というテクニカルタームを与え、形態的特徴

と質感を表現した（図1）。樹木を打ちきり割る道具として、

楕円形の断面をもった大きな棒状の磨製石斧で、……、形も大きくて重たくて、刃の鋭利さより全体としての重みによる衝撃を利用して……

と特徴づけた。片刃石斧は二種に分け、棒状のそれを柱状片刃石斧と呼び、板材を刳る道具とし、薄身の鉋状の片刃石斧を中谷の呼称通り扁平片刃石斧と呼び、同じく板材を削る道具とした。これで水野がなした遼東半島に次いで列島においても石斧の様式的掌握がほぼ完成したことになった。以後、列島における石斧理解は今日にいたるもこれが常識となった。

ただし、太形蛤刃石斧の名称の旅順双台子山遺跡例からの借用は、弥生伐採石斧の由来が大陸にあるとの印象を固定し、本来先行的に半島や列島で個々にやるべき伐採石斧の分析や比較検討は解決済みのようになり、これが後にセット伝来との関係で問題を残すことになるのである。

これで割る、刳る、削る木工道具が調い、木製の鍬鋤の製作は万全となり、その秋の収穫には石庖丁が登場するなど列島石器を機能の面から有機的な存在としてセットで掌握されるようになった。以上の諸農工具はすべて「東亜の一角」に発し、セットで列島に伝わって来たものであるから、これらの道具を使い列島の農耕開発を行った「弥生文化人は、海を越えてきた人々であった」と弥生人渡来説を謳うことになる。この石器のセット伝来こそ渡来説をいっそう推し進める根拠となったのである。

その上陸地を小林は明言しないが、彼が以前から進めていた土器研究からして北部九州であると見うけられ、北部九州が前面に登場するようになった。一方どこから列島に向かったのかという発信地については曖昧で、

「東亜の一角」といった漠然とした表現以上には言及せず、それまでの八木、鳥居、梅原の抉入石斧、梅原の有柄式石剣をもってしての「南鮮」発信論にふれることもなかった。しかし「東亜の一角」から伝わってきたセット磨製石器を用いた渡来人による農耕開発のイメージは着実に列島に着床したのである。

玄界灘上陸

北部九州では、これに少し遅れて森貞次郎がフィールドとしていた福岡県立岩遺跡での研究成果から抉入石斧、石庖丁、石鎌、有柄式石剣を根拠として「南朝鮮」との密接な関係を指摘し、半島南部からの北部九州への文化伝播を唱え、北部九州の実態解明のうえでの交流論が重要であることを説いた（森一九四二）。こうした九州上陸説の具体的提示は山陰説の蔭を薄くしてゆくが、たいした考古学的根拠をもたなかった説だけに当然ともいえよう。

戦後の一九五一（昭和二六）～一九五四年にかけて福岡市板付遺跡の調査が行われ、本邦最古の弥生土器である板付Ⅰ式土器に、扁平片刃石斧・石庖丁・石剣破片・有茎式磨製石鏃など半島系磨製石器が伴い、稲作開始とともに半島南部の石器群が北部九州の玄界灘沿いに伝わっていたことが発掘によって明らかにされた（森・岡崎一九六一）。

それを受けて、昭和四〇年代以後には、福岡市有田遺跡、唐津市宇木汲田遺跡、唐津市菜畑遺跡、福岡市有田七田前遺跡、福岡市十郎川遺跡、福岡県糸島市曲り田遺跡など玄界灘沿岸での板付Ⅰ式、さらに遡って縄文晩期後半の突帯文土器単純段階の稲作関連遺跡の調査によって、抉入石斧、扁平片刃石斧、石庖丁、石鎌、有柄式石剣、有茎式石鏃など半島南部系の石器がセット出土し、この地への到来がさらに確証をもって実証された。

定式伝来・斉一伝播

列島への大陸系磨製石器のセット伝来説は水野―小林ラインによってつくられたが、戦後の成果を取り入れてより完全な位置づけをしたのは一九五五（昭和三〇）年の近藤義郎であった（近藤一九六〇）。近藤は列島に影響を与えた大陸系磨製石器の故地を小林の立場を継承してか何処とは特定せずに「故国」とし、そこですでに機能に応じて分化し、定式化したものが板付遺跡にみられるように古い弥生式段階に伝わり、縄文式の石器を消滅させ、地域、時期を問わず、斉一的に全国各地に広がったとした。大陸系磨製石器は大陸で完成した型式がそのまま列島に伝わり、縄文石器を駆逐し、列島においても地域性や時代性などは顧慮することなく全国どこでも同じ型式が伝わったとするのである。これは小林の路線の上でさらに完璧に大陸系磨製石器のセット伝来と拡散を説いたもので農耕における渡来人説をより強力に印象づけるようになった。

近藤が位置づけた大陸系磨製石器の定式化と斉一性論はこの後の大陸系磨製石器に関する共通認識となり、以後、考古学専門書をはじめ、考古学辞典、啓蒙書、一般書、解説書などにはこの認識に基づいて著述されるようになる。以下にいくつかの事例を紹介しよう。

例えば辞典における太形蛤刃石斧は「中国・朝鮮を経て弥生時代初頭に扁平片刃石斧、柱状片刃石斧とセットで日本に伝播した」（『世界考古学辞典』一九七九）、とあり、『大系日本の歴史1　日本人の誕生』（小学館、一九八七）には「伐採斧、加工斧は基本的に朝鮮半島に近い」と認識され、『日本の歴史2　王権誕生』（講談社、二〇〇〇）には「菜畑遺跡・曲り田遺跡など磨製石庖丁、……太形蛤刃石斧……などいわゆる大陸系磨製石器と言われるものは、驚くほど朝鮮半島南部の……磨製石器群と似ている」と記され、東京国立博物館の展示ガイド本、『日本考古学ガイドブック』（二〇〇四）には「これらの石器（展示してある扁平片刃石斧、柱状片刃石斧のこと―引用者）は伐採具として使用された太型蛤刃石斧とともに大陸からもたらされた……」と案内され、稲作開始当初から太形蛤刃石斧をはじめ、各種大陸系磨製石器は大陸からセットでもたらされたとするセット伝来論のオンパレードである。引用すればキリがないほどで、それほど考古研究者をはじめ博物館・資料館などでは常識とされているのである。

こうして弥生磨製石器セット伝来説は二一世紀にもなお続いているのである。

初期伐採石斧は太形蛤刃石斧ではない

小林がセット伝来論を公にした一九三八（昭和一三）年を過ぎること四年の一九四二年、福岡県東部の遠賀川中流域に展開する立岩遺跡群の悉皆調査を行っていた森貞次郎は、弥生式土器による編年を基本に、それとの供伴関係から磨製石器の編年を組み（図2）、評価を試みた（森一九四二）。そのなかで伐採石斧を取り上げ、前期の遠賀川式段階は棒状切刃石斧（図2-1・2）、扁平両刃石斧など厚さが薄く、軽量の石斧であり、太形蛤刃石斧は中期の須玖式段階にはじめて出現普及する後出品であるとして（図2-7・8）、小林のセット伝来論とは異なる見解を示した。森の見解は手続きを経た実証的なものであり、小林のそれは一般論・概念論であるから、森の見解がもっと尊重されるべきであったが、弥生文化大陸由来論の完成を急ぐ日本考古学は、長らくそれを顧みることがなかった。森は前期石斧の由来については明言していないが、縄文弥生にわたって存在する尖頭蛤刃石斧（図2-3）の存在を「暗示」的とし、また前述のように弥生文化の登場に「南朝鮮」の文化との密接な関係を承知するのであるが、かといって何から何までといったセット伝来論の立場はとらなかった。

戦後の一九五一（昭和二六）～五四年の板付遺跡の調査は森の伐採石斧観を証明するよい機会であった。最古の弥生式土器である板付I式土器に確実に伴って出土した大陸系磨製石器は報告書によれば扁平片刃石斧、石庖丁、石剣片、磨製石鏃と身が扁平な伐採石斧であった（図3-1・4）。ところが報告書では採集品の小形の太形

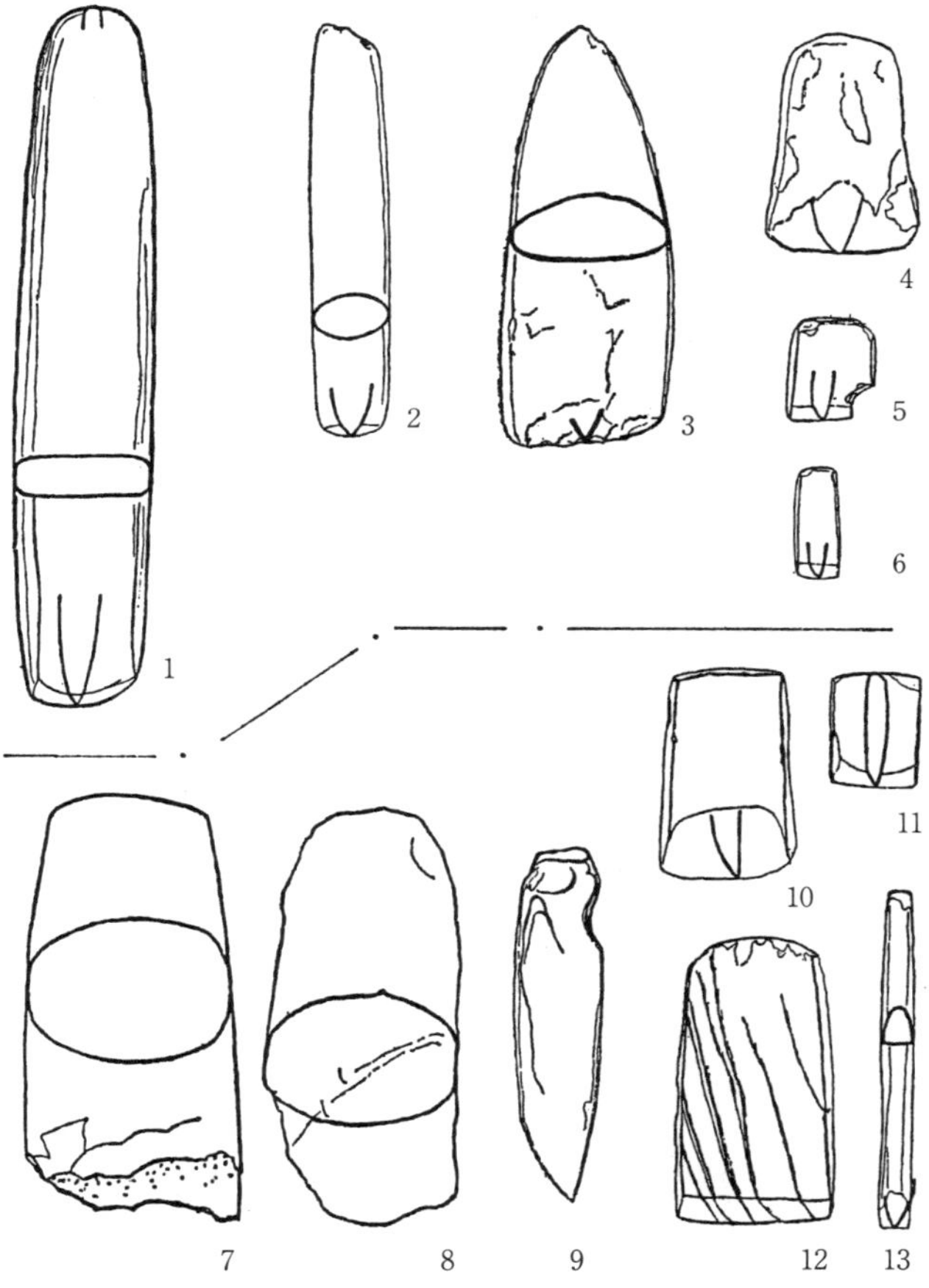

図 2　森によって示された最古の弥生石器編年図（S = 1/4）

森は福岡県立岩遺跡出土の石器を上段の前期（遠賀川式）と下段の中期（須玖式）に分け，7・8の太形蛤刃石斧は後出のものとした（森 1942）

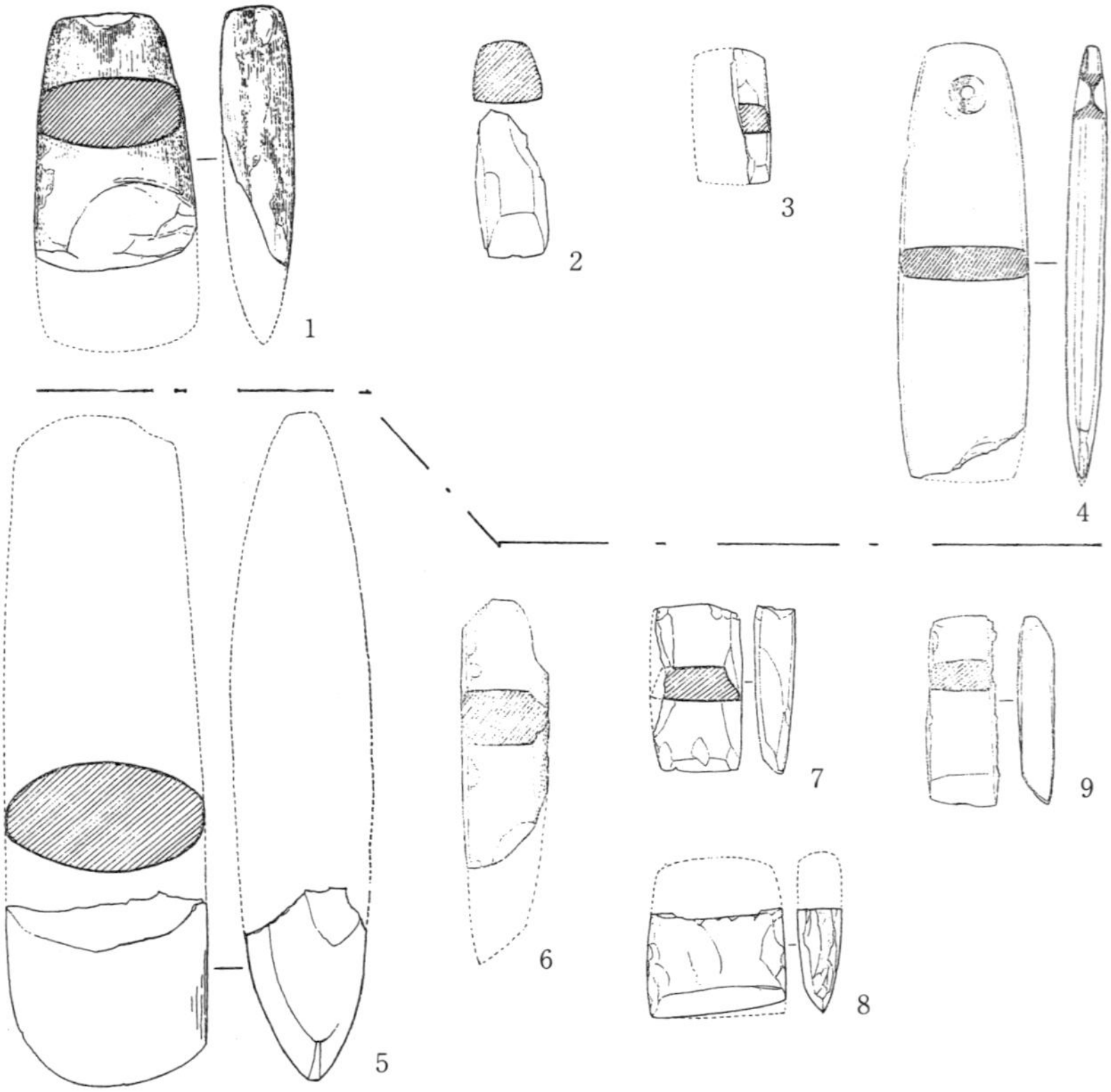

図 3　1951〜54 年時調査の福岡県板付遺跡出土石器の編年図 (S = 1/4)
上段が板付Ⅰ式，下段が板付Ⅳ式（中期末）で，確実な供伴品のみでの編年（森・岡崎 1961）

蛤刃石斧と同型式の破片が板付Ⅰ式層中にあるとしたため、太形蛤刃石斧が板付Ⅰ式の時期からあるかのような印象となり、扁平な伐採石斧の存在が薄くなった。かくして板付Ⅰ式に伴って出土した確実な伐採石斧は扁平な伐採石斧だけなのにその評価は先送りになったのである。

近藤は先の著述でこの確実な板付Ⅰ式供伴品である扁平な伐採石斧より、逆に採集品の太形蛤刃石斧の方を通念にしたがって評価したようで、これを大陸由来の定式的な伐採石斧例としたのである。かくして、列島の農耕開始期の伐採石斧はなお大陸由来の太形蛤刃石斧との「常識」がいっそう定着するのである。

しかし、板付遺跡などの調査を主催した日本考古学協会特別委員会の委員長を務め、板付遺跡の調査に深くかかわった杉原荘介が板付遺跡において縄文時代にみられなかった新しい磨製石器として取り上げたのは石庖丁、石剣、磨製石鏃、鑿形石斧で、石斧は「鑿形石斧」に限定し、太形蛤刃石斧を新しい磨製石器とし取り上げていないのである（杉原一九六一）。その間の事情を知る者だからこその意識的な採択であったとみられる。

初期伐採石斧の続出

以上のように、伐採石斧は薄いものから厚いものに変遷するという森の伐採石斧史観はなかなか理解を得られず、板付遺跡以後もしばらく追証資料を得ることなく一〇年近くが経過したが、昭和四〇年代になると急に追証資料が出土しはじめた。よくしたものでその多くは森のかかわった遺跡調査からの出土であった。その嚆矢となったのは一九六五（昭和四〇）・六六（四一）年の佐賀県唐津市宇木汲田遺跡の調査で、下層の板付Ⅰ式単純層から小形の薄身伐採石斧が出土し、森の年来の所説が裏付けられた。一九六七（昭和四二）年には森が主管した福岡市有田遺跡の発掘調査では板付Ⅰ式期の溝中から大形タイプの薄身伐採石斧が出土し、さらに一九六九（昭和四四）年には福岡市板付遺跡の環濠内の板付Ⅰ式層中から薄身の伐採石斧が検出された。この環濠はいうまでもなく森が一九五一（昭和二六）～五四年にかけて調査した環濠の一部である。筆者はこうした昭和四〇年代以降の初期稲作に伴う伐採石斧の特徴についてまとめ一九七七（昭和五二）年に断界に報告した（下條一九七七）。

昭和五〇年代半ば以後になると、再び追証例が続出した。今度は板付Ⅰ式を遡る縄文晩期後半期の例であるが、その伐採石斧は単純に薄身扁平のものであった。出土の例数も豊富で、初期の伐採石斧は太形蛤刃石斧ではなく、扁平斧であることは疑う余地のないものになった。そうした遺跡をあげると次のようなものがある。

一九八〇（昭和五五）年　福岡県糸島市曲り田遺跡（突帯文期〜板付Ⅰ式期）

一九八〇（昭和五五）〜八一（五六）年

佐賀県唐津市菜畑遺跡（突帯文期・板付Ⅰ式期・板付Ⅱ式期）

一九八一（昭和五六）年　福岡市有田七田前遺跡（突帯文期）

一九八四（昭和五九）年　佐賀県唐津市宇木汲田遺跡（突帯文期）

福岡市十郎川遺跡（板付Ⅰ式期）

これらから得た磨製石器の成果は一九九一（平成三）年に公にしたが（下條一九九一）、当然伐採石斧についてもこれまでの指摘が再確認できることを強調した。

昭和四〇〜五〇年代の相次ぐ初期稲作の調査は、その所在地が示すように圧倒的に玄界灘沿岸に集中しており、初期稲作がまずこの地に伝わったことが明らかになった。そして磨製石器に関しては如上のように伐採石斧の特徴を明らかにしただけでなく、他の大陸系磨製石器の実態も掘り下げることになった。これらの遺跡に伴う大陸系磨製石器は基本的には抉入石斧、扁平片刃石斧、鑿形石斧、石庖丁、有柄式石剣、有茎式磨製石鏃であり、時に石鎌、大形石庖丁の存在も明らかになり、これらがセットをなして伝わったとみられた。その故地は半島南部、とりわけ抉入石斧や有柄式石剣は半島南部に主要に分布することは日韓研究者の手によって明らかにされている。さらに磨製石鏃の研究によれば列島に出土する柳葉型有茎式磨製石鏃の占有分布地域は慶尚南道や全羅南道など半島のなかでも南端地域に限られており、さらに絞り込みが可能となった。石庖丁の系譜的研究によっても半島南端との関係が最も強く、半島南端より北部九州の玄界灘沿岸に伝わったことは間違いない状況になった（下條一九八八）。

以上を総括すると、次のようになる。

一、列島に本格的な渡来の波が押し寄せたのは稲作農耕の伝播に伴う縄文晩期後半なので、新羅といった有史時代をはるかに遡る時代である。

二、農耕文化とそれに複合する大陸系磨製石器文化の発信地は遼東半島にあるにしても、列島への直接の出港地は半島南部の、なかでも南端の地が濃厚で、東アジアのどこかとか新羅の故地という漠然とした地ではない。

三、その受容地は北部九州玄界灘沿岸部で出雲、伯耆、因幡といった山陰地方の沿岸部などではない（これについては次章「西日本における初期稲作と担い手」にて詳述する）。

四、列島の初期大陸系磨製石器は定形化したものを斉一的に受容したものではなく、受容するものとしないものとがある。多くは受容しているが、農耕のための原野開発の先頭に立つ伐採石斧は受容しなかった。したがってセット伝来論を梃子とした渡来一辺倒論は実情に合わせて見直すべきである。

2　北部九州における初期稲作期の大陸系磨製石器と伐採石斧

大陸系磨製石器の種類と用途

コメづくりとともにそれまでになかった新しい磨製石器が列島に伝わってくる。それは半島南部からで、最初に上陸したのは北部九州の地であったことは前節に述べた通りである。

そうした石器として次のようなものがある。

〈加工具〉抉入石斧・扁平片刃石斧・鑿形石斧

〈収穫具〉石庖丁・石鎌

これに列島系の伐採石斧が加わって水稲農耕を行うための農工具の体系が整う。伐採石斧は長らく大陸系磨製石器の一種として扱われてきたが、後述のようにそれは間違いで、農耕開発に携わった石器は半島系と列島系の石器のジョイントなのである。

これら農工具は稲作実践過程においては、伐採石斧→抉入石斧→扁平片刃石斧→鑿形石斧→石庖丁の順で投入され磨製石剣・磨製石鏃は稲作農耕に伴う文化複合の一環として存在するもので、直接水稲耕作に寄与するものではない。

〈武具・祭器〉有柄式石剣・磨製石鏃

伐採石斧→抉入石斧→扁平片刃石斧→鑿形石斧は農耕そのものというより農耕に先立つ基盤づくりに供される工具であり基盤工具と呼ぶことができる。なんとなれば、伐採石斧は農耕を開始するにあたり、新たに大地を切り開くに際しての可耕対象地や住地の樹木の伐採、木製農具や生活具を作るための用材の伐採などあらゆる農耕や生活の整備のために先兵として最初に投入される。伐木された用材を板材化するための「割」も伐採石斧の仕事である。割材を板材とし、加工の進展具合に応じて段階的に大形の抉入片刃石斧→中形の扁平片刃石斧→小形の鑿形石斧を投入して、鋤鍬などの木製農具に仕上げるのがこの三種の片刃石斧なのである。伐木から木製農具の仕上げまではこのように一貫の工程であり、したがって伐採石斧から鑿形石斧までは一つの道具箱に納められたセットなのである。このセットの上流の水源に位置するのが伐採石斧で、中流にて流れを速めるのが抉入石斧・扁平片刃石斧であり、河口域で仕上げをするのが鑿形石斧なのである。

片刃石斧によって作られた鋤鍬を使って田畑を作り耕し、播種して稲を育て、そして秋の収穫時に熟した稲の穂を摘む道具が石庖丁である。

大陸系磨製石器の由来

以上各道具の用途を説明したが、次に各道具の型式的特徴や分布傾向から渡来石器と半島との地域関係を推察してみよう。その道具として有効なのは抉入石斧、石庖丁、磨製石鏃なのでこの三種の大陸系磨製石器から半島との地域関係を追ってみる。

抉入石斧（図4）

抉入石斧（半島では有溝石斧）は半島南部に広く分布して、それと列島の抉入石斧がリンクしていることは間違いないが、それだけではいささか漠然とした感じがする。これを少し詳細にみると時間差も地域差もあって、列島と関連する抉入石斧の分布地はもっと絞れそうな気がする。そうした目的でかつて両地の抉入石斧の比較図を作成したが、**図4**はそれに手を加え新たにつくり直したものである（下條二〇〇二）。

韓国の初期稲作期（無文土器文化）の土器編年は突帯文式―可楽洞式―孔列文式―休岩里（先松菊里）式―松菊里式となり突帯文式を早期、孔列文式までを前期、松菊里式までを中期といい、この後の粘土帯土器を後期という。抉りが入らない柱状片刃石斧は可楽洞式段階に出現し、休岩里式段階には抉りが出現し、松菊里式段階には確実に抉りが出現し広く普及する。

図4－1は休岩里式段階の慶尚北道金泉松竹里出土品であるが、側面（図の右）でみると後主面（刃が付かない側）が刃先に向けて弓なりにゆっくりカーブするラインとなっている。前主面の刃部の屈折は急角度で身と刃部の境には鎬が付く。基端と刃部の幅は同幅である。これが**図4－2**と**図4－3**の松菊里式段階になるとどちらにも抉りが入るが松菊里型（**図4－2**）と大也里型（**図4－3**）とで少し違ってくる。忠清南道の松菊里型は抉り下から刃先にむけての傾斜は強く、しかも直線的になる。刃部幅が基部より広くなるのも特徴であろうか。慶尚南道の大也里型（居昌大也里）は抉り下から先端への傾斜は緩やかになり、その流れも軽い弧となる。このよう

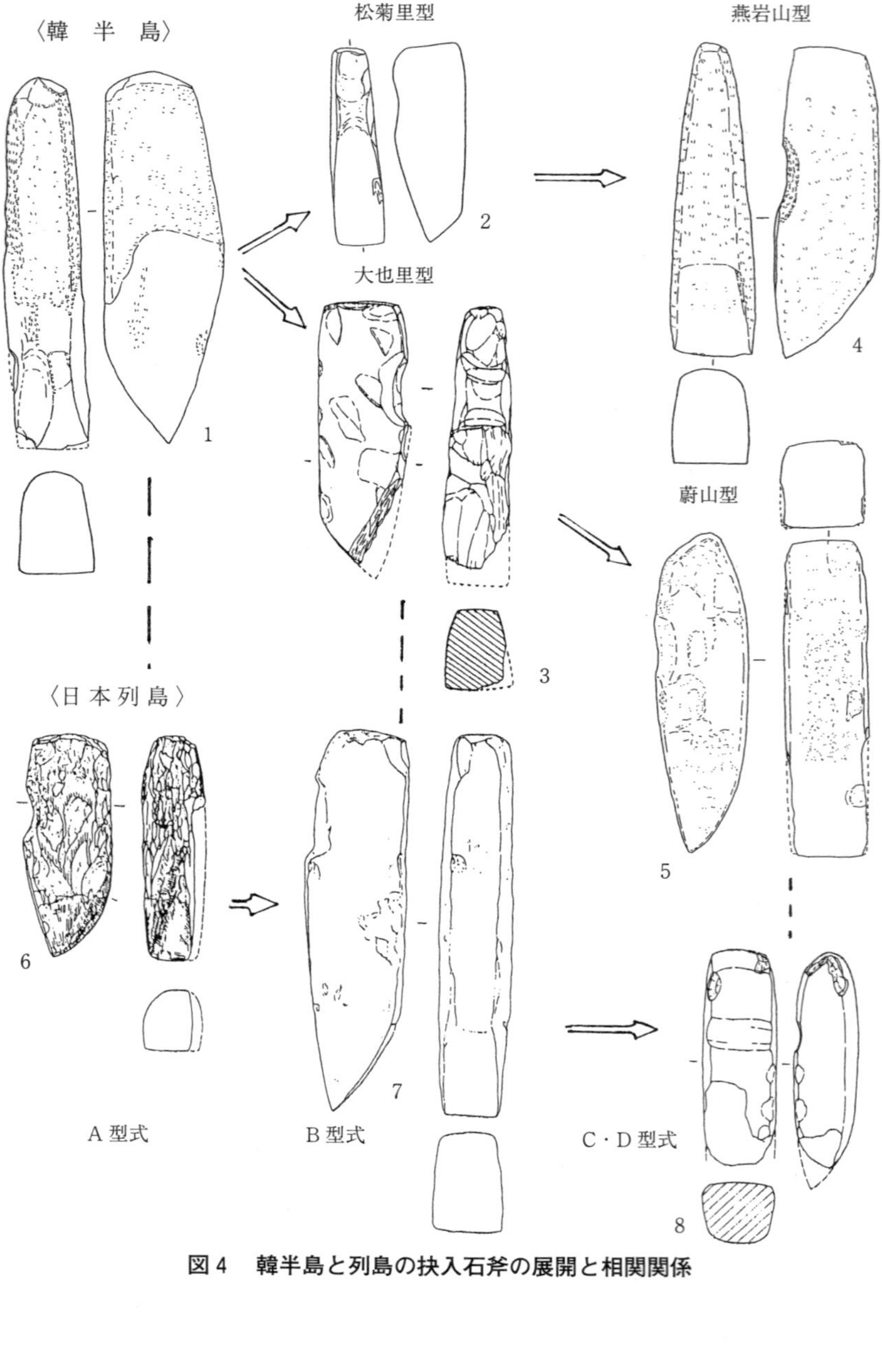

図 4　韓半島と列島の抉入石斧の展開と相関関係

に、同じ南部にあっても、北の忠清南道と南端の慶尚南道とでは差異が生じている。次の円形粘土帯段階になると、松菊里型の系譜をひく燕岩山型（図4−4、慶尚北道大邱）は抉り下の傾斜を弱くし垂直降下となるが、刃部幅を拡幅し上窄下寛を強調する。また刃部は角度をつけて身から刃端に向かうので、身と刃の境には鎬が明瞭に付き、基端は平基で前型式を継承している。一方南の蔚山型（図4−5）は大也里型の系譜にのって抉り下の流れを傾斜させずに垂下させ、基端と刃部を同じ幅とする。刃部は身との境が無く、刃端には円弧を描いて向かうので、身との境には鎬は残らない。また基端は後主面側に傾斜した斜基となっている。このように明らかに同じ南部のなかでも中部と南端では型式を異にしている。

一方列島最古のA形式（図4−6、佐賀菜畑・突帯文期）は縄文晩期後半の突帯文単純期にあらわれ、抉りをもっている。抉下から、少し円弧をなしながら、刃端に向けて強く傾斜する。刃部の角度も強く、半島の休岩里式段階に相当している。次のB型式になると抉り下から刃端への傾斜が緩くなり、刃部の作りも鈍角になってくる（図4−7、高知田村）。後主面下部の傾斜の垂直化や刃部の鈍化は大也里型に類似していると言っていい。C・D型式は後主面がほぼ垂下型で、基端は斜基、身部と刃部の一体化、断面方形などますます蔚山型に接近している（図4−8、福岡下稗田）。

以上のように列島の抉入石斧は大也里型—蔚山型と半島南端の慶尚南道の抉入石斧と歩調があった展開をしており、列島の抉入石斧は半島南端と密接な関係にあったことを示している。

列島の稲作導入期である休岩里式段階の柱状片刃石斧の「抉」の存否が問題となるであろう。これについての韓半島の研究者は慎重であったり微妙であったりの現状だそうだが列島のこの段階のものは次に示すようにおしなべて抉りが入っており、かならずや半島においての休岩里式段階に同例が出土するであろうことを期待させる。報告書によると蔚山無去洞遺跡では孔列文土器に伴って抉入石斧が出土しており、慶尚南道上村里遺跡や晋州平居遺跡では休岩里式に伴って抉入石斧が出土しており、休岩里式段階に抉入石斧が出現している可能性は高い。以下に、列島における初期稲作期の抉入石斧の出土事例と抉りの有無ならびに関連供伴物を示しておく。

縄文晩期後半の事例

佐賀県唐津市菜畑遺跡（二例、一例はほぼ完形で有抉）扁平片刃石斧・石庖丁・石剣・石鏃（中島ほか一九八二）

福岡県糸島市曲り田遺跡（基部のみ、有抉）扁平片刃石斧・鑿形石斧・石庖丁・石剣・石鏃（橋口一九八四）

福岡市有田七田前遺跡（基部、有抉）扁平片刃石斧・鑿形石斧・石庖丁・石剣・石鏃（松村ほか一九八三）

福岡市那珂遺跡群三七次調査（二重濠、基部のみ、抉りの有無不明）（吉留一九九四）

福岡県粕屋町江辻遺跡（複数例、一例は後主面が有段で、抉り無し）

板付Ⅰ式の事例（供伴の大陸系磨製石器は省略）

佐賀県唐津市菜畑遺跡（二例、八層上、一例は有抉、一例は無抉で完形）

福岡市十郎川遺跡（完形、有抉）（吉岡一九八二）

福岡市板付環濠遺跡（基部、有抉）（下條一九七〇）

福岡県福津市今川遺跡（上部残、有抉）（酒井一九八一）

以上のように無抉例もあるが圧倒的には有抉（有溝）であり、有抉段階に伝わったことは間違いない。

これらの型式的特徴を総括的に再度示しておこう。基部は方形で、後主面は抉り部の下端から刃先にむけて弓なりないし直線に傾斜する。前主面側に付く刃部は割に角度を強くして刃部に至る。角度があるので刃と体部の境に鎬が付きやすい。横断面は前主面が狭く、後主面に広く、側部が高いので長台形をなす。抉りは浅いU字状の皿状溝である。

出土地は唐津（松浦）平野、糸島平野、福岡平野、糟屋平野と玄界灘沿岸に集中し、板付Ⅰ式になると今川遺跡例のように玄界灘も東のほうに分布が広がる。これらが示すように初期稲作の最初の上陸地は玄界灘沿岸で時期の下降に従って東に広がる。板付Ⅱ式古段階になるとこの傾向はさらに助長され、玄界灘東の宗像市大井三倉遺跡（酒井一九八七）、瀬戸内に臨む福岡県苅田町葛川遺跡（酒井一九八四）から海を越えて四国南部高知平野の南国市田村遺跡にまで広がる。抉りの形態は先期と同じ浅い皿状である。

抉入石斧に常に伴って出土する扁平片刃石斧と鑿形片刃石斧も抉入石斧とともに半島より伝わったものである。縄文の片刃石斧とは側面をもつこと、刃や鎬が一直であること、各面が平直である点などで明らかに異質のものであり、その系譜は大陸に求めるしかない。これらの地域性に基づく型式差の抽出はきわめて難しく、遼東半島、韓半島、日本列島の間に一般的特徴において地域的差異をみつけるに至っていないのが現状である。しかし、出土の一体性、使用の上での有機性からみて、抉入石斧と一体となって伝わってきたものとみて間違いないであろう。

石庖丁（図5）

石庖丁は北部九州の弥生前期後半から末以後、集中生産と配布が始まると、石庖丁の様子がガラリと変わるが、それまでは変化はしても同じ路線上での展開であった。この展開は大きく三段階に分けることができる。

第一段階は佐賀県菜畑遺跡の最下層にみられる。菜畑遺跡の晩期層は一二～九層とその上層の八層下の二層に分かれ、一二～九層の方から二例の石庖丁が出土した。列島最古の石庖丁といってもいい。二例とも擦り切り溝によって紐通孔は作られていて、一つは擦り切り溝より上の背部を失っており（図5－2）、他の一つは完形である（図5－1）。前者がこの層の最下部から、後者が最上部から出土した。両者ともに外湾刃半月形で、刃部はあまり大きな円弧を描かない。前者の材質は硬質粘板岩というが両者とも黒色系の発色で、同期の一般の石庖丁と

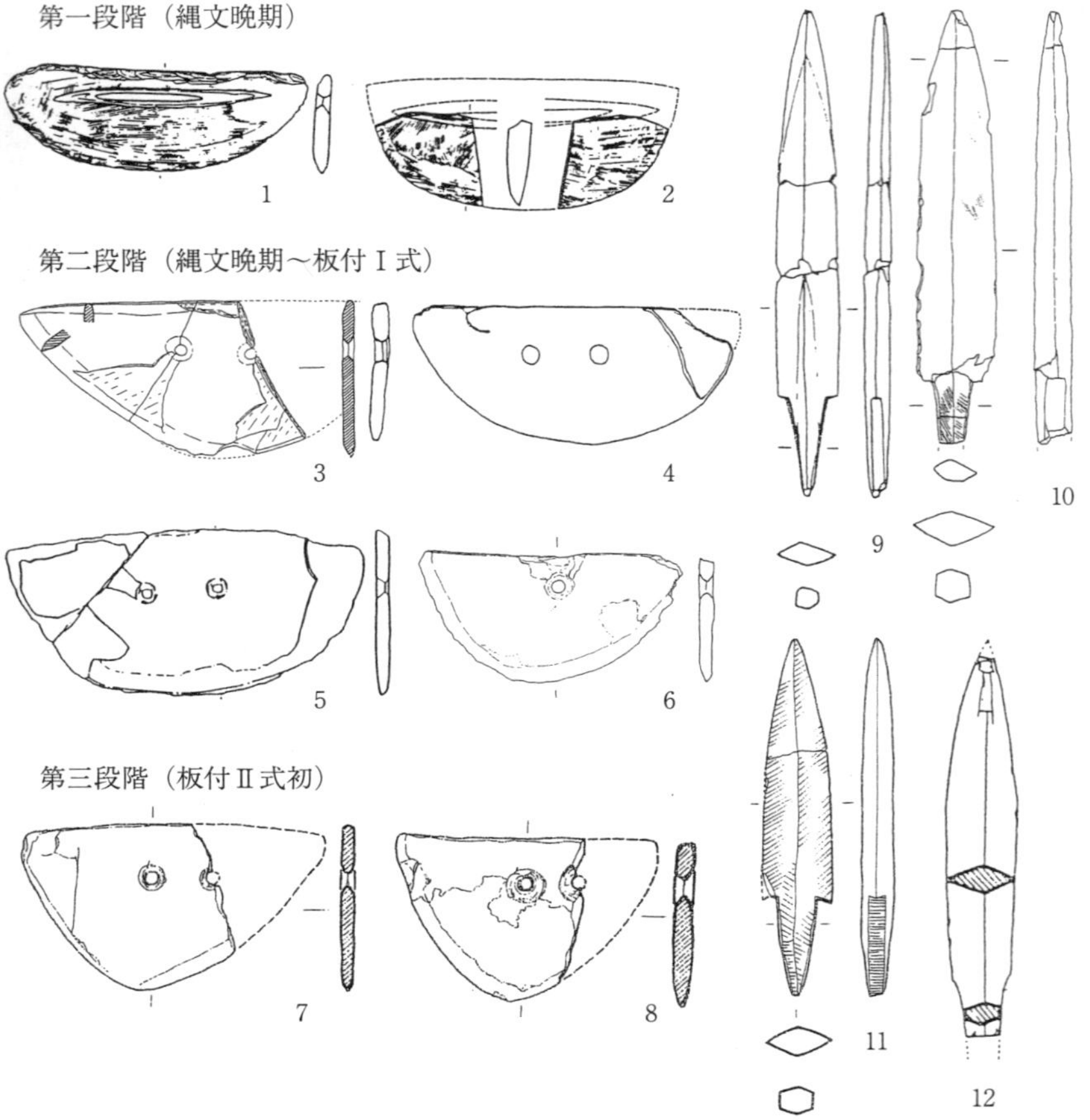

図５　列島の初期稲作期の石庖丁（S = 1/4）**と磨製石鏃**（S = 1/2）

9～11：晩期　12：板付Ⅰ式期　1・2・4：佐賀菜畑　3：福岡板付水田　5：福岡十郎川　6・10：福岡橋本一丁田　7・8：福岡大井三倉　9：福岡有田七田前　11：福岡曲り田　12：福岡有田

は材質も、発色も異なる。前者の器肉は分厚く、刃部は鋭い片刃で、半島の石庖丁と作りや質感が近似し、搬入品とみられる。後者はやや薄身であるが、片刃感の強い偏刃両刃で、これも搬入品の可能性がある。類似のものが佐賀県宇木汲田遺跡より二例出土している（下條一九八六）。どちらも菜畑遺跡同様擦り切り溝をもち、一つは背部側の破片で他の一つは刃部側の破片である。後者は晩期層からの出土でやはり古い。気泡を残し見た感じ火山岩系かと思えたが菜畑例同様黒色発色をなしている。外湾刃半月形の刃部を残す一例もやはり片刃である。これらの出土は半島から対馬―壱岐と島伝いに到達する玄界灘に面する平野としては一番近い唐津平野からの出土である。菜畑遺跡には一二～九層出土の鑿形石斧、磨製石鏃、八層下出土の扁平片刃石斧、八層上の石剣など持ち込みかとみられる磨製石器の出土が多く、これらもその同例とみられる。この特徴ある石庖丁は稲作初期に唐津平野に集中出土するだけで、その後、この地にも他所にもまったく姿を見せない。同類品を半島で見る機会は残念ながらまだ得ていないが、もしこれが半島で発見されるようなことがあればピンポイントで出自を決めることができるであろう。

第二段階は菜畑遺跡では、層位的に第一段階の上層から出土し、玄界灘沿岸各地で晩期後半に伴って出土する。その後もほぼ前期の間、繁用される頁岩質砂岩性の石庖丁である。この分布は北部九州に始まり、やがて山口、愛媛、高知にも広がる。刃部が両刃に作られるなど列島的改変がみられる。大きな特徴は外湾刃半月形の刃部が大きな弧を描くように作出され、ために背と刃の間が幅の大きな石庖丁になる（図5―3～6）。外湾刃半月形石庖丁といってもこうした形態に近い石庖丁は休岩里式段階の半島南端の全羅南道から慶尚南道に見られる（図6―6・7）（下條一九八八）。半島で同じ外湾刃半月形といっても半島中部の短舟型とか半島西部の長舟型といった細身の型式とは異なった半島南端独自の半月型式で（下條一九八八）、これと列島の初期石庖丁は近縁関係にある。このことから、列島の石庖丁の故郷は半島の西南部から南端にかけての地に求めることができる。

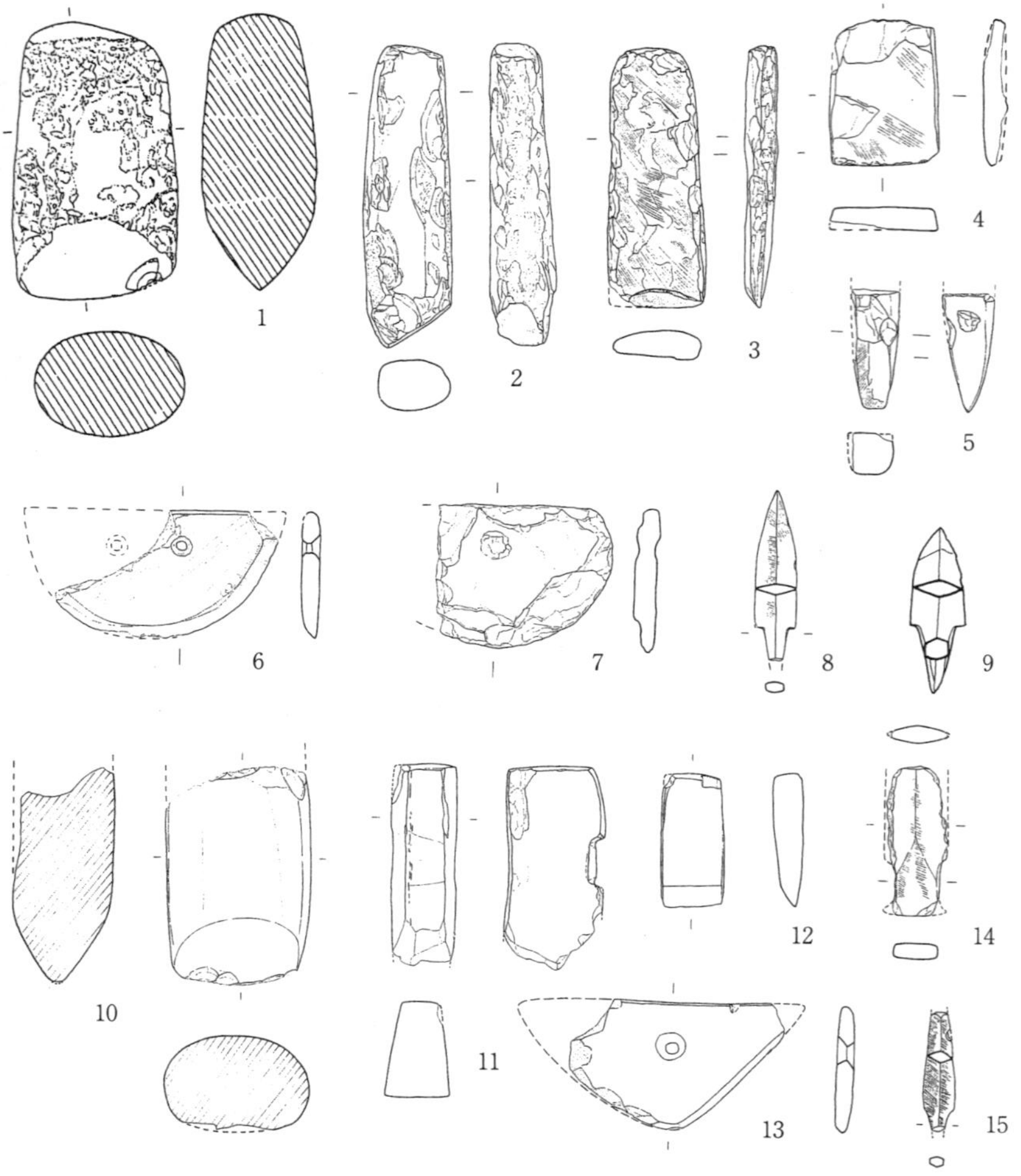

図6　韓半島慶南地方の休岩里式期（1～9）と松菊里式期（10～15）の石器（S = 1/4）

1：検丹里 22 住　2～8：大坪里玉房 2 地区　9：大坪里 2 住　10：大也里 15 住　11～14：山清沙月里

1：伐採石斧（AⅢ式）　2：柱状片刃石斧　11：抉入石斧　3・4・12：扁平片刃石斧　5：鑿形石斧　6・7・13：石庖丁　8・9・15：磨製石鏃　14：松菊里型石剣

第三段階は、板付Ⅱ式古段階にあらわれる。第二段階と同じ石材の外湾刃半月形であるが、背部の長さが短くなり、その両端から少し丸みをもつものの直線化した刃部が刃中位で合する近三角形石庖丁の出現である（図5－7・8）。半島のように交互刃などにはならないが、韓半島の三角形石庖丁と無関係ではなかろう（図6－13）。半島における三角形石庖丁は休岩里式段階の外湾刃半月形石庖丁に後継する型式で松菊里段階に当たる。そうすると列島の板付Ⅱ式古段階と松菊里段階は併行関係の可能性をもつ。列島で近三角形石庖丁を出土する福岡県福津市大井三倉遺跡（酒井一九八七）ではこれに松菊里式磨製石剣（図6－14）を伴っているので、この併行関係はさらに妥当性は高くなる。その分布も半島西部から慶尚南道の地にあるので、先行する石庖丁と同じ分布状況にあり、同様に半島と列島の関係は継続していたものとみられる。

磨製石鏃（図5）

磨製石鏃も地域と時間を絞るために有効な資料である。

列島に韓半島系磨製石鏃が初出するのは既述の抉入石斧、外湾刃半月形石庖丁と同じ縄文時代晩期後半の突帯文土器段階である。その時期に伴う出土事例を示すと次のような例がある。

佐賀県唐津市菜畑遺跡（一二～九層、八層下）

福岡県糸島市曲り田遺跡（図5－11）

福岡市橋本一丁田遺跡二次調査（池田ほか一九九八、図5－10）

福岡市有田七田前遺跡（図5－9）

形態的には三種類くらいあるが、最もスタンダードな柳葉型有茎式磨製石鏃で型式的特徴を示せば次のようになる。身は槍状に基部から鋒に向かって多くは直線的に走り、基部では刃側から茎に向かって直角に折れた直角関をなし、そこから長い茎が幅を逓減させながら尖った先端にいたる。鎬は鋒から茎端まで一直に通る。身は横断面が部厚い菱形をなし、茎は両側を研ぐので断面六角形になるのを特徴とする（図5－9～11）。型式変化のポイントは関の形でこの段階は直角を成すのが特徴である。また鎬は茎端まで通っているのが古式である。こうした特徴の磨製石鏃は半島南端では常見のもので、休岩里式段階には一定の地域に排他的にこの型式が占有する（図6－8・9）。その地域は全羅南道から慶尚南道で、外湾刃半月形石庖丁の分布域と時代的にも地域的にも被っているのである。これが松菊里式段階になると関が直角関から斜角関に変わる（図6－15）。列島でも板付Ⅰ式段階になると斜角関となり（図5－12）、同時に列島的退化形を産み出すのであるが、これについては後に取り上げる。

以上縄文晩期後半の突帯文土器段階に稲作と共に伝わる大陸系磨製石器のなかから、地域性を抽出できる三つの石器―抉入石斧・外湾刃半月形石庖丁・柳葉型有茎式磨製石鏃を取り上げ、半島との地域関係を推定した。この三種が列島においては間違いなくセット関係をなして存在することは抉入石斧出土地名一覧で示したようにすでに複数の供伴事例で何度も確認されている。このセット関係が半島でどのような年代的地域的位置づけをもつのか、大島の研究に沿ってみよう（大島二〇〇三）。半島南端の慶尚南道南江流域で石庖丁Ⅲ式（外湾刃半月形石庖丁）と磨製石鏃Ⅲ式（柳葉型有茎式磨製石鏃・直角関）がセットをなして存在するのは内湾口縁土器（本稿でいう休岩里式）段階で、これが次の外反口縁（松菊里式）段階に移ると石庖丁はⅣ式（三角形石庖丁）に、磨製石鏃はⅣ式（斜角関）に変化するとする。これは西南地域（全羅南道）でも同じ経緯をたどるとしている。ただ大島は内湾口縁土器段階における抉入石斧の出現については慎重のようだ。列島の出現期の石庖丁も磨製石鏃もいずれも大島分類のⅢ式であるから、列島の稲作開始期の大陸系磨製石器は慶尚南道や全羅南道地方の無文土器文化と深い関係にあったことになる。その時期が内湾口縁土器段階であろうことは土器論からも指摘されていたことではある。土器といえば愛媛県松山市大渕遺跡の突帯文土器に伴ってなすび文土器が出土している（栗田二〇〇〇）。なすび文土器はこの南江地方を中心に分布する土器であるから、南江地方と列島が深い関係にあったことは多くの研究者が指摘する通りである。

もう一つ列島の晩期遺跡に伴ったものに大島のいうⅣB型石剣がある。縄文晩期後半の有田七田前遺跡の出土で、完形のそれは菜畑遺跡の板付Ⅰ式期に出土するなどその継続的出土には無視できないものがある。この石剣は半島の中西部から西南部にかけて分布する西南式石剣ともいえるもので、ここの関係も外せないものがある。水稲耕作を伝えるのであるから当然木製農具も伝わってきた。半島における木製農具の出土例は少なく、これからという段階であるが、山口は新昌洞遺跡からの出土を重視して全羅南道から列島への伝播を想定している（山口二〇一二）。

以上から前期無文土器時代のなかごろ、韓半島の南端（全羅南道、慶尚南道）から抉入石斧、扁平片刃石斧、鑿形石斧、外湾刃半月形石庖丁、有茎式磨製石鏃などの大陸系磨製石器を随伴して、渡来人によって玄界灘沿岸に稲作文化が伝えられたものということができる。

韓半島の伐採石斧とその展開

しかしそのとき、半島で農工具の有力な構成員として他の石斧と有機的な一体関係を形成し、開発の先兵役を担っていながら伝わらなかった大陸系磨製石器がある。伐採石斧である。開発の先頭にたつ伐採石斧は他のものに代えがたく、これの如何が全体の進行を左右するほどの重要ツールであるにもかかわらず列島には伝わらなかった。

どんな石斧なのであろうか。当然ながら半島にも農耕以前（新石器時代）の採集経済時代から伐採石斧はあった。基端が狭基で、刃部に向かって寛くなる平面長台形で全体が扁平なものと棒状のものとがある（図7－1、

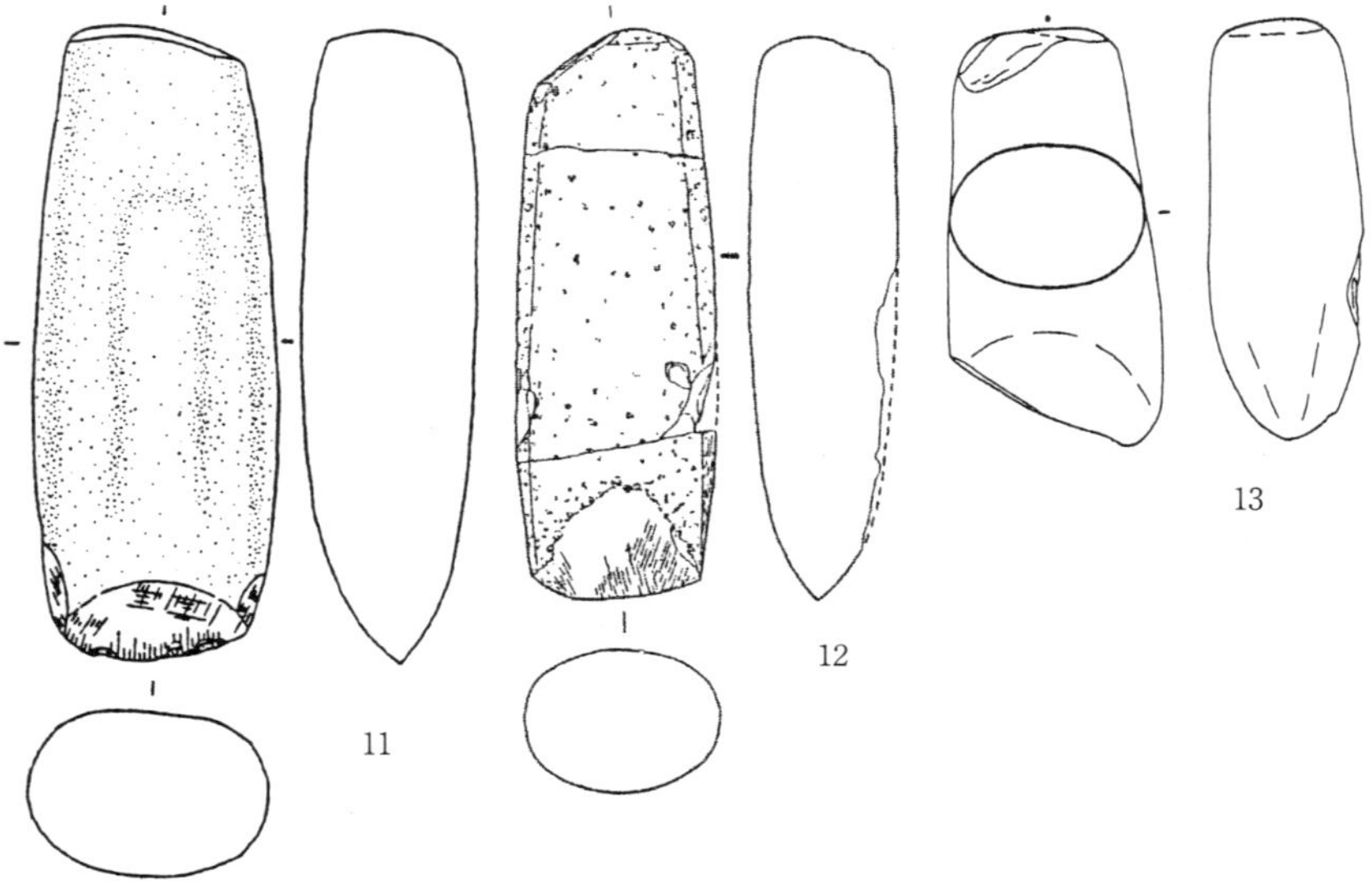

図７　韓半島の伐採石斧の展開（S ＝ 1/4）
新石器時代：１・２　孔列文期：３～６　休岩里期：７～12　松菊里期：13
１飛鳳里　２岩寺洞　３駅三洞　４欣岩里　５・８白石洞　６・９・12陳羅里　７休岩里　10検丹里　11松竹里　13松菊里

２）。どちらも軽量斧で伐採能力は低い。列島の縄文時代の伐採石斧とよく似ているのはともに採集経済の段階にあって、開発よりも自然との共生を旨とする時代であったからであろうか。

ところが農耕開始後の伐採石斧はまったくそれとは別物で、それ以前のものとは継承関係のない新規のものであった。

この新しい伐採石斧にはA型とB型の二種類があり、どちらも北方の遼東半島や北朝鮮に存在していたもので、これが農耕とともに南下し、半島南部で新石器時代の石斧に代わって出現したものである（下條二〇〇二）。伐採石斧には片刃石斧や石庖丁も随伴して到来し、ともに新しい農耕文化の推進役を果たした。農耕以前の伐採石斧と以後の伐採石斧の違いは、以後のほうは平面が長方形に作られ、身も部厚くなって重量が増え、全体に頑丈な作りとなることである（図７）。

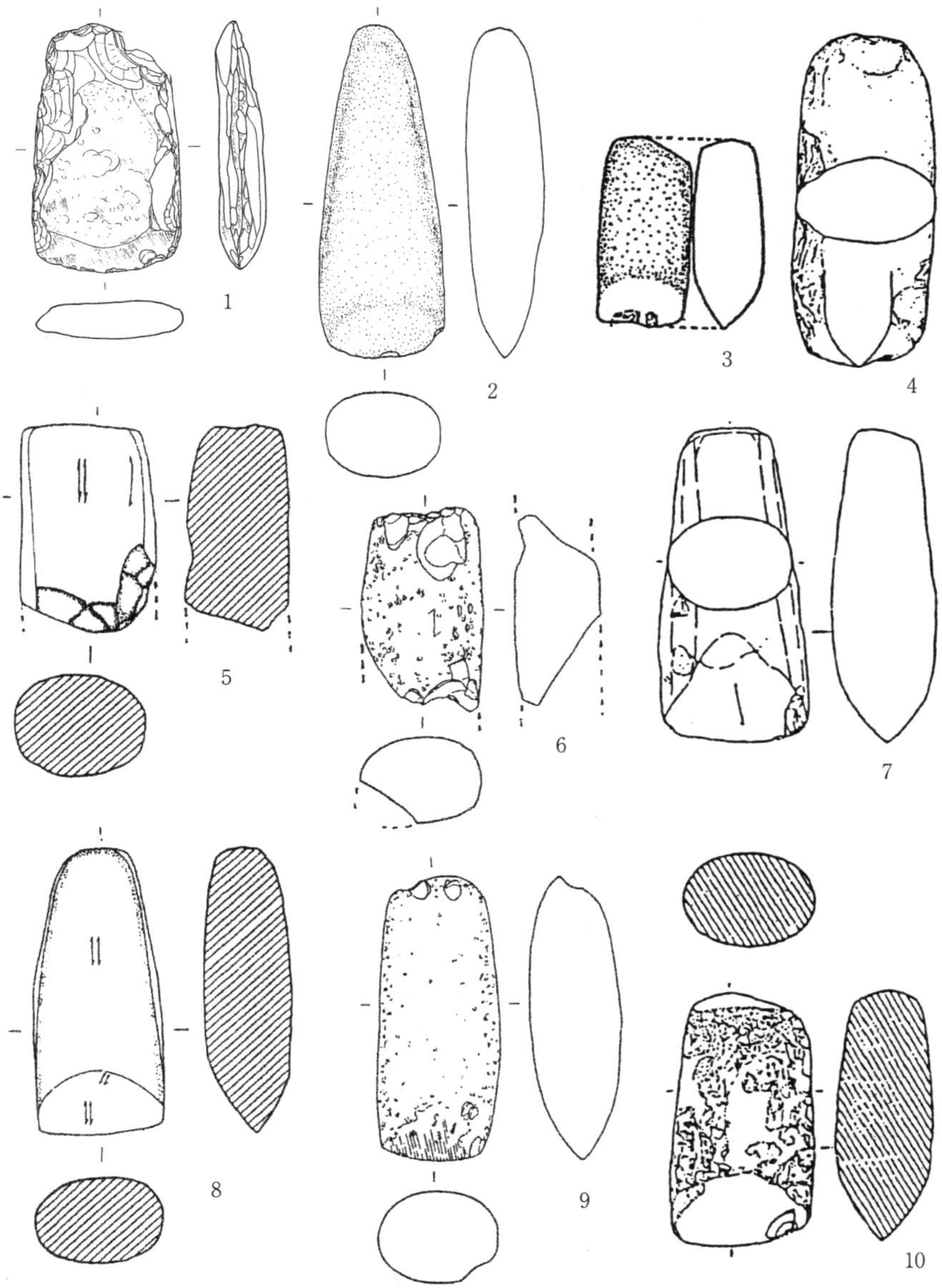
1
2
3
4
5
6
7
8
9
10

孔列文期ころまでの伐採石斧の事情は次のようである。

A型はB型より少し身幅が広く、横断面が楕円形で、刃部が丸みをもった蛤刃をなす（図7－3～13）。長さ一五cm前後、幅六～七cm前後、厚さ四～五cmほどの平面長方形である。幅に対する厚さの占める割合（厚斧率）は六五～七五％くらいにもなって、丸み感が強い。伐採石斧は一般的に身の厚さが薄い物から厚い物に発展するが半島南部で農耕文化に伴ったそれは初めから高度に発達した身の厚いAⅢ式のいわゆる太形蛤刃石斧である。

B型は四稜斧と呼ばれ、平面は細く長い長方形で横断面は方形ないし長方形となる。横断面が示すように角（稜）が四つあるので四稜斧という。刃部は直線的な切刃である。孔列文期の類例を多く出土した忠清南道天安市白石洞遺跡例では長さ一一～一四、幅四～五、厚さ四cm前後でA型より小形のものが多く、玄武岩や片麻岩を素材としている（李一九九八）。山東、遼東に分布し、それが南下してきたものである。

これらの新しい伐採斧の出現当初の事情はあまりよくわからないが、新石器時代の遺跡に含まれて小形A型石斧、片刃石斧、石庖丁などが出土した例が一、二例あると聞く。

突帯文期の石斧事情はよくわからないが、可楽洞期の伐採石斧は忠清南道燕岐松潭里・松院里遺跡の例では圧倒的にB型が中心で、これに初現的な柱状片刃石斧、扁平片刃石斧、石庖丁が供伴している（李ほか二〇一〇）。孔列文期の忠清南道白石洞遺跡の例ではやはりB型が中心であるが、A型が徐々に増加し、京畿道欣岩里遺跡では、むしろA型の方が中心的である（任一九七八、図7－3～6）。

休岩里期になると変化が起こる。一つはB型もまだ残るがA型が中心になることである。南端に向かうほどその傾向が強くなる。もう一つはA型に大形品が出現することである（図7－11、12）。長さが二〇cm前後、幅六～八cm、厚さ五cm前後の横断面形が楕円形で、伐採石斧としては東アジアを通して最大級の大きさである。その重さも慶尚北道金泉市松竹里遺跡の例では一五〇〇gを超え（図7－11）、発展の極みに達する（金ほか二〇〇六）。

以上のように半島南部の農耕期の伐採石斧は北方からの持ち込みによって突如厚斧として出現する。初め蛤刃（A型）と四稜斧（B型）が併存していたが、徐々に蛤刃が優勢となり、遺跡にもよるが孔列文期には中心的な存在になりつつあった。その時のA型石斧の発達程度はすでに筆者分類のAⅢ式の太形蛤刃石斧といえるものであった。休岩里期になるとA型伐採斧はさらに発展し、重さ二〇〇〇g、長さ二〇cmに達する大形品が出現し、他の片刃石斧と組成して、農耕文化の発達に寄与していたのである。

そしてこの段階に稲作とともに大陸系磨製石器は列島に伝わるのであるが、なぜか伐採石斧だけは、列島に伝わらなかった。大陸系磨製石器は大陸で定式化され、それが斉一的に列島に伝わったと長らく信じられてきたのに、実は渡来人の道具箱に伐採石斧は納められなかったのである。

列島の初期稲作期の伐採石斧

半島から伐採石斧が伝わらなかった列島は、どのような伐採石斧で開発に対応したのであろうか。伐採石斧には大小があるが、主力と考えられるのは大の方である。その一例の突帯文期の福岡市雀居遺跡例（図8－4）は長さ一八・七cmで、基端幅四・五cm、刃部幅八・一cmの平面長台形をなし、厚さは二・四五cmの横断面扁平形で重さは五〇五gほどである。厚斧率は三〇%と低い（下村一九九五）。板付I式期の唐津市菜畑遺跡例（図8－5）は僅かに刃部を欠くが長さ一七・八cm、基端幅五cm、刃部幅八・二cmと同じく平面長台形をなし、横断面形は厚さ三・二cmの扁平形で重さは七〇〇gほどである。厚斧率は四一%とやはり低い。この両者の特徴は実に似ていて、長さは二〇cm弱と長いが、平面は基窄刃寛の長台形で、厚さは二・五～三cm前半と薄く、重量五〇〇～七〇〇g位と軽量である。したがって厚斧率三〇～四〇%しかない。約めていえば柄は大きいが身が薄くて軽い薄斧なのである。

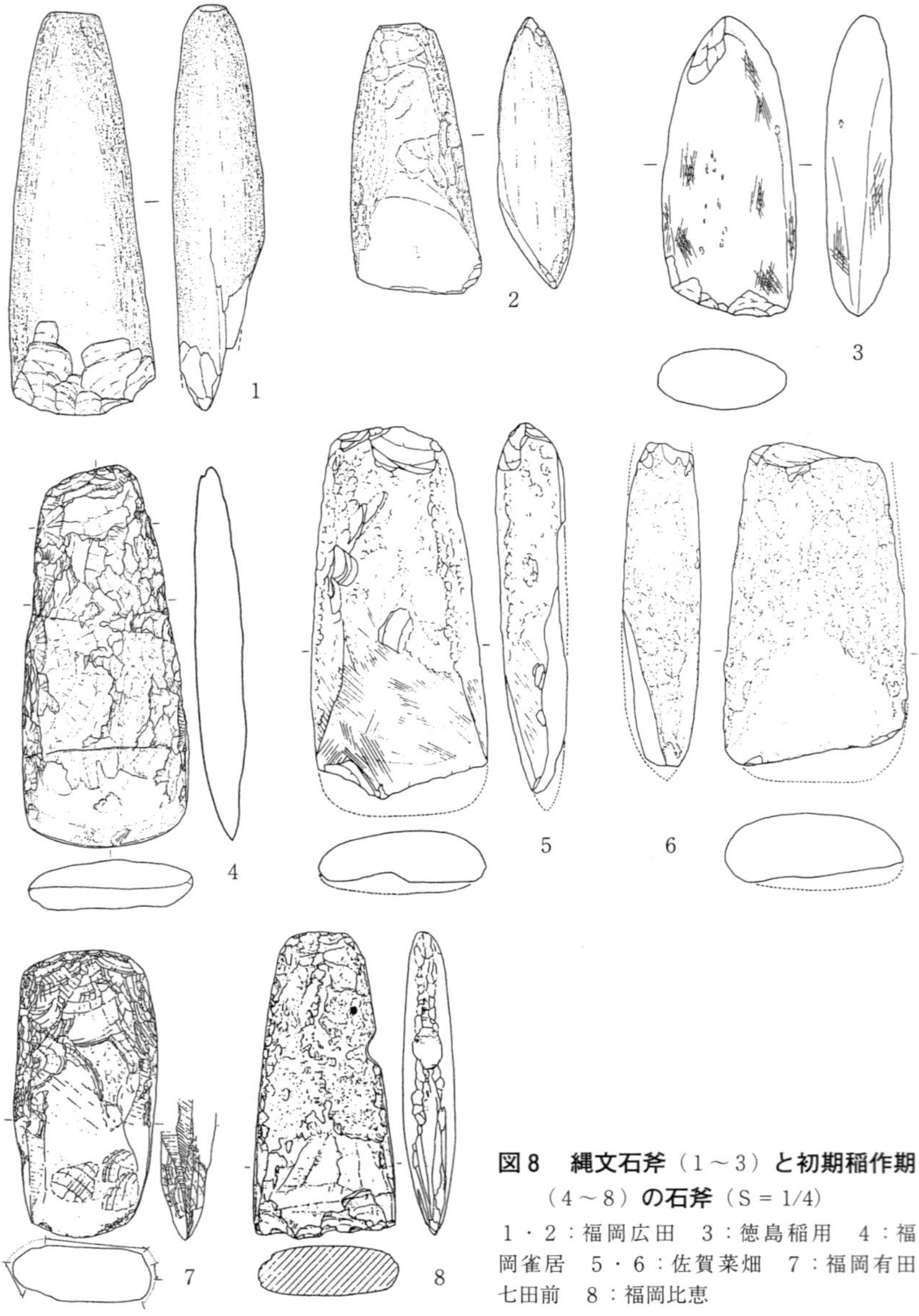

図８　縄文石斧（１～３）**と初期稲作期**（４～８）**の石斧**（S＝1/4）

１・２：福岡広田　３：徳島稲用　４：福岡雀居　５・６：佐賀菜畑　７：福岡有田七田前　８：福岡比恵

半島南部の休岩里期の伐採石斧（図7―3～12）が平面長方形、横断面楕円形で厚斧率六五～七〇％の厚斧であるのに比べ両者の間の質差は著しく、互いのあいだに継承関係はない。一例ほど辛うじて半島厚斧に属する可能性のある例が福岡県曲り田遺跡にあるが、これを除くと他に見ることはない。

では、列島の伐採石斧はどこに系譜を求めるべきか。同じ北部九州の突帯文期直前の晩期前半の糸島市広田遺跡に求むべき好例が出土している（小池一九八〇）。そこの最も大きな一例（図8―1）は長さ一九・八cm、基端幅二・八cm、刃部幅七・〇cm、厚さ四・〇cm、重さ七〇〇gと法量的には近似し、平面形は長台形、横断面は扁平形と型式も初期稲作期の伐採石斧によく類似している。異なるのは基端幅が広田例が狭いことで、ここに縄文系斧の特徴を垣間みるが、両者の間の連続関係は親しいものがある。

ただこうした大形石斧は縄文後晩期には稀例で、一般的な縄文後晩期の西日本の伐採石斧は基端が尖基か尖基に近い狭基で、刃部に寛く、厚さは三cmほどの比較的薄いものである（図8―2、3）。長さは一二～一五cm、刃部幅は六～七cmで重さは四〇〇～五〇〇gの軽量なものが多い。同期の徳島県稲用遺跡の未製品によれば重さ八〇〇～九〇〇gほどの形や厚さがよく似た河原礫を採集しそれに周辺加工を加えて形を整え、重さを半分近く落として製品としているが、これが縄文石斧の基本的製作法である。

稲作期に入るとこの縄文手法をもって、長さを二cmほど長くし、刃部を少し広げ、基端をもっと広げることによって長方形に少し近づけ、わずかだが重量増をはかって改革品を作った。しかしこの改良は縄文伐採斧の部分的の改良で、相対的な変化に留まるものであった。

菜畑遺跡の突帯文期（九～一二層）に伴って出土した石斧の未完成品は初期稲作期の伐採石斧のものである（図10―1）。

平面長台形、横断面形扁平でこの期の特徴を示すが、数値的にいえば長さ二〇・四cm、基部幅四・三cm、刃部幅九・四cm、厚さ三・〇cmで、何よりも刃部幅に対する基端幅の率を四六％と基端を広げて作っていて、まさに初期稲作期の伐採石斧の製作意図を読み取ることができる。扁平な自然礫の両主面はそのままにして、周縁に調整剝離を加えて形作るという技法は縄文そのままのものであって、初期稲作期の石斧が縄文的技法で作られていることがわかる。重さは九二〇gであるが完成品となれば六〇〇～七〇〇g前後の初期稲作期の石斧の標準的重さになるであろう。

このように初期稲作期の伐採石斧は縄文石斧の型式を基本的に継承し、基端拡大という若干の改良が加えられて成立したものであるが、その製作技法も縄文的技法でなされており、半島の石斧とは製作技法の点からも接点がないことがわかる(5)。

先にも記したように菜畑遺跡は持ち込みと思われる石器が最も多く出土し、確実に渡来人が共住していた遺跡と思われ、そうしたなかで、縄文技法での低質な伐採石斧の製作使用が通用する関係は、列島における渡来人と在来人の関係を象徴的に投影しているとみてよいのではないか。

蛤刃石斧の分類と展開

このような形で始まった列島初期稲作段階の伐採石斧のゆく末はどうなったのであろうか。その後、これにあれこれ手を加え、工夫を積み重ね、時間を掛けて、徐々に厚斧化への道をたどる。はじめ厚さ三cm前後だったものが、四cm前後となり、やがて五cm強となってゴールを迎えるのである。重量も増加し、せいぜい七〇〇gだったものが、一〇〇〇g前後となり、最終的には一五〇〇gに達する。この例は北部九州のケースであるが、このように段階を踏みながら石斧は強化され、最終段階のものは、半島の厚斧をも凌駕するレベルに到達する。この段階を整理するとＡⅠ、ＡⅡ、ＡⅢの三段階に分けることができ、ＡⅠ↓ＡⅡ↓ＡⅢの順序で石斧は厚斧化して

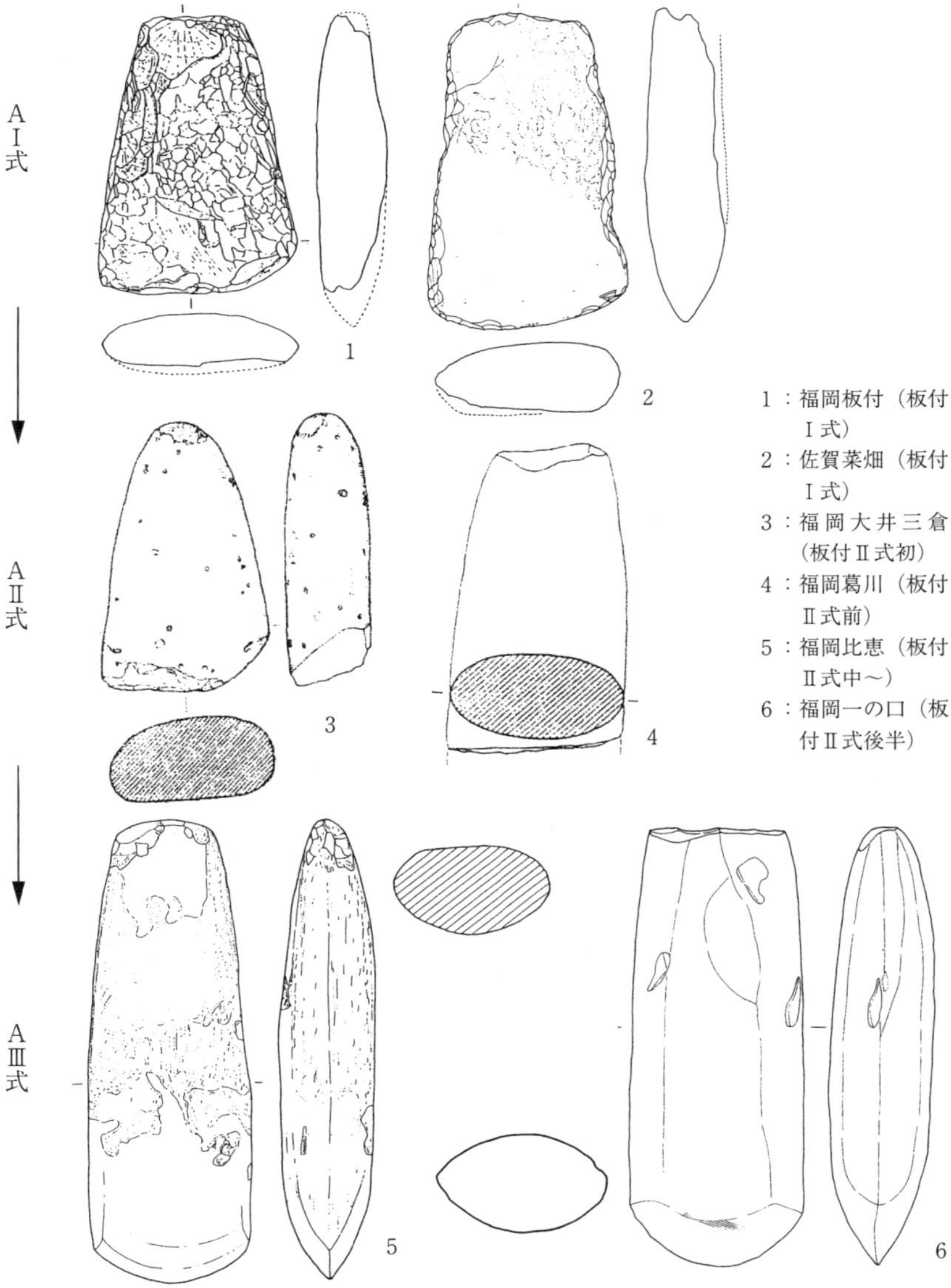

図９　列島の蛤刃石斧の展開（S = 1/4）

いくと定式化した（下條二〇〇二）。さらにその後、表記など変えていまでは次のように規定している（下條二〇一三）。

AⅠ式：平面長台形、横断面扁平（旧扁楕円）、厚斧率三〇～五〇％（図9－1、2）

AⅡ式：平面略方形、横断面扁楕円形、厚斧率五〇～六〇％（図9－3、4）

AⅢ式：平面長方形、横断面楕円～円形または紡錘形、厚斧率六〇～八〇％のいわゆる太形蛤刃石斧である（図9－5、6）。

Aというのは蛤刃石斧系で、切刃の四稜斧系をBとしたことは先述した。厚斧率とは石斧の幅に対する厚さの占める比率のことで、石斧の幅は石斧が発展してもそんなに変わらないが、厚さは増してゆく、つまり分母はそう変わらないが分子は大きくなる。発展するに従い厚斧率は大きくなるので、これを石斧発展の目安とすることができる。ただ厚斧率はあらゆる石斧に適用できるのではなく、農耕段階に連続して展開する一連の石斧に限っており、縄文時代の乳棒状石斧などに当てはめても意味はない。

厚斧率の定式は地域を越えて、広域に適用できるが、石斧の絶対的な大きさは地域によって区々なので、数字をあげて一概に規定することはできない。ここでは稲作農耕の伝来地であり、自力で厚斧化を達成した北部九州の例をあげておく。

AⅠ式：縄文晩期後半～板付Ⅰ式期（ところによっては板付Ⅱ式初段階）。長さ一五～一七cm位、刃部幅八cm前後、厚さ二・五～三cm、重さ五〇〇～七〇〇g

AⅡ式：板付Ⅰ式～板付Ⅱ式、長さ一七～一八cm、刃部幅七・五～八cm、厚さ四cm、重さ一〇〇〇g超～

AⅢ式：板付Ⅱ式～中期、長さ二〇～二二cm、幅八cm、厚さ五cm、重さ一五〇〇～二〇〇〇g

蛤刃石斧の薄から厚への発展は単に列島だけの個別現象ではない。列島の大陸系磨製石器の淵源地ともいえる中国山東地方や遼東半島でその事例をみてみよう。

山東半島の初期農耕文化期である新石器時代の北辛期に磨製の伐採石斧は出現し、その平面形態は長台形で、横断面は扁平である。厚斧率は四〇％台が中心で一部五〇％台を交えるがＡⅠ式に該当している。次の大汶口期になると平面は長方形に近づき、横断面は少し厚くなって扁楕円形になる。厚斧率は五〇％台になるのでＡⅡ式とみられる。新石器時代後期の龍山期になると、平面形は長方形、横断面は楕円形で、厚斧率は六〇〜八〇％となるので完全にＡⅢ式である。東北アジアにおいて磨製石器発展の頂点である龍山期に、伐採石斧の発展も到達点に達している。

遼東半島では大汶口期（小珠山下層期・同中層期）に磨製伐採石斧の初出をみるが、やはり平面形は長台形で、横断面形は薄い扁平形をなす。厚斧率四〇〜五〇％台で、ＡⅠ式が初現形態となっている。なかには自然礫に依拠してつくるという初現的作品もあり、厚みはあるが歪みや定形性が曖昧な稚拙なものもある。次の龍山期（小珠山上層〜双砣子Ⅰ期）にいたると山東半島と同様、発展のピークに達し、平面長方形、横断面楕円形、厚斧率は六〇〜八〇％の完全なＡⅢ式に達し完成期を迎える。以上のように東北アジア各地において伐採石斧はＡⅠ式からＡⅢ式に向かって展開しており、むしろこれが常態なのであって（下條二〇〇二）、列島の展開もアジア的には普通の現象といっていい。

厚斧化への道

半島の優れた伐採石斧を受け入れなかった列島の在来人（縄文人）はこれから長い時間をかけて模索しながら厚斧化の道を自力で歩いて行った。

厚斧化とは簡単にいえば長台形を長方形にし、扁平な身を厚い身にすることで、理屈でいえば単純なことであ

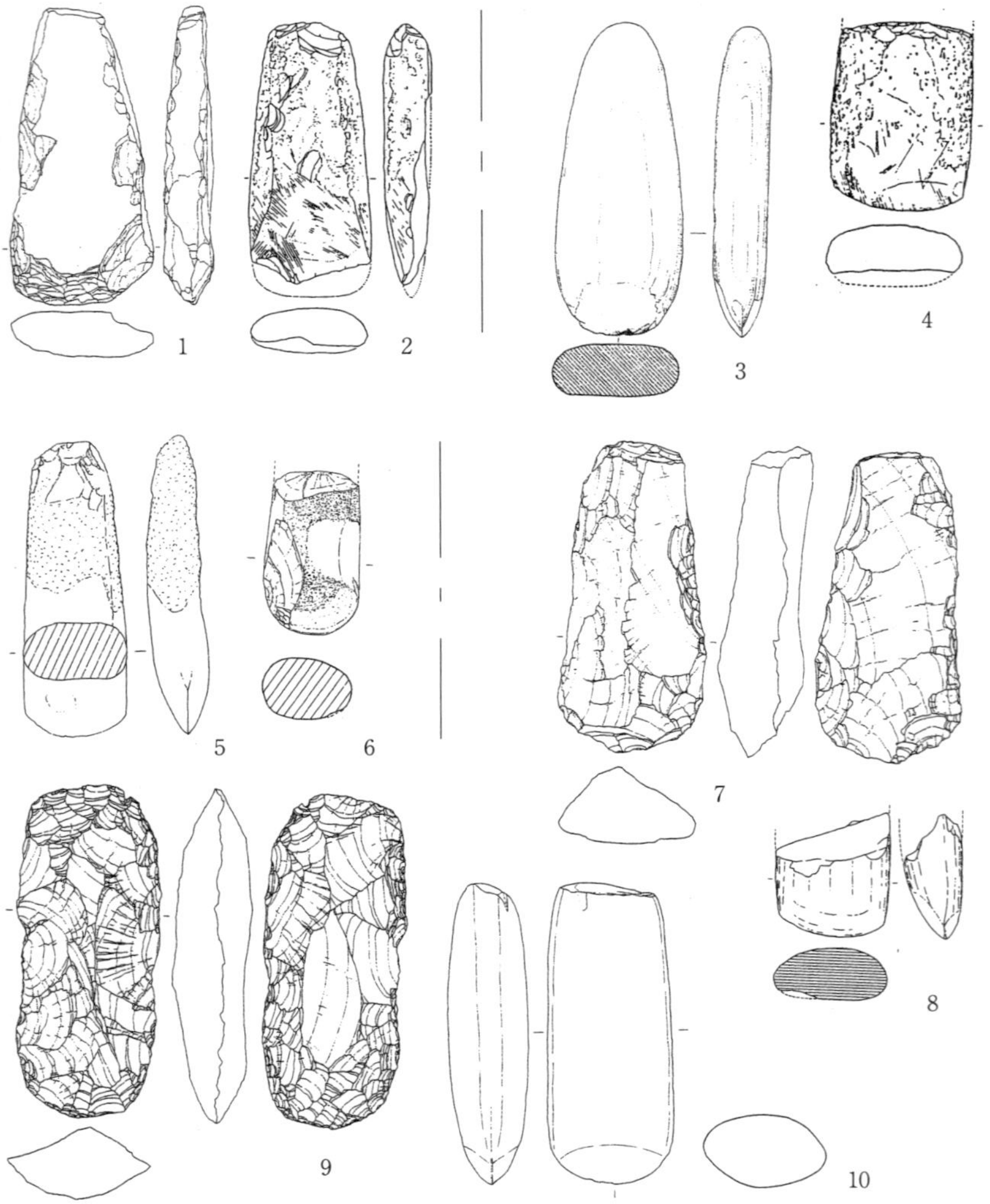

図 10　列島の蛤刃石斧の厚斧化過程（S ＝ 1/6）

Ⅰ段階（1・2　晩期～板付Ⅰ式）　1・2：佐賀菜畑
Ⅱ段階（3～6　板付Ⅰ式）　3：福岡今川　4：福岡比恵　5：福岡長浜　6：福岡有田
Ⅲ段階（7～10　板付Ⅱ式）　7・9：福岡今山　8：福岡比恵　10：福岡一の口

る。だが、それには発想の転換と解決すべき技術問題があり、厚斧製作の技術をもたない縄文人が理屈だけでいきなりその方法を開発習得し、自分のものにするのは無理で、相当の間、四苦八苦の模索を続けなければならなかった。半島の厚斧化技術に倣えばよさそうなのに、その道も採ってはいない。

厚斧化への試行は板付I式期にはじまる。この期の主要な伐採石斧は前代に引き続きＡＩ式であったが、これを母体にして工夫をこらし、厚斧化への試行がはじまる。その方法は試行という名に恥じない多様さであり、次のような試みがみられる。

①平面長方形化への試行　基端を拡張して刃部と同幅とし長方形化を図る。しかし、薄斧のまま行うので、重量増の効果は薄く、強靱化には繋がらない。指向性が読み取れるがこれ単独での発展性はない（十郎川、有田七田前、比恵二六次調査例）。ＡＩ式斧であるが、折損品で六〇〇〜七〇〇ｇに達するものもある（図10－4）。

②大型化への試行　ＡＩ式の平面形態と厚さは維持したまま、長さ、幅を拡大しようとする試みである。大形の扁平な礫を選材し、周縁に簡単な加工を施して重さの増加を狙ったものである。一〇〇〇ｇを越すものもあり、増量という意味では一定の目的は達成されているが、所詮素材の形と大きさに依拠した縄文的製作技法によるものなので、長方形、肉厚というアジア的弥生的方向性とは乖離した工夫でしかない。新たな技法の獲得になっていないのでこの手法が継承されることはない（図10－3）。ＡＩ式石斧である。

③厚斧化への試行１　やや厚みと幅のある横断面方形の方柱状の自然礫を選び、四稜部に調整剝離加工を施して仕上げる。平面を略長方形に仕上げ、横断面は素材形状を反映して方形近くになる。素材に厚さがあるので厚斧化の過程品らしくなる。ただし剝離がエッジ周辺の小剝離に留まるので、自然素材がもつ歪みは矯正できず、製品にそれが反映する。大剝離を加えて製作しない点は縄文的技法に通じている。この技法は厚斧作りの一つの方法として後にも列島各地に認められる。長浜貝塚例は長さ二〇・五㎝、幅六・九㎝、厚さ三・八㎝で厚斧率五

五％のＡⅡ式である（図10－5）。この系統に属する物でもっと幅広の素材から重量斧を目指す手法もある。

④厚斧化への試行２　棒状の自然円礫を素材としたもので、平面を長方形に整えるようになる。ただ③と同様縁部加工による成形に留まるため自然礫がもつ歪みや曲りまで矯正できず、中心軸の左右、上下が不対称の歪みのある形態となっていて均整のとれた石斧はできていない。それでも略長方形に近づき、厚さも四cm強あって厚斧に近づいている（図10－6）。この手法も後にまで残り、各地で採用されている。素材は大形化したが、剥離は縁部の小剥離で作るという縄文的技法なので、その後の厚さ調整と成形は敲打に依拠するため、完成にいたるには膨大な時間を要する。

この③、④の試行がステップとなって次へ進む。

板付Ⅱ式期になると平面の大形化と身の厚斧化が同時に達成できるような石斧作りが試行される。その事例は福岡市今山遺跡の石斧製作に顕著で、ここでは二種類の製作技法によって造られている（米倉二〇〇五）。それまでの技法とは異なって、大形の転礫に両側部から打撃を加えて主面を大きく剥離して、体部の形を整えるという新しい手法が開発される。その際、一面はフラットな自然面ないし平坦な剥離面とし、これを底面として他の一面に両側から打撃を加えて中線に稜を作りだし、横断面山形の大剥離面を作りだす方法が一つである（図10－7）。横断面でみると底辺が広い三角形状になる。こうした基本形態をもとに調整剥離、敲打、研磨を加え完成にいたるが、この場合、基本形が反映して、横断面が低い半円状の石斧になることがしばしばある（図10－8）。片面が平直で、片面が丸みをもち、バランスの悪い石斧となる。石斧そのものは長さ二〇cm、幅七～八cm、厚さ四cmに作るので前段階より大型厚斧化している。それでも種々手を加え横断面楕円形のＡⅢ式になるように作るが、雑な仕上げて横断面半円状に近いままのもあり（図10－8）、それらは厚さに欠け、ＡⅡ式に留まることがある。[6] この技法による厚斧の製作は時期を問わず列島各処でふんだんに見られる。

もう一つの技法は両面に両側から大剥離を加えて作る手法で、面の中線を頂点とする山形の稜が両面に出来、横断面は菱形になる（図10－9）。これに敲打、研磨を加えると両面左右とも均整のとれたシンメトリーな良斧となって、厚斧率六〇～六五％前後のAⅢ型となる。長さ二一㎝前後、幅八㎝前後、厚さ五㎝前後、重量一五〇〇～二〇〇〇gもある横断面楕円形の大形の規格的な厚斧となるのである（図10－10）。

横断面山形技法が板付Ⅱ式の前半に先行して出現し、板付Ⅱ式期での中心となり、これに一部横断面菱形技法が出現して併存し、中期に向かうに従って菱形技法に統一されていく。菱形技法は希有の技法でこれの完璧な施工となると列島のなかでも福岡市今山遺跡の独占的なものである。今山遺跡はこの技術をもってして、集中的に伐採石斧を生産し、多量に良質石斧を各地に供給することによって、北部九州の農耕開発は一挙に加速するようになる。だが、板付Ⅱ式前半までは旧弊の古いタイプの石斧のなかに点在する段階であり、板付Ⅱ式後半にいたって山形技法と菱形技法が混在し、前期末にいたって菱形技法のAⅢ式に純化されてゆく。

このようにして生まれたAⅢ式斧と三種の加工石斧が組み合うことによって、稲作の高速開発のための基盤具が整い、ここに至って韓半島に肩を並べることができるようになったのである。

稲作が北部九州に上陸してからここに至るまで三〇〇～五〇〇年間、試行錯誤を繰り返しながらのスローな技術開発であったが、それも自然観に基づいた在来人の自力開発へのこだわりがなした業であろうか。

こうした曲折を経て、前期末～中期間に汎列島的に広がったAⅢ式伐採石斧こそ、いわゆる太形蛤刃石斧で、これが農耕開始期に他の磨製石器と共にいち早く大陸よりもたらされたと誤解したのが戦前からの日本考古学であった。これによって、列島の農耕は、渡来的要素のみで構成されたと考え、在来人の農耕参画を考慮する余地を閉ざしてしまった。

開発と石斧

採集経済から灌漑農耕への移行、すなわち縄文時代から弥生時代への転換は人と大地との関係に決定的な変化をもたらした。縄文時代はいわば自然と共棲する時代であったが、弥生時代は今日に続く大地開発の幕開きの時代であった。

とりわけそのことは樹木との関係にあらわれており、縄文時代は樹木をほとんど日常の生産や生活具として利用しない。わずかに丸木弓や木製椀などの小件の木材に限られており、スギやクリの大径木を使っての丸木舟、物見櫓、儀礼場の環状木柱列などとしての利用はあったとしてもそれは非日常のたまのことである。

日常のこととして最も木材が使われるのは住居関係であるが、その度合いを示す好例が新潟県新発田市青田遺跡にみられる。遺跡からは掘立柱建物の木柱が多数出土し、それの統計的処理がなされている（荒川二〇〇九）。それによれば柱は直径五～一〇cmと二五～三〇cmの間に集中し、最も集中度が高いのは一〇～一五cmであるから、雑木程度を伐採し利用しているにすぎない。太くても、直径三〇cmのクリ、クヌギ節、コナラ節、ヤマグワ、トネリコ属を伐採するのがせいぜいのところであるようだ。こうした事例を多々承知する村上由美子は石斧と伐採の関係は「石斧を使う時代にも太い木を伐採する技術は確かにありました。たくさんの木を木くずにして削り落とさないといけないので大変です。ですので、よっぽど大きな木が必要と言うときしか切らなかったようです。……縄文時代は……普通の生活でたくさん使ったのはもっと細い木です。直径二〇cmくらいの木をイメージしていただくといいかと思います」（村上二〇〇四）と述べている。縄文時代の伐採石斧は直径二〇cm位の樹木の伐採に適したものであるということになる。

稲作が始まるとそれまでのエコトーン的環境の住地から離別し、低地に下り、そこに新たな住地を作り、田地を開かねばならなかった。そのためには、集落用地確保のための台地上の樹木、可耕地の開地のための低湿地のハンノキ、河床林であるヤナギ、ケヤキ、ヤブツバキ、アラカシなどの伐採であり、それは材の質や大小を問わない多量の伐採が必需であった。

一方、生産生活用具に木製品を取り入れるようになるのが弥生時代の特色であるから、そのための用材の伐採にも取り組まねばならなかった。時代全般としては、調度品（机、腰掛け）、容器（椀、盤、蓋、皿、鉢、高坏、槽）、漁撈具（ヤス、銛、アカトリ）、編み具（木錘）、服飾具（櫛、簪）、運搬具（背負子、舟）、武具（弓、甲）などの木製品があり、用途に応じた材の伐採が必要であった。

ただ、稲作開始期に絞ると、圧倒的にスキ、クワ、エブリなどの農具と灌漑水路、堰、水田の固定のための杭、矢板などの農業用土木具に集中している。こうした水田の開発、維持のための木材が準備されなければならないが、とりわけ重要なのはスキ、クワなどの樹種が限定される農具用の材の確保であった。稲作開始期の縄文晩期の農具にはクヌギ節が充てられていた（山口二〇一二）。これは同段階の半島の農具がクヌギ節であり、やはり列島の農具も半島の有り様を継承したと考えられるが、クヌギ節は気乾比重〇・八五もある硬質材で何よりも直径八〇cmもある大径木を伐採しなければならなかった。板付Ⅰ式期になるとクヌギ節からアカガシ亜属に代わるが、このアカガシ亜属というのはスキ・クワを造るのに適した材であるが気乾比重〇・八七もあってとても硬くて重くて強く、直径八〇cmもある大径木の伐採にはきわめて困難をともなう。それも日常においてである。

この新たな難事業に可及的速やかに対応するには、鉄斧のないこの時代においては硬い材質で厚くて大きくて重い均整のとれた伐採石斧を作り、それを駆使するのがベストである。そのモデルが眼前にあり、何時でもその情報ないし技術習得が可能なのに、それに倣わず、縄文斧の改良型（ＡⅠ式）で対応したのが列島の初期稲作期の姿なのだ。

改良型といっても基端をわずかに広げ、せいぜい二〇〇ｇほど重くした程度で基本的には縄文斧とさして変わらない。器肉を厚くしないので、木への加撃時の受衝撃力は弱く、すぐに破損したことであろう。極端にいえば大量のそして硬質の大径木の伐採に、本来そうしたものに適応して作られていない石斧で立ち向かうのであるから、まさしく蟷螂の斧の状態であったといえるのではないか。

こうした伐採能力の低い斧による伐木では当然スピーディで効率的な可耕地での伐採や硬質堅緻な用材の確保にはほど遠く、農地化はおのずからスローなものにならざるをえなかったであろう。

そして問題は伐採石斧だけの問題ではない。半島では高質伐採石斧と分化した片刃石斧はセットとなって有機的に稼働していた。つまり両刃、片刃の石斧群は一連のシステムとして稼働し、樹木の伐採・加工・木器の製品化に高速に成果を挙げうる基盤工具の整備ができていたのである。故国でこのシステムを身につけ、機能させてきた渡来人がこれを列島で稼働もさせず、低質の伐採斧を使うスローな開発に自ら率先してかかわるはずもなく、それをなしたのは「高速」とか「システム」とかにまだ縁の薄い在来人（縄文人）を措いて他にないであろう（図11）。

半島で農耕が始まって相当の時間が経過し、その間故国で開発にどっぷり浸ってきた渡来人と自然との共棲を旨としてきた在来人との間には、列島での開発については相当の体質的な齟齬があったはずだ。こうした経験差に基づく両者の自然観の違いは開発にかかわる際の行動に反映するであろうが、列島の地であるがゆえか自然と協調的である在来人のスロー開発が優先された。したがって在来人は伝統的技法によった低質の伐採石斧で開発にとり組んだ。開発のスピードを調整するのは、開発の先兵を勤める伐採斧であるから、低質の伐採石斧による開発は、当時の開発事情を端的に示している。

筆者は、在来人が単独で稲作開発をしたなどと言っているわけではない。稲作文化は農具の製作、それを使っての造田、灌漑施設づくりからコメつくりのための各種ソフトや紡織技術までの総合性で進展するのであり、そ

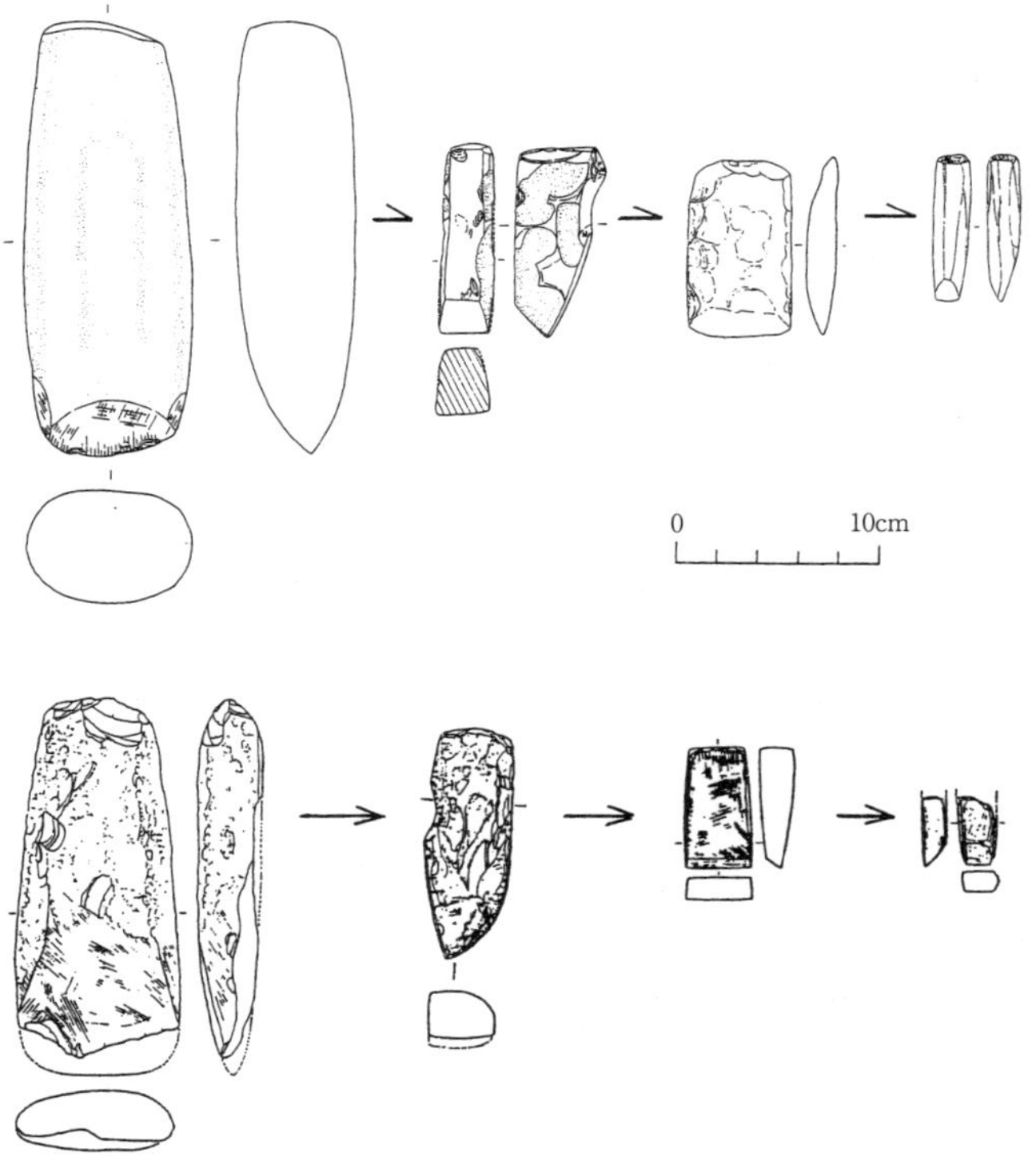

図 11　半島（上段）**と列島**（下段）**の稲作開発基盤工具のラインアップ**

左より伐採石斧→抉入石斧→扁平片刃石斧→鑿形石斧で，半島はＡⅢ式の高質伐採石斧によって，高速開発を行ったが，列島はＡⅠ式の低質伐採石斧でスローな開発を行った。

れの知識と技術は不可欠である。それをもたらしたのはやはり渡来人であろうから、いちいちどこからどこまでと一線は引けないが、両者の共助溶融の下で進んだと考えている。

戦前から今日まで、コメ作りに渡来人が関与していることは多くの識者が認めるところであり、筆者もその立場にある。ところが、在来人がその時どうであったかというと、酷いものは放逐であり、多くは在来人の役割を無視するか不問で済ますのが大半である。前者はともかく、関与するにしろしないにしろ在来人のかかわりが具体的に描かれることはなかった(7)。

筆者は在来人のコメ作りへの積極的参加を伐採石斧の分析から認め、開発現場における在来人の主導性をも伺見した。在来人のコメ作りのへの参加は東に行けばもっと顕著である。

註

(1) 大陸系磨製石器としては研究史的には両刃の伐採用石斧、抉入石斧・扁平片刃石斧の加工用石斧、穂摘み具の石庖丁、武器型をした有柄式石剣、磨製石鏃が取り上げられてきたが、石鎌、大形石庖丁もこの類に所属する。

(2) 本章では本著の趣旨に照らして、いわゆる大陸系磨製石器のうち、渡来論にかかわる磨製石器を取り上げ、その意味するところを述べたものである。執筆にあたっては多くの論に触れたが、弥生石器の研究史については(石川一九九六)に詳しく、参考とした。これには太形蛤刃石斧や大陸系磨製石器という用語の定着過程についても詳細に述べられており、それに依っている。

(3) 長い棒状の片刃石斧のことを通常柱状片刃石斧と呼び、後主面に抉りのあるものを抉入柱状片刃石斧と呼んでいるが、半島と列島との関係を明示するのは抉りをもった片刃石斧であり、その関係を問題にしているのであるから本稿では抉り不在の場合や折損で抉り不明の場合を除いては、学史的に呼び習わされてきた「抉入石斧」を使う。

(4) 水野は遼東半島の伐採石斧を蛤刃であろうが切刃であろうが太型と長形ないし長手の二種に分類している。貔子窩遺跡(濱田ほか一九二九)では太型と長形、双台子山遺跡では太型と長手である。太型は身が厚手のもの、長形(長手)は身が薄手のものでその基準は曖昧である。伐採石斧に少なくも厚薄の二種類があることを分類で示しているが、意識的な取り扱いにはなっていない。太形蛤刃石斧は厚手のものであるが、太形蛤刃石斧命名のもととなった双台子山遺跡の太型は貔子窩遺跡でいえば薄手の長形である。「楕円形の断面」を太形蛤刃石斧の規定条件にしているが、曖昧感は免れえない。太形蛤刃石斧の型式的規定の曖昧さはその後もずっと続き、そのままこの用語は使い続けられている。フトガタ蛤刃石斧の漢字表記には「太型」と「太形」があるが本稿では太形を使っている。ただ引用や重要な研究史上の表現の場合、原著に倣って太型としているところもある。

（5）かつてこの改良を半島石斧の影響のもとに生じた指向性ととらえ、それを評価して縄文石斧と半島石斧との折衷品と考えたことがある（下條一九八五）。それを良しとする声もあったが、形態だけでなく選材、技術も含めてとらえるようになって以降は、縄文石斧の文脈の上でとらえることにした。

（6）半島の太形蛤刃石斧の作り方は管見による限り、手法③か横断面山形技法で作ることが多いようだ。それでも後者から横断面楕円形の良斧を作っていることが多いが、なかには横断面半円形のものもみられる。

（7）もちろん山内州清男のように弥生式の母体は縄文式にありとしてコメ作りを縄文人主体というか専作で考える研究者もいた。山内の場合コメ作りは交渉によって技術を得た（山内一九三七）とするものであるから渡来人の存在を認めることには極めて消極的であった。したがって列島における渡来人と在来人（縄文人）の相互関係という問題そのものが存在しない。どういうコメ作りかというと女性による耨耕を描くが想定であって根拠はない。

参考文献

荒川隆史　二〇〇九年「掘立柱建物と木柱」（谷口康浩ほか篇『縄文時代の考古学8　生活と空間』同成社）
石川日出志　一九九六年「3、弥生時代（2）石器」（『考古学雑誌』第八二―二　日本考古學會）
李　南奭ほか　一九九八年『白石洞遺跡』（公州大學博物館・忠清南道天安市）
李　弘鍾　二〇一〇年『燕岐松潭里・松院里遺跡』（韓国考古環境研究所研究叢書第三九冊）
任　考宰　一九七八年『欣岩里住居址4』（ソウル大学校考古人類叢刊第八冊）
池田祐司　一九九八年『福岡外環状道路関係埋蔵文化財調査報告』（福岡市埋蔵文化財調査報告書第五八二集）
梅原末治　一九二二年『鳥取県下に於ける有史以前の遺跡』（鳥取県史跡勝地調査報告第一冊）
江上波夫・駒井和愛・水野清一　一九三四年「旅順双台子山新石器時代遺跡」（『人類学雑誌』四九―一）

大島隆之　二〇〇三年「韓国　無文土器時代磨製石器の時期差と地域差」（古文化談叢第五〇集（上））
金　権九ほか　二〇〇六年『金泉松竹里遺跡Ⅱ』（啓明大学校業素博物館遺跡調査報告第一五輯）
栗田茂敏　二〇〇〇年『大渕遺跡』（松山市文化財調査報告書七七）
小池史哲　一九八〇年『二丈・浜玉道路関係埋蔵文化財調査報告』（福岡県教育委員会）
小林行雄　一九三八年「弥生式文化」（『日本文化史大系　第一巻　原始文化』誠文堂新光社）
近藤義郎　一九六〇年「鉄製工具の出現」（『世界考古学大系2　日本Ⅱ』平凡社）
酒井仁夫・伊崎俊秋　一九八一年『今川遺跡』（福岡県津屋崎町文化財調査報告書第四集）
酒井仁夫　一九八四年『葛川遺跡』（福岡県苅田町文化財調査報告書第三集）
酒井仁夫　一九八七年『宗像　大井三倉遺跡』（宗像市文化財調査報告書第一一集）
下條信行　一九七〇年『福岡市板付遺跡調査報告』（福岡市埋蔵文化財調査報告書第八集）
下條信行　一九七七年「九州における大陸系磨製石器の生成と展開」（九州大学文学部史淵一一四号）
下條信行　一九八五年「伐採石斧（太型蛤刃石斧）」（金関恕・佐原眞篇『弥生文化の研究5』雄山閣）
下條信行　一九八六年「日本稲作受容期の大陸系磨製石器の展開」（九州文化史研究施設紀要三一号）
下條信行　一九八八年「日本石庖丁の源流―弧背弧刃系石庖丁の展開」（永井昌文教授退官記念論集『日本民族・文化の生成』六興出版）
下條信行　一九九一年「日本稲作受容期の大陸系磨製石器の展開」（横山浩一先生退官記念論集Ⅱ『日本における初期弥生文化の成立』）
下條信行　二〇〇二年「片刃石斧の型式関係から見た初期稲作期の韓日関係の展開について」（清渓史学一六・一七合輯　韓国精神文化研究院　清渓史学会）
下條信行　二〇〇二年「北東アジアにおける伐採石斧の展開」（『韓半島考古学論叢』すずさわ書店）
下條信行　二〇一三年「いわゆる大陸系磨製石器の瀬戸内における定着過程」（『瀬戸内海考古学研究会第3回公開大会

予稿集』）
下村智ほか　一九九五年『雀居遺跡２』（福岡市埋蔵文化財調査報告書第四〇六集）
杉原荘介　一九六一年「日本農耕文化の生成」（杉原荘介篇『日本農耕文化の生成』東京堂）
鳥居龍蔵　一九〇八年「満州の石器時代の遺跡と朝鮮の石器時代の遺跡の関連に就いて」（『東京人類学雑誌』二六一）
鳥居龍蔵　一九一七年「畿内の石器時代に就いて」（『人類学雑誌』三二―九）
中島直幸・田島龍太　一九八二年『菜畑』（唐津市文化財調査報告書第五集）
橋口達也ほか　一九八四年『石崎曲り田遺跡』（福岡県教育委員会）
濱田耕作・島田貞彦・田沢金吾・水野清一　一九二九年『貔子窩』（東方考古学叢刊甲第一冊　東亜考古学会）
松村道博ほか　一九八三年『福岡市有田七田前遺跡』（福岡市埋蔵文化財調査報告書第九五集）
水野清一　一九三五年「満蒙新石器時代要論」（『考古学』五―八）
村上由美子　二〇〇五年『桜町遺跡シンポジウム　考古資料から建築材・建築技術を考える』記録集（桜町遺跡調査団）
森貞次郎　一九四二年「古期弥生式文化における立岩文化期の意義」（古代文化一三―七）
森貞次郎・岡崎敬　一九六一年「福岡県板付遺跡」（杉原荘介編『日本農耕文化の生成』第一冊　東京堂）
八木奘三郎　一九一四年「朝鮮の磨石器時代」（『人類学雑誌』二九―一二）
八幡一郎　一九二八年『南佐久郡の考古学的調査』（歴史図書社）
八幡一郎　一九三〇年「環状石斧類」（『考古学』一―二）
山内清男　一九三七年「日本における農業の起源」（『歴史公論』六―一）
山口譲治　二〇一二年「日本木製農具の系譜」（『新昌洞遺跡の木器と漆器―中国と日本と比較―』光州新昌洞遺跡史跡指定二〇周年記念国際学術シンポジウム　光州広域市・国立光州博物館）
吉岡完祐　一九八二年『十郎川　２』（住宅・都市整備公団）

吉留秀敏　一九九四年『那珂11』（福岡市埋蔵文化財調査報告書第三六六集）
米倉秀紀　二〇〇五年『今山遺跡第八次調査』（福岡市埋蔵文化財調査報告書第八三五集）

第六章　西日本における初期稲作と担い手

下條信行

韓半島南部から北部九州に上陸し定着した初期稲作農耕はその後どのように広がっていったのであろうか。そのコースとしては、①北部九州から南下し、鹿児島県薩摩半島方面に向かう南下コース、②福岡県を東に走り、東北部九州（福岡県の東を北流して響灘に流下する遠賀川の東から宇佐平野にいたる地区を主要地とし時に別府湾沿岸部も含む）を抜けて周防灘沿岸に出て、畿内に向かう瀬戸内海コース、③福岡県東部から響灘を経て、山口、島根と山陰沿いに進む日本海コースの三つがある。

そのいずれのコースからも資料の濃淡の差はあれ、初期稲作期、あるいはそれに近い時期の稲作関連資料が出土しているが、②はこれまで稲作文化が列島を東進する際の幹線として取り扱われてきたコースであり、また近頃北部九州を経由することなく半島との独自ルートによる交渉で稲作文化を受容したと主張する四国高知もこのコースの一部を利用するらしい。③は出雲など山陰地方はかつて半島から渡来人が直接上陸したと比定された地であり、山口長門地方は人類学側から渡来人の上陸地の一つに比定されている地でもある。

このようなこれまでの経緯と資料の蓄積の現状を考慮して、本章では、②の瀬戸内海コースを中心に③の日本海コースと最後に新論の高知南海論をとりあげ初期稲作の受容動向とその担い手をうかがうこととする。

さて列島における稲作拡散の動態は何をエビデンスとし、どのように広がったと考えられてきたのであろうか。その主役を担ったのは弥生式土器研究で、これの動向ないし解釈によって稲作拡散の荷担者、広がり、時期、スピードなどがイメージされ、今日にいたっているのである。

1　土器論がつくった伝播イメージ

拡散のイメージづくりは昭和初期の弥生式土器研究に始まる。大正時代から北部九州をフィールドとして中間時代（のちの弥生時代）の文化研究を進めていた九州帝国大学医科大学教授の中山平次郎は、それまで収集してきた弥生式土器やそれに関する情報を分類体系化し、一九三二（昭和七）年にその成果を雑誌『考古学雑誌』などに発表した（中山一九三二）。それによれば、北部九州の弥生式土器は文様を付けない赤褐色単調の第一系土器と栗色で有文の第二系土器とに分類されるとした。第二系土器は福岡市今津貝塚や福岡県水巻町立屋敷遺跡に出土が知られていたが、後者は遠賀川河畔に位置する遺跡であることからこの第二系土器を遠賀川式土器とも表現している。中山はこの段階では第一系が古く第二系が新しいとしたが、その新古は逆であることがほどなく明らかにされる。

この中山の第二系土器の設定にいち早く反応したのが、関西の小林行雄である。小林は中山の発表の二カ月後の一九三二（昭和七）年七月には「安満B類土器考―北九州第二系弥生土器との関連を論ず―」（小林一九三二）を発表し、第二系土器と安満B類土器の器形、文様描写手法、文様種類などの同一性から「弥生式土器が関門地方―北九州に第一歩を印したように第二系土器は安満B類土器の最初の足跡」であると高槻市安満遺跡出土の弥生土器中のB類土器が中山の第二系土器と同系統土器と認定し、しかもそれを最初の弥生式土器としたのである。

小林は次いで播磨の神戸市吉田遺跡出土の土器分析でこの見解をさらに推し進め（直良・小林一九三二）、中山の第二系統土器を遠賀川式土器と呼称することを提唱し、遠賀川式土器と安満B類土器は同一の文化系列に属し、遠賀川式から安満B式へと西から東への文化伝播を承認すべきだとして、弥生文化は北九州に始まり、その時の土器様式である遠賀川式土器が瀬戸内海を経て、日本海にも寄り、畿内に到達したと初期弥生式土器の発生と伝播の構図を描いたのである。

これは単に遠賀川式土器の発生と伝播の構図に留まるものではなく、付与された含意は小林が同文中で「一の文化系列」、「西から東への文化伝播」というように文化、すなわち稲作文化の動向をも示しているのである。

こうした個別研究を総括して、一九三八（昭和一三）年に小林は『日本文化史大系』の「弥生式文化」（小林一九三六）中で「弥生文化人は海を越えてきた人々で」、「打ち下ろす一鍬一鋤に豊葦原瑞穂国と呼ぶにもふさわしき国土をつくりあげたのは将にこの人々であった」と述べるのであるから、遠賀川式土器をもって各地（瀬戸内・畿内・日本海）に弥生式文化を伝え広げ、その文化をもって国土を開発していったのはまさしく渡来人ということになるのではないか。

斉一論と急速伝播

弥生式文化の研究は戦後も土器を中心に進められてきた。その最たる広域研究は一九五一（昭和二六）年〜一九五八（昭和三三）年まで八年に及んで行われた弥生式土器文化総合研究である。その目標が弥生時代文化の発生とその発展におかれたため、西は九州から東は名古屋までの遺跡が対象になったが、遠賀川式土器の時代の遺跡が多く含まれている。西から福岡県板付遺跡、同夜臼遺跡、宮崎県檍遺跡、広島県中山遺跡、岡山県高田遺跡、兵庫県千代田遺跡、愛知県西志賀遺跡などの各地の初期稲作期（弥生前期）の遺跡が掘り繋がれたのである。その結果得られた九州から伊勢湾沿岸までの遠賀川式遺跡をくくる共通の特徴は何かというと「斉一性」という用語で、遠賀川式土器は九州から伊勢湾沿岸まで斉一的に伝わったということである。この調査以後、各書において遠賀川式土器の広がりは印を押したように「斉一性」と表現されるようになる。

この総合調査の委員長である杉原荘介は調査中の一九五五（昭和三〇）年から「遠賀川式といわれる名称ですべて呼ばれたような斉一性……」（杉原一九五五）に始まり、この総合調査の報告書である一九六一年刊の『日本農耕文化の生成』（杉原一九六一）においても「遠賀川式土器といわれる斉一性のある時期を通じて……」と斉一性は土器型式だけでなく時期における等質性を示すタームとしても使われるようになるのであるから弥生式文化を構成する諸要素も斉一的との意味を含むようになるのである。

こうして弥生前期斉一性論は定着し、五年後の一九六六（昭和四一）年の講座本には、

いわゆる遠賀川式土器の分布する九州から中部地方西縁までの弥生前期の遺跡で、生産用具の面でも大陸農耕文化に伴う磨製石器のセットがいち早くとりいれられるというように、強い斉一性をもった稲作文化の急速な伝播が認められる（矢島誠一『日本の考古学Ⅲ　弥生時代』一九六六）

と強い斉一性は土器から今度は磨製石器のセット伝播にまで拡大し、しかも急速に伝播したと認識されるようになった。

考古学における「斉一」とは形質が同じというだけでなく、時間的にも同時的であるとの謂いであるから九州から伊勢湾沿岸までがいかに長距離であろうと急速な伝播を意味する。伝播にあまり時間をかけると「斉一性」

は崩壊するからである。こうして、土器分析を唯一の証拠として、乱暴にも他の要素も斉一的と一括されてしまったのである。

このように斉一性には時間の限定があるから、九州から伊勢湾沿岸までの遠賀川式の伝播期間は長くても半世紀であろうとするさらなる急速伝播論が一〇年後には唱えられるようになり、それを伝え得たのは渡来人の子や孫であろうと斉一論を背景にしてたちまちのうちに渡来人の行動にまで拡大解釈してしまうのである（金関・佐原一九七五）。

以上紹介したような主要な弥生研究者の論を最大公約数的にまとめると、列島に初期（遠賀川式期＝弥生前期）稲作文化を広めたのは渡来人系列で、彼らは当初から斉一的な弥生文化（セットとしての土器、磨製石器など）を保持して、九州から伊勢湾沿岸までの各地にたちまち（急速）に伝えたとするもののようである。

ただし、その根拠となっているのは土器論だけで、土器の斉一性から他の文物も斉一的であろうとか、斉一性が貫徹しているのは急速な伝播によったからだなどといった類推や推測によるもので、はなはだ実証性に欠けている。現実に未開地を伐採開墾し、各種用材の確保のために硬質大木を伐採し、鋤鍬などの用具を作製するなど、新たな水稲農耕を開くにあたっての最大の課題は、土器ではなく生産用具、なかんずく石斧類をどう整えるかにある。これの掌握と分析なくしては農耕開発、または農耕荷担者の実像は見えてこないのである。以下にその具体例を示しながらその実情を明らかにしたい。

2　瀬戸内海の出現期の稲作——縄文晩期——

縄文晩期後半の刻目突帯文土器文化期に玄界灘沿岸とその周辺に上陸した本格的な水稲耕作はその後どのよう

に広がったのであろうか。

この縄文稲作は東北部九州を経て、瀬戸内海に出、内海の南岸、陸地でいえば四国の北岸を東走して、瀬戸内海中部にいたり、ここでストップする。遠賀川式土器のように畿内を経て一挙に伊勢湾沿岸にまでたどりつくことはない。

確実に稲作を行ったとみてよい突帯文期の遺跡は愛媛に一例、香川に一例が知られており、前者が松山市大渕遺跡で、後者が高松市林・坊城遺跡である。

大渕遺跡

大渕遺跡は松山平野の北、太山寺町に属し、西の丘陵と東の微高地に挟まれた低湿地に堆積した層序をもつ遺物包含層である（栗田ほか二〇〇〇）。下層の九層は縄文後期層で常時湛水しているような環境にあったが、上層の突帯文期層である五・八層になると沼が埋積し乾燥した土地に環境が変わる。そうすると水稲栽培が始まり、花粉分析によれば五層にいたって初めて稲の花粉化石が出現し、そのあとは古墳〜中世へと継続出土するという。この五・八層に突帯文期の種々多量の遺物を出土するが、稲関連としてはジャポニカ種の籾圧痕土器や茎がある。稲作を推測させる考古遺物としては石庖丁・石鎌のほか穀物などの貯蔵具としての大型壺が一定量出土している。以上のことから、この地で水稲栽培が行われていたことはまず間違いないものとみられる。

林・坊城遺跡

林・坊城遺跡は高松平野の微高地と微高地に挟まれた幅七〇〜八〇mもある河川域のなかの西側に、微高地に沿って流れる幅四〜七mの自然河川があって、そのなかから突帯文期の壺甕とともに木製農具が出土した（宮崎一九九三）。農具はすべてアカガシ亜属製で、鍬は破片を入れて四点、エブリ一点、鋤状木製品が六点も出土している。水田跡、水路などの遺構は出土していないが流路からは自然木として低湿地に繁茂するハンノキ属が六点と最も多く出土しており、こうした低湿地的環境と農具が結びあってこの近辺で水稲耕作が行われていたことは間違いあるまい。同様の環境にある西側の第一微高地東端にこれに後続する遠賀川式期の方向を同じくする人工水路が開かれているのもこの考えを支持するであろう。

以上のように縄文晩期には四国北岸を瀬戸内海中部にまで水稲耕作が伝わっていたことが明らかになったかと思うが、半島や北部九州と瀬戸内とが斉一的であったかどうか以下に石器、木器、土器から検証してみよう。

稲作は縄文石斧で

大渕遺跡からは完形品は少ないが大小一〇点近くの石斧が出土している。大は伐採用の大形の石斧で、小は加工用の石斧である。

伐採石斧には二タイプがあって、一つは平基の狭い基部で刃部に開く長台形タイプである（図1－1）。身の横断面は扁平で厚さが薄い。完形の一例をあげると長さ一六・六cm、幅六・四cm、厚さ二・五cmで重量は五〇〇g未満の軽量品である。ちなみに厚斧率は三九％であるから蛤刃系伐採斧のＡⅠ式に近い。縄文伐採斧より心持ち基部が広くはなっているが縄文由来の石斧であることには違いはない。このタイプの出土例が多く、この期の主力伐採斧であったとみられる。

もう一つのタイプは基部が尖った尖基で、刃部に向かって身幅が広くなる（図1－2）。身は棒状で横断面は小形の円形ないし楕円形をなす。これは典型的な縄文系の乳棒状石斧である。

以上のようにこの遺跡で使用された伐採石斧はいずれも縄文系石斧であって、半島とは異なり、北部九州とは

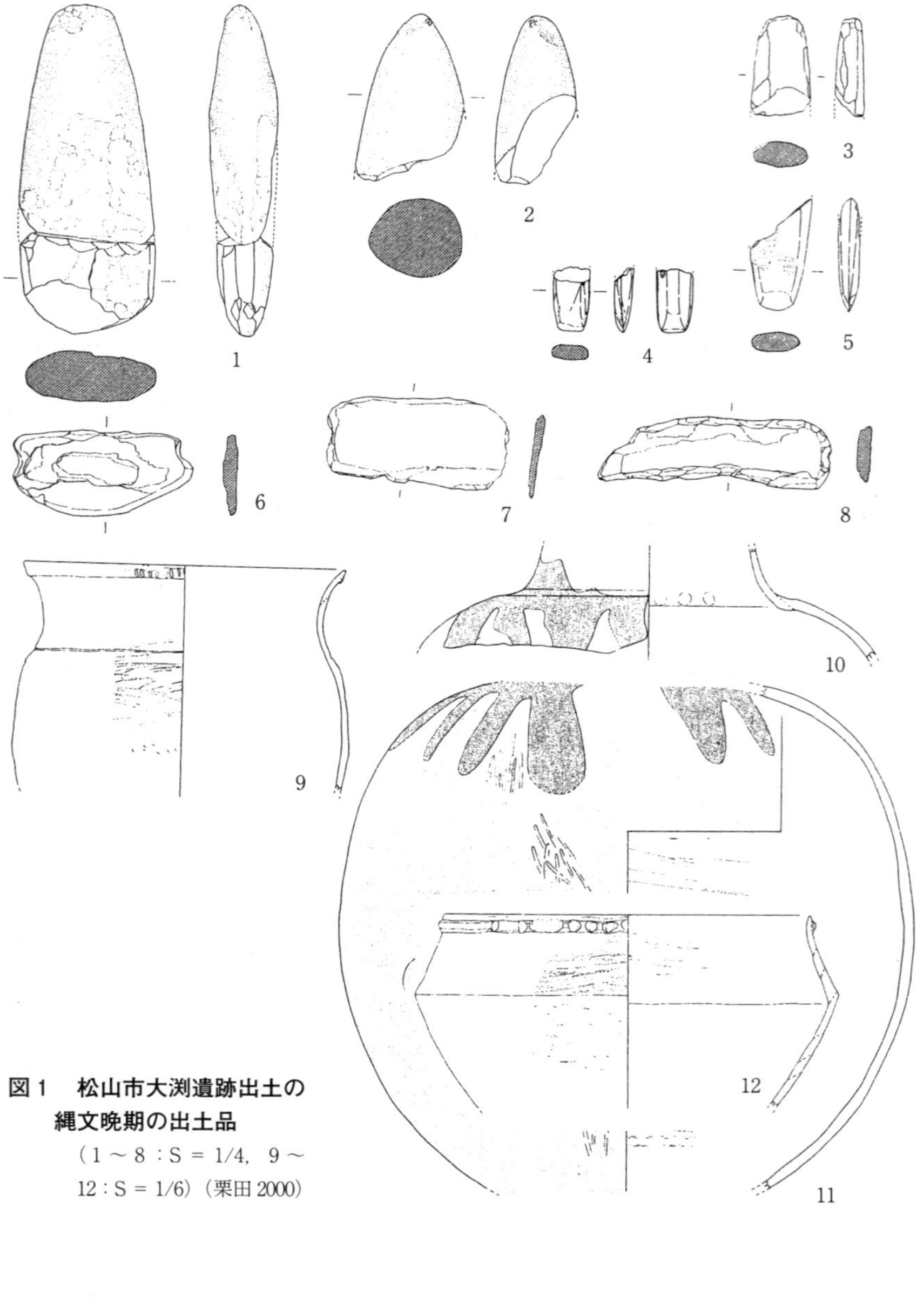

図１　松山市大渕遺跡出土の縄文晩期の出土品
（1 ～ 8 ：S ＝ 1/4，9 ～ 12：S ＝ 1/6）（栗田 2000）

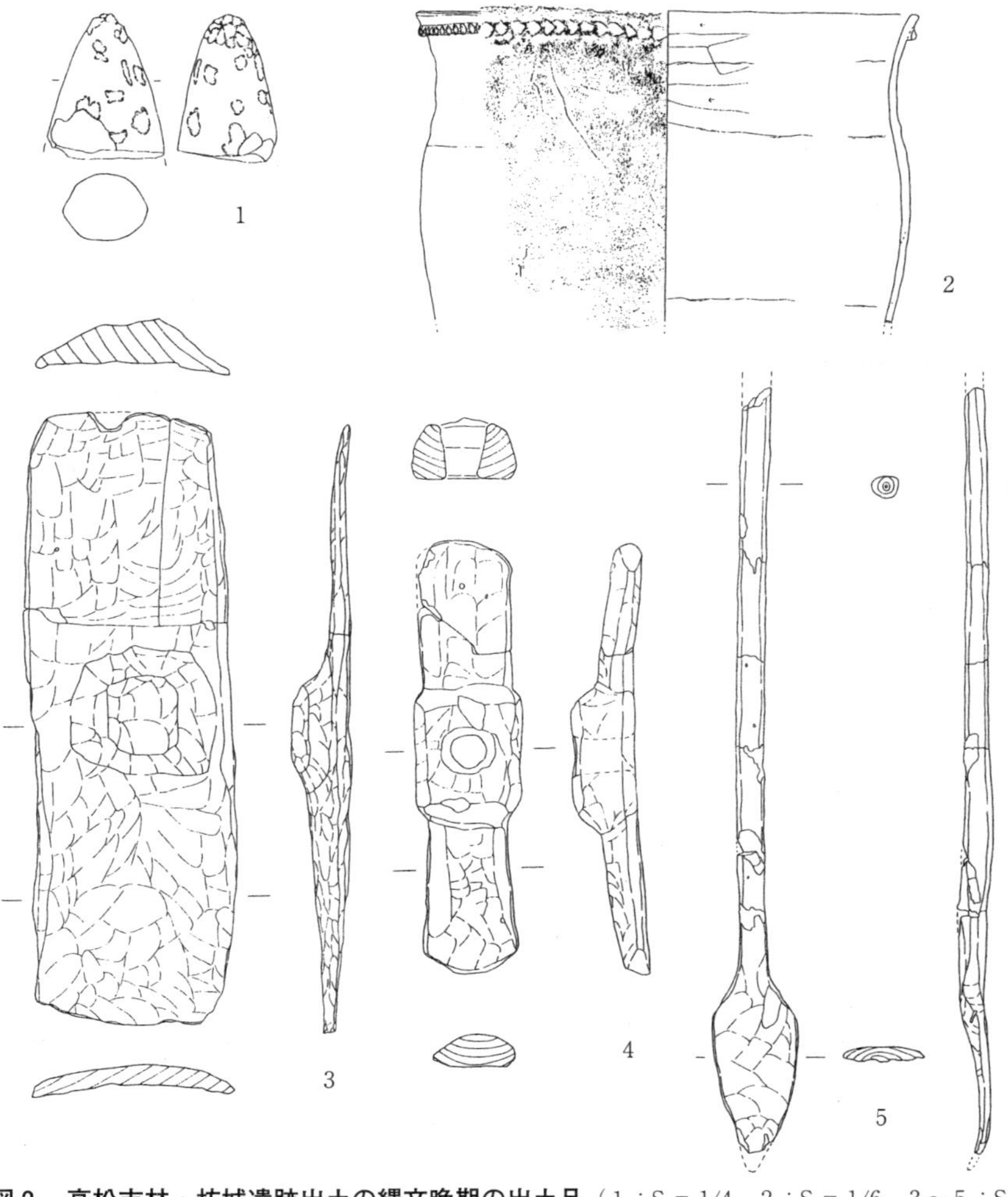

図２　高松市林・坊城遺跡出土の縄文晩期の出土品（1：S＝1/4，2：S＝1/6，3～5：S＝1/8）（宮崎 1993）

共通性をもっている。林・坊城遺跡から出土した唯一の伐採石斧も乳棒状石斧（図2－1）で、瀬戸内海の縄文晩期の農耕開発は縄文系石斧に依拠してのことであった。

加工用石斧は大渕遺跡から三点出土している（図1－3～5）。いずれも幅二～二・五cmの細長い形態で縄文通例の方形や台形の加工用石斧に比べると少し狭長であるが、その作りは完全に縄文的である。側部が縁をなし、その側縁や主面は膨らみをもち、鎬は甘く、刃部は円弧を描き、横断面が扁楕円形をなすなど縄文的特色を示している。以上のように石斧は伐採用、加工用とも縄文系で、大陸との斉一的関係はなく、北部九州とは加工斧においては斉一的ではない。すべて縄文伝統の道具によって伐採、加工に対応している。

また石斧の構成が伐採用一種と加工斧一種という二種の組み合わせというのも縄文石斧の構成と同じである。この点も大陸的ではないし、抉入石斧を導入し、三～四種の片刃石斧が組み合う北部九州とも異なっていて、この点も斉一性はない。

以上のように北部九州とは半島より一歩遠隔地に位置する当地域においては、機能的に脆弱とはいえ、在来文化に存在し、機能を同じくする道具はそれを継承して稲作開発に対応したのである。その分、対応がいっそうスローになったであろうが、それは在来人が伝統に基づく自然観のうえに自ら選択した帰結でもあったのである。

石庖丁は変形品

では、縄文文化に代行機能をもたない稲の収穫具、石庖丁はどうだろう。たしかに稲作に必備のこうした道具は受容しているが、しかしストレートな受容ではなく、いろいろ手を加えて変容させている。大渕遺跡には二点の磨製石庖丁が出土しているが、韓半島や北部九州の石庖丁と比べると変形が著しい。第一にいずれも超小形である。長さ八cm前後、幅五cm前後で、韓半島や北部九州のそれの二分の一の大きさでしかない。第二に形態の改変がみられる。二点のうちの一点は外湾人半月形（図1－6）で、これは韓半島南部―北部九州の形態を正統に継承しているが、もう一点は方形（図1－7）である。方形石庖丁は黄河中下流域が本場で半島にも若干みられるが、半島石庖丁の本流である遼東―韓半島―日本列島の系譜には存在しない形態である（下條一九八八）。この段階では北部九州には当然存在しないのに大渕遺跡での突然の出現は系譜的な説明がつかない。いわば突然変異的な孤立的な出現であるから、この地に定着し、継承されることもない。第三は石庖丁に取り付ける紐掛り（装着用の紐を通すために石庖丁に設けられた孔や溝や抉り）が、二例とも両側の抉りに依っている。抉りによる紐掛りは中国黄河中流域の出現期にみられる現象で、半島南部や北部九州のそれにはなく、正統的には穿孔か擦り切りによる溝でなければならないが、この二例は系譜に載らない異例の紐掛りになっている。

稲作を受容した以上、その収穫行動から免れることはできないので、穂摘み機能は受け入れているが、それを可能とする道具は伝統や系譜にあまり拘泥しない、自由な大きさ、形、紐掛りに作り変えている。石庖丁は少々の変形では機能に支障はないが、型式も文化とみるならば、こうした変形は文化伝播に大きな変動が生じていたことになる。機能は伝わっても文化は伝わっていない。こうした奇妙な石庖丁を作り使う人は、渡来人であるはずもなく、在来人以外にはないであろう。

斉一的な鍬鋤

木製農具は林・坊城遺跡から好例が出土している。鍬が破片を入れて四点、エブリ一点、鋤状品六点ですべてが硬質のアカガシ亜属で作られている。

鍬の内二点はほぼ全形が推察できる。長さ四〇cm弱、幅一〇cm弱の長方形で、中央に方形の隆起部を持ち、その中心に直径3cmの円穴を身に直角に穿ち柄壺としている（図2－4）。柄は隆起部の裏側方向から挿入する。刃は両短辺に付け、柄壺の反対側に反らせ、諸手鍬として使う。半島の初期農耕の鍬はまだ判明しないが、佐賀県菜畑遺跡、福岡市板付遺跡などの縄文晩期後半の初期稲作期の諸手鍬がまさにこのタイプである。エブリとしたものは木どりが板目材であるからそうされているが、大きさ、形態、隆起部など諸手鍬に類似している（図2‐3）。そしてこれが未製品であることはこれら木製農具がこの遺跡で製作されたことを示す点で貴重である。長さ五〇～六〇cmの直柄の先端に長さ一五cm、幅一〇cmのスプーン状の身を一木で作り出した鋤状品（図2‐5）も福岡市雀居遺跡出土品と類似するものである。その完成品が四点と未製品が二点出土しているが、未製品の存在は製作地を暗示するだけに重要である。

水稲農耕を行うのに、鋤鍬などの木製農具は不可欠の農具である。縄文文化には存在しないので、これは受容製作されるが、その作品は、鍬は諸手鍬、鋤はスプーン状と北部九州と同様のものを斉一的に製作している。このように木製農具に関しては厳格に製作基準を遵守して作っている。ただし、その材質に韓半島に倣ってクヌギ節を使う北部九州に先駆けてすでにアカガシ亜属を使っているのは在来人の先行的な知恵や経験とみるべきなのだろうか。

以上三種の農工具をみてきたが、石斧は伐採斧、加工斧とも縄文系のもので、これは在来人が自ら作り使った物とみてよいだろう。稲作を行うには田地の開発が必要だが、そのためには湿地のハンノキ、河床や自然堤防上のヤナギ、ケヤキ、ヤブツバキなどの伐採から始めねばならない。これに使われる伐採斧は縄文斧であるから、伐採と開墾を担った主体は在来人とみてよいだろう。次に水路の開削や造田などの起土具や運搬具に鋤鍬などの木製農具が必要となるが、北部九州と同型式の斉一的なものが使われた。未製品が出土していることから、持ち込みではなく、その製作は集落近くで行われたが、これに投入した工具は韓半島のそれに比べてはるかに能力が劣る縄文斧であるから、製作実務者はやはり在来人とみられる。それも単に材の加工からではなく、木製農具の用材である気乾比重〇・八七の硬質緻密な直径八〇cmの大径木のアカガシ亜属の選材伐採に始まり、割、加工も含むすべての木工過程を縄文人が担ったとみられる。もっとも、割の手法、農具の形態などは伝播者の指導があって初めて現実的になったであろう。完成した農具をだれが大地に振り下ろしたか、これを決めるのはなかなか難しい。多くの労働は在来人が担っているので在来人を外しては考えられないが、問題はどの程度伝播者が参入したかである。秋の収穫時、稲の穂を摘むにはあの奇妙な石庖丁を使ったとするならそれを作った在来人でしかありえない。以上のように伐採、開墾、加工、収穫に実務的に携わっていたのは不明の部分もあるが多くは在来人で、実労働を担ったのは在来人であったとみられる。

もっともこの開発は決してスピーディなものではなかったであろう。重さ五〇〇gにも満たない軽量斧による伐木、とりわけ先記した硬質緻密な大径木のアカガシ亜属の伐採など気の遠くなるような話で、どれだけ斧を折損し、時間を要したことか。さらに木工加工にしても、未分化の縄文系加工斧によるカシ類の加工も難儀このうえなかったことであろう。したがって事をなしとげるまでには多くの時間を要し、スローにしか進行しなかったであろう。縄文人が半島由来の高性能の厚斧に飛びつかず、軽量の縄文斧に固執したのは、かれらに自然との共棲を尊び、開発にはなじまないという長らくの伝統的な自然観がまだ生きていたからではないか。急速展開を唱える斉一論者の根っこには急速開発高拡大の効率を尊ぶ近代合理主義の思考が蔓延してはいないか。

伝播はリレー式で

以上みてきたように瀬戸内海の初期農耕には斉一論が通用しないことがわかったかと思う。北部九州から瀬戸内には一気通観に、文物が飛ぶような伝達の仕組みも人の動きも存在しなかった。時はあたかも縄文晩期後半の突帯文土器単純段階で、突帯文は広く分布しているとはいえ、土器は地域ごとに個性をもち、広域分布と見えるものはそれの集合体でしかなかった。突帯文土器は北部九州、東北部九州（図1－12）、西部瀬戸内（図1－9）、中部瀬戸内（図2－2）とそれぞれが特徴をもち、それぞれが相対的に自立して併存し、その上で相互連絡を展開していたのである。大渕遺跡でたくさんの西部瀬戸内タイプの突帯文土器に異地域の突帯文土器が供伴しているがそれは西隣する東北部九州の突帯文土器であって、北部九州のそれではなかった。これは当たり前のことではあるが文物は隣接地域間をリレー式に繋ぐことによって移動していたことを示しており、北部九州に上陸したコメ作りが一気に西部瀬戸内に飛んだのではなく、まず東北部九州に至り、さらに西部瀬戸内へとリレーされたことを知るのである（下條一九九五）。リレー式伝播はその間に変容を来す可能性が生じる。大渕遺跡には半島南端南江に発するなすび文をもつ壺型土器（図1－10・11）が出土しているが、南江では墓の副葬小壺であるのが、ここでは穀物貯蔵用の大型壺に変容している。その変容は北部九州か東北部九州で発生したと考えられるがその径庭はまだわからない。先述した石庖丁や加工斧にしてもその変容が大渕遺跡で生じたのか、東北部九州で生じたのかまだわからない。その点、間に位置する東北部九州の動向には目が離せない。

3　玄界灘から東北部九州へ

以上のように瀬戸内海で農耕開発が始まる縄文晩期段階の基盤的道具の整備は韓半島はおろか北部九州よりも縄文的であった。この伝統性を脱却するために次の弥生時代にはどのような道程を経てレベルアップがはかられたのであろうか。

弥生期に入ってもその当初はまだ自立的展開は無理で、九州方面からの第二波の稲作文化の伝播を待たねばならなかった。その鍵を握ったのは西部瀬戸内に西隣する北部九州の東から東北部九州にかけての文化動向であったと思われる。

列島における先進的稲作受容地帯である唐津平野や福岡平野などの玄界灘沿岸での稲作農耕が、その受容期の縄文晩期から板付Ⅰ式に発展し、さらに稲作の広域拡大期である板付Ⅱ式期に差し掛かろうとする前後、玄界灘の東から響灘にかけての地にも板付Ⅰ式末から同Ⅱ式の有力遺跡があらわれるようになる。

その板付Ⅰ式末の遺跡としては福津市今川遺跡と北九州市小倉北区備後守屋鋪南側土塁跡遺跡（以下「備後守屋鋪遺跡」と略称する）がある。この二遺跡を板付Ⅰ式に含めることには疑義があるかもしれないが、甕の口縁が小さく折れ曲がり、そこから底部に向けて胴が直線的に傾斜し、口縁下に沈線をもたないこと、壺の有段口縁が直線的に外傾し、文様に箆描有軸羽状文をもつことから板付Ⅰ式とし、これにほとんど突帯文土器が伴わないことから「末」とする。

伐採斧の大形指向と三種の加工斧

今川遺跡は板付Ⅰ式末のV字溝から多くの土器石器が出土しているがそれに先行する同じ板付Ⅰ式の包含層にも大陸系の磨製石器を含む。両者をあわせて検討対象とするが、伐採石斧の発展状態と磨製石器群の組成がチェックポイントとなる（酒井・伊崎一九八一）。伐採石斧は縄文の面影を残す石斧である。平面は基部に狭く刃部に広い長台形で、身は薄い扁平形である。残りのよい二例の厚斧率をとると四〇％と四七％の四〇％台で、薄身のAⅠ式石斧であることがわかる。ただし、大形化（重量増）への指向が進んでいて厚斧率四〇％の完形のそれは（図３－１）、長台形で、長さ二一cm、幅八・五cm、厚さ三・四cmで、重さは一〇八三gと一kgを超える大形品になっている。だがその製作は稚拙で、大形の扁平礫に簡単な加工を加え先端に研磨を付して両刃斧としたものである。他の一例は身の下半を失うが身幅七・四五cm、厚さ三・四五cmのAⅠ式品であり、基端に幅をもち、

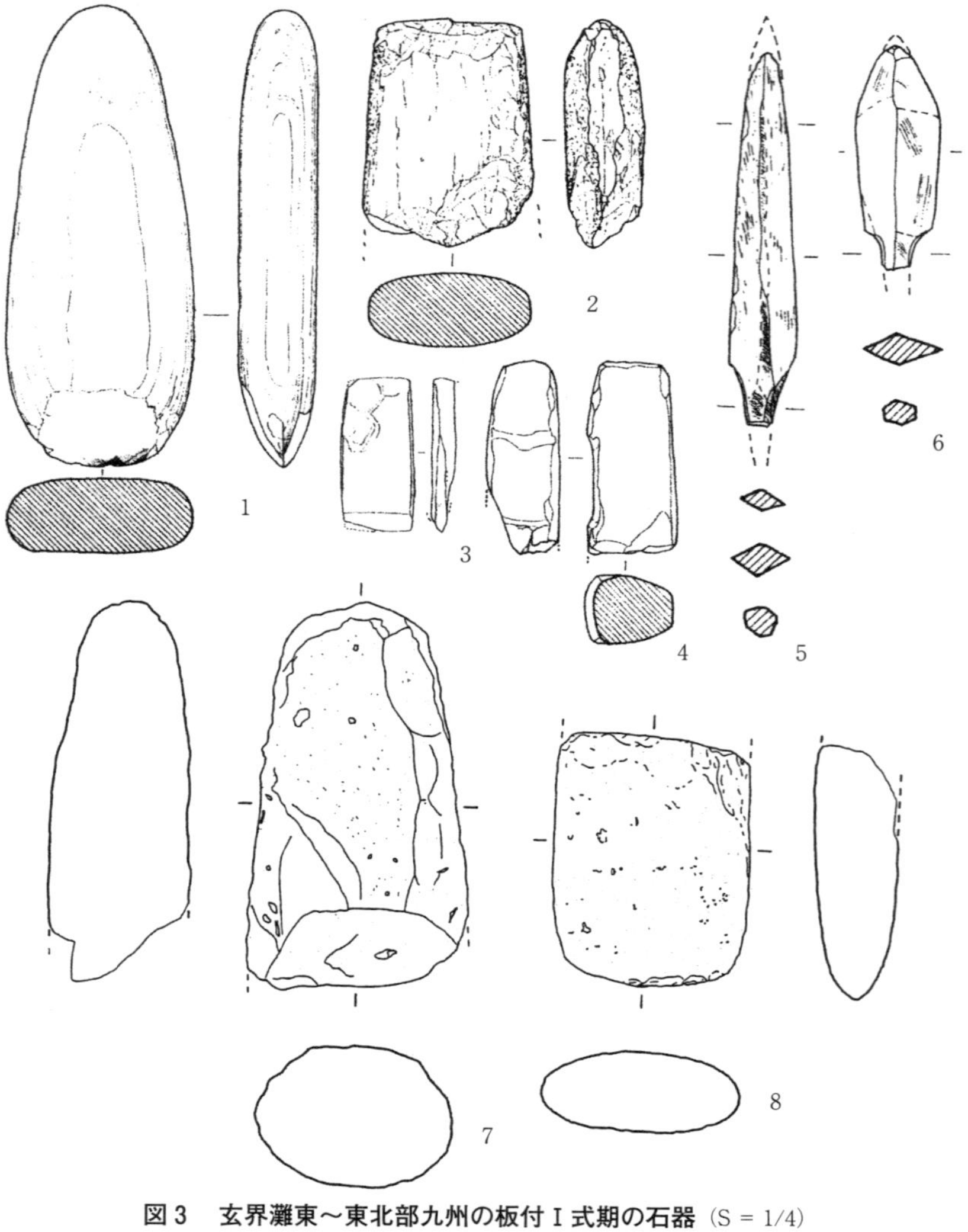

図３　玄界灘東～東北部九州の板付Ⅰ式期の石器（S ＝ 1/4）
1 ～ 6 ：今川遺跡（酒井ほか 1981）　7 ・ 8 ：備後守屋鋪遺跡（柴尾ほか 2008）

その製作は手順を踏んだ良品である（図３－２）。

大陸系磨製石器としては抉入石斧（図３－３）、扁平片刃石斧（図３－４）、鑿形石斧、有柄式石剣、有茎式石剣、有茎式磨製石鏃（図３－５・６）がある。石庖丁を欠いているがそれはたまたまのこととみてよく、磨製石器の組成は基本的には玄界灘沿岸地域の縄文晩期遺跡のあり方と同じである。抉入石斧・扁平片刃石斧・鑿形石斧の三種の片刃加工斧は灰白色、黄灰色粘板岩を材とした半島譲りの規格的作品で、それらの未製品もあり、ここで製作されている。興味をそそられるのは、比較的多量の長鋒系有茎石鏃とそれの短鋒化を示す例が出土していることである。このあたりは必ずしも玄界灘沿岸地域と同断に扱うことができない地域色の可能性があり、これが瀬戸内とは無縁といえないことは後述する。

以上のようにこの遺跡の稲作基盤工具は大形指向をもつ薄斧系の伐採石斧と大陸系の分化した三種の加工石斧（粘板岩系の抉入石斧・扁平片刃石斧・鑿形石斧）とが組成して開発に対応していることでこの組成は玄界灘沿岸と基本的に同じである。

AⅢ式の出現

備後守屋鋪遺跡からは未完成品を含んでこの時期のいい伐採石斧が出土している（柴尾・川上二〇〇八）。注意を引くのはAⅢ式の大形未完成品が出土していることである（図３－７）。下半を欠失しているが、現在の長さ一七・六㎝、幅九・八㎝、厚さ六・二㎝で重さ一・七〇〇ｇを測り、厚斧率は六三・三％に達する。横断面は円形に近くなる。未完成品であるので完成品はこれよりもやや小形になるにしても一㎏を優に超す完成されたAⅢ式の大型となる。ただ基部の広がりにいまひとつ欠けている点は古式の面影とみてよかろう。この系列に属する完成品も一例出土している。刃部側を失っているが現在の長さ一六・三㎝、幅七・五㎝、厚さ四・四㎝で、八五二

gを測る。完形品なら長さ二〇cm、重さ一kgを超える大形品になろう。現状は厚斧率五八・七%のAⅡ式の範疇に収まっているが、AⅢ式への大形化指向は読み取れる。ただ基部が広がりに欠けるのは前例と同じである。しかしこの遺跡で中心を占めるのは大形のAⅠ式である（図3-8）。すべて欠損品であるが、未完成品一点、完成品三点を出土して石斧の中では最も多い。厚さ三cm強、厚斧率四〇%前後と薄斧であるが、幅は八～九cm前後と広く、下半部だけでも重さが五〇〇～六〇〇gなので、完形なら優に一kgに達するであろうかという大形指向の強い扁平石斧である。小形の石斧もあり、全体としては大小の、そして諸型式の石斧から組成される段階である。そうしたなかで全般に大形化が進行し、中心はAⅠ式の大形薄斧であるが、ようやくにして厚斧のAⅢ式が出現した。

次の板付Ⅱ式古段階の当地域の状況は瀬戸内海と関係が深いだけに重要である。その古段階の例として宗像市大井三倉遺跡（酒井一九八七）、苅田町葛川遺跡（酒井・副島一九八四）をあげることができる。土器で言えば口縁が短く屈折する如意形口縁甕の下部に一条の横沈線が微かに出現し、壺の肩部文様に箆描逆転有軸羽状文が出現定着する。壺の有段口縁が中途で強く折曲がり、古期の直線性をなくすなどを特徴としてあげることができる。伐採石斧の発展状況と大陸系磨製石器の組成の二点からみてみよう。

AⅡ式からAⅢ式へ

大井三倉遺跡の伐採石斧は大小様々であるが、身に厚さを増してくる。横断面形が扁平な楕円状と紡錘形状のものがあるがAⅡ式が中心となる。前者は厚斧率五〇%前後を主にその後半に及び、明らかに今川遺跡よりも厚斧化が進んでいる。その一つは長さ二〇cm弱、重さ九〇〇gもあって厚斧率五九・四%のAⅢ式に近いAⅡ式も出現するようになる（図4-2）。後者のほうが厚斧率が高く、六〇%にも達してAⅢ式の領域に入るものが出現

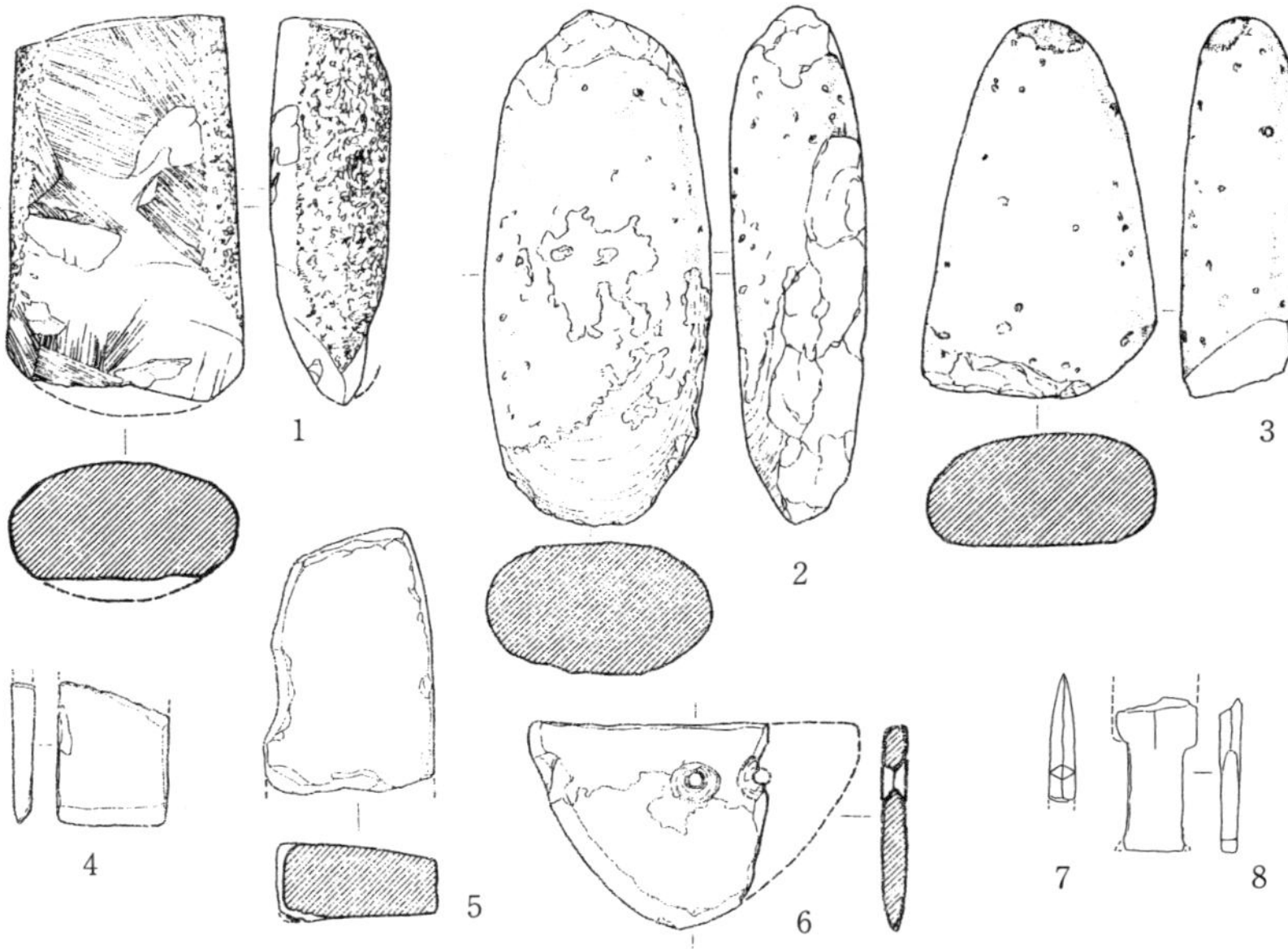

図4　玄界灘東の大井三倉遺跡出土の板付Ⅱ式初葉の石器（S = 1/4）（酒井 1987）

してくる。その一例は頭部側を大きく失っているが、現長一三・三cm、幅七・五cm、厚さ四・五cmで、重さ六七二gを測る。復元すれば重さ一kgを優に超える典型的なAⅢ式である（図4-1）。以上のようにこの段階の伐採石斧は厚さをまして総じてAⅡ式に達し、なかにはAⅢ式に達するものも出現する。

大陸系磨製石器は抉入石斧（図4-5）、扁平片刃石斧（図4-4）、鑿形石斧の分化した三種の加工斧と頁岩質砂岩製石庖丁（図4-6）、松菊里式石剣（図4-8）、長鋒系磨製石鏃（図4-7）からなり、玄界灘沿岸の縄文晩期や板付Ⅰ式期の組成と同じである。

葛川遺跡は瀬戸内海の西端に位置する周防灘に面した福岡県京都平野の一角にあって、東北部九州文化圏に属しながら瀬戸内海に面した位置にある。

伐採石斧に棒状や細板状の玄界灘沿岸との連絡を示す希例の石斧を含むが中心はAⅡ式とA

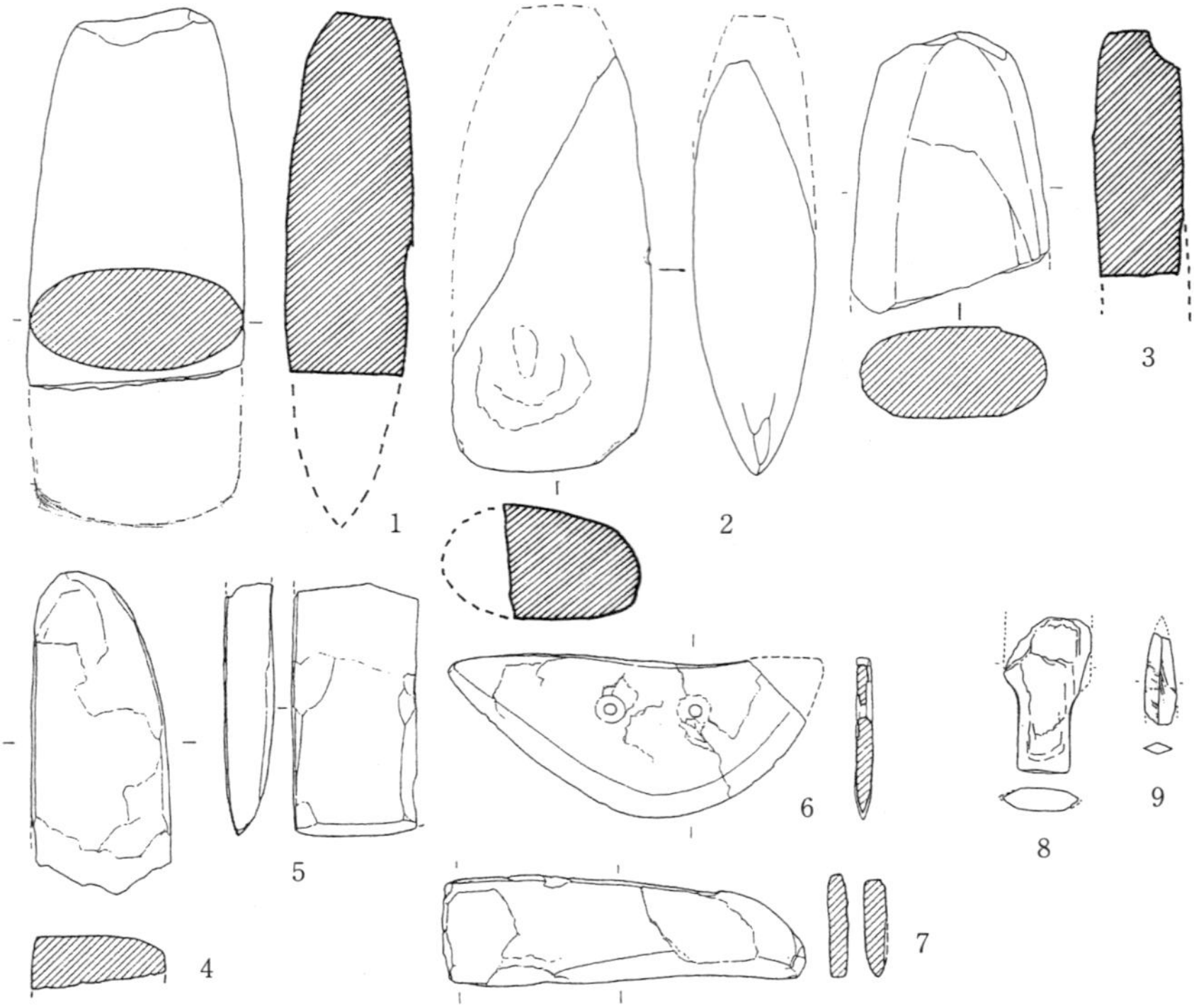

図 5　東北部九州の葛川遺跡出土の板付Ⅱ式前半の石器 (S = 1/4)
(酒井 1984 に 1 ・ 3 の縦断面図，2 の横断面図を付加した)

Ⅲ式である。AⅡ式のなかには刃部を折損しているが、現長一四・二cm、幅八・二cm、厚さ四・七cmで、現在は重さ九四二gだが完形品なら千数百gにはなるであろうという大形品がある（図5－1）。平面形は長方形に近く、厚斧率も五八％でAⅢ式に近い。こうしたAⅡ式の大形化はAⅢ式の出現を促し、この遺跡ではAⅢ式の方が優勢な傾向にある。すべて折損品で全形がわからないが、折れたものでも長さ一六cmはあり、完形なら二〇cm弱にはなるであろう（図5－2）。もっともこの場合の厚斧率は六〇％前後で、AⅡ式とAⅢ式の境目にある。ここに出土する大陸系磨製石器は柱状片刃石斧（図5－4）、扁平片刃石斧（図5－

5）、石庖丁（図5－6）、石鎌（図5－7）、有茎式石剣（図5－8）、磨製石鏃（図5－9）で、これまでみてきた玄界灘や東北部九州と同じ組成である。

以上のように、玄界灘東から東北部九州にかけての板付Ⅰ式から同Ⅱ式（古式）の伐採石斧は時期の推移と共に強化を目指して展開する。AⅠ式→AⅡ式→AⅢ式と相互の型式は重なりながら徐々に上位型式に向かって集約してゆく。大小の多様な石斧もやがて上位型式に向かって収斂してゆく。

大陸系磨製石器は抉入石斧、扁平片刃石斧、石庖丁、石鎌、石剣、磨製石鏃がいずれの遺跡でもほぼセットを成して出土するのは、これらが稲作文化複合として分離しがたい存在関係にあったからである。あれこれの地からの寄せ集めではなく、出自を同じくし、それを継承してパックとして機能させるから効率的に力を発揮できるのだ。材質的には加工斧は縞目の粘板岩系の堆積岩で、石庖丁、石鎌はいわゆる頁岩質砂岩で玄界灘沿岸地域と器種、材質、型式とも同じである。

このように東北部九州までの稲作開発の基盤具である石斧は強化発展する縄文由来の伐採石斧と韓半島由来の分化した加工斧がセットをなして一連の労働過程に投入されてゆくのだ。

4　瀬戸内海の稲作基盤工具の展開

以上の板付Ⅰ式末から古期板付Ⅱ式段階の玄界灘東から東北部九州の展開をバネに板付Ⅱ式にいたって再び稲作文化が東方に伝わる。それが東方世界ではどのような様態を示すのか、瀬戸内海、日本海、南海の順にその足跡を追ってみよう。

瀬戸内海の板付Ⅱ式を甕口縁下沈線が一、二条までの初葉・前葉段階を板付Ⅱ―1段階、三条沈線や削りだし突帯の中葉段階を板付Ⅱ―2段階、多条沈線の後・末葉段階を板付Ⅱ―3段階として説明する。

AⅠ・Ⅱ式伐採石斧と扁平片刃石斧の登場

まず初めに瀬戸内海の板付Ⅱ―1段階の事例を取り上げて検討してみる。

山口で最も古い弥生遺跡である小路遺跡（菅波・縄田一九八八）は瀬戸内北岸内陸部の山口市にあって、東北部九州に比較的近い。山口ではここに初めて大陸系磨製石器が一定のセットで出現する。器種は扁平片刃石斧（図6－3）、鑿形石斧（図6－4）、石庖丁（図6－5）、圭頭式磨製石鏃（図6－6）である。片刃加工石斧は縞目模様のある粘板岩系統で、外湾刃半月形の石庖丁は頁岩質砂岩、石鏃は粘板岩で、その形質は九州と同じで、九州からの搬入品である。しかし九州と異なって抉入石斧を欠いている。

伐採石斧は縄文系の乳棒状石斧（図6－2）とAⅠ式石斧（図6－1）の在来系の石斧で、この在来系の伐採石斧と大陸系の加工石斧である扁平片刃石斧とで基盤工具が組成される。在来系伐採石斧と大陸系加工石斧の組成は、北部九州では稲作伝来当初からのパターンで、山口では遅れて板付Ⅱ―1式の段階に出現するがこれにはまだ抉入石斧は含まれないのが特徴である。

山口の対岸、西部瀬戸内南岸の愛媛県松前町横田遺跡は松山平野の南部に位置し、その西には瀬戸内海が開ける。ここでも板付Ⅱ―1段階に定型化した大陸系磨製石器が初めてあらわれる。その器種は扁平片刃石斧（図6－8）と磨製石鏃（図6－9）で、片刃石斧は縞目の粘板岩、磨製石鏃も堆積岩系統で九州からの搬入品である。ここでもやはり抉入石斧を欠いている。石庖丁をみないが同じ平野の松山市桑原遺跡から頁岩質砂岩製の外湾刃半月形石庖丁が出土しているので、この平野にも九州系の石庖丁が伝わっていたことは間違いないであろう。その石庖丁は九州的な規格品である。

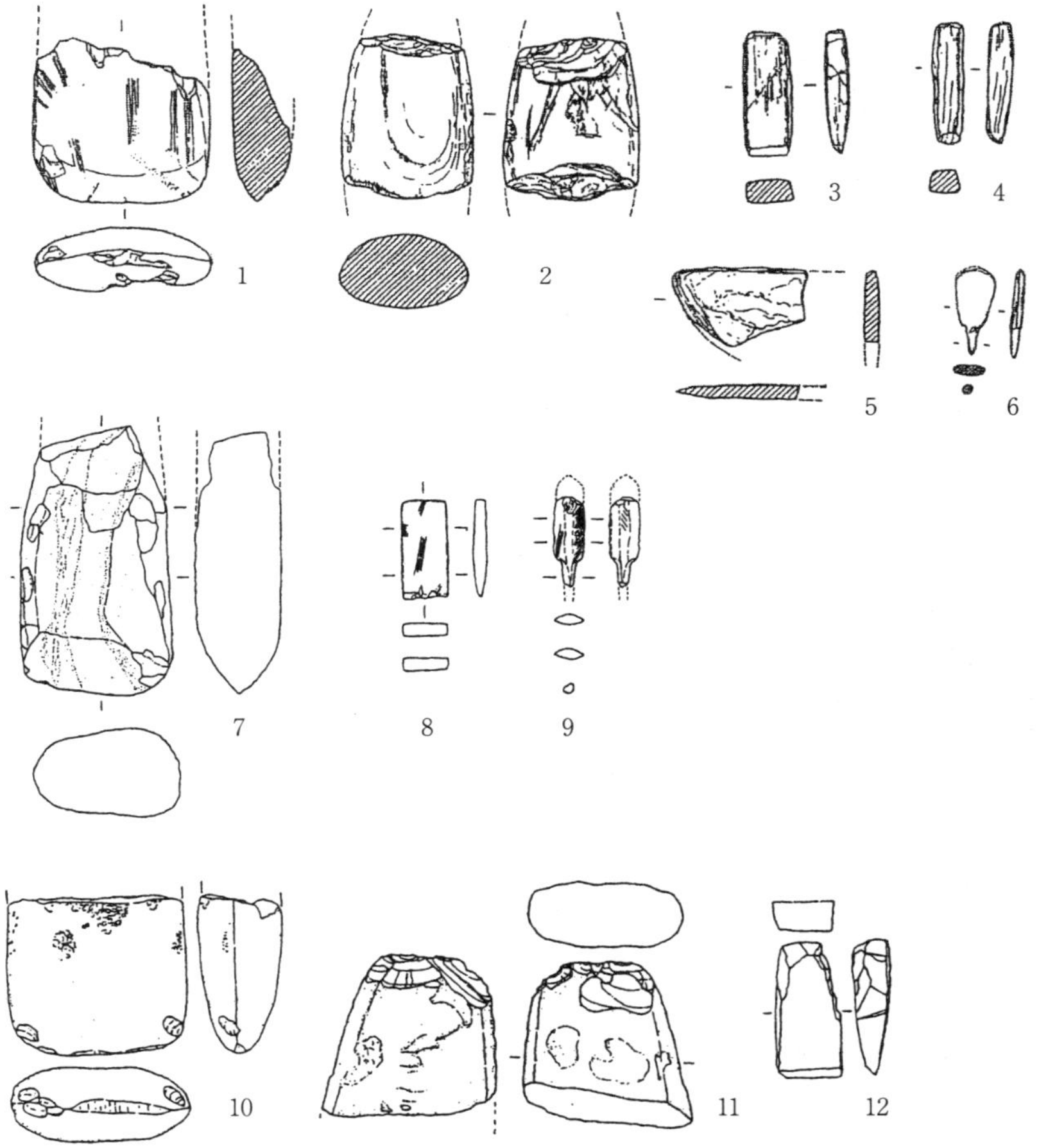

図６　瀬戸内海の板付Ⅱ式前半（板付Ⅱ―１式期）の石器（S ＝ 1/4）

１～６：山口市小路（菅波ほか 1988）　７～９：愛媛県松前町横田　10：坂出市下川津（藤好ほか 1990）　11・12：坂出市大浦浜（眞鍋ほか 1988）

伐採石斧はＡⅡ式の在来系であるが作りはいかにも粗造である（図６－７）。厚斧化への模索過程と評価できようか。この在来系の伐採石斧と大陸系の搬入片刃石斧がセットとなって稲作開発の基盤工具を構成しているのは小路遺跡と同じである。

中部瀬戸内の香川県坂出市下川津遺跡（藤好ほか編一九九〇）や大浦浜遺跡（真鍋ほか編一九八八）は当地方の最古のⅡ—１段階の弥生遺跡である。下川津遺跡からは砂岩製のＡⅠ式伐採石斧（図６－10）一点と石庖丁三点、磨製石鏃一点が出土し、大浦浜遺跡からはＡⅠ式伐採石斧（図６－11）と扁平片刃石斧（図６－12）が出土している。大陸系磨製石器は扁平片刃石斧、石庖丁、磨製石鏃なので前記の小路遺跡、横田遺跡と器種は同じで、抉入石斧を欠いている点も共通している。ＡⅠ式の在来系伐採石斧と扁平片刃石斧が基盤工具として組成するのも先記の諸遺跡と同じである。

以上、瀬戸内海に沿う板付Ⅱ—１段階の四つの遺跡例を挙げたが、この段階にいたって初めて定型的な大陸系磨製石器が瀬戸内海に登場する。その器種は工具としての扁平片刃石斧、鑿形石斧、農具としての石庖丁と磨製石鏃で、いずれも抉入石斧を欠き北部九州の組成に比べきわめて限定的である。これを先述の縄文晩期の大渕遺跡の農工具と比較すると、縄文系の小形片刃加工斧が扁平片刃石斧に、変形された奇妙な石庖丁が定型的な形態に置き換わったけれど、器種に新種が付加されたわけではない。つまり、極端にいうと縄文晩期の農工具と同じ器種でもって農耕の基盤開発を行っていたことになる。ではまったく同レベルかというと縄文系片刃石斧より扁平片刃石斧のほうが、変形小形石庖丁より定型的石庖丁のほうが効果的安定的であろうし、伐採石斧の能力も徐々に高まっていたであろうから確かに一定の効果がみられたであろう。だがその変革は、まだ部分的で、大陸系磨製石器の新出が即ドラスチックな改革にまで進んだというわけではなかった。

それに出土の大陸系磨製石器が九州からの搬入品であることも安定的生産にとって懸念材料となる。搬入品に頼る生産は、それの欠損の際の補給に不安定さが付きまとい、農耕を計画的に安定的に営むには、それが障害要因となる。伐採石斧は低質ながら在地生産で補給がきくが新来の搬入石器は逆に補給がききにくい。

以上のように瀬戸内は晩期農耕を終え、初期遠賀川式土器段階の農耕に進んだとはいえ、伐採石斧の未発達、大陸系磨製石器の跛行的導入の段階にあり、北部九州や東北部九州とは懸隔がまだ著しく、とても斉一的伝播などといえる状態には至っていないのである。広がりも縄文晩期後半段階と同じく中部瀬戸内あたりまでに留まっているのである。

AⅢ式伐採石斧と抉入石斧の出現および在地生産

次の板付Ⅱ式の中葉から後半にかかるころの板付Ⅱ―2段階になると一段の変化が生まれる。

西部瀬戸内の松山市北井門遺跡（多田ほか二〇一九）は伐採石斧と抉入石斧の生産遺跡で未成品と成品がある。伐採石斧には①細身棒状斧、②AⅠ・Ⅱ式の薄斧が一定数あり、それに併存して③小振りのAⅢ式石斧（図7-3）が出現している。だがAⅢ式は多種多様な伐採石斧のなかの一部に留まっていて、中心的な存在にはいたっていない。松山平野の同期の遺跡に乳棒状石斧（図7-1）やAⅡ式石斧（図7-2）が存在することと通底していて、安定的なAⅢ式石斧の確立に向けての発展途上の段階にある。

抉入石斧は刃部ないし基部の製品と基部の未成品が出土しているので（図7-4）、この時期に抉入石斧が出現し、在地生産が始まっていることは間違いない。地元産出の結晶片岩を素材として作っており、先行出現していた扁平片刃石斧の在地生産と相まって、伐採石斧ともども片刃石斧の自己生産、自立供給が可能となった。

未完成の伐採石斧と未完成の柱状片刃石斧の同一包含層からの出土は、先行的に伐採石斧の在地生産を進めていた在来人による半島由来の柱状片刃石斧の生産の可能性も示しているのではないか。

図7　瀬戸内海の板付Ⅱ式中～後半（板付Ⅱ－2式期）の石器（S = 1/4）

1：松山市南中学校　2：松山市筋違L　3・4：松山市北井門（多田ほか 2012）　5～8：高松市龍川五条（森下 1998）　9～11：岡山市田益田中（伊東ほか 1999）

中部瀬戸内の香川県善通寺市龍川五条遺跡（森下一九九八）では伐採石斧にＡⅢ式が出現するようになるが（図7－5）、ＡⅠ式（図7－6）と併存する状態にあり、独占する段階にあるとはいえない。また抉入石斧（図7－7）、扁平片刃石斧（図7－8）、鑿形石斧の片刃石斧三種が供伴出土して、分化した片刃石斧体制が整っている。これら片刃石斧は在地石材の結晶片岩を素材としており、自己供給が可能になったことを示している、伐採石斧と片刃石斧三種の組成は北部九州並みの基盤工具の整備に近づいているが、まだ伐採石斧の熟度に問題があり到達点に達したとはいえない。

四国東端の徳島市三谷遺跡は板付Ⅱ―1段階の弥生土器と炭化米などが出土してコメを知っていた遺跡であるが、大陸系磨製石器は出土せず、伐採斧は縄文系の石斧によっている。この地方に大陸系磨製石器が出現するのは板付Ⅱ―2段階で、徳島市南庄、同庄蔵本遺跡では結晶片岩製の抉入石斧が出土し、時代相応の整備が進んでいたようだ。

同じ中部瀬戸内の岡山市田益田中遺跡（伊東ほか一九九九）の伐採石斧はＡⅡ式が多く（図7－9・10）、ＡⅢ式のような高度伐採斧は数少ないか生み出すには至っていない。ここでも抉入石斧が初出し（図7－11）、他地域同様分化した加工斧体制が整う。このことによって伐採石斧と分化した加工斧が組成され、農耕開発の基盤具が整うが、指摘したように伐採石斧の熟度に問題があり、十分な整備にはいたっていない。岡山市百間川沢田遺跡から出土したⅡ―1段階に伴ったとするＡⅢ式伐採石斧を根拠にして、この地方におけるいち早い石斧体制の整備と半島との独自交流を短絡的に主張する向きもあるが、これの存在は唐突で孤立的であり、第一に追証資料がないこと、第二に田益田中遺跡例にみられるように継承性がないこと、第三に加工石斧との共存性がないことなどから時期認定を含め再検討すべき資料と考えているので（下條二〇一三）、安易に例証とすることはできない。

この期の大陸系磨製石器が出土する弥生遺跡はさらに東に広がり、畿内入り口や大阪平野に達する。神戸市大開遺跡からは伐採石斧、抉入石斧、鑿形石斧が出土し、大陸系磨製石器を含んで農耕開発の基盤具が整っている（前田一九九三）。伐採石斧にはＡⅢ式（図８－２）が出現するが、まだＡⅠ式、ＡⅡ式（図８－１）との併存状態にあり、ＡⅢ式の独占状態にはない。抉入石斧（図８－３）と鑿形石斧（図８－４）の出土は分化した加工斧の整備を示すが、これらが結晶片岩素材によっていることは在地供給の可能性を示している。ここもＡⅢ式を含む伐採石斧と分化した加工石斧が組成されるが、瀬戸内各地と同様に伐採石斧の熟度にいまひとつ問題を残している。

八尾市田井中遺跡（駒井・平間一九九七）も同様の特色を示している。伐採石斧にＡⅢ式の厚斧（図８－６）が出現するようになるが、一方ＡⅡ式（図８－５）も健在で、まだＡⅢ式の安定的存在とはなっていない。抉入石斧（図８－７）が出現し、在地石材で作られる。扁平片刃石斧（図８－８）も在地石材である緑泥片岩製が出現し、加工斧は在地石材で整えることができるようになる。だが、扁平片刃石斧には搬入品もあり、旧い体制での基盤具も残っている。

大陸系磨製工具を出土する遺跡は畿内を越え伊勢湾沿岸に達している。愛知県春日井市松河戸遺跡には柱状片刃、扁平片刃、鑿形片刃の分化した加工石斧の三種が揃って出土している（春日井市教委二〇〇一）。ところが扁平片刃石斧と鑿形石斧は縞目をもつ搬入品であり、瀬戸内海各地のように在地生産に至っていない。正確には在地産の片刃加工斧も出現しているが、それは扁平ないし棒状の小形自然礫の先端を研磨しただけのＮ型と称する簡易品で（下條一九九六）、十分に小形片刃加工斧としての型式、文化や製作技術を身につけえていない自己流の作品である。この地はまだ瀬戸内海各地とは一歩遅れた段階にある。

Ⅱ—２段階の瀬戸内各地を概観してきたが伐採石斧にはＡⅢ式が各地に出現しはじめる。だが、古式のＡⅠ式、ＡⅡ式と併存するか、あるいはＡⅡ式のほうが有力であったりして、ＡⅢ式は出現したとはいうもののまだ頭出しの段階である。加工斧に初めて抉入石斧が登場するようになり、先行出現していた扁平片刃石斧や鑿形石斧と

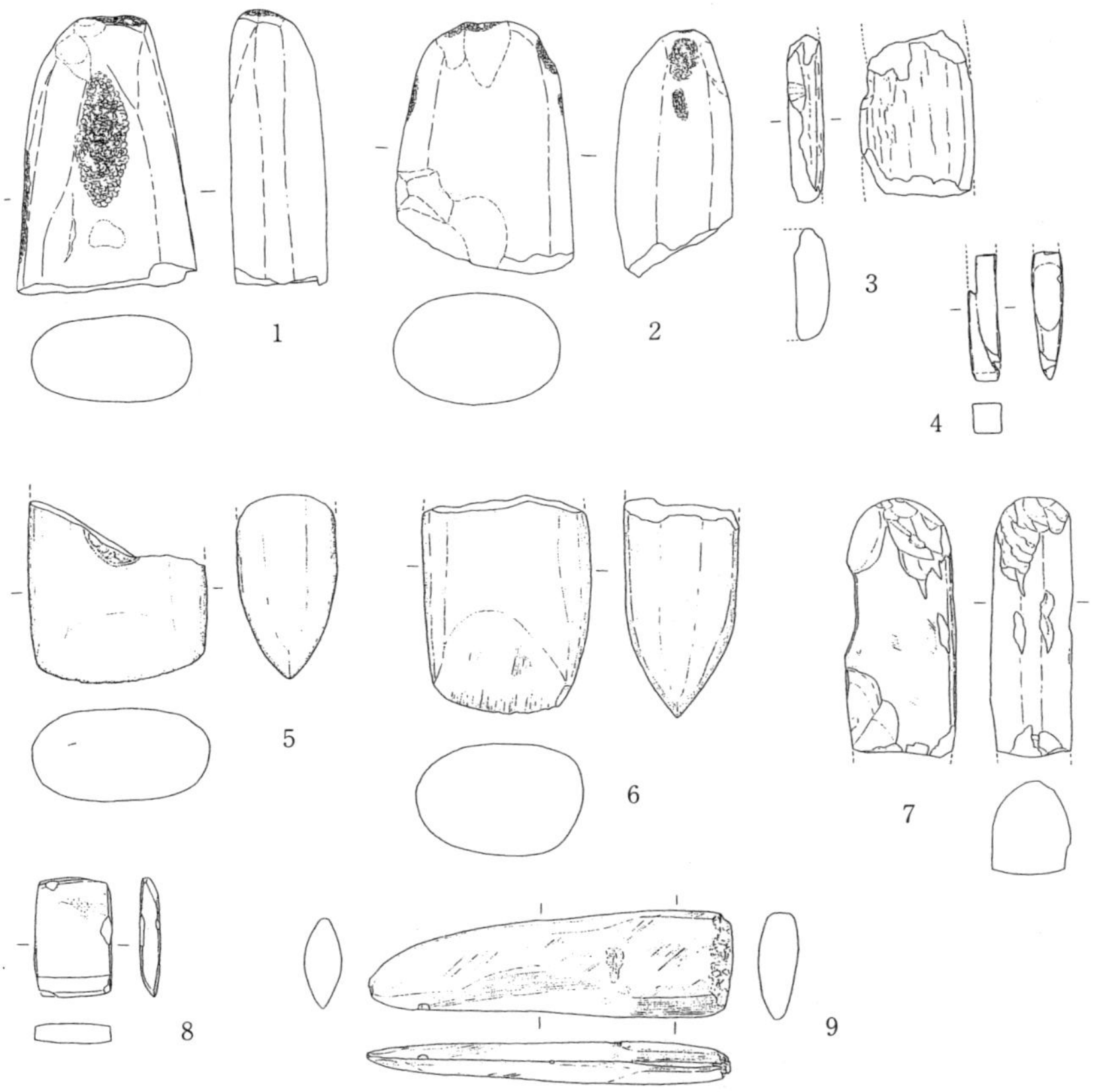

図８　畿内の板付Ⅱ式中～後半（板付医Ⅱ－２式期）の石器（S ＝ 1/4）
1～4：神戸市大開（前田 1993）　5～9：八尾市田井中（駒井ほか 1997）

組成して、分化した片刃工具体制が出現する。こちらはほぼ定着的とみてよい。しかもこれら片刃工具は板付Ⅱ―1段階のように搬入品に依拠するのではなく、自ら作り、自己供給を可能としているのである。このことによって加工工程の生産計画、遂行はより安定的なものになったと評価できよう。加工工具の完備は、伐採石斧との組成によって基盤工具が一段と整備されたようにみえるが、先記のように伐採石斧の整備に問題があり、部分的には高度の組成も可能であるものの、総体としては今一歩という段階にある。それでも基盤石器が自力によって生産されるようになった。

稲作基盤工具の整備はこの期に中部瀬戸内から伊勢湾沿岸にまで拡大した。だが、伊勢湾沿岸では扁平片刃石斧や鑿形石斧は搬入品に依っている状態にある。その不足を補うためかN型という簡易品を作っているがそれは半島の正規の小形片刃石斧とは似ても似つかぬものであり、正規の小形片刃石斧の自作ができていないこうした跛行性は一部畿内にもみられ、伊勢湾沿岸ではより顕著で一律斉一とはなかなかいかない。

課題のAⅢ式伐採石斧が中心的存在になるのは瀬戸内では板付Ⅱ―3段階にいたってである（図9）。これの完成によって高度伐採石斧と分化した加工斧が組成され、一応韓半島や北部九州並みの農耕開発基盤工具が整う。一応としたのは、実は伐採石斧の熟度に地域間あるいは遺跡によって相当のバラツキがあり、この段階にいたっても新古の型式が共存したり、未熟なままの製作技術が継承されていたりして、完全に一律にこの段階にゴールしたとは言えない面があるからである。

AⅢ式伐採石斧は前期末から中期の間に列島レベルで広域に広がるが、かつて日本考古学はこれを農耕開始期以来の将来品と誤認し、在来人の農耕参画への考察の道を閉ざしたことはすでに述べた。

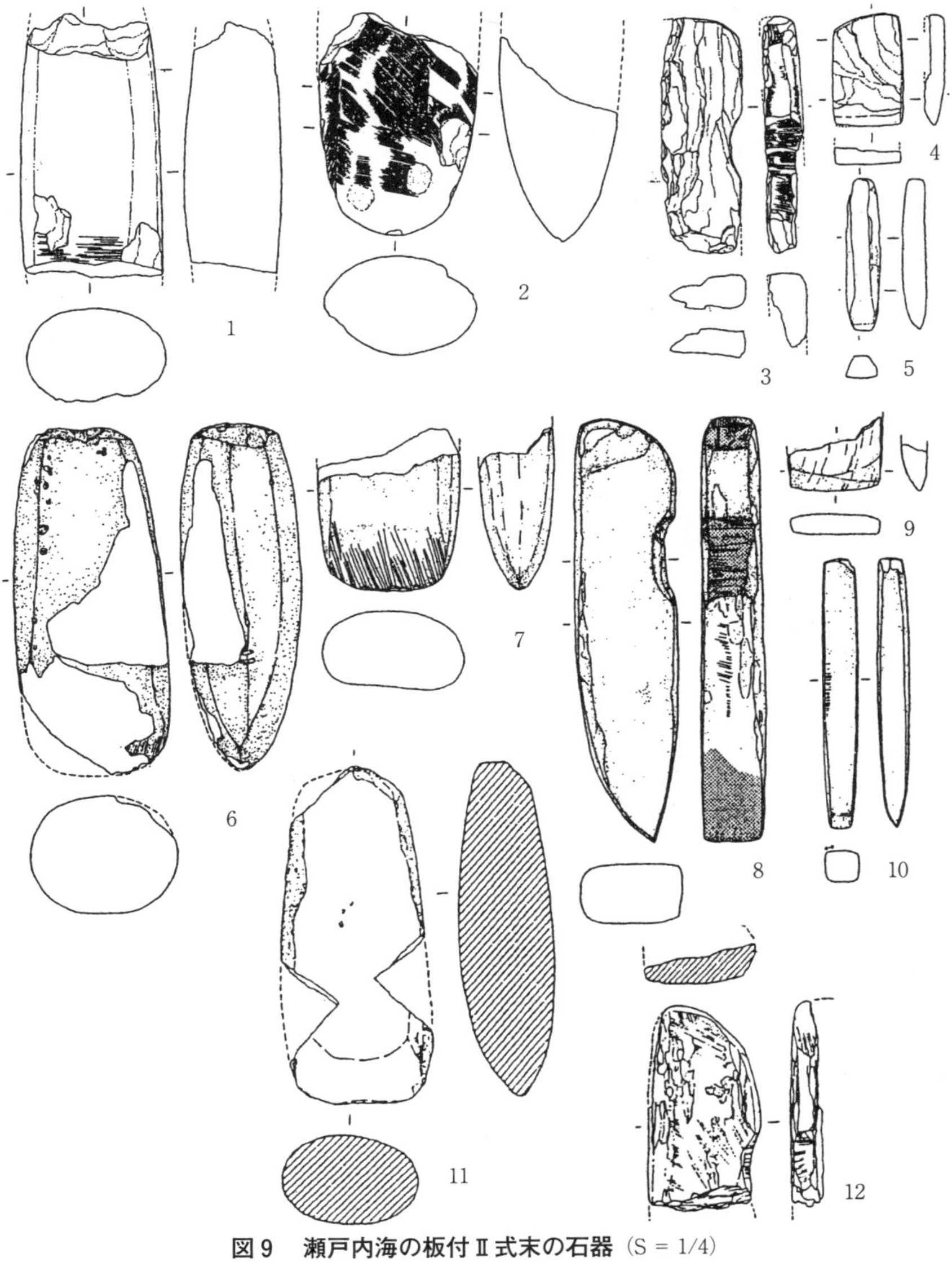

図９　瀬戸内海の板付Ⅱ式末の石器（S = 1/4）

１～５：松山市岩崎（宮内ほか 1998）　６～10：さぬき市鴨部川田（森下 2002）　11・12：岡山県矢掛町清水谷（藤江ほか 2001）

5　日本海における稲作基盤工具の整備

山口県の西北部、響灘から日本海に直角に曲がろうかとするその角部に下関市土井ヶ浜遺跡がある。そこに出土する人骨の分析から弥生人＝渡来人説の根拠となった著名な遺跡であり、これを反映して当地が渡来人の上陸地に比定されたりもする。土井ヶ浜遺跡そのものは、最初の渡来から数百年も後の遺跡であり、それにもかかわらず最初の渡来時の状況を示すかのように扱われるのは、歴史学的には不思議というしかないが、ここは王道に戻って稲作出現期の磨製石器の状況を明らかにしておく必要があろう。

角島・沖田遺跡

土井ヶ浜遺跡の西北海上、遺跡とは指呼の間に小島角島が佇む。島と本土を結ぶ大橋の建設工事に際し、島側の橋脚の一部が遺跡にあたった。この遺跡を現下関市角島・沖田遺跡（古庄浩明二〇〇〇）という。調査すると遺跡は攪乱状態であったが、土井ヶ浜遺跡よりずっと古い縄文晩期後半の突帯文土器、古期板付Ⅱ式、弥生前期末、中期初頭の各期の土器が相当量出土した。石器も柱状片刃石斧未成品、扁平片刃石斧、石庖丁、石剣などの大陸系磨製石器が出土し、伐採石斧も多数出土した。これら石器と土器との供伴完形はまったく不明であるが、それでも石器を型式学的に処理すれば何とか初期稲作期の姿がみえてくる資料でもある。

伐採石斧には縄文系の乳棒状石斧（図10－1）とAⅡ式（図10－2）・AⅢ式（図10－7）があり、乳棒状石斧は古式のAⅡ式に関係するとみられる。柱状片刃石斧は未成品が一点あり、後主面基部が斜となる棒状品で前期後半以降に出現するC型式（下條一九九七）で、材も古式の灰白色粘板岩ではない（図10－8）。扁平片刃石斧は七点

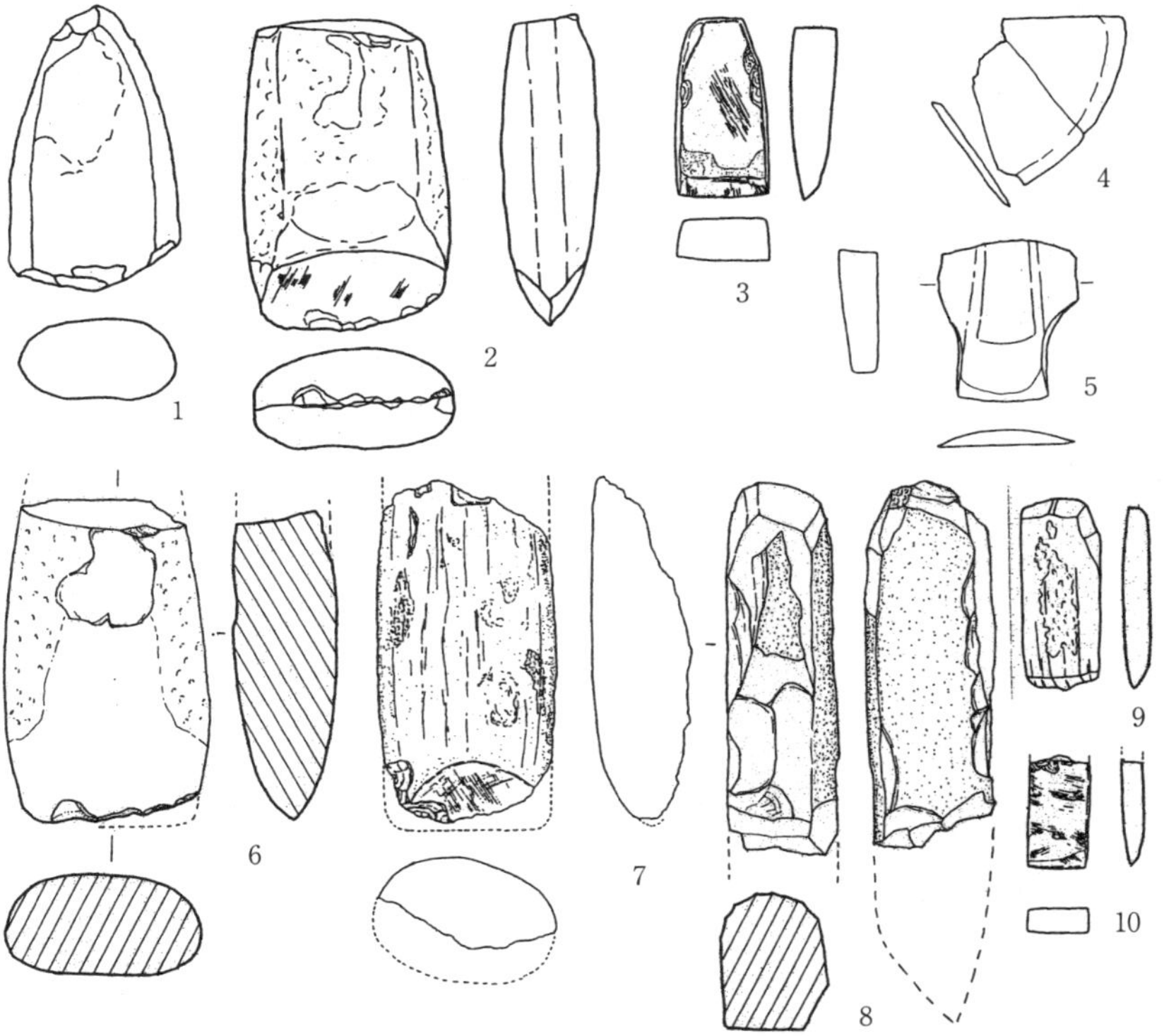

図 10　型式で分けた山口県角島・沖田遺跡出土の初期稲作期の石器（S ＝ 1/4）
1 ～ 5：前期前半　6 ～10：前期後半（古床 2000 によるが，6・8および3・9・10の縦断面図は筆者による）

出土していて、Ⅰ・Ⅱ・Ⅲの三型式に分類することができる。Ⅰは晩期後半から弥生前期前半、Ⅱは前期中頃から後半、Ⅲは前期末から中期に該当する。これらは多くは縞目をもつ粘板岩で、北部九州から東北部九州の系統のもので、瀬戸内では搬入品とされるものである。Ⅰ式は基部に厚く、刃部に向かって後主面が内湾しながら厚さを減ずる古式タイプ（図10－3）で、全体が厚く造られている。Ⅱ・Ⅲ式は厚さを減じ、後主面の内湾度も弱くなり、最後は後主面と前主面のラインが併行する薄身のものとなる（図10－9・10）。

以上から想定される組み合わせは古段階の乳棒状石斧・AⅡ式伐採石斧・Ⅰ式扁平片刃石斧と新段階のⅢ式伐採石斧・柱状片刃石斧・Ⅱ・Ⅲ式扁平片刃石斧で、時期は古段階が板付Ⅱ式前半まで、新段階が板付Ⅱ式中頃以後となる。古段階の組み合わせは瀬戸内海の板付Ⅱ―1段階と同じ構成であり、北部九州ないし東北部九州からの派生とみられる。石庖丁が北部九州系の頁岩質砂岩の外湾刃半月形（図10－4）であるのもこれを支持しているし、縞目の古式石剣も連動して到来したものとみてよかろう（図10－5）。このようにこの地の初期農耕期の石器組成は半島からのダイレクトなセット伝播を示すものではなく、列島内における二次的伝播であり、この地に直接の渡来を認めうるような半島器種の多様性と型式の連続性はみられない。

山陰出雲

出雲地方はかつて記紀神話をベースとして大和民族の祖先が伝来上陸したと比定されてきた土地であり、考古学的には石器時代や弥生土器時代に「固有日本人」や我が民族の祖先が半島の石器をもって渡来した土地とされたところである。半島系の石器の出土する時代といえば弥生時代をおいてほかになく、その間の事情を出土の石器から伺見してみよう。

島根、鳥取に弥生土器が分布しはじめるのは板付Ⅱ―1式段階であるが、これに伴う大陸系磨製石器は知られていないという。島根県矢野遺跡、西川津遺跡で大陸系磨製石器が出土するのは板付Ⅱ―2式段階に至ってからで、扁平片刃石斧（図11－3）、鑿形片刃石斧（図11－4）の片刃石斧のほか石庖丁、大形石庖丁などが出土する。これに伴ってAⅢ式（図11－1）の伐採石斧も出現するようになる（坂本二〇一三）。扁平片刃石斧に未成品（図11－3）があるのでこの期に在地生産が開始されていたとみられる。しかし、今後に期待はされるものの抉入石斧

図 11　出雲地方の初期稲作期の石器（S = 1/4）
上段：板付Ⅱ式中頃　下段：板付Ⅱ式後半〜末ごろ
1〜4・7：出雲市矢野（坂本 2010）　5・6・8：松江市西川津（原田 2013）

は未確認であり、伐採石斧に坂本が指摘するように乳棒状石斧（図11－2）をはじめ縄文系伐採石斧が有力に存在するなど、同期の瀬戸内に比べ、石器の整備状況は今一歩の感は免れえない。

抉入石斧が出現するのは前期後半〜末ごろの板付Ⅱ─3式段階で（図11－7）、ここにいたって一応AⅢ式伐採石斧（図11－5）と三種の片刃加工斧（図11－8）が整う。

出雲の磨製石斧の特徴の一つは、伐採石斧がいつまでも古式のタイプを引きずり、それらが併存して良質のAⅢ式になかなか収斂されないことである。前期の後半〜末ごろになお縄文系斧（図11－6）が存在するのみならず、西川津遺跡にみるように前期末から中期にわたって決して良質とはいえない扁平斧、ＡⅠ式斧、ＡⅡ式斧がＡⅢ式と混在する状態が続くのである。

以上のことが示すように、板付Ⅱ―1式段階に未だ石器をみないこと、板付Ⅱ―2式段階に抉入石斧をみないことなど、現状を固定はできないが、石器の出現が他地域より半歩～一歩遅れていること、伐採石斧がいつまでも成熟しないことなど、出雲の弥生石器の整備には常に後出感が付きまとう。いわんや半島からダイレクトにこの地に到達し、ここを拠点として各地に伝播したというような磨製石器の器種揃え、出現の早さ、型式のオリジナル性などといった先進性はみることはできない。

山口県北浦地方、出雲と半島からの渡来地に比定されてきた地域の初期の磨製石器事情をみてきたが、実情は以上の通りで、とても直接の渡来地と認定できるような先進性、斬新性はまったくない。

6　高知南海地方の文化受容と基盤整備

高知県南国市田村遺跡の板付Ⅱ―1式段階には伐採石斧、抉入石斧、扁平片刃石斧、石庖丁、有茎式磨製石鏃が伴出している。伐採石斧は在地産だが、抉入石斧（図12－2）、扁平片刃石斧（図12－3）、石庖丁（図12－4）、磨製石鏃（図12－7）は搬入品である。この段階における抉入石斧の出土は中四国では唯一であるが、こうした組成は北部九州や東北部九州では当たり前で、石庖丁が北部九州系の頁岩質砂岩であることからすると、これらは九州からの伝播とみるのが普通であろう。

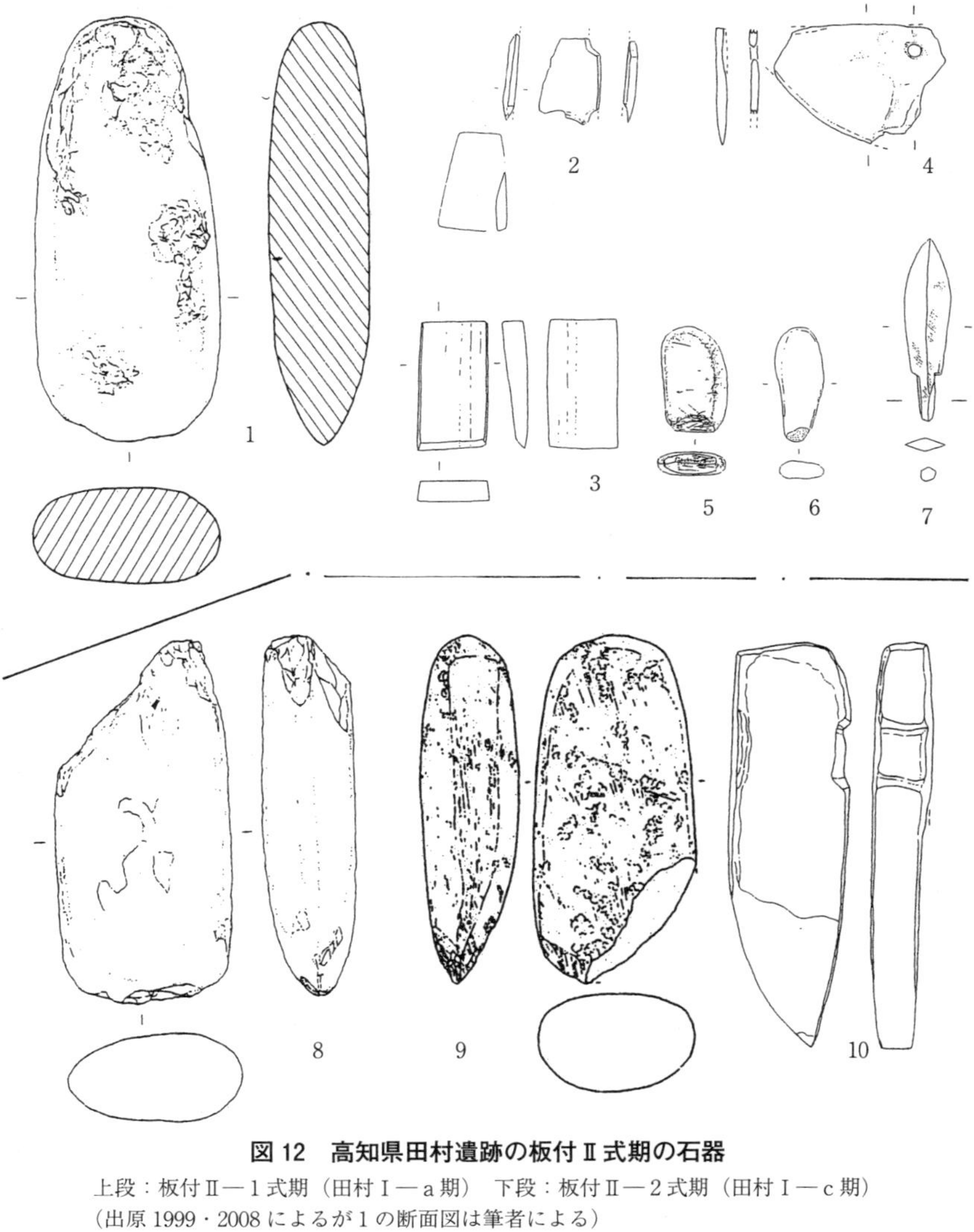

図 12　高知県田村遺跡の板付Ⅱ式期の石器

上段：板付Ⅱ—１式期（田村Ⅰ—a 期）　下段：板付Ⅱ—２式期（田村Ⅰ—c 期）
（出原 1999・2008 によるが１の断面図は筆者による）

田村遺跡の伐採石斧

ところが、調査関係者の出原恵三は伐採石斧を主に他の石器にも着目して独特の考え方をする（出原一九九九・二〇〇八・二〇〇九）。田村遺跡最古のⅠ—ａ期（板付Ⅱ—1式）出土の伐採石斧は重量がある完成した伐採石斧であるので、田村遺跡では稲作受容当初から完成した伐採石斧を受容していた（図12－1）。北部九州の初期稲作期の伐採石斧は軽い薄斧であるから、田村遺跡の伐採石斧は北部九州を経由しない別ルートで半島から入手したとするのである。出原論の第一の要点はこのように伐採石斧の評価にあるので、まず田村遺跡の最古期の伐採石斧を分析してみよう。

出原が伐採石斧を半島由来とする根拠は、①一kgを超える重量があること、②「完成された」とすることの二点である。

重量に関しては田村遺跡に先行する板付Ⅰ式期の福岡県今川遺跡から一kgを超える伐採石斧（図3－1）が出土している。ＡⅠ式ながら田村遺跡例と形態や大きさは類似している。玄界灘東部の板付Ⅱ式初の福岡県大井三倉遺跡では完形の一品が八九四ｇ（図4－2）、基部を大きく欠損する一品が七八八ｇ（図4－1）、刃部を大きく欠損する一品が六七二ｇ（図4－1）と、復元値は優に一kgを超す大形伐採石斧が揃っている。これに後続する東北部九州の福岡県葛川遺跡の一品は刃部を大きく欠損するが九四二ｇもあり、復元値ははるかに一kgを超える（図5－1）重量品が出土している。これらは田村例と同様のＡⅡ式で、九州では田村例に先行ないし併行してすでに大形品が普及していたのであり、田村石斧が九州に先行して独自に大形化を達成していたことにはならない。また、大井三倉遺跡や葛川遺跡の一kgに達する石斧は平面形は方形に近く、すでに田村の石斧より進化した形態をしている。

次に「完成された」石斧とは何をさすのか、具体的基準が示されないのでわかりにくいが、アジアや列島の蛤刃系伐採石斧の展開はすでに定式化（AⅠ→AⅡ→AⅢ）しておいたように方向性をもって発展しているので、田村石斧も以下のようにそのなかに位置づけることができる。

図12－1は田村遺跡の「完成された石斧」である。「大きい」といった感覚的評価もあるが筆者の計測によれば長さ一九・九㎝、幅八・五㎝、厚さ四・五㎝で、ある程度の大きさを示しているが、AⅡ式標準と比較しても幅、厚さとも〇・五㎝ほど大きいだけなので、型式のなかに収まる。では、石斧発展の度合いを示す平面形、横断面形はどうであろうか。

平面形は基端に狭く、刃部に向かって広くなる基窄刃寛の平面長台形で、完成形の平面長方形にいたっていない。横断面形は扁楕円形で、これも完成形である楕円～円形にいたっていない。つまり平面形も横断面形も完成形に向かう発展過程のAⅡ式で、厚斧率が五三％のAⅡ式であるのも、厚斧率六〇％以上のAⅢ式に向かう過程のものであることを示している。またその製作技法は大きめの扁平礫の側部のエッジに若干の調整剝離を加えて造る簡易な縄文技法の延長上にあるもので、AⅢ式の製作技法に達してはいない。以上のように田村遺跡のこの石斧はどの面から見ても、発展途上のAⅡ式斧で、完成形になっていない。田村遺跡におけるAⅢ式の出現は田村編年Ⅰ―c期（板付Ⅱ式―2式）以後のことであるから（図12－9）、その前段階におけるAⅡ式の存在はむしろ真っ当でこれまで紹介してきた瀬戸内各地の展開と時期も含めよく符節があっている。

次に関連地域との関係をみてみよう。

韓半島における無文土器時代の伐採石斧の出土は前にも記したように完成形の持ち込みで始まるから、当初からAⅢ式であり、AⅡ式の田村遺跡例との型式的連続関係はない。

一方九州ではすでに北九州市備後守屋鋪遺跡では田村遺跡より古い板付Ⅰ式段階にAⅢ式伐採石斧が出現しており、九州に先行するどころか九州に先行例が存在している。

以上九州には田村例に先行してＡⅢ式や一kgを超える重量品が出現しており、田村例そのものは型式、技術ともＡⅡ式段階のもので、北部九州の伐採石斧の発展のなかでＡⅢ式に向かう途上品と位置づけることができ、半島がらみの別系統品とすることはできない。

磨製石鏃

二つ目に田村出土の有茎式磨製石鏃と韓半島との関係がどうかという問題がある。磨製石鏃の素材剝片、未成品、成品の多数出土というその量の多さから、半島との密接さや直接性を主張しているようだ。だが、製作地なら当たり前で、半島との親密性や直接性とは別個の問題だ。

由来関係の強さを主張するのであれば半島と田村最古例の型式の連続性を明らかにすべきであろう。そこで両者を比較するとあまりにも型式的乖離が著しく直接の比較はできない。結局のところ、田村石鏃の由来を明らかにしようと思えば半島から起こして、半島から順次地域を拾いつつ最終的に田村例にたどり着くしか解明の方法はない。

韓半島の磨製石鏃は地域色があるので、田村遺跡例と同系列にあり、出原も列島への出発地と想定する韓半島南部慶尚南道南江地方の代表的農耕遺跡、大坪里遺跡（漁隠洞、玉房地区）の休岩里期例を韓半島側の事例とする。集落出土の有茎式磨製石鏃は平面形では柳葉型、圭頭型、将棋の駒型に分類でき、量的に最も多く、田村遺跡の中心形式である柳葉型を取り上げて検討する。柳葉型は鏃身（茎は含まない）の長さによって長八cm以上の大形（図13－1）、長五～六cmの中形（図13－2）、長三cm台の小形（図13－3）、長二～三cmの極小型（図13－4）の四つに分けられる。北部九州には大形と中形が伝わり、小形、極小形はほとんど入ってこない。田村遺跡の初期のものは五cm前後であるから、中形に近いので、中形の動向に注視する。半島の磨製石鏃は時期が下ると関部に

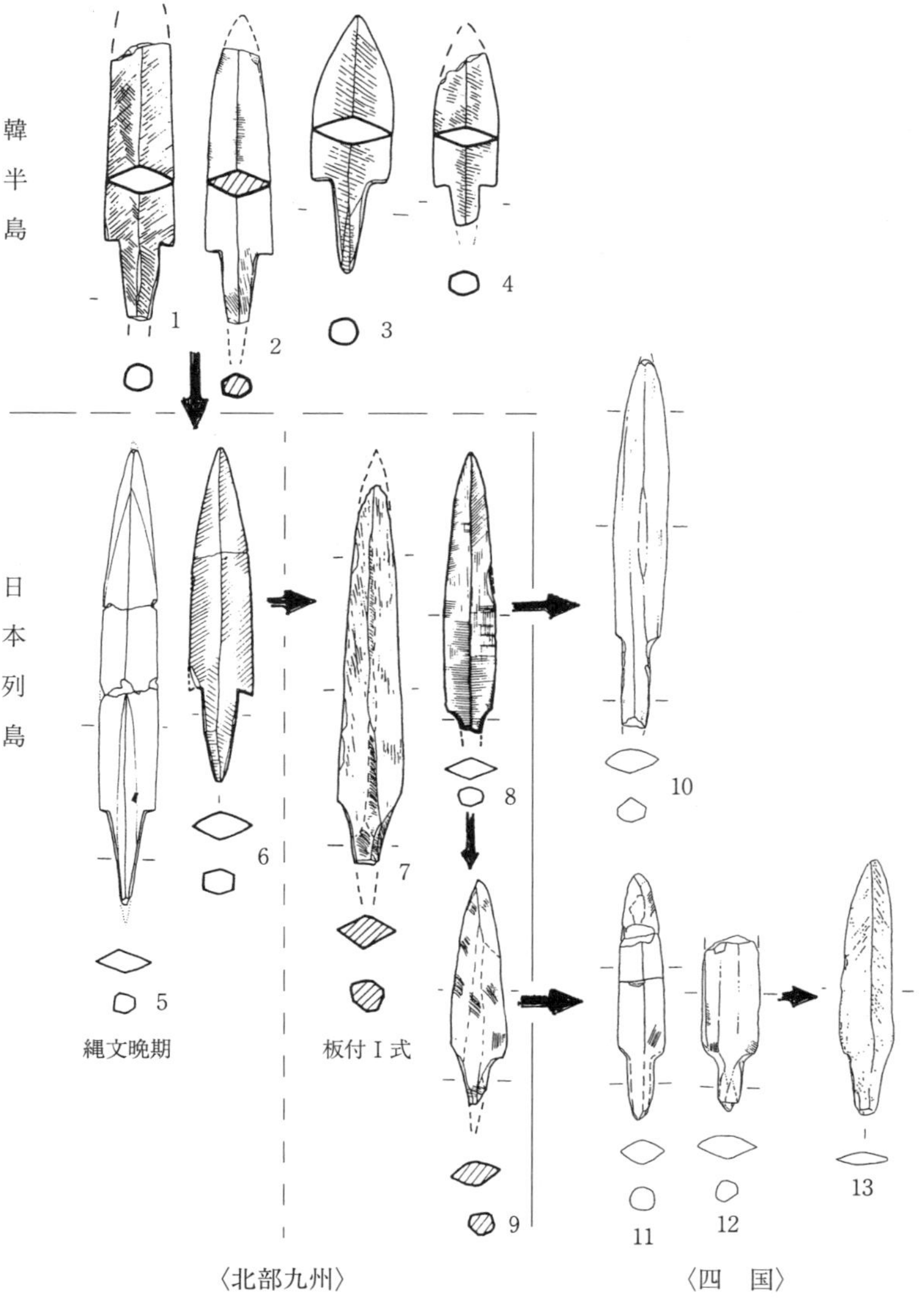

図 13　磨製石鏃の変遷と田村遺跡（S＝1/2）

1～4：慶南南江　5：福岡有田七田前　6：福岡曲り田　7～9：福岡今川　10：愛媛中寺州尾
11：香川下川津　12：愛媛横田　13：高知田村

変化が起こるが基部幅、厚さなど機能にかかわる部分の変化は少なく、列島のように弱化しないのが特徴である。

長さ五cm強の半島の中形は基部幅の広い平面槍形が基本形（図13－2）で、基部（関部）から鋋に一直に収斂するものと先端近くで角度を鋭角に変えるものとがある。いずれも加撃時に矢を対象物の体内へ深く貫入できるようになっている。加撃時の衝撃を受け止めるため、基部を幅一・五～一・七cmと広くする。関部は刃から直角に茎に折れる直角関で、これは矢柄端と関が面として接着し、放たれた矢柄の推進力が強く石鏃本体に伝わるようになっている。茎は直径〇・八cmと太く、安定して矢柄を受け止めている。身の中線上に鋭い鎬が通り、厚さは〇・八～一cmもあって強固である。

一方田村遺跡のそれは幅一cmほどの細身で、先端付近で角度を変え鋋に向かう。衝撃力の受け皿となる基部も一cmと脆弱である（図13－13）。関部は斜関となるので矢柄との接点は点となり、矢の鏃への抽送力は弱くなる。また身の厚さは二・五～四㎜強と半島の二分の一～三分の一しかない薄身扁平の脆弱品である。以上のように両者は型式上も機能上も差異が著しく、田村例は半島のそれから大きく後退した退行品であり、両者の間に型式の直接的な連続関係を認めることは困難である。もともと半島では石鏃の機能弱化は緩慢であるから、田村のこうした退行性は大陸になじまない。あるとすれば半島系磨製石鏃が集中出土する北部九州からたどらなければならない。

北部九州の集落出土の磨製石鏃は韓半島の大形（図13－5）と中形（図13－6）で、小形、極小形は伝わっていない。縄文晩期後半の突帯文期に出現するので稲作とともに伝わったことは間違いない。この期の中形品は半島の石鏃と同じ物で、半島からの搬入品である。

板付Ⅰ式段階も大形（図13－7）と中形（図13－8）が併存するが中形に少し形態変化があらわれる。平面槍形は変わらないが、身の中途に少し膨らみをもち、関部が斜関や撫で肩関に変化するなど退化傾向がみえてくる。

そうしたなかで中形から長さ四cm程の短鋒品が派生する（図13－9）。これを中短鋒品と呼ぶことにするが韓半島にない独自の形態のものである。基部幅は一・三cm前後と広く、厚さも〇・五cm強もあって、それが先端に向かって尖る貫通力のある長三角形をなす点は、中形品のもつ機能性を維持しているが、一方関部は片側が斜関で片側が無関などといった退化傾向を示す。これは板付Ⅰ式末の福岡県今川遺跡に典型的にみられるが、この中短鋒化が瀬戸内と関係すると思われる。

板付Ⅱ式になると北部九州では大形がなくなり、中形と中短鋒品になるなど小形化が進む。

瀬戸内に磨製石鏃が伝わるのは板付Ⅱ－1式の段階である。中形系もあるが数少なく（図13－10）、圧倒的には中短鋒系である。どちらもここに至ると北部九州とは大きな違いを示すようになる。その最大の違いは北部九州のように槍形をとらず、身幅一cmほどの細い基部と同幅で身をつくる扁平ないし細棒状品に転化することである。退化兆候は刃縁の膨らみ、関の弛み、鎬の甘さ、平の膨らみ、扁平化などあらゆるところに出現し、それらの特徴が全部ないしいくつか重なって作られるのが瀬戸内の磨製石鏃なのである（図13－11・12）。こうした瀬戸内で著しく進行する退行型式の一変形が田村遺跡の磨製石鏃である。したがって田村のそれは半島の石鏃とは型式的連続性がないどころか、むしろ遠いところにある。こうした退行型式を生み出すきっかけは北部九州における退行化のなかにあり、この動きを介在させてこそ理解することができるのである。

磨製石鏃は以上のように玄界灘において時期の下降とともに中型に刃縁の膨らみ、関の弛み、鎬の甘さ、平の膨らみなど形骸化が始まるが、これらは弓矢としての機能の弱化を意味している。この傾向に拍車をかけたのが、中短鋒形の派生出現でこれも最初はある頑健さをもっていたが瀬戸内海や南国に伝わるとさらに弱化の道をたどり、短くて、細くて、薄い形態のものとなる。もともと韓半島で槍状の強固品であったものが、九州を経て、瀬戸内に到達すると扁平棒状の退行品に変化した（図13－11・12）。こうした磨製石鏃展開の末期型式が瀬戸内海および田村遺跡の磨製石鏃である。発生元の半島や北部九州の中形品と比べると、まるで別種のもののようである。こうした退行型式の磨製石鏃が規格的作りの韓半島の石鏃とただちに型式的に連続するはずもなく、その間に玄界灘付近での型式変化を挟んで初めて理解できるのであって、韓半島からのダイレクトに近い伝播論は成り立たない。原型から最も遠い型式である。

田村遺跡の基盤工具の整備

田村遺跡の基盤工具に話を戻そう。田村遺跡最古式のⅠ—ａ段階（板付Ⅱ—１式）は列島由来の伐採石斧ＡⅡ式と韓半島由来の加工斧、収穫具、磨製石鏃が組成されて磨製石器群を形成している（図12－1〜7）。この段階に抉入石斧があることは珍しく、現在中四国唯一の例である。もっとも九州より海上交通でダイレクトに上陸できる愛媛県南予の宇和盆地や松山平野など四国西方にはこの段階に抉入石斧が入っていた可能性が高く、またその兆候もあり今後を待ちたい。この石器組成は北部九州や東北部九州では常見のもので、田村遺跡の石庖丁が九州産のものであることからすると、北部九州や東北部九州から伝わったとみるのが穏当である。直接的には、玄界灘の東から東北部九州にかけての地を考えたい。

この段階の課題は伐採石斧を除き他の石器が搬入品であるということで、折損による補給という難題をどう克服したかという問題がある。補給先が仮に半島だとするならもっと障壁は高くなる。それを補ったとみられるのは在地産の小形の片刃石斧である。その一種は扁平な小形自然礫の先端に直接磨きをかけて刃部とするＮ型という超簡易品で（下條一九九六）、製作が容易なだけに多数出土する（図12－5・6）。他の一種は剝片から片刃の小形石斧を作り出したものであるが、まったく半島的な規格品となっていない。これらがどれほどの効力をもったか疑問があるが、機能は受容しても型式は受容できないという文化跛行が現出する。欠損品の穴埋めがこうした低質の方法で行われたのは、まだよく新来の文化を消化獲得できていない在来人が担ったからこそであろう。こうした簡易石器による穴埋めは徳島にも愛知にもとくに稲作初期段階にみられ、稲作を受容したもののあちこちで在来人がその補給に苦労しているさまが目にみえ、そこに大陸系磨製石器製作の高度技術の投影はみえない。こうした経過を経て、搬入品に頼らず、それを母体として在地石材でＡⅢ式伐採石斧（図12－9）と抉入石斧（図12－10）や扁平片刃石斧などの片刃石斧類を作れるようになるのは田村Ⅰ―ｃ段階、つまり板付Ⅱ―2段階である。それはまた瀬戸内各地の展開とも歩調の合う話で、基盤工具の整備において田村が特別の位置を占めていたわけではない。この段階になるとさすがＮ型も影をひそめてくるようである。

7　中四国の基盤工具の整備と渡来人（表1）

中国地方の出雲を中心とした山陰はかつて日本人の祖先が渡来上陸した土地とされ、四国の南海地方も半島との独自交渉によって稲作文化を入手したと近年唱えられた。しかし、その両地にはそうした証跡はなく、いずれの土地も九州からの波及によって農耕が開始されたと理解できる。瀬戸内に九州から稲作が伝わるのは縄文晩期後半であるが、その内容は九州に比べかなりにおいて跛行的であった。伐採具が縄文系であるのは九州もそうであるから問題はないが、大陸系の加工石斧は伝わらず、縄文系の加工石斧を使って対応した。九州では分化した三種類の大陸系加工石斧であるのに対し、瀬戸内では一種類の縄文系加工石斧で凌ぐという落差であった。石庖丁も大陸の系統のものではあるが、大陸になじまない改変した奇妙な石庖丁を使っていた。このように稲作は伝わったとはいうものの、九州との落差は大きく、とても斉一的などとはいえない地点から瀬戸内海の稲作は始まった。その分、これら縄文的石製農工具を作り使い、稲作に従事したのが在来人であった度合いは相当に高い

表1　中四国における基盤工具の標準的整備過程

時　期	伐採石斧	加工石斧
縄文晩期	縄文系石斧	縄文系石斧（一種類）
板付Ⅱ―１式	ＡⅠ･ＡⅡ式	扁平片刃石斧（搬入） 鑿形石斧（搬入）
板付Ⅱ―２式	ＡⅢ式 （ＡⅠ･ＡⅡ式）	抉入石斧（在地生産） 扁平片刃石斧（在地生産） 鑿形石斧（在地生産）
板付Ⅱ―３式	ＡⅢ式	抉入石斧（在地生産） 扁平片刃石斧（在地生産） 鑿形石斧（在地生産）

ことになろう。

次の弥生時代の板付Ⅱ―1式のステージになってやっと加工斧、オーソドックスな石庖丁、磨製石鏃など大陸系磨製石器が伝わってくるようになるがまだ跛行的な伝わり方が続いていた。稲作農耕を推し進める基盤工具は伐採石斧と加工石斧であるが、伐採石斧は縄文系を継承した弥生系のＡⅠ式とＡⅡ式で、加工斧は新たな大陸系の扁平片刃石斧に交替した。だが、加工斧仲間である抉入石斧は伝わらず、伐採石斧と扁平片刃石斧の二種の基盤工具で開発は続くのである。この二種での開発は縄文基盤工具の種類数と同じで、高速の開発システムが可能な分化した基盤工具を整えていた渡来人が手がけたものではなかろう。そしてこの段階、その広がりはまだ縄文晩期の稲作同様中部瀬戸内に留まっていた。

加工斧に抉入石斧が加わって、分化した三種の加工斧で対応できるようになったのは、板付Ⅱ―2式段階にいたってからである。それまでのように搬入品に頼るのでなく在地石材による生産が始まり自給体制が整って安定した稲作栽培が可能となった。伐採石斧にＡⅢ式が出現するので加工石斧ともども一応基盤工具の整ったことになる。ただ伐採石斧はまだ新古の型式が入り交じったり、ＡⅡ式が中心であったりするところもあって、達成と評価するまでにはいかない。その広がりは伊勢湾沿岸にまで拡大するが畿内の一部や伊勢湾沿岸など分布の束はまだ搬入品に頼っているところがあり、整備の進展状況に地理勾配がある。

板付Ⅱ―3式段階になってＡⅢ式伐採斧が中心的存在となり、分化した加工斧と組み合ってやっと韓半島並の強力な基盤工具が整う。このようにアジアのレベルに達するまでの間には時間をかけて段階を一歩ずつ積み上げていく充実の過程があり、地域拡大の過程があった。これによって前期末という到達点に達したのであってその広がりは一気呵成ではなく、進捗度合いも斉一的ではなかった。

もし稲作農耕が大量の渡来人によって移植のようにもたらされたのなら、韓半島で成熟していた高度の開発基盤工具が稲作当初から導入発動され、一挙に列島を席捲することもありうるだろう。

だが実情はそうではなく、みてきたように時間をかけてスローに実力を蓄積したのであり、そういう形の選択で進行したのはほかならぬ縄文人の実務的関与が大きかったからに違いない。

参考文献

伊東晃・下沢公明・山磨康平　一九九九年『田益田中（笹瀬川調節池）遺跡』（岡山県埋蔵文化財発掘調査報告書一四〇）

春日井市教育委員会　二〇〇一年『松河戸遺跡展』（春日井市・春日井市教育委員会）

栗田茂敏ほか　二〇〇〇年『大渕遺跡』（松山市文化財調査報告書七七）

小林行雄　一九三二年「安満B類土器考―北九州第二系弥生式土器との関係を論ず―」（『考古学』三―四）

小林行雄　一九三八年「弥生式文化」（『日本文化史大系　第一巻　原始文化』誠文堂新光社）

駒井正明・本間元樹　一九九七年『田井中遺跡・志紀遺跡』（大阪府文化財調査研究センター調査報告書第二三集）

佐原眞・金関恕　一九七五年「米と金属の世紀」（佐原眞・金関恕編『古代史発掘4　稲作の始まり』講談社）

酒井仁夫・伊崎俊秋　一九八一年『今川遺跡』（津屋崎町教育委員会）

酒井仁夫　一九八四年『葛川遺跡』（苅田町文化財調査報告書第三集）

酒井仁夫　一九八七年『大井三倉遺跡』（宗像市文化財発掘調査報告書第一一集）

坂本豊治　二〇一〇年「出雲における稲作文化の伝播過程」（『矢野遺跡』出雲市の文化財報告一一）
柴尾俊介・川上秀秋　二〇〇八年『備後守屋鋪南側土塁跡』（北九州市埋蔵文化財調査報告書第四〇五集）
下條信行　一九八八年「日本石庖丁の源流―弧背弧刃系石庖丁の展開―」（永井昌文教授退官記念論集『日本民族・文化の生成』六興出版）
下條信行　一九九五年「瀬戸内―リレー式に伝わった稲作文化―」（金関恕・弥生文化博物館篇『弥生文化の成立』角川選書）
下條信行　一九九六年「扁平片刃石斧について」（『愛媛大学人文学会創立二〇周年記念論集』）
下條信行　一九九七年「柱状片刃石斧について」（伊達宗泰先生古稀記念『古文化論叢』）
下條信行　二〇一三年「いわゆる大陸系磨製石器の瀬戸内における定着過程」（『平成二五年度瀬戸内海考古学研究会第3回大会予稿集』）
菅波正人・縄田潔　一九八八年『小路遺跡』（山口市教育委員会）
杉原荘介　一九五五年「弥生文化」（杉原荘介編『日本考古学講座　第四巻　弥生時代』河出書房）
杉原荘介　一九六一年「日本農耕文化の生成」（杉原荘介編『日本農耕文化の生成』東京堂）
多田仁ほか　二〇一二年『北井門遺跡二次調査』（愛媛県埋蔵文化財センター）
出原恵三　一九九九年「南四国の石器―弥生時代―」（『古代吉備』第二一集）
出原恵三　二〇〇八年「弥生文化成立期の大陸系磨製石器―田村遺跡からの新視点―」（古文化談叢六〇集）
出原恵三　二〇〇九年『西南四国から問う弥生時代像　田村遺跡』（新泉社）
中山平次郎　一九三二年「福岡地方に分布せる二系統の弥生式土器」（『考古学雑誌』二二―六）
直良信夫・小林行雄　一九三二年「播磨国吉田史前遺跡の研究」（『考古学』三―五）
原田敏照　二〇一三年『西川津遺跡・古屋敷Ⅱ遺跡』（島根県教育委員会）
藤江望ほか　二〇〇一年『清水谷遺跡』（岡山県矢掛町埋蔵文化財発掘調査報告1）

藤好史郎ほか編　一九九〇年『下川津遺跡』（瀬戸大橋建設に伴う埋蔵文化財調査報告Ⅶ）
古庄浩明　二〇〇〇年『角島・沖田遺跡』（山口県豊北町埋蔵文化財調査報告書第一八集）
前田佳久　一九九三年『神戸市兵庫区大開遺跡』（神戸市教育委員会）
真鍋昌宏ほか編　一九八八年『大浦浜遺跡』（瀬戸大橋建設に伴う埋蔵文化財調査報告Ⅴ）
宮内慎一ほか　一九九八年『岩崎遺跡』（松山市文化財調査報告書第七一集）
宮崎哲治　一九九三年『林・坊城遺跡』（香川県教育委員会）
森下英治　一九九八年『龍川五条遺跡Ⅱ』（香川県埋蔵文化財調査センター）
森下友子　二〇〇二年『鴨部・川田遺跡Ⅲ』（香川県埋蔵文化財調査センター）
矢島誠一　一九六六年「弥生時代社会の構造」（矢島誠一編『日本の考古学Ⅲ　弥生時代』河出書房新社）

対談

列島初期の稲作の担い手は誰か

下條信行
田中良之

田中　弥生の初期稲作の担い手に関して、これまで研究を進めてきましたし、皆さんからの原稿も寄せていただき、シンポジウムもおこなったわけですが、ここではそれを総括するようなお話ができればと思います。

それぞれの論考に出てきますが、本書は三つの大きな柱をもとに企画されています。第一に、学史的な展開が大きく意味をもつということです。第二に、弥生文化を担った人たちについての考え方や事実関係のとらえ方が考古学と人類学でズレがあって、それが現在の状況を招いていること。第三に、それを総合していくことが必要だろうということ。さらに最後に、弥生時代の開始と渡来人の問題が現代のわれわれにとって、どういう意味をもつのかにもふれていただくという流れで話を進めたいと思います。

用意されていた渡来説

田中　まず学史の話なのですが、思想家や科学者も含めて、研究者たちが先行研究にいかに影響を受けているかが、各人の論考にあらわれていると思います。思想史として、日本人あるいは渡来人の問題は、どうとらえたらよいでしょうか。

下條　考古学が、その史上で渡来人問題を扱うのはかなり遅れての出発でした。その先鞭をつけたのが鳥居龍蔵先生です。当初は、外国人からはじまって、日本人の人類学者、言語学者、歴史学者の研究や憶説が先行していて、それに乗らざるをえなかったところからスタートしているわけです。ですから、日本人の祖先は渡来系によって成立しているという立場がすべてでした。

それがどこから来たかという話になるのですが、考古学では北方系が南下して日本にやって来たという説です。鳥居先生の場合は、純粋に北方系というわけではなく、いろいろなものが混じって日本人ができ上がったという考えです。こういう意見は考古学からというよりは、欧米の人類学者の意見を取り入れて成ったものと思います。そこをもう少しわかりやすく説明してもらったほうがよいのではないでしょうか。

田中　『記紀』（『古事記』『日本書記』）の記述によるものなのでしょうが、江戸時代にも天皇家と大和民族は外部から来たという認識です。高天原を九〇度振ると、水平に外からというモチーフになっている。これは今では、神話学ではアジアのどこにでもあるとされているモチーフですが、当時はそんなふうに漠然と思われていた。

幕末から明治に日本来た外国人たちは、日本人が単一の人種とは思えなかったということを、いろいろな人が書いています。E・V・ベルツは「薩長が別の人種だ、マレー系と蒙古系だ」とはっきりいっていますし、B・

H・チェンバレンは記紀神話と結びつけたような恰好で、「マレー系の先住民に蒙古系の征服民が来て王朝を打ち建てた」というのちの騎馬民族説のようなものを出した。欧米の日本学ではそれが定説化していくわけです。そういうものが、明治になって人類学を学ぶ人たちには与件としてあったと思います。しかし薩長に限らず、国民国家を作ろうとしている明治の初期にあって、「人種が違っていました」と言うのは、これほど不都合なことはないわけで、落としどころとして、先住民をアイヌにしていく。もともとH・V・シーボルトからある説ですが、折り合いをつけるような格好でアイヌ説、あるいはプレアイヌ説にいく。いわゆる大和民族とは違うのだといって、薩摩と長州や江戸の武士と町人は違うという話をすり替えていくわけです。そういう作業を明治の二〇年ぐらいにやっており、それがベースになる。

しかし、それがすんなりいかないところが人類学の流れだと思います。大和民族が外部から来たという渡来説自体も否定するような形で長谷部言人先生の移行説が出てくる。それに対して、清野謙次先生の渡来説が出てくる。この両者の対立は、一九八〇年代まで続くわけですが、そういう潮流をつくっていく。

先住民の証拠は何もないわけです。先住民を、日本の周辺部にいる住民の先祖ではなくアイヌの人たちだと言ってしまうのは、国民国家を作るうえで必要だったということもあるかもしれません。また、E・S・モースの大森貝塚の調査はバラバラに出土した人骨をみて「食人」といっているのですが、それも当時の、文明国の仲間入りをしようという日本人には不都合だったということもあったのでしょう。こういう問題は政治的でもありましたし、当時の研究者にとっての願望もかなりあったと思います。

下條　結局は外に発生を求めていくわけです。考古学の場合、鳥居先生は旧満州に行けば満州と列島、その後朝鮮に行けば朝鮮と列島、さらに中国南に行ってミャオ族と列島という形で、外国に調査に行くたびに関係が変化してゆくことになる。でも一貫して主流になっているのは、北方からということです。八木奘三郎先生も韓半島

下條信行

に行って、かなり的確に考古遺物から半島と列島の関係をつかんでいる。鳥居先生よりも的確です。そういう時代が大正頃まで続いていたわけです。

ベースには記紀神話があって、それと齟齬がないように渡来人の上陸地など設定しています。それに日本帝国の膨張主義にのって、一つの理屈が作られていったということがあるだろうと思います。ただその時は、石斧を例にとると、列島のこの石斧と外地のあの石斧が似ているというように、判じ物のように列島と外地との連絡をつけてゆく。まだ総合化はしていない。それが大正時代のあり方でした。

考古学上、体系的、構造的に北方と列島の関係が位置づけられるのは昭和に入ってからです。旧満州で日本が発掘をするようになり、出土品をセットでつかむようになってきた。それを他所とどう関係づけるかという視点になる。当時、京都大学にいた水野清一先生が、深成岩の固い石は石斧に使われやすい点に着目して、緑石文化論という形で中国、旧満州、朝鮮半島、日本と、広い地域がセットでつながっているという論をたてた。それを日本側できっちり受けとめたのが、小林行雄先生で、完成された石器文化があるのだと言った。そこで考古学的な渡来の大筋ができてしまったということであります。

田中　その一方で、二〇世紀の前半、大正から昭和への時期は、人類学では長谷部先生の変化説が出てきて、石器時代から基本的に日本人は変わらないという話になってくるわけです。在地の人がそのまま歴史的な経過のなかで環境によって変化をしていくということです。人類学では、形態の変化を、環境か遺伝かの大きな二つの要因のどちらかで説明しようとするのですが、環境要因だといわれるわけです。かたや清野先生は、京大に考古学の研究室ができて、一緒に全国を発掘してまわるのですが、縄文人だけでなく古墳の人骨もかなり集めて現代人やアイヌとの比較をする。すると、縄文人とアイヌが違っているということがわかり、古墳人は縄文人よりも現代人に近いことから、縄文人から古墳時代にいく過程で渡来人と混血があったのだという。これはいわゆる渡来説の走りであり、幕末に外国人がもっていたイメージが、ここで復活してくるわけです。

当時のヨーロッパの状況は、先史時代まで遡って、短頭と長頭の両方の人種がいて、東が短頭で西が長頭という説が出てきて論争が起きている。イギリスはもともと長頭だったのが、青銅器時代にオランダあたりからベルビーカー土器と青銅器の技術と一緒に人がブリテン島に渡っていって、青銅器時代が始まる、そこで短頭の人たちに入れ替わるのだといっている。そして、入れ替わったのではなく元から一緒だという説と激論が交わされるわけです。

田中良之

それと同じようなことを長谷部・清野の論争でしている。だから、双方ともに雛型はヨーロッパにあるのだと思います。そういう研究者の世界的なトレンドを、当時の帝国大学の教授たちはしっかり押さえておかなければいけないということで、二派に分かれたような恰好になりました。少なくとも材料を持って言っていたのは、清野先生のほうです。実際に出土資料を押さえていたわけですから、研究としては分があるはずなのです。ところが、清野先生自身が窃盗事件で逮捕されまして、京大を退職されて、教室員も各地に散っていき、いわば家の子郎党離散になるわけです。
そこで長谷部説が中心的な学説になっていく。戦前と戦後すぐに小林行雄先生が書かれていますが、半島から弥生文化が入ってくるという説に障害になったのが、人類学の変形説だということです。そこで、人類学と考古学は乖離していきました。

下條　考古学的には、人種論という形で明確にはいわないけれども、文化論を通して何度もそういうことを言っているのです。鳥居先生は、渡来人が半島からやってきて、まず出雲に拠点を構えて、そこから出入りして、最終目的地の大和に行くという。対して在来人、つまりアイヌ人は最終的には放逐の対象でしかないわけです。梅原末治先生も同じようなことをいうが、アイヌ人にはあまりふれていない。小林先生は、水野先生を受けて、中心的には石斧の組み合わせの問題で認めていく。石斧を持って開発していくのが弥生農耕文化で、これをしたのは渡来系の人たちであるという。いわゆる弥生文化は渡来人が作ったということになる。では、在来人は何をなしたかというとほとんどふれないので、弥生文化は渡来論で終始するようになります。そのなかで唯一山内清男先生は農耕を担ったのは縄文人だと主張するのですが孤軍奮闘といった感じです。

田中　一九世紀に進化論が一世を風靡しましたが、その後の論拠が出てこないで、当時は批判も強まっていた。次の文化理論・社会理論として、伝播主義、文化周圏論、文化史といった名称で呼ばれる理論が出てきて、文化と民族をある種一体にとらえてみる。それがヨーロッパの民族自決の運動ともマッチしていくわけです。今は伝播主義というとバカにされる対象になっていますが、当時としては最新の理論で、その思考枠の人たちは「伝播してきた」と言うことで説明が終わってしまうわけです。伝播してきて、社会も変わり、人も変わっているのだ、という説明で「一同納得」という文脈の中で語られていたのだと思います。それがいわば亡霊のように今日まで続いているのが問題だろうと思いますけど。

下條　水野・小林ラインで昭和一〇年代前半に形成された、体系的な文化伝播は戦後も揺るがない。近藤義郎先生は昭和三〇年代に、弥生時代の磨製石斧類はすべて大陸において——大陸のどことはいわないが、定式化されたものがそのまま日本に伝わって、在来の石斧類を消滅させ、それが列島各地に斉一的に広がったという。そこで、ますます在来のものの出番はなくなってしまった。結局、言葉ではいわないが、在来人はどこかへ飛んでいくしか仕方がないような論調が続いてきました。それがなかなか消えない。

田中　本当に、亡霊ですね。

下條　あえていうならば、どこに渡来しそこの考古学事情がどうかという研究とからむ話です。例えば、いわゆる大陸系の伐採用の蛤刃石斧といっているけれども、森貞次郎先生は昭和一七（一九四二）年に、北部九州の早い段階（弥生前期）の伐採石斧は、大陸のそれではない、大陸系という太形蛤刃石斧はその後の弥生中期に出現するということを指摘しているのです。しかし、その頃の九州での指摘は学会の中心からはずれていたので、ほとんど取り上げられなかった。本来、渡来したところでの具体的な有り様に基づいて考えなければならないのだが、そこからはずれた地点から望遠鏡で覗いて、概念で決めてしまうというやり方が通用していたように思います。

田中　そうですね。一方、戦後になって、台湾におられた金関丈夫先生が一九五〇年に日本に帰って来られて、ちょうど九州大学のポストが空いていて赴任されます。戦後の復興期で道路工事をするところ、切通や三津永田などの甕棺から弥生の骨が群として大規模に出てくるのに注目されるわけです。戦前から単発的には出ていたのですが、三津永田からまとまった資料が出てくることで、弥生人の形質がやっとわかってきます。それが縄文人とはあまりにも違っているので、清野説がどんどん詰めていかれるわけです。

三津永田、土井ヶ浜、中の浜、古浦と調査されますが、初期は、頭の形質については、長頭か短頭です。これは結局ヨーロッパのビーカーフォークの研究の根拠と同じなのです。それが後に鈴木先生によって日本人の時代変化の実態に基づいて否定されていくわけですが、実際に縄文と弥生のいちばんの違いは、顔の高さであったり、幅、眼窩、鼻、あるいは身長であったりしたわけです。したがって、扱う形質は実物に合わせて変わってきた。金関先生の頃になると、人骨という研究材料があって、それを比較した結果が明らかに違うということで、根拠がはっきりする。それによって、考古学も戦前から続いていた渡来説、外部伝来説が人類学と整合するというので、諸手をあげて受け入れたと思います。諸手をあげた結果、丸ごと飲みこんでしまった。

北部九州で研究をしておられた森貞次郎先生は、土器などは縄文から連続しているので、現象を少し違うようにとらえておられたわけです。さきほど下條さんが言った、在来の人はどうするのだという問題が残っているとはっきり打ち出される。それに対して、考古学サイドから、九州と他地域が異なるということが出てくる。

下條　渡来一辺倒説が当然であるかのように受け入れて、丸飲みするわけですよね。だから渡来のほうだけ過大評価してしまうことになって、在来文化の存在や伝承は丸ごと抜け落ちてしまう。在来文化の存在はむしろ周辺現象の話ということに置き換わってしまう。一つには、渡来地がどこかという措定をきっちりしたうえで評価することが必要だったのですがね。

大正時代に鳥居先生は、渡来の上陸地を出雲と言い、九州もあるよと小声で言い、梅原先生は、山陰だと言いながら、もう少し大きな声で九州だと言うけれども、九州を正面から取り上げることはないのです。そういう状態がずっと続いてきたが、山陰という無理な上陸比定地論はさすがに勢いを失い、昭和前半には北部九州が登場するのですが、それでも渡来一辺倒論は変わらない。先述のように森貞次郎先生は頑張るけれども、なかなか大きくは取り上げられないという状況が戦前は続いていた。戦後になっても水野・小林ラインが設定した大局は変わらないわけですが、たとえば板付遺跡を含めて九州での発掘が始まることによって、渡来一変では済まないことが少しずつわかってくる。

今では、韓半島に発し玄界灘沿岸が第一の渡来地だと多くの人類学・考古学の研究者は認めているだろうと思いますが、出発地については異論もでます。人類学もそうかもしれないが、中国の長江の下流域から連なってくるという説が浮いたり沈んだりして出てくる。一つは、例の照葉樹林文化論にのってそれを実証しようとした試みから昭和四〇（一九六五）年代前後に出てくる。その種として石庖丁や石斧を使うのだが、これは簡単にいうと答えになっていない。その後、米のＤＮＡ分析をもとにして、日本に来たというけれども、一緒に来た米を作るための道具からいうと、まったくその痕跡は認められないという状態です。今のところ、考古学的には韓半島を発し玄界灘沿岸を第一の中心的な渡来地としてとらえるということは動かないでしょう。

そういうなかで、瀬戸内辺りを弥生式土器の発生地にしようとする意見もあります。それは、弥生初頭の板付Ⅰ式が北部九州で成立する前に、すでに板付Ⅰ式が福岡県の三郡山地以東のどこかにあって、その周辺現象として玄界灘があるという。玄界灘がなぜ周辺かというと、板付Ⅰ式に突帯文系の縄文土器を伴っているからだという。つまり渡来先進地は外来系の弥生式純粋で、周辺地に古式の縄文系が分布するという人種観なのだが、この構図は大正時代に鳥居龍蔵先生が描いたものと同じの古典的なものです。歴史的推移の検証を欠いた周圏論ですね。これは思いこみか思想で言ってるだけだから、今にいたるも実証されていないし、これからも無理でしょう。記紀や思想で比定したかっての渡来上陸地論の轍を踏まないように、できるだけ出土物に依って証明しようと先学も努力したし今もしているはずなのですが、片方では頭の考えで決めてしまうということがおきる。結局、証拠がないから、実証はしきれない。それでも現実には、そういう考えがいいと思う人間が日本のなかにいる。

田中　仮説を現実にあてはめて説明してしまうという倒錯した議論なのですが、それはわりと九州以外に多い。九州では現物が出てくるので、それから立ち上げて問題を考えていく。対立の背景は、そこにあるのだろうと思います。森先生、岡崎先生は渡来人がたくさん来たといっても縄文文化の伝統が残っているではないかといわれるわけですが、それに対して、金関先生は男性主体で渡来したという新たな説を出して、反論をされる。その根拠は、男だけ渡来しても土器は女性が作るものなので、女性は縄文人だから縄文土器の伝統は残る。弥生時代に抜歯の痕跡もあるが、台湾などの民族では抜歯するのは女性がすることだから、これまた残っていく。弥生の大きな文化的要素として成人用甕棺があるが、これは大きすぎて女が作るわけにいかないから男が作ったのだという論拠なのです。

あらためてこういう話をすると、陳腐な話ですが、これを前提にして論をたてる人が考古学にもたくさん出てくる。弥生文化の要素を男性と女性の要素に分けて、男性的要素はほとんどが渡来的な要素、女性的要素はほとんどが縄文的な要素だという。でも、紡錘車が入ってきて機織りも行われているのですが、それを誰がしたのか考えれば、すぐにわかるような話です。人類学においても弥生人の傾向として、男性は大陸的、女性は縄文的な傾向が残るという話になっている。ところが、渡来して混血すると、すぐに男の子も女の子も生まれるわけで、両方同じように混じっているわけですから、男が渡来系で女が縄文系だというのは妙な話です。生まれた子が女の子で渡来的な顔立ちだったら、半島に帰すということをしなければならなくなる。そんなことはありえないわけで、むしろ男女の形質の発現のしかたのメカニズムが違うといった人類学的な説明をすべきなのですが、そうでないほうに流れる。これは金関説の呪縛だと思います。

下條　大概は、こうあると都合がいいとか、思いにとって整合的だという形での議論で、実際に出てきたものに立脚したうえでのリアリティある動きで描かれていない。今の紡錘車の話もそうです。渡来系の男性がたくさんやって来たとするならば、彼らは具体的に稲作実践においてどのように活躍したのであろうか。稲作を伝えたのは渡来人であることは間違いないし、それによって国土開発にかかわったことも間違いないでしょう。だがその

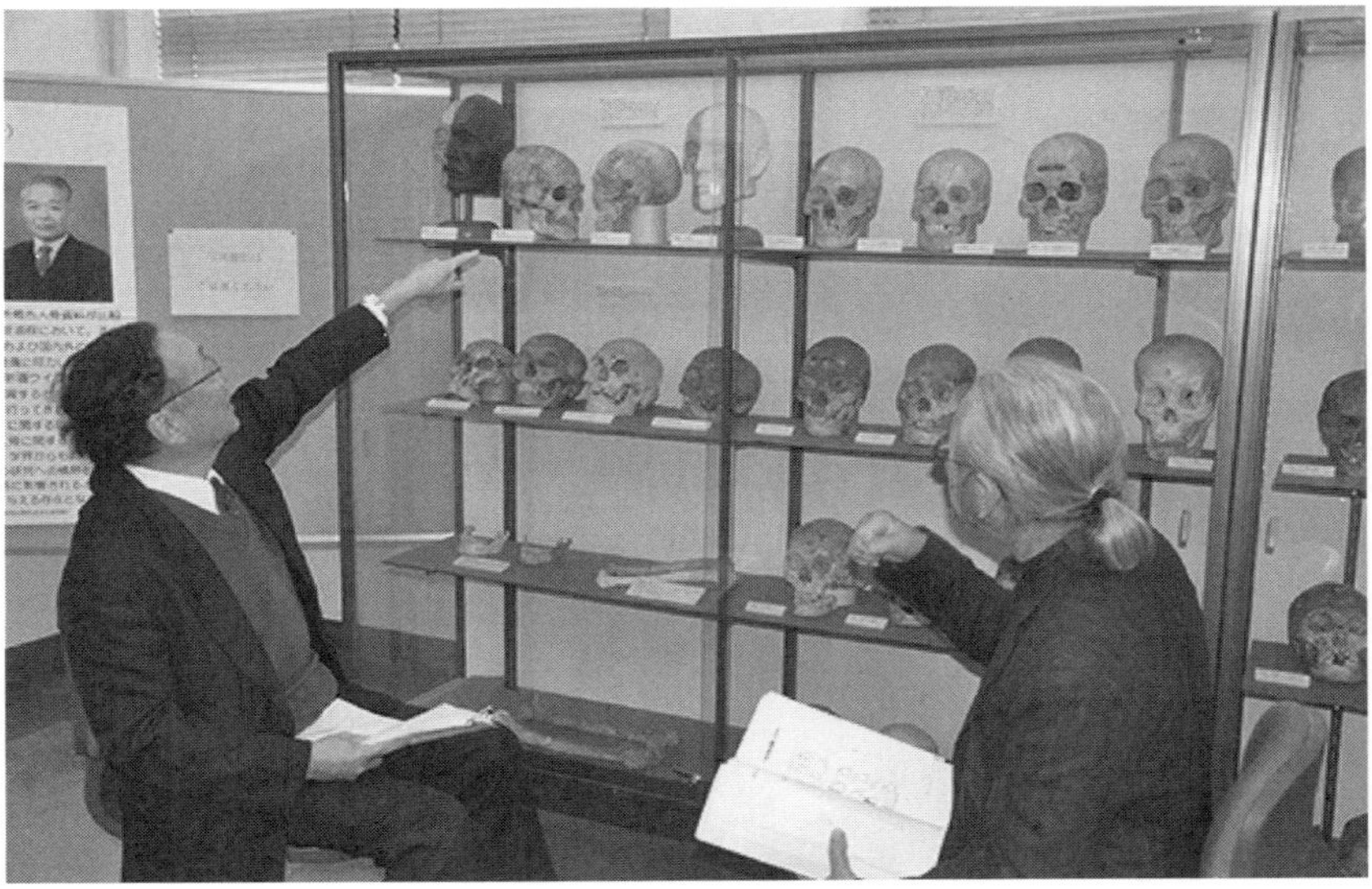

場合、手ほどき程度なのか、指導者としてなのか、これまでイメージされてきた一鍬一鋤に及ぶ全面的なのかは曖昧で、概念的に「渡来人が」ですましてきた。今までは在来人のかかわりを排除して考えてきたので「すべて渡来人が」で済んだのですが、在来人のかかわりを認めるとなると、逆に渡来人の働きの具体像はほとんど見えなくなる。

一方伐採石斧を見ると、縄文系の伐採石斧を引き継ぎそれで開発に対処している。大陸のすぐれた伐採石斧に比べてはるかに機能が落ちるものを、長年開発を経験してきた渡来人がわざわざ作り使うなんてことをするわけがない。たぶん現場の前線で縄文風の石斧を使って働いているのは在来人です。では、渡来人は何をしていたのかというと、姿が見えない。このあいだ九州のある人類学者の本を読んでいたら、渡来した時の人種の構成比率は、男性は渡来人が一〇〇%で、女性は渡来女性が一五%、在来女性が八五パーセントと書いてある。まさに金関呪縛論ですね。そうすると、多分そんなことはないのだけれど、昼間の生産労働への貢献が特定できていない渡来人男性が働くのは確かに渡来形質の人間は増えることからすると「夜」だけかという話になってしまいかねないわけです（笑）。

こうした人種構成比を描くのは弥生の中期になると、渡来形質の人が増えることを前提として、それに合わせるための都合論にみえてしょうがない。それは時の実像とかなり違ったものになっているといって間違いない。

田中　そうでしょうね、何せ黒曜石の石器を使っていますから。福岡県曲り田遺跡などは、石匙など縄文の石器そのものが出ています。

学史の話で申しますと、従来の研究では、縄文時代がどうやって終わったかという視点がすっかり抜け落ちています。縄文人の生業、社会のシステムそのものが変わるわけですから、それは大変な抵抗があるし、リスクも大きい。それをのりこえて変わってしまうわけですが、縄文側から変わっていくプロセスのとらえ方がなくて、来たものばかりで説明しようとする。

下條　縄文から弥生へ、在来人から渡来人へ「置換する」という印象でとらえている。併存しながら両方ぼつぼつと変わっていくというのが実像に近いでしょう。

田中　実像からどんどん乖離しているという印象です。未検証仮説に追従して、人類学から新たな説が出てきたら、それにすり合わせることを繰り返してきた。ですから、埴原和郎先生から「三百万人渡来説」が出てきたときは、みな呆然とするわけです。これは大変な数字で、一〇〇〇年間で三〇〇万人ですから、一年間に三〇〇〇人ずつ毎年来る計算になる。種籾をいくら持ってきても、それを播いて収穫して食えるようになるまでは無為徒食の徒が三〇〇〇人いて、しかもそれが毎年三〇〇〇人ずつ増えていくということになるわけで、どうやってそうした人たちを食わせるのだろうという疑問が出てくる。それでも唯々諾々と認めてしまう研究者が結構います。とくに九州以外の所にたくさんいます。信じられない話ですが、リアリティのない学問をしていたのかとケチをつけたくなるような話になってくるわけです。

今の人類学では起源地が遠いほうがよい感じで、中国の長江説がいまだにありますし、ＤＮＡを追っていくと、どうしてもルーツとしての中国の遠方に行きついてしまい、あたかもそこから直接来たかのような話に取られてしまう。韓半島説もあるのですが、そこら辺を強く意識しておられたのは池田次郎先生です。もともと縄文土器で卒論を書かれた方ですし、考古学のことをよくわかっておられて、答えがみえているのです。でもそれは少数派で、似ていればそこから来たという単純な話が横行しています。今は、人類学と考古学がいちばん乖離した状態です。北部九州の甕棺から出てくる人骨はすべて渡来人だという人もいて、呆れ果てるのですが、そういうところまできてしまっています。

その一方で、韓国、九州や九州以外のところでもどんどん資料が出てきて、かなりのことが明らかになってきている。それが本書では明らかになっていると思います。

下條　大きくいえば、シベリアや中国北ということだろうが、それが南下して列島まで来るには、韓半島から渡海しなければならない。この本の中でも端野晋平さんが、住居址型や石庖丁型、あるいは小型の丹塗の壺形土器などから、出港地を朝鮮半島南端に近い南江流域ではなかろうかと言っています。南江だけに絞ることはないと思いますが、少なくとも朝鮮半島南部南端から伝わってきたとはいえると思います。朝鮮半島南部ということは、すでに梅原先生以来いわれてきたことなのですが、その中のどこかという詰めがなかなか進まなかった。今はそれがさらに絞られ、器種だけでなく型式の次元でも言えるようになってきましたから、それは一つの到達点ではないでしょうか。

渡来人と道具

田中　渡来の実態について、考古学的な事実関係をどうとらえるべきかという問題を含めて話をしていきたいと思います。生産具や土器、あるいは住居などを含めてふれていくことになると思いますが、まずは生産具の話からお願いします。

下條　水稲耕作が、中国からどのような経由で半島に来たかという問題はあるけれども、これに先立つ流れは中国の東北地方に発信があります。「緑石文化論」の有効な一面です。この地帯は畑作中心です。その畑作地域において、それに必要な石斧類や石庖丁は整っているわけです。それがじわじわと半島を南下してきた。だから半島には、古くには、畑作系の穀物とそのための石製の道具があるわけです。そこへ遅れて中国側から稲作が伝わってきて、両者が複合して南下した。稲作がどこから伝わったかというのは、諸説がありますが、いずれにしろ畑作と水稲が一緒になって半島を南下し半島南部にいたったとみるのがいいのではないかと思います。

半島の南における青銅器時代（無文土器時代）の農耕文化ということになると、今のところ前期から水田は出ている。相当早い段階から畑作とならんで水稲耕作がある。そのときの生産具は、木器の出土はわずかでこれからという状態なのですが、石器はそれ以前の櫛目文土器など新石器時代のものとは大きく変わっている。半島では、新石器時代のものをベースに手を加えて変わったのではなく、北からの持ち込みで転換した。それが人種にどう影響したかはよくわかりませんが、文化的側面からいうならば、北からの持ち込みによって農耕文化が始まったといえる。本書で裵眞晟さんも述べていますが列島も同じパターンかというとそういう面と違う面があります。

田中　半島の水稲耕作は複合体としてでき上がって、それが南下した。本書のなかでも裵眞晟さんは結構早い時期に列島まで来ているということにもふれています（本書第二章）。早いといっても、考古学的な時間なので、すぐに来たというわけでもないのでしょうが、半島で定着するとすぐに九州にも来ているのではないかということです。

下條　半島南部に持ち込みで伝わったといってもこれを石器の面からみて完璧かというとそうでもない。その欠を補うために改良と選択淘汰が試みられてやがて到達点に達するわけです。どこに問題があるかというと伐採石斧と大形片刃石斧にあります。伐採石斧は太形蛤刃石斧と四稜斧の二種類が北方より伝わります。はじめ四稜斧のほうが優勢だったのですが、徐々に蛤刃系が増加し、裵眞晟さんの編年でいえば前期後半の孔列文土器段階に蛤刃系の優位が確定的になります。実物を見た限り四稜斧は片麻岩素材などというのだけど軟質で縦割れが多くて、あまり上等な石斧とはいえない。それもあってか蛤刃系に収斂していきます。柱状片刃石斧のほうはというと当初これがなく、前期前半に頭出しし、後半の孔列文段階に一般化します。これに抉りが入れられて抉入石斧（有溝石斧）として完璧になるのは次の先松菊里段階です。つまり前期後半の孔列文段階に太形蛤刃石斧、柱状片刃石斧、扁平片刃石斧、鑿形石斧と列島に縁の深い石斧が整い、先松菊里段階に有溝石斧が出現して改良も頂点に到達し完全になるわけです。半島と列島の関係がみえてくるのは孔列文段階、列島の晩期前半から中の黒川式段階でしょうが、この時はあまり農耕関係というより、情報のやり取りが主目的と思っています。列島に体系的に稲作が伝わるのは先松菊里段階で、縄文晩期後半の刻目突帯文土器段階ですから、石器の改良が到達点に達した勢いのある段階といってもよいでしょう。この期の遺跡は急増中でもあるしね。

田中　生産具が半島から来るわけですが、伐採斧の採用が遅れる理由としてはどういうことが考えられますか。

下條　農耕は体系として成立しているものであり、半島ではその下で前述のように十分その経験を積んでいます。

半島から渡来し農耕を伝えるのなら、体系で伝えることによって効率的な農耕が展開するはずです。それを具体的に道具でいうなら、伐採石斧―抉入石斧―扁平片刃石斧―鑿形石斧―木製鍬・鋤―石庖丁の順で投入することによって田野の開発、造田、農耕、収穫が滞りなく行えるわけですから、受ける側もこの体系で受容するのが最も好ましいはずです。ところが抉入石斧以下はすべて受け入れているのに、頭の伐採石斧だけは受容していない。縄文的テクニックで作った重さ五〇〇グラムくらいの薄手の軽い縄文系の石斧で対応している。他にいろいろ招来石器があるのに何ゆえ伐採石斧は受け入れられなかったかというと、伐採石斧の機能と関係しているかと考えられます。伐採石斧はあらたに大地を開発し、稲作を通じて国土を起こそうとするとき、真っ先に投入される道具です。それによって田野や集落予定地に繁茂する樹木を大量に伐採し、木製農具を作るための硬質の大径木も倒さねばなりません。まさに開発の先兵として働く道具ですから、これの良し悪しが全体の効率を決めます。アップストリームに位置するので中下流にいくら上質の道具が揃っていても上流によって全体の進行は規制されてしまうのです。伐採石斧は開発進行の生命線を握っていたといえると思うのです。在来人はどうも半島流の上質な道具による高速開発を嫌って、ここに低質の縄文系石斧を投入して全体の開発スピードをスローに調整したと思えます。数千年の間、自然を活かし、自然と共棲してきた在来人が突然の急速開発になじむはずもなく、在来人がその歴史的体質に応じゆっくりした開発を心がけたその結果が前からなじんでいる縄文系の低質な伐採石斧の投入とみられます。

列島の稲作はどちらがもちかけて始まったかはこれからの課題でしょうが、抉入石斧以下には半島からの持ち込みがあるのに、伐採石斧はほぼ持ち込みがない。あっても一本あるかないかで、モデル品もない。こうした状況をみると当初から持ち込まなかった可能性も考えられる。そのためには在来人の開発に対する指向性といった情報が必要であり、黒川式期というのはそういうやり取りをしていた段階かもしれない。

田中　縄文の石器に木工具がないわけではない。多いところでは結構な数が出てきているわけですが、安定したセットではないことも確かで、サイズや刃渡りや刃の角度などは定型化していない。小型の木工用の手斧とか鑿に相当するものはありますが、少ないし、必要に応じて作っているようです。伐採斧を小型化して片刃にすればよしというような作り方です。そういう人たちからすると、渡来人が持ってきた木工具のほうが圧倒的に優れていて、伐採斧に関しては、まあこれでもやれるという感覚をもったかもしれません。土器などもそうですが、すでにあるものについては保守的になっているというのは、木工具のほうに魅力を感じたか、必要を感じたかです。

下條　結局、鋤、鍬は作る。作らないと対応できないから、それは十分にわかっている。ただし、そのことにすべてが集約されるのではなくて、最大の課題は開発のペースではないですかね。繰り返しになりますが例えていえば、一連の工具は川の上流、下流の関係にあるのです。上の伐採がうまくいかないと、後ろのほうも流れない。上のところで全体の調整をはかっているのではないか、下流のほうはそれに応じて新しい道具を受容して作っているという構図ではないかと思います。そういう意味でいうと、全体開発の調節をしたのは、むしろ縄文人の意図かもしれない。だから、韓半島で完成した体系が稼働させられなかったのです。

田中　それはそうですね。たぶん、渡来人が来て、稲作を実際に始めようかという時に、縄文人は今までの生活のスタイルをある程度犠牲にしなければならない。ドングリを採って、貯蔵してなんとか一年を暮らしていた者たちが、その時間を削ぐことになると、リスクはリスクです。だから、初期に失敗したところもかなりあるはずなのです。黒川期に低地に降りていったのが短期間で終わるというのも、失敗した集落の可能性があると思います。初期の水田を伴うような遺跡のほとんどが田んぼにしやすい低湿地をひかえた自然堤防上などにあって、住環境を犠牲にしたところで生活している。そういう開発の水準に当初は留まっていたという理解でよいでしょうか。

下條　そうですね、経過としては馴化期間が必要だったでしょう。経験値が異なる両者が折り合いをつけた形にもっていかないと、バラバラな関係になってしまう。中心的になるのは、開発しようとするその土地の住人の指向性でもあるし、そこの労働力なくして開発は進みにくい。折り合いをつけていかなければいけないという現実があって、開発段階において調整をとりながらやっていくところに落ち着いたのではないかと思います。

田中　後にふれるつもりですが、仮に低湿地のところに渡来人が来て稲作を始めても、在来の地域社会はもっと広い。その広い社会での調整は当然あるわけで、渡来人が来ても社会の価値観などはその地域のなかで折り合いをつけながらやっていくので、乱開発していくような状態ではないです。

下條　かって突帯文が広がる西日本に早く稲作が広がるのは縄文時代東日本に比べて貧しいからという窮乏論が語られたことがありますが、稲作受容時の実情はそういうことではない。もしそうであるなら、ダボハゼのように半島システムの開発に飛びつくでしょう。西日本においてはしっかりした伝統的な背景と地域の新たな問題に、伝統を背負いながら在来側から対応していく形になったと思います。必ずしも韓半島のシステムをそのまま適応するのではなく、縄文人にも納得しやすいところに落ち着いたのではないかと思います。だからスピーディにならない。スローな開発になっていくわけで、それでも可能だから開発するわけで、腹が減っているから急ぎましょうという理屈にはならない。

田中　渡来も一回だけではなく、波状的にやってくるし、途中で都合が悪くなり戻る連中もいるわけで、そういった流動的な社会で少しずつ生活形態も価値観も変わっていったのだろうと思います。かなり長い時間がかかっています。

下條　そうですね、同じ文化期に何回かきている。何回か来ているうちにはじめの改変が進み、それに徐々に慣れ、また改良が進んでいく。固定しているわけではなくて動いている。例えば伐採石斧をみても、韓半島的作り方を教えてもらえば、より良いものが早くできると思いますが、決してそういうふうにはしない。自己流かと思うような下手な作り方を繰り返しながら、徐々にレベルアップしていく。真似をするなどしてぱっと変わっていない。時間をかけてレベルに達していくという選択の仕方です。

田中　石器の問題ですが、半島にあるものと似た材質の石を使うことについてはどうですか?

下條　あまり厳密ではないのですが、大きくは伐採石斧とその他の石器では石材が分かれます。伐採石斧は石核から作り、他の石器は両極打法などで得た剝片から作っていきますのでそれぞれに向いているものを選びます。後者の剝片を得るには層理があったほうがいいのでそうした目をもつ石材が選ばれます。砂岩、粘板岩、泥岩などの堆積岩やそれらが変性したホルンフェルスです。伐採石斧は結構いろんな石材を使い、砂岩やホルンフェルスなどの堆積岩系もあるのですが、花崗岩、玄武岩、片麻岩など一応火山岩系統になっています。列島も基本的にはこの枠組みで石材を選びます。剝片からつくる石庖丁、石鎌は頁岩質砂岩、抉入石斧、扁平片刃石斧、鑿形石斧などは縞模様のある粘板岩でともに剝片からの石器ですから層理のある堆積岩系統です。半島列島とも目的に応じた選材と攻石をやっていて、結構合理的といえます。この合理性は自然的ではあるのですが、半島の方法が投影しているともいえましょう。縄文後晩期の小形片刃石斧は伐採石斧と同様蛇紋岩系で作られますが、稲作伝来以後、同様の機能をもつ扁平片刃石斧が蛇紋岩で作られることはなく、ただしく半島系に準じた粘板岩系で作られます。大まかにいえば伐採石斧も硬砂岩や玄武岩に替わりますがその製作においては先に述べたように伝統的な機能に強くこだわった作りになりますが、その他の大陸系磨製石器は半島のあり方に順じているとみていいでしょう。

田中　機能的な収斂というところでしょうか。石庖丁も似たような石を最初は使いますね。

下條　どちらも砂岩中心です。

田中　質感の似た石を選んでいるのではないかと思うのですが……。

下條　同じ性格の石材ですからね。ただ、産出地は違うので、向こうの砂岩石庖丁はそうでもないけれど、列島のは目が細かいため剝離が著しく、剝離痕が目立ち、見た目、きれいな例はすくない。

これは文化の問題化もしれないが、半島の石庖丁は厚さ一センチもあって、片刃で、剝離も少ないのできれいで安定感がありますが、列島のものは厚さ五～六ミリの諸刃で剝離が著しく、ずいぶん貧弱にみえます。もっとも剝離は今日の出土時の状態ですから除外して考えねばなりませんが。

前に器種と石材の関係は両方、同じ傾向であると述べたが、製作技法はどうであろうか。扁平片刃石斧など列島での未完成品の出土例がまだ少ないが、それでも同じ技法と見られる。そして明らかに縄文の小形片刃石斧の製作法とは異なっている。柱状片刃石斧は列島に初期の未完成品がなく比較はできない。伐採石斧は縄文技法からスタートしていることもあって、これの厚斧化は独自の路線を歩んでグレードアップを測っています。半島の伐採石斧の未完成品、ことに素材段階や粗割段階の初期の未完成品の出土がほしいところです。まだまだ資料不足ですし、あらましは伐採石斧は道筋が違いますが、他の大陸系磨製石器は製作技術も共通していると見通しています。

田中　原石の採り方が変わるなど、途中で劇的なことがあればわかりやすいのですがね……。

土器と習俗

田中　次に土器の話ですが、考古学者は土器を時間、地域のものさしにしていく傾向がありますが、日本の例を外国に当てはめるわけにはいかない。日本では、縄文土器も弥生土器もころころ変わります。地域的に変異があり、時間的にもどんどん変わっていく。その辺は前提として違うかもしれないと考えておかなければならないと思います。

半島の土器が変わるのはゆっくりとしています。それと対比するので齟齬が出てきたのではないかと思われるのですが、だいたい編年的には対応すると思います。その辺は三阪一徳さんの論考（本書第四章）に整理してあります。土器に関しては、黒川式期の中頃ぐらいに影響が一部で出はじめ、突帯文期に壺が出てくる。最近では大型の壺も多少あるし、甕や浅鉢も少量ですが出てきました。半島系の製作技術のものが入ってきますが、それが漸次的で急に量が増えるわけでもない。形態や技術が外来系だから、まったくそのものかというと、どうもそうでもない。そういう意味では、技術が伝わり広がっていくプロセスをあらわしている。それは想定した通りになっている気がするのです。

基本的には、土器も文化の一つでいろいろな器種があって、よい土器、悪い土器があるわけで、作るときから意識が違うということもあるのですが、構造が一気に変わるわけではないことを示していると思います。伝わり方からいうと、じわじわと入ってきていて、受け入れる側の意志がかなりあると思います。突帯文土器が出たからといって、そこで農耕をしていたことにはならない。文化圏としては縄文以来の文化をもっていて、一つの部族でもその部族の範囲のすべてが稲作を始めたわけではないという状況です。半島系の技術が入ってきても、水稲耕作をしているわけでない場面も考えるべきであろうということですよね。

下條　そこの判別を具体的にどうするかは難しい話ですが、農耕の関連でいえば壺が出土する意味は大きい。壺の出現は、従来からいわれているように生産した穀物の種籾などの保存貯蔵要求があるということで、翌年の再生産を保証するための条件が整ってきたということでしょう。農耕化のための必然的な器種として受け入れている。見ていて面白いのは、小型のはかなり半島のものと近い。でも小型に再生産機能はあまり期待できないから問題は大壺の有り様です。ところが大壺のほうは韓半島のものとは変容して相当違う。再生産機能を保障する大壺が変容した形になっているところに、半島から何から何までも移植的に来たとは読めないことを示しているのではないでしょうか。

田中　そうですね、あまり正確に模倣していない。小壺は形が決まっているのと、墓に入れる意味合いがあるので、大事にしています。甕、縄文的にいえば深鉢は向こうの甕がきたから生産技術も入ってきたというふうにいうのですが、一方で縄文系の粗製土器でもある。だから、三阪さんの論考では真ん中に線が引かれ、どちらかというとになるわけです。縄文系の粗製土器の評価をきちんとしておかなければいけないでしょう。口唇部に刻みがあるからおしなべて板付祖型甕といっていますけれども、それだけではないだろうということです。

それから三阪さんは控えめに書いていますが、渡来系の器面調整をして外傾接合で口唇部に刻みがあってという、渡来系の技術で作った甕には剥がれるのがほとんどない。半島では剥がれたりはずれたりした土器がよく出てきますが、こちらではまず見かけない。これは、土器の乾燥の度合いが違うと思うのです。縄文土器はわりと湿った状態で組み上げていると思うのですが、向こうのは乾いています。そこで、接合面に不連続面が残ってしまい、そこではずれることがあると思います。だから、そういう意味では土器の作り方、接合手法が違って、器面調整は向こうの技術だといったところで、作り方が違うのです。日本のほうが湿潤だからいつまでも乾かなかったということはない、半島もみな同じでしょう。こちらの作り手が作っているという、わりと細かいところまで研究が進んでいると思います。

覆い型野焼きという焼き方を甕にも導入しましたが、色だけは縄文の色になっているのです。当時の好み、甕はこんな色という規範に即してしているのだと思います。壺は明らかに向こうの壺の色になっていますから、器種によって、焼成で作り分けているようです。それが弥生土器になってくると、完全に違ってくる。

下條　焼き分けしているかもしれない。

田中　そうです。そういう意味で縄文的な規範がずるずると残っているようなところが土器においてははっきりと出ている。

下條　三阪さんの分析によれば、初期の壺は内傾接合だそうです。半島は外傾接合だから、半島由来の壺は外傾接合のはずなのに、肝心の壺は縄文的な内傾接合で作っているというのですから、外目の恰好だけでは作り手の内実はわからない。それは、大変面白いと思います。

田中　女性も来ているのは間違いないわけで、たぶん男女同数で来ている。でも向こうの人が作っているのはものすごく数が少ない。おそらく技術が伝播していって、本当に混ざっているという状況でしょう。

下條　出自は半島でも製作は列島式という混交での成立は当時のあり方を象徴的に示しているかもしれません。

田中　渡来人が一定程度来たとされている遺跡でこういう状態です。それが端的にあらわしていると思います。

下條　その後は渡来などによる変異変容要素はあまりなく、最初に取り入れられた外傾接合が増えていくのだろうけど、かといってのちの弥生土器が外傾接合だからといって渡来人の土器にはならない。

田中　学史の話に戻りますが、一九七二年、板付Ｉ式は渡来人の土器で、夜臼式土器は縄文人の土器で、板付遺跡（福岡県）で一緒に住んでいたという解釈の研究発表が出されて、それに対して九州の研究者からの反発がありました。そういう時代がある程度続いたのですが、事態はもっと複雑だということがわかってきていると思います。

　住居についてはいかがでしょう。

下條　個別の住居を見ると、半島系があるのは間違いないが、誰が住んだかがわかるわけではない。集落出土の全資料を見てトータルに判断していかないとみえないように思います。そういう意味では福岡県江辻遺跡に半島の松菊里型住居は目立つけれども、あそこの伐採石斧を見ますと、三〇〇gしかない在来人が使う薄斧で、半島系の伐採石斧はない。

田中　私も江辻遺跡を見に行ったのですが、真ん中に大きな掘建柱があって、環状の集落で、どちらかといえば縄文的です。その後、墓が出てきて、やはりそれが円環状にぐるっとまわるのです。集落の構造と墓地の構造が同じような有り様をしているので、やはり縄文的な規範が残っているような感じです。

住居の形態も導入はしますが、使い方は地元で適当に使っている感じです。松菊里型住居が建てやすいのでしょうか、柱が二本しかないですから。復元したものを見ても、柱が二本あって、梁を入れて、後は屋根をふいたらおしまいと、四本柱に比べたらはるかに脆弱です。

下條　遺跡を見て在来人と渡来人の比率がわかるわけではないが、今のところいえるのは、単独で渡来系文化のみで構成される遺跡はないということです。

田中　コロニーはなしということですね。なぜ住居の話を持ち出したかというと、円形住居は渡来人で、方形住居は縄文人だと言って、それで人口比を出した人がいるのです。すぐにそういう変な話になっていく。

次に墓と習俗について話を進めます。前からいわれていることですが、支石墓が入ってくる一方で、木棺墓が出てくる。木棺墓も組み合わせ式と船底型の両方があります。あるいは支石墓の下部構造が木棺墓というものもあり、半島にはいろいろなタイプがあるのですが、こちらにも支石墓が出てくる。ただ、上石が小さくて、サイズがずいぶん違うのです。端野さんの論考（本書第三章）にも出てきますが、韓国の南江流域から全羅道のほうまでは、上石が小さくうすい石で、そちらから来た蓋然性が高いのではないかということです。

こちらの突帯文期から板付Ⅰ式期までの墓で、福岡平野からは支石墓が出てこないのです。端野さんもいっていますが、もともと森先生がいわれていたように、のちの開発等で上石が持ち去られたか、あるいは省略されたのだろうということですが、このあたりはどうお考えになりますか。

下條　そのことに関しては最近同様の結果を証す鋭い論文もでてますね。たとえば大陸系磨製石器を見ると、半島のオリジナル性をよく残しているのは玄界灘の中でも西のほうです。島原半島は別にして、唐津平野などは、古式の、持ち込み品がよく出土する。同じ事が支石墓にも投影しているのではないかと考えられます。福岡平野に出土するのはワンテンポ後の話ではないか、今のところ石器などを見ているとそういうことがいえると思います。

田中　土器でもそうですよね。

下條　玄界灘沿岸だからといってすべての臨海平野が横一列というわけではない。玄界灘の西のいちばん半島に近いところと、一歩東に入ったところでは、タッチの差があって、それが文化のズレになっていることは考えられます。

田中　たしかに、土器に関しては今のところワンテンポ遅れる印象です。佐賀県菜畑遺跡や曲り田遺跡の時期まで板付はいかないだろうというところです。

下條　石庖丁でいうと、菜畑遺跡の突帯文期には二段階あって、最下層出土のそれは身が厚くて片刃の持ち込み品で古相を示し、上の段階のは列島的変容が加わった新相を示します。板付遺跡の突帯文期の水田遺構から出土するのはこの新相タイプで、各地に広がるのもこの新相タイプです。このように同じ突帯文期でも段階差があるので、それが支石墓の上石の有無に関係している可能性はあります。

田中　その後の人口増加は福岡においてはすごいのですが、始まりは少し後だったということは、板付遺跡、菜畑遺跡、曲り田遺跡が三つ揃った時からいわれていることです。

下條　菜畑遺跡は出足はいいのですが、その後ブラッシュアップするのが鈍い。発展性がいま一つで、ちょっと龍頭蛇尾の感がある。

田中　生産面を考えても発展性はあまりないですね。

下條　小さな谷水田が生産基盤ですから、当初はそれでよかったのかもしれませんが。

田中　板付などはよいところでしょうからね。

下條　あれだけの生産域を確保できているところとは差がついた感じはします。

田中　葬送習俗について、磨製石鏃や丹塗磨研土器を入れるのは、向こうの習俗がそのまま入ってきていると考えられます。私は埋葬姿勢をずっと気にしています。弥生人の埋葬姿勢は福岡県立岩遺跡にみられるように上肢屈曲が多いのですが、その姿勢が半島の南江のあたり本村里遺跡で出ていますし、全羅南道の新昌洞遺跡、忠清北道の黄石里遺跡でも出ています。

下條　足はどうなっているの?

田中　石棺ですから、そのまま伸ばしています。

下條　屈肢ではないの?

田中　北部九州は甕棺だから仕方ないのです。甕棺で伸展葬にするには、ものすごいサイズのを作らなければならない。だから上半身だけです。立岩遺跡のを見ると、腕が曲っている。あるいは鉄戈の柄を持っているような感じです。甕棺に入れるのはモガリの後で死後硬直は解けているはずですから、柄を持たせたり腕を曲げた姿勢を取らせるのにはたぶん縛るなどして、甕棺の中に入れていると思われます。あるいは棒を握らせたりしています。そういうものを見ますと、そういう姿勢が向こうにあって、それが丸ごと入ってきているようです。そういう姿勢をとらせるときに、祝詞をあげるとか歌をうたったりするなど、そういう「物語」も入ってきている。それが副葬品のセットとも関係しているでしょうし、そういう点では思想的なものもかなりのところまで受容していることになるのだろうと思います。

下條　豚の頭に穴をあけて棒をつき通すということも来ています。

田中　そういう意味では、トータルに入ってきている。

下條　そういうのが伝わってくるのは間違いないのだが、その習俗一色になっているかどうかをみなければならない。渡来した人たちは観念、習俗は忘れえないものだから色濃くやるかもしれませんが、逆にいうと二世はどうだかわかりません。一方で在来の人たちも伝統習俗をやっているかもしれない。

田中　やっていますよ、佐賀県宇木汲田遺跡でも土偶が出ていますし、それにはピアスも入っている。かなり縄文的なものもあるし、土偶に関しては佐賀のほうでは相撲取りみたいなものも出ている。やはりそういうものは残しながら少しずつ入れ替わっている。だから、縄文文化や生活のカレンダーはある程度残しながらいくのだというのは確かだと思います。

誰が、どこから、どれくらい

田中　渡来の実態について、明治以来、人類学から様々な渡来説が出てきたわけですが、それにかなり影響を受けながら考古学の議論は進んできたと思います。最初に確認しておかなければいけないのは、考古学と人類学では研究の目的が違うということです。日本の考古学の場合はとくに歴史を強く意識していますから、文化や社会の変化、あるいはその原因結果の因果関係に論点がいく。人類学の場合は生物としてのヒトの系統であり、変化あるいは進化であって、渡来人の話をするときには、生物としての人類集団がどのようにして日本列島に来て日本人という集団になったか、その起源はヒト集団で、社会集団とは少しズレてくる。それでも議論としてはおか

しくない、系統としてはそちらのほうがむしろ正しい言い方になるという側面があります。ところが、「大陸起源である」という結果が「大陸から来た」になり、「大陸から直接やってきた」と誤解されてしまう。そこを押さえないで言うと、話が複雑になっていくのだろうと思います。

経緯を簡単にみますと、金関説に関しては鈴木尚先生が批判されました。関東の資料を中心に、弥生、古墳、中世、近世、現代の資料を使いながら、将軍家や大名家の貴族化——つまり柔らかい食べ物を食べて育つと顔が高くなっていく——という解釈を加えながら、いわゆる移行説、変形説、つまり長谷部説を踏襲するようなかたちで実証的に展開しました。それは説得力のある話であったわけです。これに対して金関先生は明瞭に反対されて、鈴木説は関東の話であって、自分は九州や西日本の話で、その現象を関東の現象で批判するのはおかしいといわれたのです。それはまったくその通りで、しばらく平行線をたどったのですが、一九八〇年の人類学会で鈴木先生が認めたのです。その認め方も今のやり取りと同じで、「金関さんは西日本においては正しい、東日本においては私が正しい」というものでしたが、結果的には渡来説を認めたことになりました。私はその会場にいました。今聞くと笑い話にも思えますが、当時の中堅・若手の人たちは、これでやっと渡来説が唱えられるという解放感に満ちていて、画期的なことでした。

渡来人的弥生人といわれている、顔が高くて身長が高い人たちは、北部九州から山口・山陰まで分布していますし、岡山の平野部や近畿でも断片的に資料が出てきていて、集団としてはわかりませんが、いたのではないかと思われます。ことに弥生時代に関しては、金関先生の渡来説が定説化して細かい話に入っていたのですが、埴原先生が「千年間で三百万人渡来してきた」という超大量渡来説を出されました。後には下方修正されて、一三〇万人となりましたが、一三〇万人でも一年間に一〇〇〇人あまりやってきた計算となり、北部九州ではとても賄いきれない数字です。ところが、一九八〇年代終わり頃の当時の考古学の中心にいた人たちは専門家が言うのだからそうなのだろうと受け入れざるをえないような発言をされる方もいて、それはありえないとはっきりいわない状況がしばらく続きました。

中国やロシアの資料が公けになるにつれて、埴原先生はシベリア起源説をとり、「シベリアから土井ヶ浜に来たのだ、土井ヶ浜は渡来一世の墓である」という。これは考古学の人間だったら全員が否定すると思うのですが、埴原先生は骨が似ていることを根拠にいわれた。これは稲作がどこかにふっとんでしまうような話です。その後、起源地が中国に行き、上海説、江南説、それから青海省という説も出てきますし、山東説など中国の資料が出るたびに渡来的弥生人といわれる北部九州を中心とした骨の形と同じようなものが出てくる。大陸に行けば形態的にはどこでも似たものがあるので、当然そうなのですが、なぜか韓半島がはずれていきます。資料がないからなのですが、礼安里古墳群の報告が出まして、小片丘彦先生は礼安里の人骨が近いのだということをおっしゃるのですが、時代が少し新しいものですから、なかなか認められない。遠方がよいらしく、起源地を中国に求めていく。それをメディアが喧伝しますし、教科書でも「半島や大陸から渡来人がやってきました」と、日本列島の外部であればどこでもいいみたいな書きぶりで困ったことです。

その後、現代人と古人骨のＤＮＡの研究が出てきます。真っ先に出てきたのが松本秀雄先生のＧｍ遺伝子の話で、アイヌと沖縄が、シベリアと近いということで、埴原先生は飛びつきました。これは旧石器時代の名残ではないかという話が当然のように出てきます。考古学者はそういうところに目をつけると思います。ＤＮＡや遺伝子といっても、何をターゲットにするかで結論がそれぞれ違ってくるような話で、中国だったり、韓国人ともよく似ているという結果が出たり――これは真っ当な結論だと思いますが、いろいろな説が出てくる。それは当然な話で、ＤＮＡは人類が進化してきたイベントを累積的にもっていて、相当の年月に累積したそのどこが出ているのか、歴史的イベントのどの部分が出ているのかはよくわからない。結局、それは考古学的、あるいは歴史的バックグラウンドをみないとわからない。やっている人は混迷しているとは思っていないでしょうが、傍からみると、いろいろな結論が出て、今は混迷しています。

埴原先生の人口問題については、私も遺跡の増加で批判していますし、中橋孝博さんが墓の増加で取り上げていますが、埴原先生がありえないと設定した年間人口増加率をはるかに超える人口増加を北部九州でしているということで、埴原説は論拠を失っています。大量渡来はそれで否定できる。縄文の終わりから弥生時代の中期まで、北部九州では大変な勢いで人口が増えていることがわかってきた。そうすると、渡来人を受け入れた北部九州の地域で増えた人口が広がっていくことで弥生人の形質が出来上がっていくという金関説でいわれたことの肉付けはできていると思います。駆け足で述べてきましたが、人類学と考古学は研究目的に違いがあるわけで、それを理解して援用しないと危ないのだと、胆に命じないといけません。

下條　飛行機にでも乗ってきたんですかね。歴史の場合は、文化の移動にしても出発時と到達時の年代を決めなければいけない、両者の文化的様式の由来関係を明らかにしなければならない、経由地における文化変容をつかんでおかなければならないなど、基本的用件を押さえたうえで論議するでしょう。渡来問題は近代史のうえで微妙な問題を含み、政治利用にもなるわけですから、具体的根拠・物証を提示して、推測やアナロジーなどを少なくし、都合や整合性を廃して語られねばならないのではないですか。人類学がいかに生物学上の問題といっても出した結論はいつ時代によって利用されるかわかりませんからね。

田中　例えば、韓国人、朝鮮人の起源がどこかということがなかなか議論にならない。そこが一緒に語られていかないとわからないです。中国大陸、ユーラシア大陸のなかでどれぐらいの人口移動がおこっているか、新石器時代以降でも相当な人数が動いているわけで、それを現代の大陸の状況から考えるととんでもないことになる。どんどん本来の姿から歪んだものとなっていく。それを考慮しながら議論をしなければならないだろうと思います。

もう一つは、社会集団として何かということです。要するに何人が来たのかということです。「君らは何人か?」と尋ねたら、「中国人です」とは言わない。やはり半島に何百年、何千年と住んでいた人たちの末裔が渡ってくるわけで、今風にいえば「韓国人です」。それを系統からいえば、「モンゴロイドの新しい一派が来た。DNAは中国人と一緒だ」という話と、「中国人が来た」というのはまったく別の話です。それが混同して語られすぎている。たいへん危険な気がします。

下條　そういう源流主義では具体的な生身の人間は見えてこないですね。総合的な意味で文化は地域を異にすれば継承する面と「所変われば品変わる」で変容する面とがある。それがリレー式に繰り返されるのが文化の移動の姿で、極端にいえば連鎖の末では「伝言ゲーム」宜しくつながってはいるが別物のように見えることさえある。

それをその時、その場所で復元し相互の関連を明らかにするのが考古学・歴史学の仕事で、それこそ時と所で生きる人間の営為が一番リアルに活写される可能性があるのではないか。

たとえば、この連鎖のうえで、時を合わせ、所所の資料を得て、相互比較を繰り返したとき、源流と末の形質はまったく変わらないといえるのであろうか。

田中　考古学者に理系コンプレックスがあって、人類学者など他の分野の人から数字を出されると、すぐ信用してしまう。信用するというのは、理解しているわけではなく帰依しているわけである意味宗教と同じです。だから、批判力がないと本当に評価することもできない。そこはきちんと勉強しないといけないのだろうと思います。

下條　それは難儀な話だけれども、課題ですね。

田中　少しでも方法を理解していかないと、評価できないですから、無批判に受け入れてキャッチボールみたいにしていく。恐いことです。人類学では考古学がわからない。考古学の論文は分野外の人にわかるように書かれていない。だから結論だけ聞いて、自分のやっていることとくっつける。それはプロセスを欠いたものなので、いわば博打です。それが雪だるま式に膨れ上がっていったのが、これまでの学史の有り様だと思います。

下條　ある人類学者が考古学のことを勉強なさって、状況設定をして、考古学者の言う通りに引用なさっている。個別の事例は悪いことはないのです。ところが自分の分野での活用になると、最後はルールが違う話になってしまう。

田中　そこら辺は、きちんと総合しないとならない。個々の研究者がやらないといけないことです。シンポジウムをして、なあなあで談合するということでは済まない。

下條　今、人類学はいろいろな分析で対応していることはわかっている。その正式論文を読むのは辛いのだけれど、その方法がもつ限界なり矛盾や問題点が何かが語られていかないと、答えだけ合う、合わないということになってしまう。しかし、その対応が年代問題やプロセスや安定的な資料の蓄積のうえでのことかなど条件がクリアされた上での整備された論になっているかどうかが問題だ。

田中　優秀な人類学者はいるのですが、もはや関心が渡来人の話ではない。もっと大状況の話で、ユーラシア大陸規模でそういうことが語られるようになってきている。

下條　われわれの生身の話とは遠くなる話で、接点が少なくなり噛み合わなくなり「ああそうですか」で終わる話かもしれません。

田中　そういうことも理解して、考古学のほうでも受け止めていかないとならない。起源をどうしても中国から引っぱりたい人は、頑張って、考古学のほうで証拠を見つけなさいということですよね。

弥生人と弥生社会の形成

田中　次に、渡来人がどうやって弥生人になっていくか、弥生文化になっているのかということをトータルに考えてみたいと思います。先ほどから言っている「共住」ですが、埴原先生は土井ヶ浜（山口県）がコロニーだと明瞭にいわれました。これがコロニーでないことは確かで、まずシベリア的なものはまったくありません。大陸的なものもない。山口県北浦の在地の弥生文化で、板付Ⅰ式みたいなものもありますが、基本的には前期末以降で、主体は中期中頃以降です。

下條　メチャクチャな話ですね。渡来地における文化状況はどこであれ厳密に検証されなければなりません。今例示された山口県北浦地方の場合、土井ヶ浜遺跡の向かいの角島に攪乱状態ですが突帯文土器から中期までの遺物を出す遺跡がある。土器はもちろんそこに出土した石器はまず第一にシベリアのシの字も関係ありません。第二に有柄式石剣を出すので系統的には半島文化系ですが、そこからのダイレクトなものではない。新古があって古段階のものを見ると、北部九州からの持ち込みの扁平片刃石斧が数点あって、身の薄い北部九州系の頁岩質砂岩の石庖丁がある。そして古期の抉入石斧が欠けている。こうした組成と石材の組み合わせは北部九州から伝播した段階の特徴で、西部瀬戸内にもみられます。こうした列島内における二次伝搬のあり方を示したもので大陸とはダイレクトな関係はありません。骨情報だけでなく、それを取り巻く総合情報を取り入れて判断すべきなのではないですか。

田中　渡来人が来たときの「共住」の話に戻しますと、黒川式土器の時期、縄文の晩期の中頃ははっきりした集落もないし、実態も何もつかめていないですが、次の突帯文期になると半島系のものが出てくる。しかし、渡来人だけの集落はとうとう出てこなかった。いつも書くのですが、渡来人の集落は考古学が見つけきれないわけではなくて、前期末や中期には向こうから来た人の集落が見つかっているので、そういう意味ではやはり一緒に住んでいると考えざるをえないのです。

下條　突帯文期に純粋に半島系の遺物だけで構成された遺跡なんかありませんよ。たとえば、佐賀県の菜畑遺跡を例にとると、持ち込みとみられる石庖丁、扁平片刃石斧、磨製石剣、磨製石鏃が出土するとともに縄文系の伐採石斧、打製石鏃、石匙、打製石鍬などの石器が伴っており両者は共住しています。さきほどの江辻遺跡でも同じことで、部分的には渡来系のものもあるのだけれども、トータルでみれば共住していたと考えられます。まず、純粋に渡来系だけのコロニーはなかったのではないでしょうか。共に住んで生産に励み、生活を営んでいたのではないでしょうか。

田中　曲り田遺跡（福岡県）の一部の土器のように持ち込みの土器が非常に少ない量あって、あとは混ざっています。三阪さんの研究はそこのところの情報をよく拾っていると思うのですが、向こう系の土器のようにみえて、外来系の要素が完璧に揃うことはない、いろいろな混ざり方をしている。明らかに一緒に住んでいる。そこからみえてくるのは、排他性があまりないということです。

下條　昔、対馬で晩期から前期末まで層序をなして遺物を出土する遺跡を掘ったことがあるのですが、その最下層のほうから縦ヘラ磨きの小形壺型土器、直口口縁の孔列文土器、把手土器など半島の無文系土器が出土した。わりに曲り田遺跡の半島系土器に種類が近い。三阪さんは小形壺は半島のものですといっていましたが、いずれも一点ずつの出土で数は少ないものの、これが多くの弥生式土器と供伴出土しています。半島に近く、半島の影響力が強く及びそうな対馬でも、少数渡来で共住しているのが実態で、近いところでそうですから、もっとこちらに来れば、ますます純粋半島系というのは無理じゃないですか。

田中　いまだに、渡来人が縄文人を駆逐したという人たちが一部にいますが……。

下條　根深いものがあるのではないですか。明治時代以来の先住民族論と裏返しとしての渡来史観。べつな言葉でいえば渡来優越優秀史観ですからね。稲作文化も渡来文化ですからその渡来を評価することは、ひいてはその子孫である自らを評価することにつながる。こうした回路が無意識のうちに澱のように日本人のどこかに溜っているのではないでしょうか。

大事なことは先端的文物だけを追うのではなく、目線を低くして、集落出土の全資料を直視分析することではないですか。

そうすると、渡来人も縄文人も一緒にムラに住んでいることがみえてきます。

田中　農耕の歳時記からみると、男の仕事も女の仕事もあるのです。農耕だけでなく、機織りの話もしましたが、さまざまな女性の仕事はあるわけで、そういうものをセットで考えていかないといけない。渡来系の女性の仕事も入ってきているし、縄文系の女性の仕事も残っている。

下條　たとえば初期農耕集落からはどこでも打製の石鏃が出土します。これは縄文由来のもので、だれが使うかといえば在来男性でしょう。おなじく必ず出土する縄文由来の伐採石斧はだれが使うかというとやはり在来男性でしょう。このように具体的な役割を果たして在来男性も渡来人と共住しているのです。

田中　子どもができて代替わりするのは、あっという間のことですから、すぐに子どもの世代になる。子どもは社会の中で育児をされるわけで、渡来人の夫婦の子で半島の育ち方をしても、その社会のなかで適応できない。私も書きましたが、在地の社会はたぶん縄文後期、クラン（氏族）に分かれた部族社会で地域社会を作っている。半島から来た人たちが「半島族」として一つのクランを作ることはありえないわけではないですが、いろいろなクランから入って来た人間を受け入れた側がどう融和的に社会を構成していくかというと、メンバーシップを与える、あるいは獲得するほかない。ああいう社会でメンバーシップを獲得するには結婚しかありません。今だったら、住民票を出せばいいですが、その当時は何もありませんから。婚姻関係を結んで親族になり、あるいは姻族としてそこにいて、世代が進行していくと、在地の親族組織のなかに吸収されていく。しかし技術的なことは伝承されていくので、文化的に渡来的なものが優位になるのが段階的に遅れていくだろうと思います。渡来人が何回も波状的にやってきて、在地の親族集団に吸収されることで子孫をつくり、混血が進んでいく。遺伝子は蓄積していくのですが、文化的にはある程度の保守性をもちながらやっていくというプロセスだと思うのです。そうすると、共住が大きなポイントになるのだろうと思います。

下條　共住して、渡来人は農耕という先見的にもつ技術のアイデンティティを発揮しなければ存在価値はないわけです。一方、丘や丘陵から降りてきた弥生人も、下った以上は簡単にそこから離れることはできない。一種の引けない状態で運命共同体化した関係で共住し、互いの背負っている現実をふまえて農事の分担を定めたのではないか。

分担となると、採集しか知らない縄文人は、農耕については知識も経験もないのだからしばらくはそのノウハウを身体と頭で覚えるしかないだろうと思います。その技術指導、コーチを行うのが渡来人の役割で、実際に学びながら体を動かして働いているのは在来人かもしれないという気がします。はじめの頃こそそういう役割分担もあったでしょうが、時間とともにどんどん融和されていって、在来人も覚えれば覚えるほどその関係は解消されて、見分けがつかなくなると思います。

田中　コーチといっても、プレイングコーチということでしょう。

下條　水稲農耕は一年を通じて出番が多々あるので、トータルにはプレイングコーチであるかもしれない。ただ、開発のための伐採は縄文人の歴史的アイデンティティに基づいて、在来男性が低質機能伐採石斧を使ってスローに開発するので、渡来人も隅から隅まで半島式の高速開発を適用することはできなかった。伐採後の諸過程に渡来人が尽力したことは考えられるが、出土遺物と人種の関係を特定してゆくことは非常に難しい。

田中　渡来人の女性も農作業に関与しているし、機織りに象徴される女性の仕事をしているわけですから、それはそれでまた大変だと思います。

下條　玄界灘沿岸で使われた稲の穂摘み用の石庖丁は半島のものを在来人が変容させた厚みのない頼りなさそうなものです。穂摘みをするのは女性といわれますが、こんな石庖丁を使うのは在来女性とすることができるでしょう。ところが、穂摘というのは熟期に一気に摘んでしまわねばならない危急の仕事なので人海戦によるのです。したがって穂摘期は好き嫌いなく在来女性はもちろん渡来女性もいやでもこれを使って穂摘に励んだでしょうね。

渡来側にも先進知識をもっているかといって、目線を高くしているばかりではなく、現地に、合わせながら共用しているというのが実際ではないですか。

田中　しかし、年寄りは大事な人です。年寄りにはいろいろな知識があり、それをもとに指図をするわけで、その枠のなかでしかできないでしょう。

下條　運命共同体になっていて、武力的に支配するという関係ではない。平和的に協和的にやっていくしかないのです。もちろん諍いはどこにでもあるでしょうが。

田中　そういう状況を遺跡が現実に示しています。北部九州の場合だと、時期が下っていくと、低湿地から丘陵上の遺跡がどんどん増えていく。前期末では八倍ぐらいの数になりますが、集落の面積からいうと縄文集落の三倍から五倍ぐらいの面積になります。したがって、相当な人口増加といえます。それが列島内に拡散していくまでに数百年経っている。そのワンポーズを北部九州の福岡平野や早良平野や、糸島、唐津あたりでしていて、板付I式のいちばん新しい時期に長距離で動いている。あれは特徴的な土器です。甕は、五㎝幅くらいの口縁帯を作って、突帯文のなれの果てのような感じで、肥厚させて刻みを入れていく。そういうものが島根の原山遺跡でも出てきていますし、壺は板付I式の最後の姿から、板付IIaぐらいまで幅をもって出てきます。古浦遺跡もそうだし、それが列島の本州、四国、九州の各地にいく。その時期が弥生文化の拡散期といっていいと思います。

下條　農耕そのものは、晩期段階に縄文ルートを通って瀬戸内の四国北岸を中部瀬戸内にまで伝わった。松山市の大渕、高松市の林・坊城遺跡などに知られるが、北部九州の晩期農耕とは随分落差があり、大陸の片刃石斧は伝わらず縄文系片刃石斧であり、石庖丁も酷く変形したものです。ところが農耕に不可欠の鍬・鋤の木製農具や穀物貯蔵用の大型壺はしっかり伝えている。これをみると縄文に代替機能のあるものはそれを活用し、ないもののみ伝えている。

道具だけ伝わっても稲作はできないので、西のほうからやってきて集落に住み、指導を行ったのであろうが、在来文化には随分柔軟で、妥協的でもあり、最低の道具しか伝えていない。北部九州ほどの渡来文化のパワーは感じられず、かなり少人数の到達ではなかったのか。それでも半島南端南江近辺に栄えるなすび文を付した変形大壺が大渕遺跡に出土しているところをみると、九州経由で渡来系人のほそぼそとした伝来もあるのかと感じたりもする。しかしベースとしての縄文色の強さは動かない。

田中　たぶん、突帯文の広域社会をもともと作っていますから、それで流れていくのはおかしくない話です。

下條　おそらく玉突きではなく、リレーだと思う。それを運営しているのは縄文人でしょう。

田中　しかし、それが続いていくかどうかの問題は別の話です。

下條　稲作が伝来すると渡来人ないしは子孫が、土器の斉一性を根拠に一気呵成に農耕を各地に伝えたというのが考古学学史上の見解のため、渡来問題は人類形質と農耕と土器は分かちがたく結びついて描かれてきたのです。

田中　その問題と、土器や主要な石器を含めて弥生文化になっていくことは、また違います。

下條　弥生文化の拡散と農耕の定着深化の問題は分けて考えるというのも分野が違う学問がおのおの作業仮説を進めるうえでの便法かもしれません。ただ一般にはわかりにくい話ではあるでしょう。

　文化の立場からいうと実は以下のように土器だけ見てすべてがわかったことにはならない。土器がすべてを語るわけではない。板付Ⅰ式末かⅡ式の初に中国四国に弥生式土器が広がるが伐採石斧がＡⅠ・Ⅱ式は当然だとしても片刃石斧は扁平片刃石斧だけで抉入石斧は伴わない。それに石庖丁のほか磨製石鏃がわずかに伴う。磨製石剣は限られたところ以外には伴わないなど玄界灘沿岸や今川遺跡と比較して明らかに落差がある。瀬戸内東端の徳島市三谷遺跡などは土器は古式の甕壺整って出土するが、稲作文化関連磨製石器は出土せず、縄文系石器を多く伴うといった状態です。このように北部九州と瀬戸内との間に落差があり、瀬戸内のなかでも落差があるのであれば単に地域間の文化差の問題だけでなく渡来人ないし弥生人の役割評価にもかかわってくる。そしてこの落差は板付Ⅱ式中も続くのであり、その基底には在来人の動向があるのであるから、瀬戸内の晩期から前期の弥生時代は在来と外来を複眼的観点から見据える必要があります。半島で完成された開発システムはここでは北部九州よりさらに適用できなくなっています。

田中 形質の問題をみていくと、板付Ⅰ式の終わり、板付Ⅱａ式の最初でもいいのですが、その時期にかなり広域に行っていた。入り方をみていると、内陸には入っていなくて、ほとんど砂丘があって、川がへりのほうから出ているところ、後背湿地をねらっている。山口県の吉母浜遺跡、中ノ浜遺跡、土井ヶ浜遺跡はほぼ同じような立地です。原山遺跡（島根県）もそうですし、大渕遺跡（愛媛県）もそうです。何十キロ間隔かで遺跡が出てくるのをみると、それまでの玉突き状の文化伝播とは性質が違うだろうと思われます。それが上限で、下限は前期末になると地域性がはっきり出てきてしまうので、それまでには形質が流れていないと説明がつかない。いちばんチャンスがあるのはあの時期で、それからそれぞれの地域で広がっていく。

下條 山陰ルートは、いずれも砂浜の上に墓があって、骨も残りやすい。他のところはなかなかそういう砂丘地帯に恵まれず、あっても骨が残らないという問題もあります。

田中 量の問題はあると思います。山陽道はあまり骨がないからわかりません。

下條 瀬戸内でも松山平野は有柄式石剣を六本、七本も出土しています。一例を除いて採集品ですが、周防灘沿岸経由の持ち込みはかなり早いと思います。ただ、小さい遺跡しか掘っていないから集落内容はよくわかりませんが。

田中 ルートは周防から四国のほうに来て、四国の北岸を行って、それから岡山にという……。

下條 それが瀬戸内における律令以前の幹線ルートですよ。周防灘沿岸から松山平野に行き、四国北岸を東に走って、高松平野に至り、そこから北に向かって海を渡り岡山に達する道です。晩期の農耕遺跡も四国北岸沿いなら、最古式弥生式土器も同じ道を動きます。

田中　それは突帯文の時と同じで、文化としては行っているが、生業としては行っていない。周防から安芸は、古墳でもそんなに顔が高くない。最近は備前や備中の平野部のものが出てきたので、顔が高いものも出てきましたが、これまでわかっているのは美作のものです。それだと縄文みたいに顔が低い、広島の辺りも顔が低い、そういうのが濃淡の問題としてある。ですから、四国の北岸は面長の渡来的な形質の骨が出てくるのではないかと予想はしています。

下條　古代山城も周防灘（豊前と周防）から愛媛、香川と連なって、次は岡山です。

田中　白村江の時（六六三年）も四国北岸ルートです。熟田津（松山市）で額田王が歌をよみますが、あそこから周防に行って九州へ来るわけです。

下條　律令制によって駅制がしかれ、山陽道を正路として使うようになってから山陽側が中心的になるのであって、先史原始の時代はせいぜいバイパスです。そこが誤解されていることが多い。

田中　列島内への拡散も具体的なイメージでみていかなければいけない。

下條　その場合、単に生物的に新しい形質が拡大したということだけでなく、農耕とのかかわりでの位置づけがなされなければならないと思います。今の考えでは「農耕の始まり」は新天地に突然人々が降ってきたようにあらわれ、開発が始まったかのように描かれている。そのことは伝播者が故地の完璧な開発能力を駆使して、その主導のもと移植的に始めたかのようなイメージに導く。そうした「突然論」ではなく、これには一部の声としてはあるのですが、米だけ持ってゆく段階や農具無しで情報収集の偵察段階だってあるかもしれない。その時煮炊きの甕や保管保存の壺ぐらいは宣撫の目的もあって持ち込み、住み付くことがあるかもしれない。模擬実演もあるかもしれない。こうした本格開始の前提段階を設定することも必要ではないでしょうか。今の各地での農耕開始論はあまりにも襲撃的すぎる。それは土器だけみてすべてを判断しようとするからですよ。

田中　実年代を入れていくと、いったい何年かかっているのかということです。

賀川光夫先生は対馬海峡文化圏といわれて、中身は縄文の古いところにあったのですが、渡来してくる側のものが出てくるのは縄文の前期です。轟式土器が出てきて、その時期は結構な影響関係があった。それから曽畑式、後は断続的に阿高式土器、後期の南福寺式土器、坂の下式土器、鐘崎式土器、北久根山式土器まであるとしても、それから後のものが半島側になかなかないのです。こちら側からもそれほど出てこない。密な交流があったかということは、まだわからない。互いに海の向こうに何があるかは知っていると思うのですが、それがどういう情報なのか。渡来してくる時は、ほとんど壱岐・対馬をとばしてくるわけですから、九州北岸に地形的に美味しいところがあるということを知っている。そういう情報はもっていたと思うのですが、それをトレースするようなものは出ていない。

下條　でも田中さんたちが主張している半島の孔列文土器との連絡で口縁下に孔を開ける黒川式土器の問題はあるでしょう。遺跡立地論からいえば北九州市貫川遺跡のように縄文人が低地に進出しており、稲作を試行している可能性があるとするのですよね。遺物論からいえば、貧相というかほとんど何も持参していない。土器作りに関与しているのなら再生産のための壺くらいは作っていいはずだけれどそれもない。孔列文段階となれば半島では諸道具が出そろい、稲作が体系的になっている時ですから、稲作を試行的でもやるならそのことがもう少し反映されると思います。農耕と無関係とはいいませんが、それより、あれは進出のための下調べや状況調査または信頼獲得の根回しや米作りの宣撫工作段階ではないですか。次の突帯文期に一斉に半島系文物が入ってくるのに伐採石斧だけはほぼ一本も持ってこないのは、下調べがきっちりできていたからではないでしょうか。そういう了解関係のうえで稲作も始まったのではないか。

ただこの孔列持ち黒川式的土器が島根、宮崎、鹿児島にも出るでしょう。これらも玄界灘と同じに考えてよいかどうか課題はあります。

田中　黒川式土器の時期で低地に降りていく遺跡はあるのですが、やはり失敗していると思うのです。

下條　そういう意味ではあれこれ試行錯誤をしていると。

田中　だから、行け行けで、行ってしまうのが突帯文土器の時期で、それまではいろいろなことをやっていると思います。

下條　半島では孔列文の段階に諸道具の体系が整い、さらに、それが改良されてもう一段グレードアップするのがその後の先松菊里（休岩里式土器）段階です。この段階に遺跡は増大し拡大しています。その増えた勢いみたいなものが、事前に情報を知ったうえで、列島との行き来を楽にしたと思えるのです。だから必ずしも襲撃的に突然ということはないし、向こうでは集落が順調に増えているわけですから難民化する必要もない。

田中　種籾を持って来るわけですから、難民ではないですね。

下條　必要な道具も持ってきていますし、不要なものは持ってこないし、結構計画的なんです。

田中　ある程度、人口圧が高くなっている。具体的なイメージはそんなところでしょうか。

渡来人論争とは何だったのか

田中　最後に、弥生時代の開始論とは何であったのかということなのですが、研究者とメディアと、方法の問題も含めて、研究者の地域的な温度差は大きかったのではないかと思うのですが、これだけ現地の情報を無視した論がメジャーになっていくのは、他の分野ではないですね。

下條　弥生時代開始論を含めて弥生文化加担者論は在来人を顧慮しない渡来人偏重の単眼史観ですよ。歴史的には人類学の北方からの南下論に寄り添って、農耕を基軸にして渡来一辺倒論を展開してきたのです。これは考古学に限らず、明治から敗戦前までの、いわば近代の主要論調なのですが、考古学では戦後もこれを脈々と引き継いできたのです。これにのる外来文化崇拝もあって、北部九州以外の地に初期農耕渡来を誘致して自己のプライオリティにしようとする試みが戦後もときどき出てくる。そしてずうっと見落とされてきたのは各地のフィールドで展開してきた弥生時代にも続く在来人の脈動です。

田中　一方では主体性論争といわれます。論争した覚えはないのですが、「縄文人の働きを評価するのは九州の人間で、九州の人間は自分たちの祖先が半島から来たと言うのを嫌がっている、差別だ」ということを言う人がいるわけです。そういう現代の政治的なキーワードを用いながら、研究者の思考や研究を枠づけしていくというのは、基本的には卑劣な行為だと思います。

下條　そういう発言そのものが、近代が産み出した負の遺産そのものですよ。弥生文化における在来人の足跡と向き合わず、検討もせずに放逭またはネグレクトを決め込み弥生文化から在来人を消してしまったことこそ差別的ではないですか。

弥生文化における在来人の存在は別に九州だけでなく畿内においても早くから指摘されていました。大正の初期、鳥居龍蔵先生は自らとなえる日本人の祖先、「固有日本人」の聖地を畿内で実証しようと挑んだが、結局はそれができなかった。その理由の一つに、弥生時代における打製石鏃の存在があったからです。一九三九（昭和一四）年、山内清男先生に栗・樫・胡桃などの堅果類、獣骨を事例として弥生遺跡における縄文人の存在を指摘したのは奈良の新沢一遺跡ですよ。それにもかかわらず、この地方ではだれもその提起に向き合わなかっただけのことです。

われわれはそうした二者択一的偏見を乗り越えて、外も内も、すなわち渡来も在来も両方を見据え、向き合い、複眼で両者のからみのなかで弥生像を描こうとしているのです。それも単に弥生文化のなかにおける在来人の存在といったレベルでなく、共に農耕にかかわり国土の創築に貢献していたことを。

田中　考古学はいろいろな情報をコントロールしなければいけない立場にありますが、能力が偏っています。やはり文系考古学なので、あるところは優れているけれども自然科学的には弱い。その弱味が今日の状況を招いてしまったと思います。

下條　結果的に許してしまったということはあるのかもしれませんね。

田中　それをのりこえなければいけないと思います。自然科学の情報にしてもここまではいえないだろうということはあるわけですから、総合する意志をもたなければならないと思います。

下條　この課題は内容的には重要な研究だけど、方法的には相当地味ですから、天下国家を追い回すようなやり方や目立つ物を望遠鏡で追いかけるやり方では無理です。フィールドをもって、目線を低くして、出土資料を隅々にまで直視し、そこから拾い上げ、解析する、そういうやり方が要求されます。

田中　たしかに地味な研究です。ところが、日本人の起源にかかわる大きな話なので、どうしても社会の関心は高くて、メディアも大きく取り上げる。そうすると、しだいに簡単でスケールの大きな話に流れていくということをこれまで繰り返してきたと思います。そこには、どこかで研究者の願望、社会の期待が入っていたのかもしれない。そういった「空気」にからめ取られないためには、地味な研究を地道にやるしかないんだと思います。それとともに、このテーマは学際的な領域でもあるので、複雑に展開したという面もあると思います。これも自戒を込めてですが、考古学者は「文系」であることにこだわることなく、サイエンスの一分野であるという自覚をもって、まずは他分野の方法をしっかり勉強したうえで評価も批判をしないといけないと思います。考古学の対象は多様な方法による分析を待っているはずですから。そういう意味では、渡来人をめぐる問題は私たちの学問的姿勢を問う古くて新しいテーマだと思います。今日はありがとうございました。

下條　うん、面白かった。ありがとう。

（二〇一三年一二月六日）

あとがき

稲作が半島から列島に渡来者によって伝えられたことは間違いないが、その折、列島に住んでいた在来人（縄文人）の行く末については放追や無視まで、いずれもきわめて冷淡なもので、稲作による日本国土の創築は渡来人によってなされたと渡来人は評価されるが、在来人についてはふれられることもない。大正・昭和前期の時代ならいざ知らず、戦後もなおこのスタンスは継承され、いまも考古学界に継承されている。

一方、戦後早くに行われた初期稲作集落である福岡県板付遺跡などの発掘は、集落における縄文系土器の存在を明らかにし、渡来人と在来人の共住を示し、さらに一九八〇年代以降にはこれに縄文系石器の存在も付加されて考えられるようになったが、まだ大方の理解を得るには至らなかった。

戦後の人類学会は北部九州における弥生時代人骨を明らかにし、その形質的特徴から弥生社会における渡来人の存在を強調するようになった。ただし、先記したように縄文系土器の存在があるのでそれとの整合性をはかるため、渡来の中心を男性とし、女性は土器作りを担う在来女性をこれにあてた。この思考も稲作労働をもって国作りに貢献するのは渡来人男性であって、在来人男性のかかわりを評価しない点は、戦前からの思考性と通底している。人類学会においてこうした考えには根強いものがあり、初期農村集落には渡来男性と在来女性が中心となって共棲し、それに若干の渡来女性が加わるとする構図がいまなお提案されているように、相変わらず在来人男性を農村集落から排除して考えているのである。

これは弥生時代前期末・中期初頭以後の渡来系弥生人の高比率な存在を数字上合理化するために設定された都合構図で、考古学的事実に立脚していない。

なんとなれば初期農村集落から出土する狩猟具である石鏃の圧倒的中心は縄文系譜の打製石鏃である。いうまでもなく、狩猟に携わるのは男性であり、初期農村集落には在来人男性も住んで活動していたことを示している。同じく集落からの紡錘車の出土は渡来女性の存在を示している。これらの事実からすると初期農村集落には渡来男性も渡来女性も在来男性も在来女性も住んでいたとみるのが実際に近いのではないか。

初期農村集落に、在来人の男女が存在した証は打製石鏃のほか石錘、打製石斧、スクレーパーなどの縄文系譜の石器類がある。ただしこれらは狩猟、漁撈、植物採集など男女ともにかかわる縄文的経済活動を示すものであるから、これまでの在来人を蔑視無視する伝統的な思考習慣からすればこれら在来人の活動を農村集落内にあって、伝統的な獲得経済の部分を担っていたにすぎないと限定的な評価に留められるおそれがある。

こうした懸念を払拭し、在来人の活動を正しく評価するには、渡来人とともにいかに農耕開発に参加し、国土の建設に貢献してきたかを明らかにすることが必要である。本書において農耕開発の先頭にたつ伐採石斧を系譜、能力、展開過程から分析し在来人も国土創築へ参画したことを明らかにしようとしているのもこうした課題に応えるためである。

今後さらにこうした観点から物証にもとづいて、在来人、渡来人の具体的でリアリティな農耕参画像を汎列島的に描きあげねば、いささか思想的、心情的に流れてきた渡来論の近代史を克服することはできない。

本書所収の各論を執筆するにあたり、各執筆者は個々において国の内外にわたって多くの機関、団体、個人からいろいろな面で協力や支援などの便宜を受けたことと思う。一々ご芳名を記すべきかと思うが、紙幅に限りもあり断腸の思いで割愛させていただく。お世話になった皆様にはこの場をかりて衷心から御礼を申し上げる。
また、出版にあたっていささか時間不足が懸念されるスタートであったにもかかわらず、快くそれを引き受けてくださったすいれん舎の高橋雅人社長、末松篤子さんならびに関係の皆様には篤く御礼申し上げます。

下條 信行

執筆者紹介（執筆順）

田中良之（たなか　よしゆき）

九州大学大学院比較社会文化研究院（地球社会統合科学府）教授
『古墳時代親族構造の研究』（柏書房，1995 年）
『骨が語る古代の家族』（吉川弘文館，2008 年）

裵　眞晟（ペ　チンソン）

釜山大学校人文大學考古学科准教授
『無文土器文化の成立と階層社会』（書景文化社，2007 年）
「墳墓築造社会の開始」（『韓国考古学報』第 80 号，韓国考古学会，2011）

金　想民（キム　サンミン）

韓国国立中央博物館　学芸研究士
「韓半島における鉄生産研究の動向」（『季刊考古学』113 号，雄山閣，2010 年）
「韓半島南部地域における箱形炉に関する考察」（『たたら研究』52 号，2013 年）

端野晋平（はしの　しんぺい）

徳島大学埋蔵文化財調査室　室長・准教授
「支石墓伝播のプロセス—韓半島南端部・九州北部を中心として—」（『日本考古学』第 16 号，日本考古学協会，2003 年）
"The diffusion process of red burnished jars and rice paddy field agriculture from the southern part of the Korean peninsula to the Japanese Archipelago," *Coexistence and Cultural Transmission in East Asia (One World Archeology)* 61, Left Coast Press, 2011

三阪一徳（みさか　かずのり）

徳島大学埋蔵文化財調査室　特任助教
Misaka Kazunori, Wakabayashi Kunihiko, "The assimilation process in the Yayoi society of Western Japan: Was there a coexistence of different cultural groups?" *Coexistence and cultural transmission in East Asia,*（*One World Archaeology*）61, Left Coast Press, 2011
「日本列島出土孔列土器の製作技術—北部九州地域を対象に—」（『考古学は何を語れるか』同志社大学考古学シリーズ X，2010 年）

索　引

あ行

か行

さ行

た行

な行

は行

ま行

や行

ら行

編　者
公益財団法人古代学協会
〒604-8131　京都市中京区三条高倉菱屋町 48
Tel：075-252-3000　Fax：075-252-3001　E-mail：paleo-j@kodaigaku.org
会誌：季刊『古代文化』

監修者
下條　信行（しもじょう　のぶゆき）
愛媛大学名誉教授
『大陸系磨製石器論―下條信行先生石器論攷集―』（同集刊行会，2008）
『愛媛県今治市妙見山一号墳』（今治市，2008）

列島初期稲作の担い手は誰か

2014 年 3 月 25 日第 1 刷発行

編　者　公益財団法人古代学協会
監修者　下條信行
発行者　高橋雅人
発行所　株式会社 すいれん舎
〒101-0052
東京都千代田区神田小川町 3-14-3-601
電話 03-5259-6060 FAX03-5259-6070
e-mail：masato@suirensha.jp
印刷・製本　亜細亜印刷株式会社
装　丁　篠塚明夫

ISBN978-4-86369-362-3　Printed in Japan